Wirtschaft und Kultur

von

Professor
Dr. Helmut Bujard

Professor
Dr. Lothar Černý

Dr. Walter Gutzeit

Professor
Dr. Harald Weyel

Fachhochschule Köln

Oldenbourg Verlag München

Bibliografische Information der Deutschen Nationalbibliothek

Die Deutsche Nationalbibliothek verzeichnet diese Publikation in der Deutschen Nationalbibliografie; detaillierte bibliografische Daten sind im Internet über <http://dnb.d-nb.de> abrufbar.

© 2011 Oldenbourg Wissenschaftsverlag GmbH
Rosenheimer Straße 145, D-81671 München
Telefon: (089) 45051-0
oldenbourg.de

Lektorat: Rainer Berger
Herstellung: Anna Grosser
Coverentwurf: Kochan & Partner, München
Coverbild: iStockphoto
Gedruckt auf säure- und chlorfreiem Papier
Gesamtherstellung: Grafik + Druck GmbH, München

ISBN 978-3-486-59027-2

Vorwort

Das vorliegende Buch greift eine Thematik auf, die an Bedeutung gewinnt: die kulturelle Dimension wirtschafts- und sozialwissenschaftlicher Themenbereiche. Die Öffnung der ökonomischen Theorie für soziale und kulturelle Fragestellungen hat im Laufe des 20. Jahrhunderts einen interessanten Wandel erfahren. Es fragt sich, wie die Ökonomie selbst als eine Denk-Kultur aufgefasst werden kann, deren Begriffe, Kategorien und Methoden nicht nur eine normative Dimension haben, sondern auch eine Quelle kultureller Prägungen sind?

Für eine kulturbewusste Ökonomik spielt das Eingebettet sein in soziale, kulturelle und natürliche Umwelten, eine zentrale Rolle, wie sie u. a. von Wirtschaftssoziologen (Granovetter 1985) thematisiert wurde. Die dem Handeln zugrunde liegenden kulturell unterschiedlichen Werte, Bedeutungen, das Wissen und tradierte Routinen etc. sind in ihren Analysen zu berücksichtigen und die interkulturelle Komplexität bzw. kulturelle Dynamik und Vielfalt angemessen zu erfassen.

Angesichts ökonomischer, sozialer und ökologischer Probleme fällt es allerdings schwer, eine Kompatibilität kultureller Orientierungshorizonte mit der Vielzahl unterschiedlichster Wertesysteme zu erzielen. Gleichwohl wird die Kultur in den Wirtschaftswissenschaften durchaus zunehmend als etwas Grundlegendes berücksichtigt. Sie wird in der Neuen Institutionenökonomik und in weiteren alternativen Ansätzen unter dem Begriff ‚Lebensweltökonomie‘ zusammengefasst. Die Institutionen ermöglichen die moderne Marktwirtschaft, jedoch kommen diese Instrumente nicht ohne das vorherrschende Vertrauen, das als kulturelle Grammatik tradiert wird, aus. Für Luhmann (1989) ist Vertrauen eine riskante Vorleistung. Sie übernimmt jedoch ein einigendes Band, das vor allem die Funktion übernimmt, die Komplexität der Handlungskontexte zu reduzieren und die Akteure dadurch entscheidungs- und handlungsfähiger zu machen.

Vertrauen als Basis für Kooperation, Kreativität als Voraussetzung für Innovation und Motivation als Bedingung für funktionierende Märkte bilden eine wichtige kulturelle Klammer für wirtschaftliches Handeln (Hollstein 2007). Auf Vertrauen basierende Handlungsmaximen im Sinne von ‚institutional truth‘ und ‚institutional faith‘ finden eine Entsprechung, bei der unsicheres ethisches Handeln durch sicheres ‚religiös motiviertes‘ Handeln ersetzt wird. Auf der anderen Seite bringt Vertrauen den Nachteil mit sich, dass sich der Akteur aufgrund des entgegengebrachten Vertrauens verletzbar macht, da Vertrauen reziprok funktioniert. Vertrauen ist umso bedeutender, je mehr es gelingt, eine Erhöhung des Gemeinwohls durch eine effiziente Marktordnung zu erreichen (Remmele/Goldschmidt 2007).

Dass ökonomische, persönliche oder politische Entscheidungen durch vermeintliche Irrationalitäten wie blindes Vertrauen oder Glaubenshintergründe motiviert und legitimiert werden, ist aus der Alltagswahrnehmung nicht auszuschließen und findet vielfältige Entsprechung im weltpolitischen Tagesgeschehen. Aus dem ökonomischen ‚mainstream' wurde dieser Umstand bisher als Ausnahme angesehen oder mit dem Verweis auf mangelnde exakte Wissenschaftlichkeit im Rahmen modelltheoretischer Prämissen weitgehend ausgeschlossen. Gleichzeitig findet die ökonomische Relevanz des Vertrauens zunehmende Beachtung (Seele 2007).

Trotz der intensiveren Einbeziehung der Kultur als Regelsystem – so wie es beispielsweise in der Neuen Institutionenökonomik erfolgt – ist der Abstand zu stärkerer kulturbewusster ökonomischer Theoriebildung noch zu groß, als dass Kultur als gleichrangige und unverzichtbare Größe angesehen wird. Allzu oft wird kulturelles Handeln als bewusste Entscheidungsgröße in ein weitgehend unverändert zweckrational gedachtes Kalkül integriert. Dieser Themenbereich befindet sich noch in einer Orientierungsphase, ohne ein ausgereiftes methodisches Repertoire und inhaltliches Profil entwickelt zu haben.

Daher betrachten wir diese Situation als Herausforderung, sich intensiver mit der Überwindung des ‚Spannungsfeldes zwischen Wirtschaft und Kultur' inhaltlich auseinanderzusetzen.

Vorrangiges Ziel dieser Arbeit ist es, dem Leser die weitgehend noch eigenständigen Disziplinen der Wirtschaft und Kultur als gemeinsames Theoriefeld zu vermitteln. Dies gilt in gleicher Weise für ökonomische als auch für kulturelle Fragestellungen, und zwar durch einen Ansatz zur Überwindung der Trennung des Kognitiven und dem Moralischen und Ästhetischen. Denken entsteht erst in problematischen Handlungssituationen, in denen der Handelnde irritiert wird und dadurch zwangsläufig auf neue Aspekte und Dinge aufmerksam gemacht wird.

Der modulare Aufbau des Buches ermöglicht dem Leser viel Freiheit bei der Auswahl in der Präsentation des Lehrstoffs. Es eröffnet eine Wahlmöglichkeit der Module für den Beginn als auch in der Auswahl der Reihenfolge. Der Anspruch, das Buch als einen weiteren Mosaikstein zu einem komplexen ökonomisch/kulturellen Theorieansatz anzusehen, ist verbunden mit der Erkenntnis, dass dies nur durch inhaltliche Eingrenzungen möglich ist. Darüber hinaus relativieren wir den integrativen Ansatz durch einen Vergleich der Themenbereiche, so dass dem Leser die Konturen der Inhalte der Wirtschafts- und Kulturwissenschaften erkennbar bleiben.

Unsere Absicht ist es, die Studierenden in die Lage zu versetzen, das theoretische Werkzeug zur selbständigen Erarbeitung der Inhalte einzusetzen. Dabei kommt es uns mehr darauf an, grundlegende Einsichten zu vermitteln, als eine Enzyklopädie von Begriffen vorzulegen. Die zahlreichen Beispiele, Tabellen und Übersichten belegen unseren Anspruch, theoretische Kenntnisse anwendungsorientiert darzustellen. Die Ausführungen konzentrieren sich in 7 Teilen und 20 Kapiteln auf ökonomische und kulturelle Themenbereiche der Gesamtwirtschaft.

Im ersten und zweiten Teil werden zunächst Grundlagen der Wirtschafts- und Kulturwissenschaften sowie Aufgaben und Methoden der Wirtschafts- und Kulturwissenschaften erörtert. In den Teilen 3 und 4 wird die Wirtschafts- und Kulturtheorie behandelt. Eine ausführliche Darstellung über den Wirtschaftskreislauf und das Bruttoinlandsprodukt erfolgt im 5. Teil. Im 6. und 7. Teil werden grundlegende und spezielle Themenbereiche der Wirtschafts- und Kulturpolitik dargestellt.

Wir hoffen, dass es uns gelingt, dem bevorzugten Leserkreis der Wirtschafts- und Sozialwissenschaften und der Informations- und Kommunikationswissenschaften, einen anderen ökonomisch-kulturellen Theorieansatz zu vermitteln. Die Sichtweise der beiden Disziplinen wird dem Leser auch in der unterschiedlichen und eigenverantwortlichen Darstellungsform der Themenbereiche durch die Autoren Helmut Bujard, Lothar Černý, Walter Gutzeit und Harald Weyel deutlich.

Zu danken haben wir in besonderer Weise Herrn Erik Sudmann, der umfangreiche Formatierungsaufgaben übernommen hat. Ein Dank gilt auch Herrn Dipl.-Übersetzer Heinz Wagner und Herrn Marco Mauel.

Helmut Bujard   Lothar Černý   Walter Gutzeit   Harald Weyel

Inhalt

14 Bruttoinlandsprodukt – Indikator für Lebensqualität und kulturelle Entwicklung (*Walter Gutzeit*) 207

Sechster Teil:
Ziele, Instrumente und Akteure der Wirtschafts- und Kulturpolitik 233

15 Allgemeine Wirtschafts- und Kulturpolitik (*Walter Gutzeit*) 235

Siebter Teil:
Spezielle Wirtschafts- und Kulturpolitik   249

Abbildungsverzeichnis

Tabellenverzeichnis

Einleitung

Die unübersehbaren wirtschaftlichen Entwicklungsunterschiede legen die Vermutung nahe, dass der Einfluss kultureller Faktoren stärker als in den vorherrschenden ökonomischen Theorieansätzen zu berücksichtigen ist. Dies erklärt, dass Kultur in den Wirtschaftswissenschaften zunehmend als etwas Grundlegendes aufgefasst wird. Diese Erkenntnis hat uns herausgefordert, das Phänomen eines vermeintlichen Spannungsverhältnisses von Kultur und Wirtschaft näher zu untersuchen. Zugleich verbindet sich damit die Aussage, dass der Anspruch, wirtschaftliche Entwicklungen mittels allgemein gültiger Theorien erklären zu können, methodisch nicht zu rechtfertigen ist. Die Schwierigkeiten aller kulturökonomisch ausgerichteten Überlegungen beginnen bereits beim Verständnis der Kultur und stellen in den meisten Ansätzen einer kulturellen Ökonomik keine eindeutige Kategorie dar. Kaum ein Begriff hat im Laufe der Zeit so viele Deutungen erfahren wie jener der Kultur.

Spricht man von Kultur, so sieht man sich rasch mit dem Problem konfrontiert, in der kulturwissenschaftlichen Literatur (Kroeber/Kluckhohn) seien über 165 Definitionen von Kultur bekannt. Tatsächlich werden – nach wissenschaftlichen Disziplinen getrennt – die fachspezifischen Ansätze zur Bestimmung von Kultur detailliert aufgeführt. Es handelt sich also nicht um endgültige Definitionen. Trotzdem sagt Luhmann zu Recht, dass sich die Spannweite, die der Begriff ausfüllen sollte, als zu groß erwiesen habe (Luhmann 1995: 31).

Der entscheidende Wandel des Kulturbegriffs setzt in dem Moment ein, wo ‚Kultur' nicht mehr semantisch und auch ethisch nicht mehr eindeutig festgelegt ist, sondern selbst zum Thema wird. Dies geschieht im Laufe der Aufklärung – im 17. und 18. Jahrhundert. Der moderne Kulturbegriff wird vor allem von Johann Gottfried Herder geprägt als etwas, das wächst und sich ausbildet und nicht fest gefügt ist.

Wir betrachten Kultur als ein umfassendes Funktionssystem mit verschiedenen Dimensionen (Luhmann 1994: 8). Im Hinblick auf das Verhältnis von Kultur und Wirtschaft bedeutet dies, dass Kultur ein polyfunktionales System darstellt.

Angesichts ökonomischer, sozialer und ökologischer Probleme fällt es jedoch schwer, eine Kompatibilität kultureller Orientierungshorizonte mit der Vielzahl unterschiedlichster Wertesysteme zu erzielen. Erklärungsansätze zur Beschreibung und Analyse wirtschaftlicher Entwicklungen unter Einbeziehung kultureller Erscheinungen haben jedoch eine längere Tradition und finden sich bereits in der Antike. Diesen Beziehungszusammenhang ergänzte Aristoteles, indem er eine Trias von Ethik, Politik und Ökonomie postulierte. Während für die römisch-griechische Welt die kulturelle Identitätsstiftung primär von der ethnischen Zugehörigkeit ausging, kommt mit dem Christentum eine neue Perspektive in die Welt.

Mit der Einführung des Christentums bleibt es beim kulturellen Gegensatz zwischen der expandierenden Welt des römischen Reiches und einer religiösen „Subkultur", bei der Barmherzigkeit und Gerechtigkeit zum ethischen Imperativ wurden. Wie in früheren Epochen gehen auch im 20. Jahrhundert von den wissenschaftlichen Umwälzungen kulturelle und wirtschaftliche Veränderungen von besonderer politischer und gesellschaftlicher Tragweite aus.

Der Einsatz von Geld zur Vermehrung des Reichtums wird von Weber zu Beginn des 20. Jahrhunderts in seinem Werk *Die protestantische Ethik und der ‚Geist' des Kapitalismus* (1920) dargestellt. Für Weber lässt sich wirtschaftlicher Erfolg in den protestantischen Ländern – neben anderen Faktoren – insbesondere auf das Ethos des (calvinistischen) Protestantismus zurückführen.

Eine wesentliche Rolle für die abendländische Kultur seit der Renaissance dürften neben Einzeldisziplinen und gesellschaftlichen Subsystemen die Kulturvermittlungsinstanzen (Maurer) gespielt haben. Dazu gehören die verschiedenen Bildungssprachen – mit Englisch als der neuen *lingua franca* – der Buchdruck, der Film, das Radio bis hin zum Computer und dem Internet.

Seit der Durchsetzung der Nationalökonomie als eigenständiger Wissenschaft bei Adam Smith und der Ausgliederung der Pragmatik und Sozialethik aus der Moralphilosophie bei Immanuel Kant wird die Trias wieder aufgelöst. Das Spannungsverhältnis von Wirtschaft und Kultur ist in der Vergangenheit immer dann ins Blickfeld geraten, wenn wirtschaftliche Entwicklungen mit den vorherrschenden ökonomischen Theorien nicht hinreichend erklärt werden konnten.

Vor einigen Jahrzehnten waren es die außergewöhnlich hohen Wachstumsraten in den ostasiatischen Ländern, die das Interesse auf die asiatischen Werte und Kultureigenarten lenkten. Später waren es dann die Umgestaltungen der wirtschaftlichen und staatlichen Ordnungen in den osteuropäischen Ländern, die eine Rückbesinnung auf deren Kultur und Geschichte auslösten. Aktuell sind es die unterschiedlichen Entwicklungen einzelner Kulturkreise – dies gilt in besonderer Weise für die Entwicklungs-, Schwellen- und Transformationsländer – bei deren Integration in die zunehmend globalisierten Produktions- und Austauschprozesse (Gutzeit: 50). Daraus leitet sich das Ziel der Wirtschafts- und Kulturpolitik ab, ein Konzept zu entwickeln, die Lebensbedingungen der Menschen in den ökonomisch ‚unterentwickelten' Ländern zu verbessern.

Bei ökonomischer Betrachtungsweise nimmt – wie Walter Eucken es ausdrückt – das Spannungsverhältnis zwischen Wirtschaft, Geschichte und Kultur seinen Ausgang in der klassischen Nationalökonomie (18. Jahrhundert). Die unsichtbare Hand des Marktes führe nach Adam Smith ein System natürlicher Freiheit herbei. Marktwirtschaftliche Aktivitäten würden sowohl den menschlichen Anlagen als auch den ethischen Prinzipien gerecht. Smith' Vorstellung war der liberale Gegenentwurf zu merkantilistischen Herrschaftspraktiken. Zwar unterstellt er in seinem Hauptwerk ‚Wohlstand der Nationen' das Eigeninteresse der Wirtschaftssubjekte als allgemeine Verhaltensmaxime, sie wird aber in seiner ‚Theorie der ethischen Gefühle' durch moralisch-kulturelle Voraussetzungen eines geordneten Gemeinwesens ergänzt. Edgar Salin (73) bezeichnet das Nebeneinander von kultur-historischer Individualität einerseits und anonymen sowie eigeninteressierten Individuen andererseits als Doppelseitigkeit der Smithschen Theorie.

Historische und kulturelle Entwicklungsfaktoren verweist Walter Eucken (15 ff.) in den Datenkranz, worunter er alle Tatsachen subsumiert, die das ökonomische Geschehen beeinflussen, ohne selbst von ökonomischen Faktoren bestimmt zu sein. Den Datenkranz erklärt Eucken zur Tabuzone, weil er mit der ökonomischen Theorie nicht erklärt werden könne.

Während bei Adam Smith marktwirtschaftliches und kulturelles Denken nur verdeckt zu erkennen ist, wird bei den frühen Vertretern der Historischen Schulen ein Unbehagen an der Entwicklung der ‚Nationalökonomie' zu einer abstrakten Theorie deutlich. Darüber hinaus wurde dieser Eindruck durch den Anspruch von Georg Wilhelm Friedrich Hegel und später von Karl Marx verstärkt, die Entwicklungsgesetze der modernen Gesellschaft und Wirtschaft erkennen zu lassen. Hegels Einfluss gründet sich auf der Vorstellung, alle geistigen und sozialen Wandlungen aus dem Prinzip der dialektischen Selbstentfaltung des Geistes zu erklären. Er interpretierte Geist, Vernunft und Ideen als historisch-kulturell wandelbare Kategorien.

Sowohl die idealistische Entwicklungstheorie von Georg Wilhelm Friedrich Hegel als auch deren materialistische Umkehrung durch Karl Marx lieferten den Vertretern der Historischen Schulen das theoretische Rüstzeug für ihre Kritik der klassischen liberalen Ökonomie und deren Anspruch, die realen Verhältnisse mittels einer abstrakten, universal gültigen Theorie erklären zu können (Kolb: 90 f.).

Die frühen Vertreter der Historischen Schulen (19. Jahrhundert) forderten eine Wirtschaftstheorie als eine Verbindung der Ökonomie mit anderen Wissenschaften. Hauptziel waren geschichts- und kulturspezifische Verhaltensweisen und auch, um ökonomische Gesetzmäßigkeiten nachweisen zu wollen (Gutzeit: 67 ff.). Sie benutzten bevorzugt die Methode des Verstehens und Erlebens, die in dieser Zeit von den einflussreichen Erkenntnistheoretikern als die für die Geistes- und Kulturwissenschaften angemessene Methode empfohlen wurde, um das Besondere des Objektbereichs erfassen zu können, während allgemeine Theorien für naturwissenschaftliche Erklärungen reserviert wurden.

Ebenso sah Max Weber – er bezeichnete sich selbst als Kind und Jünger der Historischen Schule – das eigentliche Erkenntnisziel der Sozial- und Wirtschaftswissenschaften im Verstehen und Erklären des Individuellen der sozialen Wirklichkeit, des geschichtlichen ‚So-und-nicht-anders-Gewordenseins'. Die hier aufgezeigte methodische Trennung gilt – seit Karl R. Popper (102 ff.) – jedoch als überholt.

Der Erkenntnisgewinn der Historischen Schulen beschränkte sich auf die Feststellung, dass die jeweilige Ordnung die Lebensführung widerspiegelt (Leipold: 28 ff.). Die Ordnung menschlichen Zusammenlebens erfordert nach Friedrich August von Hayek eine gewisse Regelmäßigkeit des Handelns. Die Frage, wie eine Ordnung des zwischenmenschlichen Handelns zustande kommen kann, ist untrennbar mit der Frage verbunden, welche Regeln zugrunde liegen und wie diese entstehen.

Friedrich August von Hayeks ‚Theorie der Kulturellen Evolution' kann als ein Gegenentwurf zu den verschiedenen rationalistischen und strukturalistischen Gesellschaftstheorien bezeichnet werden (Leipold: 40). Das rationalistische Denken verleite die Menschen dazu, die Traditionen zu unterschätzen.

Ein weiterer Erklärungsansatz zwischenmenschlichen Handelns findet sich in der Theorie der Institutionen. Bei diesem auch von den Historischen Schulen beeinflussten Theorieansatz bilden Institutionen das Erkenntnisinteresse für mehrere Theorieansätze – Property-Rights-Theorie, Transaktionskostentheorie, Ökonomische Theorie des Rechts, Principal Agent Theorie, Ökonomische Theorie der Verfassung, Neue Politische Ökonomie – und werden als wichtige Einflussgrößen des Wirtschaftens analysiert. Die Auseinandersetzung mit diesen Theorieansätzen hat zu der Erkenntnis geführt, dass kulturspezifische Ideen ökonomische Fehlentwicklungen verhindern können. Wesentlich beeinflusst wurde dieser Theorieansatz durch die Ausführungen von Ronald Coase – Coase Theorem – wonach im Wege von Verhandlungen zwischen Schädigern und Geschädigten eine größere Effizienz bei externen Effekten als auf dem Rechtsweg erzielt werden kann.

Auf die Relevanz des Antinomieproblems und auf das Spannungsverhältnis zwischen ideell-kulturellen und ökonomisch-technischen Faktoren der institutionellen und wirtschaftlichen Entwicklung aufmerksam gemacht zu haben, ist das besondere Verdienst von Dudley North (1992).

Aus der Einheit unseres sozialen Handelns folgt, dass zwischen Ökonomie und Kultur kein unüberbrückbarer Gegensatz bestehen muss. Ökonomische, persönliche oder politische Entscheidungen werden auch durch nicht-ökonomische Faktoren motiviert und legitimiert und finden vielfältige Entsprechung im politischen Tagesgeschehen. Dies erklärt den Zusammenhang von ökonomischen und kulturellen Faktoren – hier vor allem Sprache, Ethik, Religion, Ideologie, Tradition, Bevölkerungsentwicklung – die insbesondere im ordnungs- und systemtheoretischen Denken Eingang gefunden haben. Die Festlegung der konkreten wirtschafts- und kulturpolitischen Ziele erfolgt im Zuge der politischen Willensbildung. Erste Voraussetzung für eine erfolgreiche Wirtschafts- und Kulturpolitik ist ein fundiertes Theoriekonzept.

Während bei ordnungstheoretischen Überlegungen ökonomische und kulturelle Rahmenbedingen gesetzt werden, zielen unsere Ausführungen auf die prozessuale Gestaltung wirtschaftlichen Handelns als Ausdruck kultureller Erscheinungen.

Daraus leitet sich unser Anspruch ab, das Bruttoinlandsprodukt sowie die theoretischen Grundlagen zur Erklärung der Güter- und Faktormärkte – als nationale und außenwirtschaftliche Aktivitäten – und deren Voraussetzungen zur Realisierung dieses Ergebnisses unter wirtschaftlichen und kulturellen Aspekten zu untersuchen. Insofern ist auch zu hinterfragen, welche kulturellen Einflüsse auf das BIP in seiner Entstehung, Verteilung und Verwendung einwirken.

Die Ausführungen zum BIP geben noch keine eindeutige Antwort auf die Frage, wie sich wirtschaftliches Ergebnis und kulturelle Entwicklung eines Landes gegenseitig beeinflussen. Gleichwohl korreliert die Leistungsfähigkeit einer Gesellschaft mit dem Grad ihrer kulturellen Entwicklung.

Eine leistungsfähige Gesellschaft ist dadurch charakterisiert, dass in einer vertrauensvollen Atmosphäre soziales Handeln stattfindet, das sich aufgrund geteilter kultureller Vorstellungen einer breiten Legitimität erfreut.

Mit dem BIP als Indikator für Wohlstand wird nahezu ausschließlich die in Geld gemessene wirtschaftliche Entwicklung eines Landes beschrieben. Kulturelle und gesellschaftliche Faktoren, die dem Wunsch von jedem Einzelnen nach mehr Lebensqualität entsprechen, bleiben weitgehend unberücksichtigt. Allerdings haben die Menschen unterschiedliche Vorstellungen von dem, was Lebensqualität ausmacht

Da jedoch eine Theorie menschlichen Wohlbefindens nicht existiert, ist es schwierig, eine einheitliche Auffassung über den Inhalt des Begriffe ‚Lebensqualität' zu erreichen (Haslinger: 239 f.). Gleichwohl gibt es zahlreiche Untersuchungen, Lebensqualität von Menschen zu messen. Die Bewertung ist abhängig vom Lebensalter, von den Lebensumständen und Erfahrungen eines Menschen.

Da eine kulturelle Effizienz – soweit sie denn messbar ist – nicht mit der ökonomischen Effizienz identisch sein muss, gilt es, Unterschiede und Gemeinsamkeiten herauszuarbeiten. Darüber hinaus richtet sich der Blickwinkel nicht nur auf ökonomische und kulturelle Faktoren, sondern ebenso auf ökologische Entwicklungen. In der öffentlichen Diskussion wird der Begriff Ökologie oft synonym mit dem Wort Umwelt oder dem Wort Natur verwendet. Obwohl der Mensch seine Umgebung seit tausenden von Jahren modifiziert hat, wird ihm erst seit der Mitte des zwanzigsten Jahrhunderts zunehmend bewusst, dass Ökologie mehr als eine selbständige Randbedingung menschlicher Existenz ist. Vielmehr leben die Menschen in einer Umwelt, die von ihnen beeinflusst und vor allem durch die steigende Industrialisierung verändert wurde.

Ökologie ist zwar stets auf biologische Systeme bezogen, beinhaltet aber auch moralische Argumente für den Schutz der Umwelt. Der ursprünglich sehr enge Kontext der Ökologie wurde erweitert, und der *physischen Umwelt* wurde die *sozio-kulturelle Umwelt* hinzugefügt.

In unterschiedlicher Weise wird in Religionen Verschwendung als verantwortungslos gewertet und widerspricht einer einfühlsamen Haltung gegenüber Menschen und der Natur. Selbstbegrenzung und Nachhaltigkeit müssen als Fragen der ethischen Verantwortung gesehen werden.

Die vorliegende Untersuchung verweist auf ungelöste Fragen und soll dem Leser die Erkenntnis vermitteln, das Spannungsverhältnis von Wirtschaft und Kultur als eine permanente Herausforderung zu betrachten. Bei einem so breit gefächerten Themenbereich bedarf es weiterer Überlegungen, das Beziehungsgeflecht zwischen Wirtschaft und Kultur noch intensiver zu beleuchten.

Literatur zu Vorwort und Einführung

Coase, R. H.: The Nature of the Firm, Economica, Vol. 4, pp. 386–405, 1937.

Eucken, W.: Die Grundlagen der Nationalökonomie. 6.Auflage, Berlin – Göttingen – Heidelberg 1950.

Gutzeit, W.: Wirtschaftssysteme in der Entwicklung. Theorieansatz für die gesamtwirtschaftliche Organisation einer Volkswirtschaft, Berlin 2006.

Haslinger, F.: Volkswirtschaftliche Gesamtrechnung, 6. Auflage, München – Wien, 1992.

Hayek, F. A. von: Die drei Quellen der menschlichen Werte, Walter Eucken-Institut, Tübingen 1979.

Ders.: Recht, Gesetzgebung und Freiheit, Bd.1, Regeln und Ordnung, München 1980.

Hegel, G. W. F.: Grundlinien der Philosophie des Rechts oder Naturrecht und Staatswissenschaft im Grundriss, Stuttgart-Bad Cannstatt 1964.

Hildebrand, B.: Die Nationalökonomie der Gegenwart und der Zukunft, Bd. 1, Frankfurt a. M. 1848; so beschrieben bei G. Kolb, Geschichte der Volkswirtschaftslehre, Dogmenhistorische Positionen des ökonomischen Denkens, 2. Auflage, München 2004.

Hollstein, B.: Progmatische Inspirationen für eine kulturbewusste Ökonomik, S. 153–178, in: Mi-Yong, Lee Peuker, Fabian Scholtes, Olaf J. Schumann (Hrsgb.): Kultur – Ökonomie – Ethik, Band 18, Rainer Hampp Verlag, München und Mering 2007.

Kolb, G.: Geschichte der Volkswirtschaftslehre, Dogmenhistorische Positionen des ökonomischen Denkens, 2. Auflage, München 2004.

Kroeber, A. L. und Kluckhohn, C.: Culture: A Critical Review of Concepts and Definitions. Peabody Museum, Cambridge, MA 1952.

Leipold, H.: Kulturvergleiche Institutionenökonomik, Stuttgart 2006.

Luhmann, N.: Die Wirtschaft der Gesellschaft, Frankfurt a. M. 1994.

Luhmann, N.: Gesellschaftsstruktur und Semantik. Studien zur Wissenssoziologie der modernen Gesellschaft, Bd. 4. Frankfurt a. M. 1995.

Marx, K.: Zur Kritik der Politischen Ökonomie. Erstes Heft, Berlin 1972.

Maurer, M.: Kulturgeschichte. Eine Einführung, Köln 2008.

North, D. C.: Institutionen, Institutioneller Wandel und Wirtschaftsleistung, Tübingen 1992.

Popper, K. R.: Das Elend des Historizismus, 6. Auflage, Tübingen 1987.

Remmele, B. und Goldschmidt, N.: Die Bedeutung einer kulturellen Ökonomik für eine Theorie der Wirtschaftsethik, S. 251–266, in: Mi-Yong et al.

Roscher, W.: Grundriss zu Vorlesungen über die Staatswirtschaft nach geschichtlicher Methode, Göttingen 1843; so beschrieben bei G. Kolb, a.a.O.

Salin, E.: Politische Ökonomie, Geschichte der wirtschaftspolitischen Ideen von Platon bis zur Gegenwart, 5. Auflage, Tübingen-Zürich 1967.

Schmoller, G.: Über einige Grundfragen des Rechts und der Volkswirtschaft. Offenes Sendeschreiben an Herrn Prof. Dr. Heinrich von Treitschke, in: Jahrbücher für Nationalökonomie und Statistik, 23, 1874, S. 225–349.

Smith, A.: Der Wohlstand der Nationen. Eine Untersuchung seiner Natur und seiner Ursache, .München 1974.

Weber, M.: Die Protestantische Ethik und der Geist des Kapitalismus, in: M. Weber: Gesammelte Aufsätze zur Religionssoziologie, 1. Bd., Tübingen 1920, S. 17–206.

Erster Teil:
Grundlagen der Wirtschafts- und Kulturwissenschaften

1 Wirtschaft, Kultur und das System der Gesellschaft

1.1 Wirtschaft und das System der Gesellschaft (*Walter Gutzeit*)

Der Begriff Wirtschaft umfasst einerseits die materielle (sachliche) und institutionelle Ausstattung, deren sich der Mensch zur Beschaffung der knappen Mittel bedient und andererseits das menschliche Verhalten selbst, das sich in der Vorbereitung und Durchführung von Maßnahmen äußert (Woll 2007: 54 ff.).

Die Volkswirtschaftslehre untersucht vorwiegend gesamtwirtschaftliche Zusammenhänge. Praktisch kommt die Betriebswirtschaftslehre nicht ohne gesamtwirtschaftliche Erkenntnisse und die Volkswirtschaftslehre nicht ohne einzelwirtschaftliche Grundlagen aus.

Die Volkswirtschaft beschränkt sich nicht auf eine oder mehrere Einzelwirtschaften, sondern sie beschreibt deren Zusammenspiel in einer Gesamtwirtschaft. Allerdings ist die Volkswirtschaft als Ganzes etwas anderes als die Summe aller Einzelwirtschaften.

Vergleicht man den Betriebswirt mit einem Wissenschaftler, der die ökonomischen Vorgänge in einer Volkswirtschaft aus der ‚*Froschperspektive*' betrachtet, so sieht der Volkswirt den gleichen Sachverhalt gleichsam aus der ‚*Vogelperspektive*'.

Normalerweise ist Volkswirtschaft dabei auf eine Wohnbevölkerung ausgerichtet, weil für wirtschaftliche Entscheidungen die Entscheidungsträger des betreffenden Landes zuständig sind. Jedoch reichen die Staatsgrenzen als Abgrenzungskriterium nicht mehr aus, denn wirtschaftliche Entscheidungen erfolgen auch durch Entscheidungsträger größerer Wirtschaftsräume. So werden beispielsweise wirtschaftliche Entscheidungen im Bereich der Agrarpolitik nicht nur innerhalb der Staatsgrenzen getroffen, sondern in sehr starkem Maße von der EU-Kommission in Brüssel.

Als Teil der Wissenschaften zählt die Volkswirtschaftslehre zu den Erfahrungswissenschaften bzw. Realwissenschaften.

Einzelwirtschaften sind dadurch gekennzeichnet, dass sie einheitliche Wirtschaftspläne aufstellen. Vier Gruppen können ihnen zugerechnet werden:

Wissenschaften

Realwissenschaften   Ideal-/Formalwissenschaften

Erfahrungswissenschaften   Geistes- und Kulturwissenschaften

Naturwissenschaften   Wirtschafts- und Sozialwissenschaften

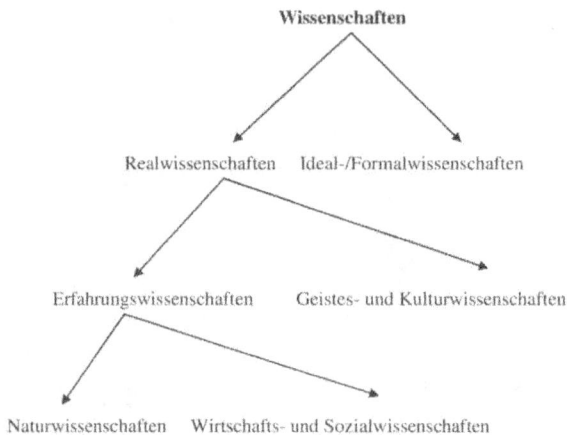

Abb. 1-1: Wissenschaften – Übersicht

* Haushalte
* Unternehmen
* Staat
* Ausland.

Abschließend seien noch einige mit der ‚Volkswirtschaftslehre' verwandte Begriffe erklärt:

* „Politische Ökonomie" wurde früher synonym für Volkswirtschaftslehre gebraucht. Die neue „Politische Ökonomie" (seit Beginn der 60-er Jahre im 20. Jahrhundert) hat schwerpunktmäßig die Wechselwirkungen zwischen dem ökonomischen und dem politischen Bereich zum Gegenstand.
* „Politökonomie" sieht die wirtschaftlichen Prozesse aus der Sicht des Marxismus-Leninismus.
* „Sozialökonomie" bzw. Sozialwirtschaftslehre war vor allem zu Beginn des 20. Jahrhunderts der gängigste Begriff für Volkswirtschaftslehre. Er bringt zum Ausdruck, dass Wirtschaft immer soziale Bezüge hat. Heute ist allerdings die Bezeichnung Volkswirtschaftslehre allgemein üblich.
* „Nationalökonomie" wird in Deutschland synonym für Volkswirtschaftslehre gebraucht. Beide Begriffe sind ungenau, weil sie durch Hervorhebung von ‚Volk-' und ‚National-' unzutreffende Abgrenzungen betonen.
* „Wirtschaftswissenschaft" hat als Erkenntnisgegenstand die Wirtschaft und umfasst einzelwirtschaftliche und gesamtwirtschaftliche Phänomene.
* „Wirtschaftskunde" erfasst wirtschaftliche Phänomene deskriptiv. Die Wirtschaftskunde gibt Antwort auf die Frage: Was ist? So wird beispielsweise beschrieben, dass in unserer Wirtschaft Geld aus Münzen, Banknoten und Buchguthaben bei Banken besteht.
* „Die Wirtschaftstheorie" versucht darüber hinaus zu erklären, warum etwas so ist. Ihre Aufgabe besteht mithin darin, die wirtschaftlichen Zusammenhänge zu erklären (und richtig vorherzusagen). In der Regel handelt es sich um Kausalaussagen, d. h. um Ursache-Wirkungs-Bezüge.

Beispiel:
Wenn die Geldmenge unbegrenzt vermehrt wird, verschlechtert sich der Geldwert, d. h. das Preisniveau steigt.

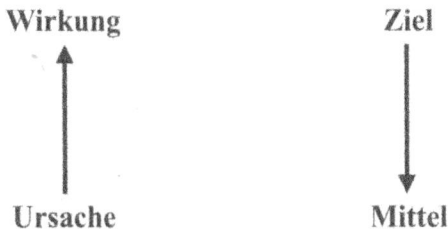

Wirkung   **Ziel**

Ursache   **Mittel**

Abb. 1-2: Ursache/Wirkung – Ziel/Mittel

- Die „Wirtschaftspolitik" versucht Antwort auf die Frage zu finden:
  Was ist realisierbar und wie lassen sich bestimmte Ziele erreichen? Die Ursache-Wirkungs-Zusammenhänge der Theorie werden in der Wirtschaftspolitik zu Mittel-Zweck-Beziehungen. Aufgrund von Informationen über die Diskrepanz von gewünschter Lage (= Ziel) und tatsächlicher Lage setzen die Träger der Wirtschaftspolitik bestimmte Mittel ein, um die tatsächliche Lage mit der Zielvorstellung in Übereinstimmung zu bringen.

Beispiel:
Wenn die Politik Preisniveaustabilität anstrebt, darf die Geldmenge nicht unbegrenzt wachsen – sie muss reguliert werden.

Eine theoretische Aussage ist der Hinweis, dass Herr X mit Lungenkrebs rechnen muss, wenn er weiter stark raucht. Die diesem Sachverhalt folgende politische Aussage lautet:

Wenn Herr X Lungenkrebs vermeiden will, muss er das Rauchen aufgeben bzw. stark einschränken.

Die Wirtschaftspolitik formuliert Ziele, die es zu realisieren gilt. Die Festlegung solcher Ziele und Normen, d. h. ein Zustand, der sein sollte, lässt sich wissenschaftlich und allgemeingültig nicht vornehmen. Hier fließen Werturteile ein, die der wissenschaftlichen Analyse vorgegeben werden müssen. Die anzustrebenden Ziele sind durch die jeweilige Regierung zu bestimmen.

1.2 Kultur und das System Gesellschaft (*Lothar Černý*)

Will man über Kultur und Kulturwissenschaft sprechen, so sieht man sich rasch mit dem Problem konfrontiert die Termini genau zu definieren. Dass es sich dabei um ein wenig aussichtsreiches Unterfangen zu handeln scheint, erklärt der häufig wiederholte Hinweis in der kulturwissenschaftlichen Literatur, Kroeber/Kluckhohn (1952) hätten über 165 Definitionen von Kultur ausgemacht. Tatsächlich führen sie, nach wissenschaftlichen Disziplinen getrennt, die fachspezifischen Ansätze zur Bestimmung von Kultur detailliert auf. Es handelt sich also nicht um endgültige Definitionen. Trotzdem sagt Luhmann zu Recht, dass sich „die Spannweite, die der Begriff ausfüllen sollte" als zu groß erwiesen habe (Luhmann 1995: 31). Es ist zweifelsohne richtig, dass sich der Kulturbegriff theoretisch nur schwer genau fassen lässt; Luhmann selbst hat aber dazu beigetragen, das scheinbar Unmögliche in die Tat umzusetzen. Neben theoretischen Überlegungen verspricht vor allem ein begriffsgeschichtlicher Ansatz, etwas definitorische Klarheit zu schaffen. Das bedeutet vor allem danach zu fragen, wie sich das Denken über die Kultur entwickelt hat und wie es wiederum selbst von Faktoren bestimmt wird, die in einem vortheoretischen Sinne als ‚Kultur' bezeichnet werden.

Auch wenn es kaum möglich erscheint, einen so komplexen Begriff wie ‚Kultur' in einem wissenschaftlich stichhaltigen Sinne genau zu definieren – eine Theorie der Gesellschaft muss die ‚Kultur' einschließen, weil diese grundsätzlich als ein gesellschaftliches Phänomen in Erscheinung tritt. Sie sieht sich gezwungen, der Kultur einen systematischen Ort zuzuweisen – unabhängig davon, wie das Verhältnis der Kultur zu anderen gesellschaftlichen Phänomenen konstruiert wird. Selbst eine Systemtheorie wie die von Niklas Luhmann (1927–1998), die der Kultur zunächst kein eigenes System zugesteht, postuliert, dass jedes sinnkonstituierende System eine immanente Kultur aufweist. Damit wäre Kultur aber nur immanentes Attribut. Das Verhältnis von Kultur und Wirtschaft lässt sich jedoch nur dann begrifflich und phänomenologisch fassen, wenn man Kultur als übergreifendes Funktionssystem[1] betrachtet. Kultur gehört nicht zu den funktionalen Differenzierungen, die zu gesellschaftlichen Teilsystemen werden und für die Gesellschaft spezifische Funktionen übernehmen (wie beispielsweise Wirtschaft, Recht, Erziehung, das politische System etc.).

Wissenschaftstheoretisch begegnen sich damit die soziologische Systemtheorie auf der einen Seite und die allgemeine Kommunikationstheorie oder Semiotik auf der anderen. Kommunikation ist nach Luhmann als dreistufiger Prozess anzusehen: Information, Mitteilung und Verstehen.

Information = Sachverhalt (bewirkt Verknüpfung von Differenzen), es entsteht Informationswert.

Mitteilung = ein Selektionsvorschlag, ein Angebot, was auch als Handlung verstanden werden kann.

Verstehen = das Verstehen der Differenz von Information und Mitteilung, d. h., dass Verstehen bedeutet, den Unterschied zwischen einem allgemeinen und dem speziellen Informationsangebot wahrzunehmen, zu erkennen (Burkart 2004: 338–39).

Dass Kultur nicht nur als ein Subsystem, d. h. als immanentes Regel- und Verhaltenswerk angesehen werden kann, ergibt sich schon aus der Funktionseigenschaft der Kultur in einem sozialen System. Nach Luhmann definiert sich ein System, und nicht zuletzt ein soziales System, bereits als Kommunikation. Kommunikationsregeln repräsentieren aber Eigenschaften eines Systems, die man sehr wohl als Teil eines umfassenden, über die einzelnen Funktionssysteme hinausgehenden Kulturbegriffs, begreifen muss. Kultur entsteht nicht aus einem

---

[1]   http://www.luhmann-online.de/glossar/funktionssysteme.htm

Bedürfnis heraus, sie wurde nicht ‚eingerichtet‘ oder ‚gemacht‘. Kultur ist auch kein auto-poietisches Subsystem, sondern ein metafunktionales System, das die Kommunikationsfor-men und -inhalte des sozialen Systems umfasst. Aus der Gleichsetzung von (gesellschaftli-chem) System und Kommunikation, wie sie von Luhmann und auch Berger & Luckmann (1980) vorgenommen wird, geht notwendig ein kommunikativer Kulturbegriff hervor. In gewisser Weise kann man also formelhaft sagen, dass Kultur die Kommunikation eines Sys-tems ist, wobei man hinzufügen sollte, dass sie sich medial nicht beschränkt: „Kultur ist Kommunikation im Medium aller Medien" (Hagen, www). Mit Burkart ließe sich Kultur als „diese Kommunikation begleitende[n] Selbstbeschreibungen" (Burkart 2004: 345) definie-ren. Kommunikation erscheint zugleich als Bedingung und Folge gesellschaftlichen Lebens. „Gesellschaft ist, dass kommuniziert wird, Kultur ist das Wie – oder: wie dies gesehen wird" (Burkart 2004: 344).

Die Regeln, nach denen Kommunikation funktioniert, lassen sich als ‚kulturelle Codes‘ ver-stehen, denn Kultur bestimmt, was „passende und nichtpassende Beiträge" (Burkart 2004: 334) sind, was verständlich ist und was als moralisch-ethisch akzeptabel angesehen wird. Kultur manifestiert sich in dem Moment, in dem sie vergleicht und unterscheidet, sich und das Fremde abgrenzt, also deutliche Grenzen zieht. Im Sinne von Luhmann kann man der These zustimmen, Kultur sei „eine Art Sinnfilter" (Burkart 2004: 335). Nimmt man diese Definition als gegeben an, so stellt sich heraus, dass sich hinter dem Begriff ‚Kultur‘ ein umfangreiches Spektrum von Unterscheidungskriterien sowie von Zeichen und Medien ver-birgt, das die Differenz kommunikativ umsetzt und wirksam werden lässt.

Für den Begriff ‚Kultur‘ bedeutet dies, dass die Kategorie ‚Grenze‘ konstitutiv ist. Ohne das Kriterium ‚Differenz und Grenze‘ – und damit ohne Vergleich – wäre eine Kultur nicht denkbar und erst recht nicht konkret beschreibbar.

Die Kategorie ‚Grenze‘ als Basis des Kulturbegriffs reicht indes für eine Theorie der Kultur nicht aus. Durch die Abgrenzung erfolgt noch keine Definition in einer semantisch konkreten Weise. Die Methode der begrifflichen Annäherung an eine Kultur durch Unterscheidungen und Grenzziehungen erweist sich jedoch als produktiv, weil sie fast zwangsläufig von der rein synchronen Betrachtung ‚der‘ Kultur zu verschiedenen Kulturen in der Vergangenheit führt. ‚Kultur‘ bezeichnet nämlich nicht nur die Kommunikationsweisen eines Systems auf synchroner Ebene, sondern beinhaltet auch die diachrone Dimension eines sozialen Systems. Wenn man Kulturen also auch in ihrer geschichtlichen Bedingtheit und Entwicklung betrach-tet, so legen sich begriffliche Metaphern wie ‚Kondensat‘ und ‚Gedächtnis‘ für das Ergebnis kultureller Entwicklungen nahe. Luhmann spricht von Kondensierung: „Im Zusammenwir-ken aller Kommunikationsmedien – der Sprache, der Verbreitungsmedien und der symbo-lisch generalisierten Medien – kondensiert das, was man mit einem Gesamtausdruck *Kultur* nennen könnte." (Luhmann 1997: 409) Legt man dieses Verständnis des Begriffs ‚Konden-sat‘ zu Grunde, so schließt dies die Vorstellung ein, dass alle Kulturphänomene auch das Ergebnis historischer Entwicklungen sind. Deshalb lässt sich der Begriff ‚Kondensat‘ auch mit dem des Gedächtnisses verbinden. Kulturtheoretisch bildet die Gedächtnisfunktion das Gegenstück zum ‚Vergessen‘, das eine ebenso wichtige Rolle im kulturellen Umgang mit der Vergangenheit darstellt.

Während aus der synchronen Perspektive die Funktion der Kultur als „Selbstbeschreibung" hervortritt, erwächst ihr diachronisch betrachtet – in der Terminologie von Luhmann – die Funktion als „Sinnarchiv". Das bedeutet nicht, dass Kultur mit einem abgelagerten Sediment vergleichbar und folglich unbeweglich wäre. Dem Kulturbegriff bleibt durchaus eine dynamische Komponente erhalten, weil nach Luhmann die Wiederholung, die den Kulturphänomenen eigen ist, zu Variationen und „Anreicherung mit Sinn" (Burkart 2004: 348) führt. Der Kondensierungsprozess erscheint daher zum einen als Ergebnis von Wiederholung, zum anderen trägt er aber dem Faktum Rechnung, dass sich mit der Wiederholung Bedeutungsverschiebungen ereignen.

Wenn man die Kultur nicht mehr als einen Sonderbereich der Gesellschaft betrachtet, sondern als die Kommunikationsweise einer Gesellschaft, dann lässt sie sich als Form gesellschaftlicher Praxis begreifen, genau wie Wirtschaft und Politik Formen der gesellschaftlichen Praxis sind. Kultur ist also weder ‚Überbau' noch Enklave. Sie produziert dennoch eigene Zeichensysteme und generiert gemeinsame Bedeutungen, die vor allem im Medium der Sprache repräsentiert sind. Bedeutungen werden durch die Sprache symbolisch repräsentiert.

Da Zeichensysteme wie das der Sprache dem Wandel unterworfen sind, weil sie ebenso sehr das Produkt gesellschaftlicher Praxis sind wie sie diese ermöglichen, entwickeln sich Mechanismen der Stabilität. Diese ergeben sich durch Traditionsbildung, Konventionen (Wittgenstein) und Festlegungen (Rorty 1989: 75 spricht von „final vocabularies") oder durch Machtausübung im und über den sprachlichen Diskurs (vgl. das „Wahrheitsministerium" in George Orwells Roman *1984*). Im Prozess der Kulturentwicklung bedingen sich gesellschaftliches Handeln und Generierung von Bedeutungen gegenseitig. Eine kulturelle Identität ergibt sich aus einem temporär fixierten Zustand von sprachlichen Diskursformen und Diskursinhalten sowie der gesellschaftlichen Praxis. Sie lässt sich an Kristallisationspunkten festmachen, an denen sich zahlreiche Phänomene gesellschaftlicher Praxis überschneiden oder sich gegenseitig bedingen, z. B. an den sozialen Rollen, den gesellschaftlichen Gruppen und Ordnungen, der Machtverteilung, der ethnischen Identität, den Geschlechterrollen („gender").

Während unter dem Einfluss des Marxismus lange Zeit die Kategorien „Klassen" und „Imperialismus" den kulturellen Diskurs beherrschten, haben sich im angelsächsischen Bereich die Konzepte von „Lokalisierung" und „Heterogenisierung" herausgebildet (Barker 2008). In dieser Diskussion rückt neben dem Thema Globalisierung das Herausbilden hybrider Kulturformen, nicht zuletzt als Folge des Kolonialismus, ins Zentrum. Für diese Entwicklung bietet sich auch der ursprünglich aus der Sprachwissenschaft stammende Terminus „Kreolisierung" an. Diese Tendenz in Bereichen wie der Popmusik, der Jugendkultur, der Mode bis hin zu den persönlichen Identitäten wurde vor allem von der angelsächsischen Kulturwissenschaft herausgearbeitet (ähnlich argumentiert Maalouf, 2000).

Wir gehen also davon aus, dass Kultur ein umfassendes Funktionssystem mit verschiedenen Dimensionen darstellt. Im Hinblick auf die Binnenstruktur einer Gesellschaft verneint man damit nicht, dass gesellschaftliche Subsysteme ihre eigenen Kulturen aufweisen. Dennoch stehen sie in einem Abhängigkeitsverhältnis zu den umfassenden Systemeigenschaften, d. h. sie bleiben ein Teil der sozialen Kommunikation. Im Hinblick auf das Verhältnis von Kultur und Wirtschaft bedeutet dies, dass Kultur ein zugleich übergreifendes und in sich polyfunktionales System darstellt, in dem das wirtschaftliche Regelwerk einerseits von der Kultur mit getragen wird andererseits aber auch durch seine spezifischen Kommunikationsmechanismen und -medien – insbesondere das Geld – auf diese Einfluss nimmt. Die Wirtschaft als Teilsystem lässt sich also nicht von der Gesellschaft und ihrer Gesamtkultur isolieren, weil sie nach Luhmann immer auch soziale Kommunikation ist (Luhmann 1994: 8).

1.3 Kulturbegriffe – Historisch betrachtet (*Lothar Černý*)

Die aus Luhmanns Systemtheorie abgeleitete Betrachtungsweise lässt sich aus historischer und begriffsgeschichtlicher Perspektive ergänzen. Schon die Etymologie des Wortes Kultur verdeutlicht, dass eine begriffs- und ideengeschichtliche Betrachtung die systemanalytische Perspektive der Kultur komplettieren kann.

Betrachtet man zunächst lediglich die Bedeutung des lateinischen *cultura* und die Semantik des Verbs *colere*, von dem es sich ableitet, so ergibt sich ein semantisches Spektrum, das sowohl menschliches Handeln als auch das gesellschaftliche Ergebnis solchen Handelns umfasst, wie die folgende Grafik illustriert.

Ursprünglich bezeichnet *colere* vor allem das Bearbeiten (Kultivieren) des Bodens, dessen erster Schritt das ‚Umdrehen‘, ‚Wenden‘, also das Ziehen von Furchen, das Pflügen ist. Übertragen wird diese Tätigkeit schon in der römischen Antike auf die Erziehung und das Geistesleben. In Ciceros „Tuskulanischen Disputationen" heißt es, leicht paraphrasiert: „So wie ein Acker, auch wenn er fruchtbar ist, ohne Pflege [sine cultura] keine Frucht tragen kann, so auch der Geist nicht ohne Belehrung." (Gespräche in Tusculum, II, 13) Die Kultur, also die Pflege des Geistes aber sei die Philosophie: „cultura autem animi philosophia est." (Tusculanae Disputationes II, 13).

In welchen Kontexten auch immer die Metapher vom Kultivieren Anwendung findet, sie verweist auf einen Prozess, auf Pflege, auf Entwicklung, Wachsen und (möglicherweise) Vergehen. Darin inbegriffen ist auch die frühchristliche Vorstellung, dass der Mensch zum Acker wird, in den Gott seine Gebote einpflanzt (Przywara 1935).

Mit dem Beginn der Neuzeit in der Renaissance setzt sich die Metaphorik des Pflegens fort in Formulierungen wie *cultura ingenii, cultura animi, georgica animi* (alle bedeuten ‚Kultur des Geistes‘).

Lebenswelt
Wohnkultur   leben   1 2   pflegen   Kunst
Esskultur   ansässig   schmücken   Hochkultur
(Subkultur)   sein   ausbilden   Kulturgut
                                                                  veredeln   Geisteskultur

                        colonia   *artes colere*

                                 cultura

                        agros colere   *deos colere*

Kulturen
(Pflanzen,   Religiöser Kult
Bakterien)   Kulthandlung
Land   Ackerbau   verehren   Kultphänomene
kultivieren treiben   anbeten
            anbauen   3 4   feiern

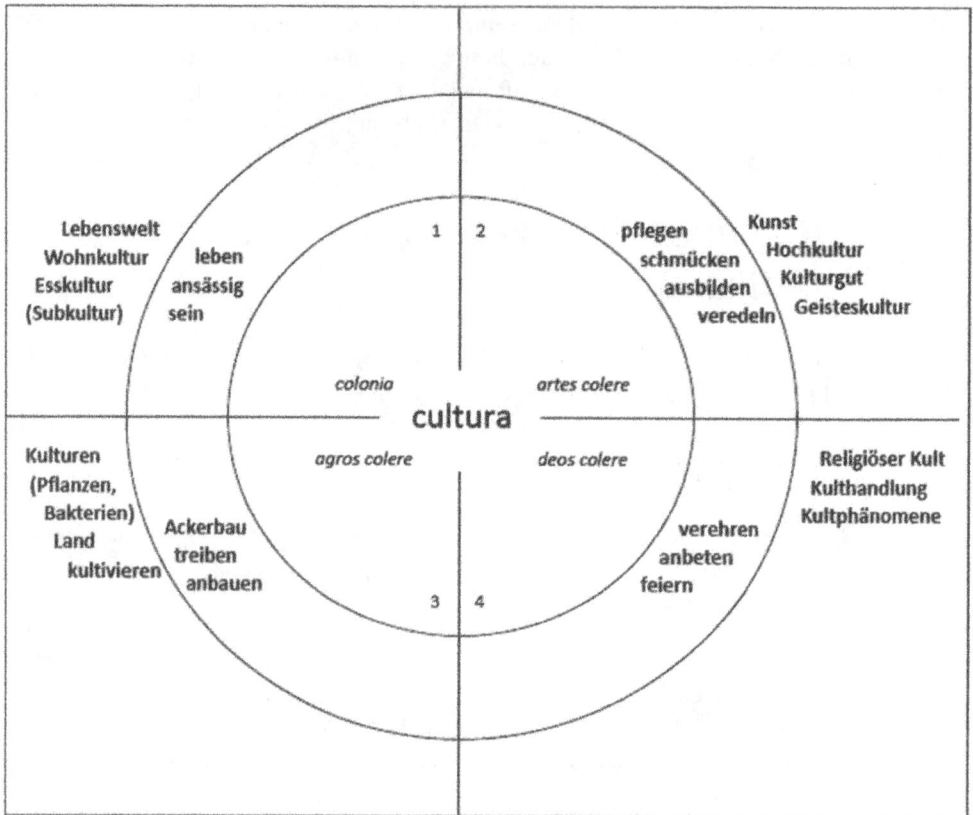

Abb. 1-3: Begriffsumfang von lat. cultura / colere

Zentral bleibt die begriffliche Opposition von Natur und Kultur, wobei der Gegensatz nicht als Widerspruch, sondern als Verhältnis von Material und Formung wie in der Antike zu verstehen ist. Ein Wortspiel in Shakespeares *The Tempest* (1611), mit dem Prospero den ‚wilden' Diener Caliban charakterisiert, markiert die Differenz dieser Pole, aber zugleich ihre Nähe und sogar Verwandtschaft.

> „... a born devil, on whose *nature*
> *Nurture* can never stick" (4.1.188, meine Hervorh.)

„Nurture" bezeichnet hier den Prozess der Transformation der bloßen Naturvorgaben durch Erziehung.

Der entscheidende Wandel des Kulturbegriffs setzt in dem Moment ein, wo ‚Kultur' nicht mehr semantisch und auch ethisch nicht mehr eindeutig festgelegt ist, sondern selbst zum Thema wird, d. h. als sie beginnt, sich auf einer Meta-Ebene des gesellschaftlichen und philosophischen Diskurses zu etablieren. Dies geschieht im Laufe der Aufklärung, grob gesprochen im 17. und 18. Jahrhundert.

Im Unterschied zu den älteren Verwendungen der Kultur-Metapher, wird das Wort *cultura* dann auch ohne Genitiv-Attribut verwendet, so etwa von einem der bedeutendsten Philosophen der Aufklärungszeit, Samuel Pufendorf (1632–1694). Dadurch verstärkt sich der Gegensatz zwischen dem ursprünglichen und als „barbarisch" verstandenen Naturzustand und dem durch die Verwendung der Vernunft erzeugten Zustand der Gesittung und Erziehung, der bereits als ein gesellschaftlicher verstanden wird. „Die" Kultur entwickelt sich durch Sozialität, d. h. in einem Zustand der Friedfertigkeit und der gemeinsamen Verpflichtung für das Ganze. Bei Pufendorf bleibt damit ein normativer und semantisch weitgehend festgelegter Kulturbegriff erhalten.

Mit der Aufklärung entsteht also eine Reflexion über die, wie Kant es ausdrückt „Bedingungen der Möglichkeit" (Kritik der reinen Vernunft, „Der transzendentalen Ästhetik. Erster Abschnitt", Abs. 2) von Kultur. Eine solche Bedingung war die Möglichkeit des Vergleichens in den Wissenschaften und Künsten (Luhmann 1995: 35 f.). Die Voraussetzungen dafür waren sowohl durch die weltgeschichtlichen Entwicklungen der frühen Neuzeit als auch philosophisch und geistesgeschichtlich gegeben. Die Expansion der europäischen Mächte nach Übersee sowie die aufklärerische Infragestellung religiöser und philosophischer Gewissheiten machten Vergleiche nicht nur möglich, sondern drängten das Vergleichen geradezu auf. Daraus konnte sich eine historisierende Betrachtungsweise entwickeln, und zwar zunächst als philosophisch-literarische Methode, wenn man an Montesquieus *Lettres Persanes* (1721) denkt. Der – wenn auch fiktive – Blick des Fremden auf die eigene Kultur soll dem Leser die Augen dafür öffnen, dass die eigene Kultur eben nicht selbstverständlich ist. Mit dieser Perspektive und der Entdeckung der Vielfältigkeit der Welt, auch der Sprachen, wird es erst möglich, den jeweiligen Standpunkt der eigenen Kultur ebenso wie den der eigenen Religion zum Gegenstand der Reflexion zu machen. Im Gegensatz zu Montesquieu benutzt Voltaire (1694–1778) keine literarische Maske, um seine Sicht der Geschichte als Kulturentwicklung darzulegen. In seinem umfangreichen Werk *Essay sur les moeurs et l'ésprit des nations et sur les principaux faits de l'histoire depuis Charlemagne jusqu'au Louis XIII* (1756, Dt. Über den Geist und die Sitten der Nationen…) legt er einen Grundstein für eine umfassende Geschichtsschreibung, die alle Bereiche menschlichen Handelns umfasst, von der Staatsgeschichte, über Handel und Wirtschaft bis zu den Details des täglichen Lebens. Durch eine solche Darstellung soll der Leser nicht nur über andere Völker und Sitten informiert werden, sondern sie soll im Sinne der Aufklärung wirken. Sie reflektiert Voltaires optimistische Überzeugung, dass die Menschheit auf allen Gebieten immer weiter voranschreitet und sich der Vernunft gemäß vervollkommnet. Demzufolge glaubt Voltaire, dass es eine universale Natur des Menschen gäbe, übereinstimmende Werte und Grundstrukturen, nur die Kulturen unterschieden sich.

Auch bei Kant (1724–1804) geschieht die Vervollkommnung der Welt und des einzelnen Menschen selbst durch Kultur. Kultur führt zu menschlicher Autonomie, erreicht durch Verfolgung selbst auferlegter ethischer Prinzipien. Deshalb steht in gesellschaftlicher Hinsicht die Herrschaft des Rechts an oberster Stelle. Höchste Kultur ist „das Produkt einer nach Begriffen des Menschenrechts geordneten Staatsverfassung" (Rezension von Herders Werk „Ideen", zitiert nach Eisler, Kant-Lexikon, 1930, s. v. Kultur). Der Mensch ist bestimmt, „in einer Gesellschaft mit Menschen zu sein und in ihr sich durch Kunst und Wissenschaften zu kultivieren, zu zivilisieren und zu moralisieren, wie groß auch sein tierischer Hang sein mag, sich den Anreizen der Gemächlichkeit und des Wohllebens, die er Glückseligkeit nennt, passiv zu überlassen" (Anthropologie 2. T. E., zit. nach Eisler). Deshalb steht bei Kant der Kultur im Sinne von ‚Moralität' die Zivilisation als etwas Äußerliches gegenüber (Kant, *Ideen zu einer allgemeinen Geschichte in weltbürgerlicher Absicht*).

Im Gegensatz zu dieser Auffassung einer kultivierenden Funktion durch und in der Gesellschaft im Gegensatz zu einem theoretisch angenommenen Naturzustand argumentiert J. J. Rousseau (1672–1747) fast umgekehrt: Von Natur aus sei der Mensch gut und gesellig – ein „noble sauvage", gut wie der ‚edle Wilde', aber die Entwicklung der Gesellschaft, eben die ‚Kultur' habe ihn unfrei, egoistisch und heuchlerisch gemacht. Daher die Forderung nach der ‚Rückkehr zur Natur'. Es bedürfe dazu sowohl einer der Natur des Kindes entsprechenden Art der Erziehung, die auf Zwang verzichtet als auch – auf gesellschaftlicher Ebene – eines neuen „contrat social" (so der Titel eines seiner Hauptwerke *Du contrat social ou Principes du droit politique*, 1758), eines ‚gesellschaftlichen Vertrages', der der Menschheit auf einer höheren Kulturstufe die verlorene natürliche Freiheit in einer rechtlichen Freiheit wieder gewinnen lasse.

Für den modernen Kulturbegriff ist vor allem Johann Gottfried Herder (1744–1803) von Bedeutung. Auch Herder geht davon aus, dass der Mensch erst durch seine gesellschaftliche Existenzweise er selbst wird. Er impliziert aber auch schon den Begriff der Grenze und der Abgrenzung, durch den das Charakteristische eines Volkes zum Vorschein kommt. In der Differenz schält sich das Bewusstsein für die eigene Kultur heraus.

„Wie der Mensch, der auf die Welt kommt, nichts weiß – er muß, was er wissen will, lernen – so lernt ein rohes Volk durch Übung für sich oder durch Umgang mit anderen. Nun aber hat jede Art der menschlichen Kenntnisse ihren eigenen Kreis, d. i. ihre Natur, Zeit, Stelle und Lebensperiode; die griechische Cultur z. B. erwuchs nach Zeiten, Orten und Gegenständen und sank mit denselben." (J. G. Herder, *Ideen zur Philosophie der Geschichte der Menschheit*, XIV)

Herder erkennt die Kontingenz der Kultur, ihre Abhängigkeit und Dynamik. Die Kultur bedeutet für ihn nichts einmalig Festgefügtes, sondern etwas, das wächst und sich ausbildet. Aus einer solchen Perspektive konnte sich sein und das Interesse seiner Zeitgenossen für die ursprünglichen Kulturzeugnisse entwickeln. Herder sammelte Volkslieder aus verschiedenen Ländern (*Volkslieder nebst untermischten anderen Stücken* (1778/79), populär geworden als „Stimmen der Völker in Liedern".

Im Zusammenspiel des aufklärerischen Unterfangens und des zunehmenden Kolonialismus mit einer Intensivierung der Handelsbeziehungen über nahezu den gesamten Erdball liegt eine der Wurzeln für die Herausbildung der Anthropologie (bzw. der Völkerkunde, wie sie im 19. Jahrhundert genannt wurde).

Im eigentlichen Sinne wissenschaftlich, d. h. objektivierend, wird der Diskurs über Kultur damit erst, als die Kontingenz der kulturellen Normen und auch die Kontingenz ihrer sprachlichen Gestalt ins allgemeine Bewusstsein tritt, semiotisch gesprochen, in dem Moment, wo der medial vermittelte Charakter der Kultur akzeptiert wird. Zu Beginn des 19. Jahrhunderts verbindet sich diese Erkenntnis mit einem enzyklopädischen Interesse an der Vielfalt der kulturellen Phänomene. Es spiegelt sich in einer Definition wie der von Tylor (1871):

> „Culture or Civilization, taken in its widest ethnographic sense, is that complex whole which includes knowledge, belief, art, law, morals, custom, and any other capabilities and habits acquired by man as a member of society."
> (Tylor, *Primitive Culture*, 1871: 1)

Gleichzeitig wird im 19. Jahrhundert der Versuch unternommen, den Kulturbegriff zu hypostasieren und zu ontologisieren. Vor allem hatte die Klassik und nicht weniger das romantische Griechenlandbild dazu geführt, die Kultur des antiken Griechenlands als den Inbegriff von Kultur zu verstehen (vgl. beispielsweise Jakob Burkhardt, *Griechische Kulturgeschichte*, 1898–1897). ‚Kultur' wird zu einem Modebegriff des späten 19. Jahrhunderts und verwandelt sich in ein Wertungs-Attribut (Perpeet). In der Anthropologie bleibt im 20. Jahrhundert zunächst noch der umfassende, objektivierende Begriff der Kultur vorherrschend, wie er sich bei Lowie *History of Ethnological Theory* (1937) findet:

> „By culture we understand the sum total of what an individual acquires from his society – those beliefs, customs, artistic norms, food-habits and crafts which come to him not by his own creative efforts but as a legacy from the past."

Erst mit der Entwicklung der geistesgeschichtlichen Betrachtungsweise beginnt sich allmählich eine Kulturwissenschaft herauszuschälen. Für diesen Wissenschaftszweig Dafür steht vor allem der Name Ernst Cassirer (*Philosophie der Symbolischen Formen*, 1923–29). Sein Interesse gilt weder der enzyklopädischen Erfassung von kulturellen Objekten, noch der Glorifizierung einer bestimmten Kultur, sondern den symbolischen Formen, in denen sich die menschliche Kultur manifestiert, angefangen von der Sprache, den abstrakten Systemen von Religion und Recht bis hin zu den sichtbaren Objekten der Wirklichkeit. Cassirer geht es dabei nicht um abstrakte Regeln oder Systeme, sondern um die Art und Weise, wie der menschliche Geist sich durch menschliche Aktivität und Produkte einen Kosmos schafft:

> „Culture means a whole of verbal and moral activities; of such activities as are not only conceived in an abstract way, but have the constant tendency and the energy of realization. It is this realization, this construction and reconstruction of the empirical world, that is involved in the very concept of culture and that makes up one of the essential and most characteristic features." (Verene 1979: 64)

Mit der weiteren Differenzierung der wissenschaftlichen Disziplinen beginnt im 20. Jahrhundert auch eine eigene Methodendiskussion im Bereich der Kultur- und Geisteswissenschaften. (Vgl. Kapitel 4, 2.2.3)

Literatur zum 1. Kapitel

Baraldi, C.; Corsi, G.; Esposito, E.: GLU: Glossar zu Niklas Luhmanns Theorie sozialer Systeme. Suhrkamp, Frankfurt a. M. 1997.

Barker, C.: Cultural Studies: Theory and Practice. Sage, Los Angeles 2008.

Berger, P.; Luckmann, Th.: The Social Construction of Reality: A Treatise in the Sociology of Knowledge. Anchor Books, New York; deutsch: Die gesellschaftliche Konstruktion der Wirklichkeit. Eine Theorie der Wissenssoziologie. Fischer, Frankfurt a. M. 1980 [1967].

Burckhardt, J.: Griechische Kulturgeschichte, Bd. 1–4. Spemann, Berlin 1898–1902.

Burkhart, G.; Runkel, G. (Hrsg.): Luhmann und die Kulturtheorie. Suhrkamp, Frankfurt a. M. 2004.

Cassirer, E.: Philosophie der Symbolischen Formen, Bd. 1–3. B. Cassirer [u. a.], Berlin-Oxford 1923–29.

Eisler, R.: Kant-Lexikon. Nachschlagewerk zu Kants sämtlichen Schriften, Briefen und handschriftlichem Nachlass. Mittler, Berlin 1930.

Hagen, W.: Luhmanns Medien – Luhmanns Matrix. URL:

http://www.whagen.de/publications/LuhmannsMedien/LuhmannsMedien.htm (16.04.2009).

Herder, J. G.: Ideen zur Philosophie der Geschichte der Menschheit. Johann Friedrich Hartknoch, Riga – Leipzig 1784.

Herder, J. G.: Volkslieder. Nebst untermischten anderen Stücken. Weygand, Leipzig 1779.

Kroeber, A. L.; Kluckhohn, C.: Culture: A Critical Review of Concepts and Definitions. Peabody Museum, Cambridge, Mass.1952.

Lowie, R. H.: The History of Ethnological Theory. Holt, Rinehart & Winston, New York 1937.

Luhmann, N.: Die Gesellschaft der Gesellschaft. Suhrkamp, Frankfurt a. M. 1997.

Luhmann, N.: Die Wirtschaft der Gesellschaft. Suhrkamp, Frankfurt a. M. 1994.

Luhmann, N.: Gesellschaftsstruktur und Semantik. Studien zur Wissenssoziologie der modernen Gesellschaft, Bd. 4. Suhrkamp, Frankfurt a. M. 1995.

Luhmann, N.: Kultur als historischer Begriff, in: Gesellschaftsstruktur und Semantik. Studien zur Wissenssoziologie der modernen Gesellschaft, Bd. 4. Suhrkamp, Frankfurt a. M. 1995.

Luhmann-Glossar: http://www.luhmann-online.de/glossar/funktionssysteme.htm (16.04.2009).

Maalouf, A.: Les identités meurtrières. Grasset, Paris; deutsch: Mörderische Identitäten. Suhrkamp, Frankfurt a. M. 2000 [1999].

Montesquieu, C. de: Lettres Persanes. Amsterdam-Cologne 1721.

Perpeet, W.: Zur Wortbedeutung von ‚Kultur', in: H. Brackert, F. Wefelmeyer (Hrsg.), Naturplan und Verfallskritik: Zu Begriff und Geschichte der Kultur, Suhrkamp, Frankfurt a. M. 1984, 21–28.

Perpeet,W.: http://www.mediaevistik.com/Dokumente/Kultur%20Definition1%20Perpeet.doc

Przywara, E.: Augustinus. Die Gestalt als Gefüge, in: Theologische Revue 34 (1935), Sp. 188 f.

Przywara, E.: Augustinus: Die Gestalt als Gefüge. Hegner, Leipzig 1934.

Rorty, R.: Contingency, Irony, and Solidarity. Cambridge University Press, Cambridge 1989.

Rousseau, J. J.: Du contrat social ou Principes du droit politique, 1762.

Rousseau, J. J.: Der Gesellschaftsvertrag. [Übers. von Hermann Denhardt …]. Röderberg, Köln 1988

Tylor, E. B.: Primitive Culture: Researches into the Development of Mythology, Philosophy, Religion, Language, Art, and Custom. Murray, London 1871.

Verene, D. P. (Hrsg.): Symbol, Myth, and Culture: Essays and Lectures of Ernst Cassirer 1935–1945. Yale University Press, New Haven 1979.

Zweiter Teil:
Ökonomie- und kultur-
geschichtlicher Kontext

2 Ökonomiegeschichtlicher Kontext (*Walter Gutzeit*)

2.1 Von der Antike bis zu den Physiokraten

Ökonomische Fragen lassen sich bis in die Antike zurückverfolgen. In Platons ‚Politeia‘ werden Vorteile der Arbeitsteilung beschrieben; bei Aristoteles finden sich u. a. Aussagen über das Geld und den Zins. Kennzeichnend für Griechen und Römer, für Scholastiker und Naturphilosophen ist, dass sie ökonomische Probleme in der Regel im Zusammenhang mit einer anderen Wissenschaft erörterten: in der Ethik, in der Rechtswissenschaft oder der Philosophie.

Die Beiträge dieser Autoren zur Wirtschaftswissenschaft bilden eine der ersten Quellen ökonomischer Forschung. Von einer eigentlichen Wirtschaftswissenschaft kann nicht gesprochen werden. In diese Zeit fallen auch zahlreiche Veröffentlichungen von Autoren, die sich mit praktisch-politischen Fragen der Wirtschaftsführung und insbesondere der Verwaltung auseinandersetzten. Diese Gruppe bestand vornehmlich aus Lehrern an den Verwaltungshochschulen, aus Geschäftsleuten und Politikern. Als Praktiker legten sie weniger Wert auf eine analytische Darlegung ihrer Vorstellungen. Ihre Schriften konzentrierten sich mehr auf Tatsachenwissen. (Dehem: 19 ff.)

Im 16. und 17. Jahrhundert stieg die Zahl ihrer Veröffentlichungen derart an, dass sich eine eigene Lehre entwickelte – der Merkantilismus. Im Vordergrund merkantilistischen Interesses standen die Förderung des nationalen Handels sowie Ziele, die wir heute fiskalisch nennen würden (die Beschaffung von Einnahmen für die fürstliche Schatzkammer – *Camera*). Daraus leitet sich der Begriff „Kameralismus" für den deutschen Merkantilismus ab, den man als den Vorläufer der deutschen Finanzwissenschaft ansehen kann.

Ende des 16. Jahrhunderts wird das politische und ökonomische Denken in Frankreich von Jean Bodin (1530–1596) bestimmt. In seinem Buch *Les six livres de la republique* erneuert er als Monarchist die Prinzipien des Staates. Auf internationaler Ebene werden die ökonomischen Aktivitäten durch internationale Gesellschaften bestimmt – vor allem die ‚East India Company‘ und die ‚Hudson Bay Company‘. Thomas Mun (1571–1641), Direktor der ‚East India Company‘ – erklärt als Merkantilist in seinem Buch *England's Treasure by Foreign Trade*, dass sich die Staatseinkünfte vergrößern lassen, indem der Export den Import übersteigt (Felderer/Homburg: S. 21 ff.).

Bedeutsam für die Entwicklung der ökonomischen Theorie waren die Arbeiten von Sir William Petty (1623–1687), den Karl Marx später als ersten Ökonomen der britischen Klassik bezeichnete. Petty schuf eine Theorie eines volkswirtschaftlichen ‚Überschusses'. Dieser Ansatz wurde zu einem besonderen Merkmal der klassischen Ökonomie.

Es sei angenommen, eine Volkswirtschaft produziere ausschließlich ‚Korn' unter Einsatz von Arbeit und ‚Korn' (Kapital). Zur Erzeugung von 100 Einheiten ‚Korn' seien 10 Arbeitsstunden und 20 Einheiten ‚Korn' erforderlich. Letztere sind eine Stromgröße und stellen den Verbrauch an ‚Korn' dar (heute würde man von Abschreibungen oder Kapitalkosten sprechen). Die Arbeiter erhalten einen Subsistenzlohn, der ihnen und ihren Familien gerade die Erhaltung und Reproduktion der Arbeitskraft ermöglicht. Dieser Subsistenzlohn, der möglicherweise auch zur Befriedigung elementarer und kultureller Bedürfnisse dient, betrage 6 Einheiten ‚Korn' pro Arbeitsstunde.

Somit sind zur Produktion von 100 Einheiten (Ertrag) ‚Korn' $10 \times 6 + 20 = 80$ Einheiten an Kosten (Korn und Lohn) notwendig. Nach Abzug der Faktorkosten verbleibt also ein Überschuss von 20 Einheiten ‚Korn'.

Der Überschuss kann nun zur Konsumtion nicht lebensnotwendiger Güter verwendet werden (‚Luxuskonsum') oder zur Kapitalbildung (‚Ersparnis'), welche in den folgenden Perioden eine höhere Produktion erlaubt und damit den allgemeinen Wohlstand mehrt. In moderner Sprache ausgedrückt ist der Überschuss gleich dem Bruttoinlandsprodukt, abzüglich der Abschreibungen und der Lohnsumme.

Mitte des 18. Jahrhunderts finden wir in Frankreich Autoren, die sich selbst *Les Economistes* nannten und die heute als Physiokraten bezeichnet werden. Wesentlicher Vertreter dieser Schule war der Arzt François Quesnay (1694–1774). Er lieferte eine umfassende kreislauftheoretische Analyse des Wirtschaftsprozesses.

Der den Physiokraten nahestehende Robert Turgot (1727–1781) entwickelte eine nahezu vollständige Wirtschaftstheorie. In seiner Theorie nimmt er besonders Stellung zur landwirtschaftlichen Produktion:

> « La production suppose des avances; mais des avances égales dans des terres d' une inégale fécondité donnent des productions très differentes, et c'en est assez pour faire sentir que les productions ne peuvent être proportionnelles aux avances; elles ne le sont même pas, placées dans le même terrain, et l' on ne peut jamais supposer que des avances doubles donnent un produit double.
> La semence, jetée sur une terre naturellement fertile, mais sans aucune préparation, serait une avance presque entièrement perdue. Si on y joint un seul labour le produit sera plus fort; un second, un troisième labour pourront peut-être, non plus doubler et tripler, mais quadrupler et décupler le produit qui augmentera ainsi dans une proportion beaucoup plus grande que les avances n' accroissent... »

Robert Turgot unterscheidet zwischen einem Maximum und dem Optimum:

> « Ce serait une erreur d'imaginer que ce point, où les avances rapportent le plus qu' il est possible, soit le point le plus avantageux que la culture puisse atteindre, car quoique de nouvelles augmentations d'avances ne rapportent pas tout à fait autant que les augmentations précédentes, si elles rapportent assez pour augmenter le produit net du sol, il y a avantage à les faire. » (Dehem: 74)

2.2 Von der Klassik zu Karl Marx

Der Vorschlag einer klassischen Periode geht auf Karl Marx (1818–1883) und John Stuart Mill (1806–1873) zurück (Stavenhagen, S. 50 ff.; Dehem, S. 177 ff.; Mill 1965; Marx und Engels 1969).

Bedeutende Vertreter der ‚Klassischen Periode‘ sind Adam Smith, Robert Turgot, Thomas Maltus (1766–1834) als erster bedeutender Vertreter einer volkswirtschaftlichen Bevölkerungstheorie und Stagnationstheorie; der Franzose Jean Baptiste Say (1767–1832) als Anhänger der Lehre von Adam Smith (1723 – 1790); David Ricardo (1772–1832) als Vertreter der Arbeitswertlehre; John Stuart Mill als Philosoph und Systematiker.

Der Beginn der Klassik wird in der Regel auf das Jahr 1770 datiert, und zwar mit den Veröffentlichungen von Robert Turgot und *An Inquiry into the Nature and Causes of the Wealth of Nations* von Adam Smith, Professor für Moralphilosophie an der Universität Glasgow. Nach Marx wird das Ende der Klassik und der Beginn der Neoklassik auf das Jahr 1870 gelegt.

Die Klassik muss im Zusammenhang mit ihren Vorläufern gesehen werden. Die Ökonomen der Klassik behandelten alle wesentlichen Fragen, die sich mit Problemstellungen der heutigen Volkswirtschaftslehre beschäftigen (Stavenhagen S. 50 ff.). Ein Kernpunkt klassischer Ökonomie ist das Harmonieprinzip. Es ist die Überzeugung von der Funktionsfähigkeit einer Marktwirtschaft, wie sie bei Adam Smith *invisible hand* ihren Ausdruck findet. Die *unsichtbare Hand* – der Preismechanismus – führt wegen der individualistischen Handlungsweisen der einzelnen zu einer Koordination ihrer Wirtschaftspläne. Dies ist die Vorstellung einer natürlichen Ordnung, die sich der gegebenen Ordnung möglichst annähern sollte, um auf Erden das *optimum optimorum* zu verwirklichen. Daraus leitet sich die Forderung an den Staat ab, sich aus dem Wirtschaftsleben möglichst herauszuhalten. Aufgabe des Staates war es vornehmlich, für Ruhe und Ordnung zu sorgen. F. Lassale nannte dies später den ‚Nachtwächterstaat‘. Diese Idee des *Laissez-Faire* war

1. eine Kritik am Merkantilismus, der Importbeschränkungen und andere staatlichen Eingriffe als geeignete Mittel der Wirtschaftspolitik ansah, und
2. eine Absage an den Interventionismus und Dirigismus. Der Staat sollte vor allem folgende Aufgaben übernehmen, nämlich
   a) die Verantwortung für die innere und äußere Sicherheit und die Bildung,
   b) die Schaffung eines geeigneten Rechtssystems mit Handelsfreiheit und Garantien für das Privateigentum.

Die Klassiker konzentrierten sich jedoch nicht nur auf das Allokationsproblem. Ihr besonderes Interesse galt vielmehr Erklärungszielen, die sich ausnahmslos mit dem volkswirtschaftlichen Überschuss beschäftigten. Hauptproblemstellungen der Klassiker waren Entstehung dieses Überschusses, seine Verteilung auf verschiedene Bevölkerungsklassen und seine Verwendung auf ‚Luxuskonsum‘ oder ‚Ersparnis‘ (= Investition). Dem letztgenannten Problem – wir würden heute von ‚Wachstumstheorie‘ sprechen – schenkten die Klassiker besondere Aufmerksamkeit. Ihr vorrangiges Interesse galt der Verwendung des Überschusses, weil das Wachstum des Kapitalstocks langfristig den ‚Wohlstand der Nation‘ mehrt.

Karl Marx (1818–1883) kann mit seiner Theorie nicht eingeordnet werden und bedarf einer gesonderten Analyse. Marx' Theorie hat seine Wurzeln in der griechischen Philosophie. Nach Studien in Bonn und Berlin schreibt er seine Doktorarbeit über den ‚Unterschied zwischen der Naturphilosophie von Demokrit und Epikur‘. Besonders geprägt wird sein Denken durch die Hegelsche Philosophie. Von ihr übernimmt er die ‚Dialektische Methode‘ und ändert das nicht-materialistische Denken bei Georg Wilhelm Friedrich Hegel in ein materialistisches um. Zusammen mit dem deutschen Industriellen Friedrich Engels (1820–1895) setzt sich Marx mit dem Hegelianer Feuerbach und der Deutschen Ideologie auseinander. Für Feuerbach sind Materialismus und Geschichte zwei Kategorien. Bei Karl Marx steht der Mensch im Zentrum des Universums, das er gestaltet. Der Mensch unterscheidet sich vom Tier nicht durch die Religion, sein Bewusstsein und ähnliche Dinge, sondern dadurch, dass er in der Lage ist, seine Existenz zu sichern. Somit schafft er indirekt sein eigenes Leben. Die Art der Produktion bestimmt somit die Art und Weise, wie der Mensch lebt. Die Produktion nimmt Einfluss auf das Wachstum der Bevölkerung, so werden die Beziehungen zwischen den Menschen verbessert. Die Arbeitsteilung, mit der die Produktivität erhöht wird, erzeugt einen sozialen Widerspruch, so wie er sich ergibt als Gegensatz zwischen Dörfern und Städten. Die Entwicklung der Arbeitsteilung ist charakterisiert durch verschiedene Formen des Eigentums: Stammeseigentum, Gemeinschaftseigentum, Privateigentum, Feudaleigentum und Genossenschaftseigentum.(Marx-Engels-Werke, Bd.1, 1964; Kolb: 88 ff.)

Nach Karl Marx wird das soziale und politische Zusammenleben bestimmt durch die realen Produktionsbedingungen und nicht durch ideelle Vorstellungen (Hegel). Marx' neue Geschichtsphilosophie lässt die Welt aufhorchen, insbesondere als er 1848 sein ‚Kommunistisches Manifest‘ herausgibt. Darin wird die Geschichte als eine Epoche von Klassenkämpfen dargestellt. Die Überwindung des Klassenkampfes kann nur durch eine Revolution des Proletariats erreicht werden. Dazu bedarf es einer Organisation, die sich mit dem Proletariat identifiziert und sich mit ihm verbindet – der ‚Kommunistischen Partei‘.

Erste Aussagen zur Ökonomie finden sich bei Marx in dem 1859 veröffentlichten Band 13, *Zur Kritik der Politischen Ökonomie*. Aber sein ökonomisches Hauptwerk – 3 Bände – ist *Das Kapital*. Wie Ricardo entwickelt Marx zuerst eine Werttheorie, auf der sein Theoriegebäude aufbaut. Für Karl Marx stellt die Werttheorie ein Instrument dar, um soziale Beziehungen zwischen Herrschenden und Beherrschten auszudrücken. Sie bildet den Schlüssel, um ökonomische Phänomene sozialer Prozesse zu erklären.

$$W = c + v + m$$

Der Wert eines Gutes wird nach Marx durch das konstante Kapital **c** und das variable Kapital **v** plus dem Mehrwert **m** bestimmt.

Das konstante Kapital c entspricht den Faktoren – außer der Arbeit – die zur Produktion benötigt werden (Gebäude, Maschinen, Rohstoffe). Sie fließen in das Produkt ein, ohne seinen gesamten Wert zu verändern. Nur die menschliche Arbeit kann Quelle für einen höheren Wert (Mehrwert) sein. Sie wird daher variables Kapital genannt.

Der Mehrwert wird durch die Arbeiterklasse geschaffen und entspricht einer nicht-bezahlten Arbeit – es handelt sich um Ausbeutung durch den Kapitalisten (Unternehmer). Der Anteil der Ausbeutung (Ausbeutungsrate) wird definiert als Verhältnis zwischen dem Mehrwert und der bezahlten Arbeit. Die Profitrate p ergibt sich aus dem Verhältnis des Mehrwertes zum gesamten Kapital.

$$p = \frac{m}{c + v}$$

Nach Karl Marx erfolgt eine Substitution von konstantem Kapitel c durch variables Kapitel v. Die Konzentration der Arbeiter in großen Fabriken führt zur Einsparung von Material, sprich konstantem Kapital. Dadurch wird die Produktivität erhöht. Die Arbeitsproduktivität hängt nach Marx von der „Virtuosität" des Arbeiters ab, die sich aus der Spezialisierung der Arbeitsteilung und der Verbesserung der Arbeitsgeräte ergibt. Die Schaffung des Mehrwerts erfordert eine Arbeitsdisziplin und eine Kontrolle der Arbeit.

Der Kapitalist ist nicht Kapitalist, weil er Unternehmer ist, sondern weil er die Industrie als Kapitalist „befehligt".

2.3   Neoklassik, Keynesianismus und Monetarismus

Klassik und Neoklassik werden üblicherweise durch den so genannten Marginalismus (Dehem S.249 ff.) abgegrenzt. Mit dieser Lehre sind etwa ab 1870 entscheidende Änderungen in der Methodik festzustellen.

Die wesentliche Neuerung der Neoklassik war der Marginalismus als Terminus für jene Grenzbetrachtungen, die in Begriffen wie ‚Grenznutzen' oder ‚Grenzkosten' ihren Niederschlag finden. Die klassische Theorie war in erster Linie makroökonomisch oder klassenspezifisch orientiert. Sie befasste sich mehr mit dem Verhalten ganzer Bevölkerungsgruppen (Kapitalisten, Grundeigentümer und Arbeiter). Die Neoklassik stellte hingegen ein ‚universelles Individuum' in den Mittelpunkt ihrer Analyse. Der Wirtschaftsprozess wurde nun mikroökonomisch, ausgehend vom individuellen Verhalten, beschrieben.

Der neoklassische Marginalismus fand seine erste Anwendung in der Werttheorie und brachte hier zu Beginn der Neoklassik eine weitere einschneidende Änderung mit sich. Die Klassiker sahen den Wert eines Gutes durch die Kosten seiner Produktion bestimmt, und zwar in der Produktionstheorie, bei Ricardo und Marx – in der Form der Arbeitswertlehre. Die frühen Neoklassiker gehen davon aus, dass der Preis, den die Nachfrager für ein bestimmtes Gut zu zahlen bereit sind, und damit sein Marktpreis durch den Grenznutzen dieses Gutes determiniert wird. Es handelt sich hier um eine subjektive Wertlehre im Unterschied zur klassischen objektiven Wertlehre. Damit erfolgte zwangsläufig eine Neuorientierung von der Angebotsseite (Klassik) zur Nachfrageseite (Neoklassik). Dies gilt allerdings nur für die frühe Neoklassik.

Die Änderungen in der Analysetechnik kann man nur verstehen, wenn man sie im Zusammenhang mit der Verschiebung des Erklärungszieles betrachtet. Das Anliegen der Klassik war die Erklärung der Entstehung, Verteilung, und Verwendung des Bruttoinlandsprodukts. Mittelpunkt des neoklassischen Interesses war das Allokationsproblem, d. h. nach welchen Gesetzen werden knappe Ressourcen auf alternative Verwendungsmöglichkeiten verteilt.

Das Ergebnis neoklassischer Überlegungen lautete:

> *das Angebot passt sich über den Mechanismus der relativen Preise der Nachfrage an und gleichzeitig wird eine optimale Allokation erreicht.*

Klassische und neoklassische Erklärungsziele weichen folgendermaßen voneinander ab:

- Die Klassik betrachtet das volkswirtschaftliche Geschehen im Zeitablauf. Sie interessiert sich für die Gesetzmäßigkeiten des langfristigen Wachstums.
- Die Neoklassik analysiert die Allokation in einem Zeitpunkt substantiell statisch. Das Hauptinteresse verlagerte sich mithin von der Wachstums- zur Preistheorie.

Drei Autoren leiteten unabhängig voneinander gleichzeitig den Marginalismus ein: der Engländer William Stanley Jevons (1835–1882), der Österreicher Carl Menger (1840–1921) und der Franzose Leon Walras (1834–1910). Schwerpunkt ihrer Überlegungen bildet der Begriff des Grenznutzens, d. h. der Nutzen, den die letzte ‚kleinste' Gütereinheit stiftet. Die Anwendung der Grenznutzentheorie brachte durch Stanley Jevons und Leon Walras eine zusätzliche Neuerung mit der Verwendung mathematischer Methoden, die vorher fast nicht zur Anwendung kamen. Walras betont in seinen *D'études d'économie sociale*, dass ihm eine Versöhnung bzw. Vermittlung (*méthode de conciliation ou de synthèse*) zwischen Sozialismus und Liberalismus vorschwebt (Walras: 175 ff.).

Jevons hatte noch eine rein subjektive Wertlehre ausgearbeitet. Die Zusammenführung von subjektiver und objektiver Wertlehre erfolgte durch Leon Walras und Alfred Marshall (1842–1924) – Professor in Cambridge. Letzterer war, gemessen an seinem Einfluss, der bedeutendste Vertreter der Neoklassik. Seine Synthese des objektiven (kostenbedingten) und subjektiven (nutzenbestimmten) Wertes findet seinen Niederschlag in den geometrischen Darstellungen sich schneidender Angebots- und Nachfragekurven, wie sie heute für jeden Studenten selbstverständlich und trivial erscheinen. Dabei stellt die Angebotskurve die objektive und die Nachfragekurve die subjektive Komponente dar. Durch Zusammenführen der beiden Komponenten lassen sich (in kurzfristiger Betrachtung) der Marktpreis und (in langfristiger Sicht) der natürliche Preis bestimmen.

Weitere zu nennende Vertreter der Neoklassik sind u. a. der Amerikaner Irving Fisher (1867–1947), der Italiener Vilfredo Pareto (1843–1923), der Schwede Knut Wicksell (1851–1926) sowie Arthur Cecil Pigou (1877–1959).

In Geschichtlicher Abgrenzung findet die Neoklassik mit dem Ausbruch des ersten Weltkrieges, spätestens um die Mitte der dreißiger Jahre, ihr Ende. In analytischer Betrachtung lässt sich ein Ende nicht ausmachen. Die neoklassische Analysetechnik ist bis heute vorherrschend. Kurzfristige Schwankungen der gesamtwirtschaftlichen Güternachfrage werden durch Veränderungen der gesamtwirtschaftlichen Geldmenge verursacht. Da das gesamtwirtschaftliche

Güterangebot in Abhängigkeit von der Faktorausstattung als gegeben angesehen wurde, konnten diese Nachfrageschwankungen keine Realeinkommens- und Beschäftigungseffekte auslösen (Dehem: 249 ff.).

Bedeutendster Vertreter seit Beginn des zweiten Jahrzehnts des 20. Jahrhunderts wurde John Maynard Keynes (1883–1946) mit seinem Hauptwerk ‚General Theory of Employment, Interest and Money'. Er war ein vielseitiger Volkswirt, der vor allem der Makroökonomik zu ihrer heutigen Bedeutung verhalf.

Mit ihm erfolgt eine Hinwendung zur Makroökonomik und eine Zurückdrängung der Mikroökonomik. Gleichzeitig ist damit eine Verschiebung des Erklärungszieles verbunden. Die Neoklassik wandte sich vor allem dem Allokationsproblem zu. Keynes und seine Nachfolger konzentrierten sich bei ihren Überlegungen auf das Beschäftigungsproblem. Das Keynesche Anliegen bestand in der Untersuchung des Auslastungsgrades n i c h t vollbeschäftigter Produktionsfaktoren – bei den Neoklassikern konzentrierte man sich darauf, wie in einer vollbeschäftigten Volkswirtschaft Ressourcen auf alternative Verwendungszwecke verteilt werden. Die Verlagerung des Erklärungszieles war vor allem auf die Weltwirtschaftskrise sowie auf die Wende von einer langfristigen zu einer kurzfristigen Analyse zurückzuführen.

Keynes' Einfluss führte zu einer unterschiedlichen Betrachtung der Wirtschaftstheorie und Keynes' Theorie stand im Widerspruch zur Theorie der Neoklassik. Nicht die Geldmenge, sondern die Nachfragefaktoren – privater Konsum, private Investition und Staatsausgaben – determinieren, in Verbindung mit gegebener Faktorausstattung, Niveau und Veränderung der Preise, das Einkommen und die Beschäftigung. Ist die gesamtwirtschaftliche Nachfrage zu gering, um Vollbeschäftigung zu gewährleisten, kann sich in jeder Volkswirtschaft ein dauerhaftes Gleichgewicht bei Unterbeschäftigung einstellen. Keynes' Theorie und die nachfolgende Interpretation sowie Weiterentwicklung (Hicks, 1937; Klein, 1949; Schneider, 1947–1952; Hansen, 1953) haben das makroökonomische Denken seit dem 2. Weltkrieg dominiert. Der so praktizierte Keynesianismus prägte bis in die siebziger Jahre des 20. Jahrhunderts das wirtschaftspolitische Denken.

Seit Anfang der 60er Jahre ist es erneut zu heftigen Kontroversen gekommen. Ein Teil der Kritik beschäftigte sich mit dem Keyneschen Modelldenken – Clower, 1963 und Leijonhufvud, 1966. Aus dieser Neuinterpretation der Keyneschen Konzeption wurden Ungleichgewichtsmodelle entwickelt. Das Entstehen unfreiwilliger Arbeitslosigkeit wird mikroökonomisch durch ein Versagen des klassischen Preismechanismus erklärt (Barro1971; Grossmann, 1976; Rothschild 1981). Hauptkritiker am Keynesianismus waren Neoklassiker – insbesondere Milton Friedman, 1956. Die hierdurch eingeleitete ‚monetaristische Gegenrevolution' wurde zu einer gesamtwirtschaftlichen Theorie des Einkommens, der Beschäftigung und des Preisniveaus erweitert. (Kolb: 162 ff.)

Die theoretischen Diskussionen beider Konzeptionen haben die analytischen Gemeinsamkeiten in den siebziger Jahren wieder stärker sichtbar gemacht. (Woll: 92) Diese Ansätze der makroökonomischen Theorie finden sich u. a. bei Claassen, 1980; Dornbusch-Fischer, 1989; Branson, 1990. (Bender et al.1992: 92) Aufgrund ihrer unterschiedlichen Konzeption können beide Theorien miteinander koexistieren. Dennoch kann daraus nicht geschlossen werden, dass die neoklassische Lehre einerseits und die Keynesianische andererseits den heutigen Gehalt der Volkswirtschaftslehre ausmachen.

Mit seiner gegen den Keynesianismus gerichteten ‚monetaristischen Gegenrevolution' gehört Milton Friedman (1912–2006) zu den konsequentesten Verfechtern der freien Marktwirtschaft. Der Monetarismus reklamiert zunächst die Gültigkeit der Quantitätstheorie, als einer Nachfragetheorie des Geldes. In seiner Kernthese vertritt Friedman die Auffassung, dass eine zufriedenstellende Wirtschaftsentwicklung nur dann möglich ist, wenn man auf jede Art von Geldexperimenten verzichtet.

Obwohl Milton Friedman als unumstrittener Vertreter des Monetarismus angesehen werden muss – er selbst bevorzugt selbst die Kennzeichnung „Chicago Schule" – so kann man nicht von einer einheitlichen monetaristischen Theorieschule ausgehen. Bereits zwischen der Konzeption Milton Friedmans – dem ‚neoquantitätstheoretischen Monetarismus' – und den Konzeptionen von Karl Brunner und Allan H. Meltzer als Vertretern des ‚Monetarismus der Relativen Preise' bestehen Unterschiede. (Kolb: 159 ff.)

2.4   Institutionen- und Evolutionstheorie

2.4.1   Institutionenökonomischer Theorieansatz

Aus der Überzeugung, dass viele mikro- und makroökonomischen Phänomene nicht oder nur unzureichend mit Hilfe der Theorien von John Maynard Keynes und der Klassik erklärt werden können, entstand die Institutitionenökonomik. So werden beispielsweise Abweichungen der Marktform der ‚Vollständigen Konkurrenz' im neo-klassischen Modell als Marktversagen interpretiert, das mit Hilfe staatlicher Eingriffe korrigiert werden sollte. Amerikanische Institutionalisten um die Jahrhundertwende des 19. zum 20. Jahrhunderts kamen zu der Erkenntnis, dass Institutionen das Verhalten der Akteure weit mehr bestimmen als die Maximierungskalküle, die dem neoklassischen Modell zugrunde liegen. Leider ist es den amerikanischen Institutionalisten jedoch nicht gelungen, eine Theorie der Institutionen zu entwickeln. Diese Theorieansätze sind dann durch die Theorie von John Maynard Keynes verdrängt worden, die seit den 50-iger Jahren des 20. Jahrhunderts bis in die heutige Zeit – zumindest teilweise – ökonomisches Denken dominiert. Gleichwohl hat der Institutionalismus in den letzten 3 Jahrzehnten des vorigen Jahrhunderts eine Renaissance erlebt. Er hat sich als moderner Institutionalismus, der sich in die beiden Richtungen ‚Neue Institutionenökonomik' und ‚Neoklassische Institutionenökonomik' aufteilt, weiterentwickelt. Zu den Untersuchungsgegenständen dieser Ökonomen gehören u. a. die Organisationsregeln des Staates, das Rechtssystem, Institutionen zur Regulierung der Umweltnutzung und Verträge auf unvollkommenen Märkten (*principal agent problem*). Diese Theorien tragen Bezeichnungen wie: ‚Public-Choice-Theorie', ‚Ökonomische Theorie des Rechts', ‚Umweltökonomik' oder ‚Neoklassische Vertragstheorie' und beschäftigen sich vorwiegend mit Fragen zur Überwindung der asymmetrischen Information (Martiensen: 5 ff.). Wesentlich beeinflusst wurde die ‚Neue Institutionenökonomik' durch die Überlegungen von Ronald Coase (Coase: 713–719) – ‚Coase Theorem'. Er empfand den Stand einer ökonomischen Theorie als äußerst unbefriedigend, die sich eingehend mit der Funktion von Unternehmen bei der Allokation von Gütern mit Hilfe des Marktmechanismus beschäftigte, ohne zu begründen, warum es überhaupt Unternehmen gibt. Unternehmen existieren nach Ronald Coase, weil sie das Koordinationsproblem mit geringeren Transaktionskosten lösen können als der Markt. Dies hat dazu geführt, sich intensiver mit Transaktionskosten zu beschäftigen. (Martiensen: 106 ff)

2.4.2 Evolutorischer Theorieansatz

Neben dem Denken in Institutionen hat sich seit den 80-iger Jahren des vorigen Jahrhunderts ein anderer, evolutorischer Theorieansatz entwickelt. Evolutorische Theorie-Ansätze, die besonders durch Kenneth E. Boulding Eingang in das Ökonomische Denken gefunden haben, sind keineswegs neu in der Volkswirtschaftslehre. Dabei bildet Joseph A. Schumpeters *Theorie der wirtschaftlichen Entwicklung* die Grundlage für die Arbeiten von Richard R. Nelson und Sidney G. Winter, insbesondere auf das 1982 erschienene richtungweisende Buch *An Evolutionary Theory of Economic Change*. Kennzeichnend für die Evolutionstheorie ist, dass sie eine Verknüpfung der Schumpeterschen Wettbewerbsprozesse mit der behaviouristischen Theorie des Organisationsverhaltens anstrebt. Richard R. Nelson und Sidney G. Winter gehen beim Treffen von Entscheidungen nur von einer beschränkten Rationalität aus und betrachten das Verhalten von Organisationseinheiten in Firmen eher als *routine-guided process*. Zum anderen sind es die evolutorischen Einlassungen von Ulrich Witt (1990), Friedrich August von Hayek (1990: 21–37), Israel Kirzner, Ludwig M. Lachmann und George L. S. Shackle. Letztlich geht es um die Beschreibung und Analyse offener Systeme, um ungleichgewichtig verlaufende dynamische Prozesse und um die Eigendynamik wirtschaftlicher Entwicklungen. (Kolb: 178 ff.)

Dennoch kann daraus nicht geschlossen werden, dass die Theorieansätze seit den 80er Jahren des vorigen Jahrhunderts die heutige Gestalt der Volkswirtschaftslehre ausmachen. Es ist eine bekannte Erfahrung der Historiker, dass mit zunehmender Gegenwartsnähe der Geschichtsschreibung eine Klassifikation und Einordnung immer schwieriger wird. Hinzu tritt in der Ökonomik das Problem einer unterschiedlichen Sprachregelung.

Literatur zum 2. Kapitel

Bartling, H. und Luzius, F.: Grundzüge der Volkswirtschaftslehre, Einführung in die Wirtschaftstheorie und Wirtschaftspolitik, 15. Auflage, München 2004.

Blaug, M.: The Methodology of Economics, 5. Auflage, Cambridge 1985.

Felderer, B. und Homburg, St.: Makroökonomik und neue Makroökonomik, 3. korrigierte Auflage, Springer-Verlag, Berlin-Heidelberg-New York u.a. 1987

Hartwig, K. H.: Kritisch-rationale Methodologie und empirische Forschungspraxis, Frankfurt a.M. u. a. 1977.

Kolb, G.: Geschichte der Volkswirtschaftslehre, Dogmenhistorische Positionen des ökonomischen Denkens, 2. Auflage, München 2004.

König, R.: Grundlagenprobleme der soziologischen Forschungsmethoden, in: Sozialwissenschaft und Gesellschaftsgestaltung, Festschrift für Weiser, Hrsg. Von F. Karrenberg und H. Albert, Berlin 1963.

Lakatos, I. und Musgrave, A. (Hrsg.): Kritik und Erkenntnisfortschritt, Braunschweig 1974.

Martiensen, J.: Institutionenökonomik, München 2000.

Popper, K.: Die Zielsetzung der Erfahrungswissenschaften, in: Theorie und Realität, hrsg. von H. Albert, Tübingen 1964.

Varian, H. R.: Grundzüge der Makroökonomik, 7. Auflage, München 2007.

Voigt, S.: Institutionenökonomik, 2. Auflage, Paderborn 2009.

Woll, A.: Volkswirtschaftslehre, 15. Auflage, München 2007.

3 Kulturgeschichtlicher Kontext (*Lothar Černý*)

„Was aber im Speziellen die Kulturgeschichte betrifft, so ist es schlechterdings unmöglich, sie anders als dilettantisch zu behandeln." (Friedell 1960: 49)

Wie im Kapitel über den Gegenstand der Kulturwissenschaft dargestellt wurde, steht die wirtschaftliche Aktivität des Menschen – von der lokalen bis zur globalen Ebene – im Kontext der gesamtgesellschaftlichen Beziehungen, d. h. im Kontext der Kultur einer Gesellschaft. Die Wirtschaft repräsentiert darin ein kulturelles Subsystem, das wie die anderen Subsysteme (z. B. Recht und Religion) mit dem Ganzen der Kultur interagiert. Eine umfassende Darstellung dieser Interaktion ist an dieser Stelle weder möglich noch sinnvoll. Dieses Verfahren hielt schon Jakob Burkhardt (1818–1897), einer der Gründungsväter der Kulturgeschichte, für unrealistisch.

„Die ‚Altertümer‘, wie sie in unserer Jugend Böckh in seinem großen Kolleg darstellte, begannen mit geographischen und historischen Übersichten, stellten darauf den Charakter des Volkes im allgemeinen fest und behandelten dann die einzelnen Verhältnisse des Lebens: zuerst den Staat im allgemeinen nach seinen Hauptformen, dann eine Anzahl besonders wichtiger Staaten im einzelnen mit ihren politischen, administrativen und juridischen Einrichtungen und endlich die völkerrechtlichen Verbindungen und Hegemonien, sodann das Kriegswesen zu Land und zur See, hierauf das Privatleben (Maß, Gewicht, Handel, Industrie, Landbau, Hauswirtschaft samt Nahrung, Kleidung und Wohnung, Ehe, Familienwesen, Sklaventum, Erziehung, Begräbnis, Totenehren), weiterhin die Religion, den Kultus und die Feste und von den Künsten, die man im übrigen der besonderen Kunstgeschichte überließ, die Gymnastik, Orchestik und Musik; zum Schluß wurde eine Übersicht der von den Griechen gepflegten Wissenschaften gegeben."[2]

Selbst wenn man über einen solch enzyklopädischen Überblick einer Gesellschaft verfügen sollte, so wäre dennoch eine definitive Aussage über die Kausalität von einzelnen Subsystemen wie Kultur und Wirtschaft problematisch. Aus der Perspektive der Systemtheorie kann es zudem keine monokausalen Zusammenhänge geben. In der jüngeren wirtschaftswissenschaftlichen Forschung zu diesem Thema wird allerdings auf Grund aufwendiger quantitativer Untersuchungen deutlich, dass die wirtschaftliche Entwicklung von Ländern und Regionen durchaus von den kulturellen Gegebenheiten abhängt (Häring/Storbeck 2007). Daraus

---

[2] http://www.zeno.org/Geschichte/M/Burckhardt,+Jacob/Griechische+Kulturgeschichte/Erster+Band/Einleitung. (04.05.2009). (Der hier wiedergegebene Text folgt der von Felix Staehelin herausgegebenen kritischen Jacob-Burckhardt-Ausgabe.)

lässt sich nur der Schluss ziehen, dass Kultur-, Wirtschafts- und Sozialgeschichte nicht pauschal, sondern jeweils in bestimmten Bereichen auf einander bezogen werden sollten.

Das vorliegende Kapitel befasst sich mit den kulturgeschichtlichen Grundlagen und Entwicklungen in dem Teil der Welt, den man als das Abendland bezeichnet und der sowohl durch das Erbe der griechisch-römischen Zivilisation als auch durch das christlich-jüdische Weltbild geformt ist. Die Kultur dieses vergleichsweise kleinen Teils der Welt hat seit dem 15. Jahrhundert auch auf einen großen Teil der übrigen Welt durch Kolonisierung und Handel sowie missionarische Aktivitäten ausgestrahlt (vgl. Maurer 2008: 264).

Allerdings steht in dieser knappen Darstellung der Kultur Europas insbesondere die Ideengeschichte im Vordergrund. Dies erklärt sich aus dem dargelegten Kulturbegriff, der als Kommunikation einer Gesellschaft mit sich selbst vor allem die Formen und Modi der Reflexion umfasst. Deshalb steht die Produktion von Sinngebung und Sinndeutung im Vordergrund, d. h. die philosophischen Leitideen und die Gebiete, auf denen sie Folgen zeitigen – Philosophie, Geistesgeschichte, Politik und Wirtschaft.

Bei Jakob Burckhardt, also am Anfang der akademischen Kulturgeschichte, findet man den Versuch, die charakteristischen Denkweisen und Anschauungen einer Kultur darzustellen, oder gar die „lebendigen Kräfte", die beispielsweise im antiken Griechenland wirksam waren. Burckhardt sucht das „Allgemeine", das, was „konstant und charakteristisch" ist. Gegenüber diesem Anspruch lässt sich argumentieren, dass jede Epoche und jedes Land charakteristische Widersprüche aufweist, die es schwierig erscheinen lassen, von Wesenszügen zu sprechen. Gerade aus den Widersprüchen erwachsen Veränderungen und Entwicklungen, und nicht zuletzt ökonomische. Bereits die Antike liefert dafür Beispiele.

3.1   Antikes Griechenland

Man hat die griechische Geistesgeschichte mit dem Schlagwort „Vom Mythos zum Logos" (Nestle 1942; Stapelfeldt 2007) belegt und damit einen Prozess bezeichnet, der von einem mythisch-dichterischen zu einem auf Vernunft gegründeten Denken führt, das sich selbst reflektiert und Erkenntnis von Mensch und Natur ermöglicht. Dadurch entwickelte sich in der griechischen Antike ein säkulares, anthropozentrisches Weltbild, das die europäische Kultur bis heute prägt. Ein Bonmot des Philosophen Alfred North Whitehead zur Bedeutung Platons (ca. 428–348 v. Chr.) könnte als Motto für die Rolle des antiken Griechenlands insgesamt angesehen werden: „The safest general characterization of the European philosophical tradition is that it consists of a series of footnotes to Plato." (Whitehead 1979: 39)

Der Weg vom Mythos zum Logos verlief auf der politischen Ebene grob gesprochen parallel zur Herausbildung der athenischen Demokratie und der Selbstverwaltung seiner Bürger in der Polis (Weiler 1988). Gleichzeitig basierte dieser ‚Fortschritt' auf Sklavenhaltung und Ungleichheit der Bürger im Verhältnis zu allen anderen Einwohnern, einschließlich der Frauen. Der Weg zu dieser Art von Demokratie verlief zwar nicht parallel zur philosophischen Reflexion der Zeit (Bleiken 1986: 55 f.), korreliert aber mit der philosophischen Diskussion über Sinn und Ziel der Politik und des Staatswesens (der *polis*). Es ist unwahrscheinlich, dass sich etwas wie eine demokratische Staatsform oder eine Konzeption von Demokratie entwickelt hätte, ohne die Annahme, dass der Mensch von Natur aus eine Anlage zur sozialen Gemeinschaft besitzt, also ein *zoon politicon*, ein gesellschaftliches Wesen ist, und sich durch sein Streben nach ‚Glückseligkeit' (dem tugendhaften Leben in der Gesellschaft), der *eudaimonia*, auszeichnet (Aristoteles, Politik III,6).

Das viel zitierte Motto am Tempel von Delphi „Erkenne dich selbst!" kann als Beginn des für die westliche Kultur zentralen Interesses an der Subjektivität des Individuums gelten. Parallel zum Blick nach ‚innen' lässt sich das metaphysische Denken Platons verstehen. Indem er die Mythen philosophisch und begrifflich deutet, d. h. entmythologisiert, erkennt er als wahre Wirklichkeit eine Welt der ewigen Ideen, deren schwaches, unvollkommenes Abbild in der sichtbaren Welt erfasst werden kann. Diesem Gegensatz entspricht der von Leib und Seele, Materie und Geist. Insbesondere Platons Lehre von der Unsterblichkeit der Seele wird zum Nukleus der in der westlichen Welt nach wie vor gültigen Konzeption von der Einzigartigkeit des Individuums. Insofern hat die Vorstellung von der Gleichheit der Menschen in der westlichen Welt ihren Ursprung bei Platon, während die Konzeption von der Gleichheit seines Schülers Aristoteles (384–322 v. Chr.) das gesellschaftliche Schichtenmodell seiner Zeit widerspiegelt, also den Mann zum eigentlichen Menschen erklärt, weil er der Frau, den Kindern und Sklaven von Natur aus überlegen sei.

Im Gegensatz zu Platon blickt Aristoteles wissenschaftstheoretisch auf die empirische Erfahrung und die Wirklichkeit der Phänomene, um das ihnen zugrunde liegende Wesen zu erkennen. Er begründet auch die Logik als Denkmethode (der Satz vom zu vermeidenden Widerspruch lautet: eine Aussage kann nicht zugleich wahr und falsch sein [Metaphysik 1005b]) und entwickelt eine erste Wissenschaftssystematik. Von der Erkenntnis der Wirklichkeit („Physik") ausgehend schreitet seine Philosophie zur Meta-Physik fort. Selbsterkenntnis, metaphysische Wahrheitssuche und Erkenntnis durch Abstraktion markieren diese unterschiedlichen philosophischen Perspektiven, die gleichwohl zusammen das abendländische Denken begründen. Aristoteles hat ebenfalls wesentlich zu Entwicklung der Idee von Erziehung und Schulbildung angesehen werden (Pädagogik, gr. *paideia*).

Dass Platon und Aristoteles für das westliche Denken höchst einflussreiche Schriften über Grundzüge und Ideale des Staatswesens schrieben (Platon, *Politeia*, dt. Der Staat, Aristoteles, *Politika* dt. Politik), mag auch von den starken gesellschaftlichen Umbrüchen in der Geschichte des antiken Griechenland (zwischen dem 8. und 4. Jahrhundert v. Chr.) herrühren. Die verschiedenen Herrschaftsformen, die in diesen Abhandlungen philosophisch betrachtet werden, zeigen, dass Aristokratie, Demokratie und Oligarchie realhistorisch mit spezifischen Besitz-, Handels- und Wirtschaftsformen verknüpft waren. Insbesondere der Landbesitz führte seit dem 8. Jh. v. Chr. zunächst zu einer Herrschaft der Aristokratie, was zugleich Macht über Recht und Rechtsprechung bedeutete und beispielsweise den Verkauf von Schuldnern sowie die Sklaverei ermöglichte. Auf der anderen Seite erwiesen sich die Aristokratien im Verlauf der nächsten beiden Jahrhunderten den von Kaufleuten und Handelsschichten beherrschten phönizischen Städten als unterlegen, da deren Wohlstand auf „mobilen" Gütern und nicht auf Landbesitz beruhte. Gerade der notwendigerweise begrenzte Landbesitz hatte die Auswanderung von Angehörigen der Aristokratie in die Kolonialstädte zur Folge, um den Besitz unter den Erben nicht immer wieder stückeln zu müssen. Außerdem boten die Kolonialstädte auch besitzlosen Freien wirtschaftliche Möglichkeiten (Weiler 1988: 108 f.). Viele der neu gegründeten Kolonialstädte entwickelten sich im Unterschied sowohl zum älteren patriarchalischen Königtum als auch zu den Aristokratien auf der Grundlage politisch-organisatorischer Übereinkünfte.

Dank der historischen Pendelschläge zwischen den verschiedenen Herrschaftsformen konnte sich ein relatives Gleichgewicht zwischen der Herrschaft der Wenigen und Privilegierten (Aristokratien und Oligarchien) und der Herrschaft Einzelner (sog. Tyrannen, die im Gegensatz zu Aristokratien und Monarchien Herrschaft illegal ausübten) über drei bis vier Jahrhunderte halten (Burckhardt). Die mangelnde wirtschaftliche Kreativität der Aristokratie führte jedoch letztlich zu ihrer Verarmung, zu oligarchischer Despotie und schließlich zu ihrem Niedergang.[3] Der Grundbesitz erwies sich den Möglichkeiten des Handels und der mobilen Güter als unterlegen. Auch die Einrichtung von Kolonien erwies sich dabei nicht als dauerhafte Lösung. (In ähnlicher Weise konnte auch die Kolonisierung Nordamerikas im 17. Jahrhundert die religiös-politischen Probleme des englischen Mutterlands nicht lösen.) Die Entwicklung der Demokratie ebenso wie der zeitweise Umschlag in Tyrannei markierten das Ende der Aristokratie. Gerade in den Kolonien hatte sich schon ein neuer staatsbildender Einfluss herausgebildet: der Impuls zur Regelung von Rechten und Pflichten im öffentlichen Bereich. Diese neuen Staatswesen verlangten Gesetze und Verfassungen, was der Idee von Selbstbestimmung und Souveränität zuträglich war. So konnte sich ein Bewusstsein dafür bilden, dass die Bürger der Polis ihre Politik selbst bestimmen sollten.

Die Erfahrungen auf dem Gebiet der staatlich-organisatorischen Selbstverwaltung dürfte ein wesentlicher Einflussfaktor für die Herausbildung der athenischen Demokratie gewesen sein. „Im Mutterlande aber wirkte dieselbe Kraft und Lust, jedoch hier im Sinne der Umgestaltung, und wandte sich unvermeidlich gegen die Aristokratien[203] und Tyrannien." (Burckhardt) Man kann von einer „Welle der Demokratisierung der freien Gesellschaft" (Weiler 1988: 118 f.) sprechen, die dem Vollbürger Rechtsgleichheit und Gleichrangigkeit brachte, freilich auf der Grundlage von Sklavenhaltung und Benachteiligung derjenigen, die nicht als volle Bürger galten. Um die Mitte des 5. Jahrhunderts wird das Wort „Demokratie" zum ersten Mal für die neue Herrschaftsform verwendet (Schuller 2008: 135).

Somit zeichnet sich ein spannungsreiches Bild der Verhältnisse im klassischen Griechenland ab: Während die philosophischen Abhandlungen über Sinn und Ziel der Politik und des Staatswesens die natürliche Anlage des Menschen zur sozialen Gemeinschaft betonen und das Streben nach Glück als individuelles Ziel beschreiben, stellt sich die Realität noch anders dar. Die gesellschaftlichen Parameter für die Rolle des Individuums bleiben von Anfang an ein Problem. Das „politische" Individuum in der athenischen Demokratie korreliert mit dem Privatbesitz. Die so Privilegierten unterlagen auf der anderen Seite zunehmend dem Anspruch der Polis, die Besitzenden zu besteuern, sei es, um Kriege zu führen, sei es zum Zwecke der Repräsentation und „Unterhaltung" des Volkes. Zu den Kehrseiten der Herrschaft

---

[3] Nach Burckhardt hat sich die aristokratische Selbsteinschätzung „als durch Geburt edel" trotz der Einführung der Demokratie gehalten. Der adlige Lebensstil, charakterisiert durch „Accessoires" wie Pferde, sportliche Leistung (Kampfspiel), Kriegstüchtigkeit, Gruppenloyalität, blieb ein Lebensideal, häufig noch sanktioniert durch religiöse Riten und staatliche Administrationsformen.

des Volkes (gr. *demos*) zählten schon in Athen die Bereicherung der Staatsdiener durch Manipulation der Öffentlichkeit, Bestechung sowie die Unterminierung des Rechtswesens. Dass Platon so scharf zwischen Philosophen und Sophisten unterscheidet, reflektiert die Unterhöhlung des Staates durch ausschließlich dem Eigeninteresse verpflichtete, in der Öffentlichkeit auftretende ‚Redner' (quasi Philosophen, die sich für ihre ‚Weisheit' bezahlen ließen). In diesen Kontext fügen sich die ersten wirtschaftstheoretischen Ansätze ein.

Theoretische Ausführungen zur Wirtschaft in der Antike liegen in Aristoteles' Schrift *Politik* (insbes. 1256b26–1257b39) vor sowie in der aus dem 3. Jahrhundert v. Chr. stammende Schrift *Oikonomika* eines Anonymus (Pseudo-Aristoteles).

> „Es gibt vier Arten von Wirtschaft (*oikonomia*), die im Großen und Ganzen folgendermaßen unterteilt werden (denn wir werden finden, dass die anderen in diese Arten mit hineinfallen): die des Großkönigs, die der Satrapen[Statthalter, Beamte], die der Stadt und die des Privatmannes. Von diesen Arten ist die umfangreichste und die einfachste die des Großkönigs, (die umfangreichste und schwierigste die des Satrapen), die vielseitigste und leichteste die der Stadt, die kleinste und vielseitigste die des Privatmannes. Notwendigerweise haben sie vieles miteinander gemein. Was aber eine jede von ihnen am meisten auszeichnet, das müssen wir untersuchen." (Pseudo-Aristoteles, *Oikonomika* 2, 1–6)

Damit ist jedoch noch nichts über die Beziehung zu einer bestimmten Zeit oder Herrschaftsform oder philosophischen Grundlegung der Wirtschaft ausgesagt. Impliziert ist jedoch das Bewusstsein eines sozialen Schichtenmodells und ebenso von unterschiedlichen Handelsformen (Import-Export). Die hierarchische Konstruktion ökonomischer Aktivität verweist auch auf eine sozio-kulturelle Entwicklung, die von der Selbstversorgung des Privatmannes (*oikos* entspricht dem römischen Terminus *familia*) zur komplexen Struktur eines ganzen Staatsgebildes führt. Darin spielen die Kolonialgründungen eine besondere Rolle, weil ihr Ziel nicht primär die Landnahme war. Als Ergebnis sozialer und ökonomischer Veränderungen in den Königtümern und Stadtwesen sind sie Indikatoren des Wandels von der sog. Oikos-Wirtschaft, deren Ziel im Wesentlichen die Selbstversorgung war, hin zu einer auf Handel basierenden Wirtschaft.

Der Prozess der Arbeitsteilung beginnt schon im 7. Jh. v. Chr. mit der Errichtung von Manufakturen und Werkstätten, die auf bestimmte Produkte und Fertigkeiten spezialisiert waren (Weiler 1988: 116 f.) und die Beschäftigung von Sklaven und Freien mit sich brachten. Die Verbreitung des Geldverkehrs ermöglichte zudem den Handel mit diesen Produkten. Dass sich damit auch eine Trennung des öffentlichen Lebens in verschiedene Sphären – Politik, Privatleben und grob gesprochen Wirtschaft – entwickelte (Aristoteles, *Politik*, Buch 7, 1256b26–1257b39), zeigt die hoch entwickelte gesellschaftliche Konstruktion in Stadtstaaten wie Athen, Korinth, Milet oder Syrakus.

3.2   Rom und das frühe Christentum

Trotz der intellektuellen Überlegenheit Griechenlands entwickelte sich das Römische Reich zur dominanten Macht des Mittelmeerraums und dehnte seine Herrschaft bis ins nördliche Europa aus. Kulturgeschichtlich von Bedeutung ist, dass eine gegenläufige Entwicklung zwischen dem antiken Griechenland und dem Römischen Reich zu beobachten ist. Der Höhepunkt des philosophischen Denkens im klassischen Griechenland geht einher mit einem allmählichen Verlust politischer und strategischer Macht Athens im östlichen Mittelmeerraum. Demgegenüber wird die Position Roms im Mittelmeerraum immer stärker, aber eine philosophische Blüte entwickelt sich dort nicht. So wie die Römer die Götterwelt der Griechen übernehmen oder sich anverwandeln, schauen sie nach Athen zu den großen philosophischen Vorbildern und entwickeln eine pragmatisch orientierte Weltanschauung. Cicero sieht in den großen Rednern des klassischen Athens Vorbilder für das Erziehungswesen und das öffentliche Leben. Das Handeln im Politischen wie im Militärischen rückt in den Vordergrund. Die Ethik und die praktische Anleitung zum richtigen Handeln, nicht die metaphysische Spekulation, entsprechen dem geistigen Bedürfnis dieser Gesellschaft. Die nicht-idealistische, materialistisch zu nennende Philosophie der Stoa wird von dem römischen Autor Seneca und dem philosophisch gesinnten Kaiser Marcus Aurelius von den griechischen Vorbildern aufgenommen und zu einer nicht-religiösen asketischen Tugendlehre entwickelt.

Während der Zeit des Römischen Reiches kommt es indes zu einer folgenreichen Entwicklung durch das Entstehen des Christentums – auch bezogen auf den Bereich der Ökonomie. Zwei wesentliche Aspekte treten darin hervor. Während für die römisch-griechische Welt die kulturelle Identitätsstiftung primär von der ethnischen Zugehörigkeit ausging (man bedenke, dass die *barbaroi* diejenigen waren, die des Griechischen nicht mächtig waren), kommt mit dem Christentum eine neue Perspektive in die Welt, vornehmlich durch den Apostel Paulus verbreitet, die das bis dahin geltende Einteilungsschema außer Kraft setzt. So wie Jesus seine Anhänger aus gesellschaftlich nicht privilegierten Schichten rekrutierte und sich sogar gegen die Amts- und Würdenträger des Judentums – vornehmlich die Pharisäer – wandte, propagiert Paulus eine Religion, in der das ethnische und sozial-hierarchische Kriterium völlig ausgespart und ersetzt wird durch das Moment des Glaubens (man denke an die Bergpredigt). Für das frühe Christentum gelten nicht mehr die sozialen Hierarchien und gesellschaftlichen Muster. Der neue Glaube negiert diese und wendet sich an die Armen, Schwachen und Ausgesonderten. Dadurch entsteht eine neue soziale Ordnung, eine Zweiteilung der Menschen, nämlich in Gläubige und Nicht-Gläubige, sprich Heiden – und auch eine Zweiteilung in Rechtgläubige und Ungläubige (Vietta 2005: 164), eine Quelle zahlreicher späterer Konflikte innerhalb der christlichen Welt.

Der soziale Sprengstoff des Urchristentums führte nicht nur zu Verfolgungen in römischer Zeit (obwohl diese auch noch andere Ursachen hatten), sondern erwies sich im Verlauf der Geschichte immer wieder als Wurzel von religiöser und sozialer Reform und Erneuerung. Dieser Sprengstoff entzündete sich immer dann, wenn die später erfolgende Integration der Amtskirche(n) in die weltlichen Machtstrukturen als unvereinbar mit dem eschatologischen, endzeitlichen Charakter des frühen Christentums erschien. Dieser bleibt bis hin zu den Sozialutopien der Moderne eine Inspirationsquelle, auch wenn in den neueren Utopien die Transzendenz der Religion längst aufgegeben ist.

„Der revolutionäre Wunsch, das Reich Gottes zu realisieren, ist der elastische Punkt der progressiven Bildung, und der Anfang der modernen Geschichte." (Friedrich Schlegel, Athenäums-Fragment 1798)

Hatte Aristoteles noch die Bereicherung des Einzelnen durch wirtschaftlichen Erfolg für legitim erachtet (*Politik*), so negiert das frühe Christentum in Erwartung des Weltendes den weltlichen Besitz. Bei allen reformerischen Kräften im Verlauf der Kirchengeschichte, vor allem bei den großen Ordensgründern und in der Mönchskultur generell, tritt immer wieder das Motiv der Armut in Erscheinung, des freiwilligen Verzichts auf weltliche und ökonomische Macht. Diese Orientierung, zusammen mit dem Gegensatz von Geist und Körper, wie er in der platonischen Weltanschauung schon vorgegeben war, entfaltete eine asketische Kraft, deren dialektische Dynamik gerade darin lag, dass sie zugleich weltabgewandt und ökonomisch produktiv und erneuernd wirkte. Von den späteren Klostergründungen in den unwirtlich sumpfigen Niederungen der Zisterzienser bis hin zu den erfolgreichen Aktivitäten der calvinistischen Geschäftsleute korreliert die Abwendung von der Bereicherung als Wert an sich mit sozialem und wirtschaftlichem Nutzen. Nicht zuletzt lag der ökonomische Nutzen auch in der persönlichen Askese, der Selbstdisziplinierung und Negierung des Körperlichen begründet.

Mit der Einführung des Christentums bleibt es beim kulturellen Gegensatz zwischen der expandierenden Welt des Römischen Reiches – mit seinen großen Handelszentren und Handelsstraßen – und einer religiösen ‚Subkultur‘, die durch Weltverneinung und geistliche Innerlichkeit geprägt war. So entwickelt sich das Mönchstum in der geographischen Abgeschiedenheit gleichzeitig mit dem Luxusleben in Rom, das sich seinerseits etablieren konnte, weil nach der Sicherung der Seidenstraße durch die Han-Dynastie kostbare Waren in den Westen gelangten.

Der Konflikt zwischen Diesseitigkeit und Endzeiterwartung verstärkte sich durch die Einführung des Christentums als Staatsreligion unter Konstantin. Mit der Institutionalisierung der Kirche trat das Christentum wieder in den Bereich der Ökonomie ein, ohne dass es eine spezifische, durch eine Heilige Schrift sanktionierte Form wirtschaftlicher Aktivität gegeben hätte. Das Christentum bot kein politisches oder ökonomisches System irgendeiner Art an. Barmherzigkeit und Gerechtigkeit wurden zum ethischen Imperativ. In diesen religiösen und politischen Kontext musste sich das wirtschaftliche Handeln einordnen. Es galt in diesem Kontext auch, die aristotelischen Konzepte vom mittleren Maß, von Ausgleich und Harmonie als Prinzipien der Gerechtigkeit anzuwenden. Das Problem war die Frage, wie weltlicher Besitz mit der Auffassung vereinbar ist, dass Gott der Menschheit insgesamt die Welt zur Verfügung gestellt hat. Diese Frage schloss das Problem ein, einen Ausgleich zwischen Arm und Reich zu erreichen und ein gerechtes Verhältnis zwischen Geld, Zins und Schuldner zu erzielen, außerdem festzulegen, an welchem Punkt die kritische Grenze zum Wucher erreicht ist (Wood 2002).

3.3   Christliches Mittelalter

Die Christianisierung Europas führte nach dem Niedergang des Römischen Reiches im 5. und den nachfolgenden Jahrhunderten n. Chr. zu einer neuen wirtschaftlich-kulturellen Konstellation. Sie ergab sich aus dem Zusammentreffen und Verschmelzen des weiter praktizierten römischen Rechts mit germanischen Rechtstraditionen, das vor allem ein kaum fixiertes

Gewohnheitsrecht war. In Eike von Repgows *Der Sachsenspiegel* (1220–1235) liegt ein bis ins 18. Jahrhundert wirksames germanisches Rechtsbuch vor, das – obwohl auf Deutsch geschrieben – in Mittel- und Osteuropa weite Verbreitung fand und das Landrecht ebenso wie das Lehnrecht behandelt. Das angelsächsisch-germanische Rechtssystem, das König Ethelbert in altenglischer Sprache kodifizierte, wurde durch die normannische Herrschaft zumindest formal weitgehend abgelöst, das englische Gewohnheitsrecht wurzelt aber immer noch in der alten Rechtstradition.

Obwohl das Lehnswesen bzw. das System der Vasallenschaft auch germanische Entsprechungen hatte, folgte die mittelalterliche Gesellschaftsordnung in Europa zunehmend dem römischen Vorbild. Die Vasallen (von lat. *vassaticum/vassaliticum*) waren vom Schirm- oder Lehnsherren zugleich frei und abhängig, da sie dem Lehnsherren (Kaiser oder König) ihr Lehen (meist Grund und Boden, aber auch Hoheitsrechte wie das Postlehen der Thurn und Taxis) im Gegenzug zu Treue und Gefolgschaft verdankten. Sie konnten ihrerseits auch wieder Lehen vergeben und entsprechende Gegenleistungen verlangen (Zu Begriff und Wirklichkeit des Vasallentums Reynolds 1994). Auf diese Weise entwickelte sich eine hierarchische Gesellschaftsform, die vom Kaiser oder König an der Spitze über Fürsten, Adelige und Freie bis zu fast leibeigenen Bauern reichte.

Politisch wurde im Verlauf des Mittelalters der Einfluss des Adels gegenüber den sog. Freien größer weil diese durch Kriege und wirtschaftliche Not in Abhängigkeit gerieten. Auch der Grundbesitz von Kirche und Klöstern brachte freie Bauern in Lehnsabhängigkeit und stärkte das römische Rechtserbe. Im Zuge der Christianisierung konnten so in einer Frühform des „Cuius regio, eius religio"-Prinzips ganze Völker dem christlichen Glauben zugeführt werden.

Auf der anderen Seite verschwindet das antike Erbe keineswegs, sondern bleibt für die Rechts- und Sozialstruktur im Mittelalter prägend (Gizewski www.) Die Personenrechtsunterschiede wirken in der Standesordnung nach, in besonderen Rechten herrschaftstragender Personen und Stände. Die unabhängigen Stadtrepubliken, die während des Mittelalters im heutigen Italien entstehen, haben ihre Vorbilder in den unabhängigen Stadtstaaten der griechisch-römischen Geschichte. Ebenso hat die neuzeitliche städtische Selbstverwaltung ihre Wurzeln im Modell der römischen Kaiserzeit. Rechtsprobleme werden durch einen Rückgriff auf die Kodices der späten Antike angegangen, weil das römische Recht bereits sorgfältig durchdachte Lösungen anbietet. Selbst das deutsche Bürgerliche Gesetzbuch beruht noch in vieler Hinsicht auf der Begrifflichkeit und Systematik des römischen Rechts.

Bereits auf römischem Boden hatte sich ein weiterer Faktor entwickelt, der dazu führte, dass das Christentum nicht nur zur Staatsreligion, sondern auch zu einer ökonomischen Macht werden konnte. Schon die spätantike Gesetzgebung hatte zu einer Organisation der Kirchenverwaltung geführt, die der Kirche durch staatliche Privilegien eine ausreichende Existenzbasis sicherte. Mit der sog. Pippinschen Schenkung im 8. Jahrhundert wurde der Grundstein eines päpstlichen Staatsgebietes gelegt, des späteren Vatikans. Papst und Kirche konnten sich damit zum Gegenpol der weltlichen Macht des Kaisertums entwickeln. Die Position der Kirche im Gefüge von germanischer Rechtskultur und feudaler Herrschaft etablierte sie als politische ebenso wie kulturelle und wirtschaftliche Macht im gesamten westeuropäischen Raum.

Zu dieser Macht der Kirche trugen insbesondere die Schenkungen von Land und Besitz an die Klöster bei, ebenso wie die personelle Verflechtung von Adel, Klerus und Klöstern. Umgekehrt trug wiederum deren Reichtum zur kulturellen und wirtschaftlichen Entwicklung der jeweiligen Länder bei. Das Mönchstum hatte sich längst vom Anachoretentum in der Wüste des frühen Christentums zum Träger der intellektuellen, kulturellen und wirtschaftlichen Entwicklung gewandelt. Der Reichtum der Klöster im Hochmittelalter erlaubte architektonische Innovationen, landwirtschaftlich-technischen Fortschritt und künstlerische Ausdrucksformen auf allen Ebenen. Auch die sich entwickelnde Praxis der Heiligenverehrung und der Reliquienkult brachten wirtschaftliche Impulse für Wallfahrtsorte und für Städte, die sich solcher religiöser Insignien rühmen konnten. Die Städte selbst werden im Verlauf des Mittelalters zu bedeutenden Orten von Handel, Geldwirtschaft und Bildung und dadurch zu neuen kulturellen Zentren.

Dass sich im Hochmittelalter auf dem kontinental-europäischen Festland ein Feudalsystem etablieren konnte, hat seine religiöse Fundierung in der Vorstellung einer hierarchisch gegliederten geozentrischen Weltordnung. In ihr kommt die Seinskette zum Ausdruck, die ihren Ausgangspunkt im Schöpfergott hat (der zugleich auch das Ziel des Weltgeschehens darstellt) und bis zur unbelebten Natur reicht (vgl. den Titel von Arthur Lovejoys epochemachendem Werk *The Great Chain of Being: A Study of the History of an Idea*, 1936). Je nach der Position in dieser Kette besitzt jedes Glied ein bestimmtes Maß an geistigen und körperlichen Fähigkeiten. Je höher die Position, umso größer die Autorität gegenüber den unteren Stufen. Die Vorstellung einer Seinskette mit ihrem Glauben an eine geordnete und benevolente Schöpfung behält ihre Gültigkeit bis in den Beginn der Neuzeit (Leibniz, Spinoza) und wird erst (auch symbolisch) durch das große Erdbeben von Lissabon in der Mitte des 18. Jahrhunderts erschüttert. Philosophisch (und literarisch mit *Candide*) wurde Voltaire zum größten Kritiker des optimistischen Weltbildes.

Der Mensch als Wesen mit einer spirituellen und einer körperlichen Natur steht in diesem System der kosmischen Hierarchie in der Mitte zwischen Gott und der unbelebten Materie. Die gesellschaftliche Ordnung spiegelt dieses Weltbild. Kaiser und König leiten ihre Macht und Autorität aus ihrer Position als Stellvertreter Gottes ab. Der König repräsentiert das göttliche Gesetz selbst und seine Untertanen schulden ihm deshalb absoluten Gehorsam. Obwohl durch das aristotelisch-christliche Weltbild legitimiert, geht diese Auffassung von der königlichen Autorität auf den römischen Kaiser Augustus und seine Doppelrolle als Gott und Herrscher zurück. Der so verstandene Herrscher besitzt zwei ‚Naturen': Er ist sterblicher Mensch auf der einen Seite und repräsentiert auf der anderen das von der göttlichen Ordnung abgeleitete Gesetz (Von daher der Titel *The King's Two Bodies* von E. H. Kantorowicz, 1957). Eine Einschränkung dieser Macht liegt aber insofern vor, als der König nur dann seine legitime Herrschaft ausübt, wenn er tatsächlich das Gesetz verkörpert.

Der mittelalterliche Ordo-Gedanke, ein im Ewigen fundiertes System, trug zur Stabilität der sozialen Ordnung bei und unterstützte hierarchische Verhältnisse auf allen Ebenen, vom Individuellen (z. B. in der Familie) bis hin zum Sozialen und Wirtschaftlichen. Wirtschaftlich ist ein solches System ohne Kompromisse jedoch gefährdet, denn Stabilität kann in Stagnation umschlagen. So verlor beispielsweise die Stadt Köln seit dem 16. Jahrhundert ihre wirtschaftliche Dynamik, weil sie sich gegen ordnungspolitische Änderungen sperrte –

beispielsweise Protestanten und Ausländer diskriminierte. Sie erwachte erst wieder zu ökonomischer Blüte, nachdem dank der Deregulierungsmaßnahmen der napoleonischen Herrschaft das starre Zunftsystem aufgelöst und die Handels- und Gewerbefreiheit eingeführt
sowie der kirchliche Grundbesitz säkularisiert wurden (Kellenbenz 1975: II, 36 f.). Zur
wirtschaftlichen Entwicklung trugen vor allem auch die Etablierung der individuellen Frei-
heitsrechte aller Bürger bei, zu denen auch die (teilweise) Gleichstellung der Juden mit den
Christen (1797) zählte. Die neuen Gegebenheiten führten zu Zuzugswellen von wirtschaftlich aktiven Bevölkerungsschichten (vor allem Protestanten) und bescherten der rheinischen
Westprovinz einen Modernisierungsschub (Padtberg 1989), der den Anstoß zur Industrialisierung des gesamten Rhein-Ruhr-Gebietes gab.

3.4   Beginn der Neuzeit

Wie kaum eine andere Zeitspanne in der Geschichte lassen sich die letzten Jahrzehnte des 15.
und die ersten des 16. Jahrhunderts als Umbruchzeit charakterisieren. So entscheidend waren
die Veränderungen, dass schon Historiker des 17. Jahrhunderts in diesem Zeitraum die Epo-
chengrenze zwischen dem Mittelalter und der Neuzeit ansetzten.[4] Der Übergang von einem
Zeitalter zum nächsten wurde an unterschiedlichen Ereignissen festgemacht, die in jene Jahrzehnte datieren: 1453 ging mit der Eroberung Konstantinopels durch die Türken das oströmi-
sche Reich unter, 1492 wurde Amerika entdeckt und 1517 begann mit dem berühmten The-
senanschlag Martin Luthers zu Wittenberg die Reformation.

Für ein feststehendes Anfangs- oder Enddatum einer Epoche tritt heute allerdings niemand
mehr ein. Vielmehr hat sich die Erkenntnis durchgesetzt, dass jedes Zeitalter in einem langen
Prozess entsteht und ebenso wieder vergeht, dass es Übergangsphasen gibt, und dass konkrete Anfangs- oder Endpunkte letztlich nicht bestimmbar sind. Trotz allem hat sich die
Auffassung gehalten, dass etwa 1500 ein neuer Abschnitt der Geschichte begann.

Diese Meinung teilten übrigens auch schon die Zeitgenossen: Der Begriff ‚Mittelalter' wurde
um 1500 aus dem lebhaften Gefühl heraus eingeführt, dass etwas ganz Neues begonnen
hatte, ein Zeitalter neuen Denkens und Sprechens, das Ende einer dunklen und der Beginn
einer helleren Zeit. Besonderes Gewicht und damit bleibenden Einfluss behielt diese Einschätzung vor allem, weil sich der Verlauf der Kirchengeschichte mit ihr in Einklang bringen
ließ: Die Reformation wurde – von Katholiken wie von Protestanten – als ein tiefer Ein-
schnitt an eben jener Stelle aufgefasst.[5]

Die Herausbildung der neuzeitlichen Gesellschaft aus der vielfältigen Einbindung in die
metaphysisch legitimierte Ordnung erfolgte in mehreren Schritten und auf mehreren Ebenen:

---

[4]   Die Zeitaltergliederung Antike – Mittelalter – Neuzeit wurde im 17. Jahrhundert durch ihre Aufnahme in zwei
      weit verbreitete Handbücher kanonisiert: Sowohl Georg Horn als auch Christoph Cellarius betrachteten die
      Weltgeschichte in ihren Werken als dreigeteilt. Vgl. Boockmann 1985: 14.

[5]   Zu den Ausführungen über die Periodisierung der Geschichte und die damit verbundenen Probleme
      s. Boockmann 1985: 13 ff. und Goetz 1993: 21 ff.

1. Im Zuge von Humanismus und Reformation bildet sich die Subjektivität als religiöser und sozialer Wert heraus. Luther hatte das Verhältnis des Menschen zu seinem Gott ohne die Mittlerschaft von Priestern zum Kernpunkt der Reformation gemacht. Descartes (1596–1650) etabliert die Selbstgewissheit des Ich als Grundstein der Rationalität und als Erkenntnisinstrument. Der Humanitätsgedanke kommt programmatisch in Schriften wie Pico della Mirandolas *De Dignitate Hominis* (Über die Würde des Menschen) von 1496 zum Ausdruck. Nicht zuletzt spiegelt sich die Bedeutung des Individuums im sich wandelnden Weltbild in der Erfindung der Zentralperspektive durch die Maler der Früh-Renaissance (als erster wird Giotto genannt). Die Bilder verlieren zunehmend den Anspruch, Spiegel der Heilsgeschichte und überzeitlicher Wahrheit zu sein, sondern werden zum Abbild der Erfahrungswelt der Maler. Das Bild erscheint nun als das, was ein Individuum ‚sieht‘.

2. Wissenschaftlich bedeutete die sog. Kopernikanische Wende eine Trennung vom geozentrischen Weltbild der Bibel. Da die römische Kirche die neue Vorstellung, dass die Erde sich um die Sonne dreht, ablehnte (und Galileo deswegen von seinen Erkenntnissen „abschwören“ musste), wurde die neue, auf Beobachtung und mathematische Berechnung gegründete wissenschaftliche Orientierung auch in die Spaltung der Christenheit hineingezogen. Die protestantischen Länder öffneten sich der neuen Wissenschaft und förderten die allgemeine Schulbildung, während in den katholischen Ländern Südeuropas die Bildung weitgehend der gesellschaftlichen Hierarchie angepasst blieb.

3. Politisch wurde bereits im Hochmittelalter in England mit der Magna Charta von 1215 der Grundstein für individuelle Rechte und Freiheiten gelegt und damit eine erste Absage an die Vorstellung, dass der Herrscher von Gottes Gnaden sei, also der irdische Repräsentant Gottes. Hier liegt der Anfang der Gewaltenteilung zwischen der Krone, dem (teil-repräsentativen) Parlament und den Rechtsinstitutionen, die ihren Höhepunkt in der „Glorious Revolution“ von 1688 fand und konstitutionell in der „Bill of Rights“ (1689) verankert wurde. Ohne selbst formal eine Verfassung zu haben, wurden die englischen Gesetze zum Vorbild für demokratische Verfassungen zuerst bei der Gründung der Vereinigten Staaten von Nordamerika, anschließend in Frankreich und später in ganz Europa. Die moderne Konzeption der Gewaltenteilung geht jedoch auch auf den französische Philosophen Charles de Montesquieu (1689–1755) zurück (*De l'Esprit des Loix*, 1748).

4. Einen wesentlichen Einfluss auf die Entwicklung von Politik und Wirtschaft übten zahlreiche philosophische Werke aus, die allesamt von der Konzeption der festen Ordnung des mittelalterlichen Staatswesens abrückten und es anthropologisch begründeten. Einer der bedeutenden Denker in diesem Zusammenhang war Giambattista Vico (1688–1744), der die neue Sicht vom menschlichen Wesen und seiner Gesellschaft herleitet. Vico argumentiert, dass der Mensch nur das wirklich versteht, was er geschaffen hat, so wie Gott der einzige ist, der ein vollkommenes Wissen über seine Schöpfung hat, weil er sie gemacht hat (das sog. Verum-Factum-Prinzip) (*Ancient Wisdom* 56). Deshalb rückt bei Vico das anthropologische Interesse in den Vordergrund, vor allem das Interesse an der Geschichte der Menschheit und besonders der Sprache als Repositorium des Denkens und der Erkenntnis. Wenn Vico zudem zwischen dem göttlichen Recht an sich bzw. der Gerechtigkeit und den konkreten Rechtsformen in verschiedenen Gesellschaften bzw. Völkern unterscheidet (*Il Diritto Universale*), so zeigt sich daran das Abrücken vom

Konzept einer fest gefügten weltlichen Ordnung. Ein neues Kriterium, das auf die weitere Entwicklung der Gesellschaftstheorie hindeutet, ist das gesellschaftlich Nützliche (*On the One Principle* 66). So seien Gesetze nur dann vernünftig, wenn sie dem öffentlichen Wohl dienten (*On the One Principle* 91). Vicos Position ordnet sich in die Entwicklung zentraler staatstheoretischer Konzepte der Neuzeit ein. Darin lassen sich schematisch gesehen zwei gegensätzliche Positionen ausmachen. Sie gehen entweder von der Grundannahme aus, dass der Mensch unsozial und aggressiv sei, und erklären deshalb die Staatsmacht für notwendig – so Thomas Hobbes (1588–1679) in seinem *Leviathan* (1651) – oder sie gehen von der grundsätzlich sozialen Natur des Menschen aus, wie John Locke (1632–1704) in *Two Treatises on Government* (1690), wo er den Staat als notwendig erachtet, um Leben, Freiheit und vor allem das individuelle Eigentum zu schützen.

5.   Ökonomische Aktivitäten sind sowohl Indikatoren als auch Mitursachen politischer und weltanschaulicher Veränderungen. Die geographischen Gegebenheiten Europas – Flüsse, die als Transportwege dienen konnten, Schifffahrtswege nach Norden und vom Mittelmeer nach Osten – begünstigen die Entwicklung stabiler Handelsnetze und Handelszentren (Hanse-Städte) und machten ein System der Kreditwirtschaft notwendig (Kennedy 1988: 17 f.) Schon im Mittelalter hatte der Handel im Gefolge der Kreuzzüge zugenommen und zur Erhöhung des Geldumlaufs geführt, was den Handel erleichterte und dem Bankwesen (die Fugger in Augsburg, die Medici in Florenz u. a.) Auftrieb gab, förderte damit aber gleichzeitig die Tendenzen zu größerer Macht der Stadtrepubliken, deren Wohlstand für die Herausbildung des Humanismus in der Renaissance eine entscheidende Voraussetzung bot. Der Kontakt zur arabischen Welt hatte dank der arabischen Ziffern die Entwicklung des Bankwesens erleichtert, das seinerseits Finanzierungen großen Umfangs für Kaiser, Könige und Päpste ermöglichte und die koloniale Inbesitznahme Südamerikas begünstigte. Selbst die Kirche war mit dem Ablasshandel in die Abhängigkeit von ökonomischen Zwängen geraten (Bau des Petersdoms in Rom) und trug auf diese Weise selbst zur Auflösung des mittelalterlichen Weltbilds bei.

3.5   Beginn der Moderne

Erst im Laufe des 18. Jahrhundert beginnt sich das Konzept der Weltordnung göttlichen Ursprungs und seiner Spiegelung im politischen und wirtschaftlichen Raum auch philosophisch zu verändern. Bei Kant (1724–1804) (*Allgemeine Naturgeschichte und Theorie des Himmels*, 1755) taucht zunächst der Gedanke einer anfänglichen, aber unabgeschlossenen Schöpfung auf. Der geschaffenen Materie wird die Fähigkeit zur selbständigen natürlichen Entwicklung zugesprochen.

Damit ist der erste Schritt zur Auflösung einer durch Gott von Anfang an konzipierten Schöpfung gelegt, der schließlich in der Evolutionsbiologie endet. Der Glaube an eine unveränderbare, hierarchische Natur erwies sich angesichts der Evolution von Gattungen als wissenschaftlich unhaltbar, wenn er auch bei den sog. Kreationisten weiterhin vertreten wird. Die Idee, dass die Welt durch prästabilierte Harmonie (Leibniz) geprägt sei, sowohl in der

Natur als auch im gesellschaftlich-wirtschaftlichen Bereich, verliert in der Neuzeit immer mehr an Gewicht.

> „Die ganze Natur, vornehmlich die unorganisirte, ist voll von solchen Beweisen, die zu erkennen geben, dass die sich selbst durch die Mechanick ihrer Kräfte bestimmende Materie eine gewisse Richtigkeit in ihren Folgen habe und den Regeln der Wohlanständigkeit ungezwungen genug thue." (Kant, Vorrede zu *Allgemeine Naturgeschichte und Theorie des Himmels*, XIX)

Die Herausbildung und unterschiedliche Kodierung (Vietta 2005:42 ff.) der Subjektivität im religiösen, erkenntnistheoretische und sozialen Kontext nimmt zwar schon in Humanismus und Reformation Gestalt an, gewinnt aber erst an Radikalität und ökonomischer Relevanz im Laufe des 18. Jahrhunderts mit dem philosophischen Utilitarismus und realwirtschaftlich mit dem sog. Manchester-Kapitalismus. Beide sagen sich von dem ständischen und weltanschaulich begründeten Ordnungsgefüge los und propagieren gerade den gesellschaftlichen Nutzen des Eigennutzes (die „unsichtbare Hand"). Die Umkodierung der Subjektivität in der Ökonomie geschieht durch die Aufwertung der Arbeit, also der Produktivität der Arbeitskraft des Einzelnen. Den „Reichtum der Völker" machen nun nicht mehr objektive Gegebenheiten wie Grundeigentum und Bodenschätze aus, sondern „improvement in the productive powers of labour". Adam Smith (1723–1790) überschreibt damit das erste Kapitel seines bis hin zum Neoliberalismus des 20. Jahrhunderts außerordentlich einflussreichen Werks *An Inquiry into the Nature and Causes of the Wealth of Nations* (1776). Adam Smith sieht die Ursache von gesellschaftlichem und individuellem Wohlstand in der Vermehrung, nicht im Genuss von Geld und Besitz. Daher schätzt er den bürgerlichen Handel höher ein als das Einkommen aus Grundbesitz. Der Aufstieg der Handelsstädte ist für ihn Beweis der Überlegenheit des Prinzips der Erzeugung von Mehrwert, indem man Geld und Arbeit produktiv einsetzt. Diesem so gearteten Handel und Wirtschaften schreibt Adam Smith zu, dass sich Freiheit und Sicherheit für die Menschen entwickelt hätten, „who before lived almost in a continual state of war with their neighbours, and of servile dependency upon their superiors" (Smith 1776: 412, III, iv).

Dem Einsatz von Geld zur Vermehrung des Reichtums im Gegensatz zum Leben von der Rendite liegt eine Verhaltenslogik zu Grunde, die Max Weber (1864–1920) zu Beginn des 20. Jahrhundert in seinem Werk *Die protestantische Ethik und der ‚Geist' des Kapitalismus* (1904) dargestellt hat. Darin legt er seine berühmt gewordene These dar, dass der wirtschaftliche Erfolg der protestantischen Länder auf das Ethos des Protestantismus, vor allem seiner calvinistischen Ausprägung, und die theologisch begründete Wertschätzung von Arbeit, Disziplin und asketischem Lebensstil zurückzuführen sei. Dieser habe den ökonomischen Erfolg des Einzelnen als Indiz der göttlichen Auserwählung und damit Rettung vor der ewigen Verdammnis interpretiert. Der Zweck der ökonomischen Anstrengung liegt danach also nicht in der Akkumulierung von Kapital als Selbstzweck, sondern ist als Ausdruck der Suche nach subjektiver Heilsgewissheit zu verstehen. Allerdings haben spätere Untersuchungen gezeigt, dass neben der religiösen Motivation auch Faktoren wie ein besseres Bildungswesen für die ökonomische Prosperität der calvinistischen Länder eine Rolle gespielt haben. Außerdem ist zu bedenken, dass die ersten Bankzentren bereits im frühen 15. Jahrhundert, also noch im Mittelalter in den katholischen Stadtrepubliken Mittelitaliens entstanden (die Medici-Bank wurde 1397 gegründet). Der Zusammenhang zwischen Religion und ökonomischer Prosperität erweist sich als komplex und wurde erst in den letzten Jahren ökonometrisch untersucht (Becker/Woessmann 2007), wobei auch dabei die Korrelation von Faktoren auf historischen Prämissen beruht. Dass der calvinistische Puritanismus in den Neuengland-staaten Nordamerikas die wirtschaftliche Aktivität motivierte, bleibt ein Faktor, der das Bil-dungsstreben als weitere Ursache keineswegs ausschließt.

Der von Weber angenommene Zusammenhang von Religion und wirtschaftlicher Prosperität im sog. Kapitalismus wurde im späten 20. Jahrhundert aus der kulturanthropologischen Per-spektive Michel Foucaults (1926–1984) als das Konzept der Triebkontrolle bezeichnet, das zur Stärkung der bürgerlichen Klasse beigetragen habe (Foucault 1976). Die Tugendhaftig-keit wird als Motor des wirtschaftlichen und gesellschaftlichen Erfolges gesehen, für die der Untertitel von Samuel Richardsons Roman *Pamela* (1740) eine geeignete Formel liefert: „Virtue Rewarded", aber auch das amerikanische Motto „from rags to riches" illustriert die Kontinuität dieses Zusammenhangs.

Das Gegenbild zu den Möglichkeiten individueller Entfaltung und ihrem Abusus, vor allem durch die Träger der Macht, also Adel, Kirche, Militär, tritt in der literarischen Gattung der Utopie (wörtlich: „kein Ort") auf, und bezeichnender Weise zu Beginn der Renaissance, also einer Zeit, die sich in vielen Bereichen der ,Reformation' verschrieben hatte. Die Utopie entspringt der Kritik an Ungerechtigkeit und sozialen Missständen und propagiert das Ideal eines gänzlich durch weise Herrscher oder Institutionen gelenkten Sozialwesens, das unein-geschränkt gerecht, effizient und stabil ist. Allerdings eliminieren solche Visionen gleichzei-tig individuelle Freiheit und Aktivität durch ein System, das auf Statik und Wiederholung beruht.

Die Utopie trägt jedoch auch schon den Umschlag in den Albtraum der Anti-Utopien in sich. Entstehen die Utopien der Renaissance quasi als Gegenbild zu extremer materieller Un-gleichheit und sozialer Differenz, so spiegeln die Anti-Utopien des 20. Jahrhunderts die politischen Utopien (und ihre Realisierungsversuche in den beiden großen totalitären Syste-men des 20. Jahrhunderts) als Albträume von totaler Diktatur (Huxley, *Brave New World*; Orwell, *1984*). Kulturgeschichtlich schlägt das Pendel von der Vision eines idealen Staats-wesens in den ,positiven' Utopien (von Platons *Staat* bis zu Campanellas *Sonnenstaat* (1602)) zur fundamentalen Skepsis gegenüber dem modernen Staatswesen und seiner schier unbegrenzten Macht.

Die radikale Kritik an der arbeitsteiligen, auf Profitmaximierung angelegten und auf dem Recht des Stärkeren aufgebaute Gesellschaft nimmt bei Jean Jacques Rousseau eine romanti-sche Ausformung an („zurück zur Natur"; es gibt kein individuelles Eigentum an der „Na-tur"). Nicht anders betrachtet Karl Marx den natürlichen Ursprung des Menschen als wieder zu gewinnende Lebensform bzw. als Ziel der Geschichte.

> „Der Kommunismus als positive Aufhebung des Privateigentums als menschlicher Selbstentfremdung und darum als wirkliche Aneignung des menschlichen Wesens durch und für den Menschen; darum als vollständige, bewußt und innerhalb des ganzen Reichtums der bisherigen Entwicklung gewordne Rückkehr des Menschen für sich als eines gesellschaftlichen, d. h. menschlichen Menschen." Marx [1844], 2006: 702 f.

Beide utopische Zielrichtungen haben die kulturellen und politischen Entwicklungen des 19. und 20. Jahrhunderts entscheidend geprägt.

3.6   Nach dem Ersten Weltkrieg

Historisch wird der Erste Weltkrieg häufig als das Ende einer Epoche angesehen, die den Krieg geradezu herbei gesehnt und damit ihren eigenen Untergang provoziert hat. In Europa markiert er das Ende der österreichisch-ungarischen Monarchie, des Deutschen Reichs unter preußischer Führung, den Eintritt der USA in die Weltpolitik, weltweit den Anfang vom Ende des Kolonialismus, auch wenn es noch bis in die Zeit nach dem Zweiten Weltkrieg dauern sollte, bis das englische Empire endgültig zu Ende ging und Frankreich die meisten Kolonien in die Unabhängigkeit entließ. Die Idee der Demokratie schien sich in Europa verflüchtigt zu haben oder eine Ausnahme zu bleiben. Die Weltwirtschaftskrise der zwanziger Jahre spülte die autoritären Bewegungen nach oben und ließ die Demokratie ohnmächtig und hilflos erscheinen. Auf der anderen Seite entsteht mit der Weimarer Republik in Deutschland zum ersten Mal überhaupt eine Demokratie, und mit dem gesellschaftlichen Umbruch entwickelt sich in den zwanziger Jahren zugleich eine kulturelle Dynamik, die nicht nur die Kunst erfasst, sondern alle sozialen Bereiche, von der Reformbewegung im Erziehungs- und Gesundheitsbereich bis zur Architektur. Das Bauhaus entwickelt innerhalb nur weniger Jahre einen bis heute wirksamen Einfluss sowohl auf die Architektur als auch auf die angewandte Kunst und alle Arten des Designs.

Wie andere Epochen erscheint auch das 20. Jahrhundert durch deutliche Widersprüche charakterisiert. Einer der wesentlichen besteht zwischen den Polen extremer Rationalitätsorientierung (in Wissenschaft und Technik) einerseits und andererseits utopischen, beinahe heilsgeschichtlichen Versuchen, die Welt auf allen Ebenen von Gesellschaft, Wirtschaft und Kultur zu verändern. Der Glaube an eine in die Realität übersetzbare Utopie transformierte sich im kommunistischen Machtbereich in eine totalitäre Diktatur des sog. Proletariats und eine vorgeblich rational geplante Wirtschaft. Dagegen gaukelte der Nationalsozialismus rassische Überlegenheit und Auserwählung als Antwort auf alle wirtschaftlichen, politischen und ethischen Probleme der Zeit vor. Eine irrationale Erlösungshoffnung wurde hier wie dort mit rationellstem administrativem Terror umgesetzt, die nationalsozialistische Diktatur endete in nihilistischer Selbstzerstörung (Goebbels: „Wollt ihr den totalen Krieg?"), der Kommunismus transformierte sich am Ende des 20. Jahrhunderts in oligarchische Regime mit demokratischer Fassade.

Gegenüber den totalitären Systemen zeichnet sich das politische System der Demokratien nicht durch die Verabsolutierung bzw. Usurpierung des Gleichheitsgrundsatzes aus, sondern indem es Möglichkeiten der individuellen ebenso wie der kollektiven Machtentfaltung begrenzt. Demokratien sind durch Vermittlungsinstanzen charakterisiert, die eine totale Machtausübung und Kontrolle durch die Regierung ebenso verhindern wie die von Individuen oder mächtigen Interessengruppen. Alexis de Tocqueville (1805–1859) hat in seinem visionären Werk *De la démocratie en Amérique* (1835) die Gefahren gesehen, die der Demokratie drohen, wenn die Vermittlungsinstanzen verschwinden und eine direkte ‚Volksherrschaft' institutionalisiert wird. Historisch hat die „Diktatur des Proletariats" genauso wenig zu einer Herrschaft des Volkes geführt wie im Faschismus, dessen bildliche Bezeichnung – abgeleitet von *fasces* = zusammen gebundenes Reisigbündel – den Anspruch suggeriert, die Macht des ‚Volkes' zu repräsentieren. Demgegenüber haben in der Demokratie die Vermittlungsinstanzen und das System der Machtbalance zwischen den staatlichen Institutionen zunächst die politische Gleichheit der Bürger befördert, dann aber auch den Weg zur Gleichheit der wirtschaftlichen Chancen eröffnet. Die totalitären Systeme, vor allem der Sozialismus sowjetischer Prägung beschritten den umgekehrten Weg und führten weitgehend die wirtschaftliche Gleichheit als ersten Schritt zur absoluten Gleichheit im späteren ‚Kommunismus' ein. (Van Doren 1991: 313 f.)

Auch in wissenschaftlicher und philosophischer Hinsicht zeichnen sich mit dem Beginn des 20. Jahrhunderts gravierende Verschiebungen der ‚Weltordnung' ab. Mit der Metapher der Kopernikanischen Wende hatte man den Übergang vom ptolemäischen, flachen Weltbild des Mittelalters zur Entdeckung bezeichnet, dass die Erde und die Planeten um die Sonne kreisen. Eine ähnlich einschneidende Wende markiert Einsteins Relativitätstheorie. In ihr erscheint die Zeit als vierte Dimension und als eine Funktion des Ortes. In Einsteins Formel für Energie – $E = mc^2$ – treten Masse und Energie in eine neue Relation. Danach schlummert selbst in der kleinsten Masse eine ungeheure Menge von Energie, nicht nur theoretisch, denn von hier aus nehmen sowohl die Atomkraft als auch die Atombombe ihren Weg. Einsteins Formel wird zum Symbol für das 20. Jahrhundert, obwohl die Welt der Wahrnehmung sich durch die mathematisch-physikalische Erkenntnis für den Menschen nicht ändert (Friedell 1960:1496 f.). Was verloren geht, ist jedoch das Gefühl in einer Welt zu sein, die von einem „deus artifex", einem vernünftigen Weltenherrscher, gelenkt wird. Die Astrophysik des 20. Jahrhunderts präsentiert einen durch einen Urknall entstandenen, expandierenden Kosmos ohne erkennbaren Sinn. Nach Einstein ist die Welt so unbegreiflich, dass eine emotionale Beziehung zu einem personalen Schöpfer schwieriger als je zuvor erscheint. Ob eine ebenso große Bedeutung anderen wissenschaftlichen Entdeckungen wie der DNA-Molekularstruktur und der Entwicklung der Genetik zur Gentechnik oder der „Artificial Intelligence" durch den Einsatz von Rechnersystemen zukommt, lässt sich nur vermuten.

Wie in früheren Epochen gehen auch im 20. Jahrhundert von den wissenschaftlichen Umwälzungen kulturelle und wirtschaftliche Veränderungen von großer politischer und kultureller Tragweite aus. Die Entwicklung der Rechenkapazitäten führt zu industriellen und wirtschaftlichen Umwälzungen, vergleichbar der Erfindung der Dampfmaschine, die zur ersten industriellen Revolution führte.

Nicht minder reagiert die Kunst auf die Widersprüche und Spannungen zwischen den Ergebnissen höchster Denkleistungen in Wissenschaft und Technik und den größten von Menschen verursachten Katastrophen im 20. Jahrhundert. Sie manifestieren sich strukturell in Kunstformen, die Zufall und scheinbare Sinnlosigkeit in sich aufnehmen (Dadaismus, Aktionskunst, Fluxus, abstrakter Expressionismus), das vertraute Bild der Wirklichkeit verfremden oder auflösen (Impressionismus, Expressionismus, Kubismus, Konzeptkunst, Pop-Art), und gleichzeitig als authentische Formen künstlerischen Ausdrucks verstanden werden.

Eine wesentliche Rolle für die abendländische Kultur seit der Renaissance dürften neben Einzeldisziplinen und gesellschaftlichen Subsystemen die Kulturvermittlungsinstanzen (Maurer 2008) gespielt haben, angefangen beim Buchdruck, über den Film, das Radio bis hin zum Computer und dem Internet. Dazu gehören die verschiedenen Bildungssprachen und ihre je nach historischer Situation unterschiedliche Verbreitung bzw. Dominanz: Latein ist noch im 16. Jahrhundert allgemeine Bildungssprache, Französisch dominiert das 18. Jahrhundert, Deutsch entwickelt sich zur Wissenschafts- und Kultursprache im 19. Jahrhundert, Englisch wird im 20. Jahrhundert zur neuen *lingua franca.*

Die Dominanz des Englischen führt immer wieder zur Frage nach der eigenen Kultur und exemplifiziert das dialektische Verhältnis von globalisierenden und regionalisierenden Tendenzen vor allem in Europa. Die Liberalisierung des Welthandels, des Finanzverkehrs und der Dienstleistungen sowie die logistische Vernetzung des Globus haben zwar ein „global village" geschaffen, aber gleichzeitig haben sich – evt. als Reaktion – gegenläufige Tendenzen entwickelt, die dem Bedürfnis nach kultureller Identität entspringen. Die Kontroverse um das Wort „Föderalismus" im Kontext der Diskussion einer europäische Verfassung ist ebenso ein Indiz für diese widersprüchlichen Tendenzen wie die inneren Spannungen zwischen Zentralregierungen und Regionen in fast allen europäischen Ländern, sei es Belgien (der Gegensatz Flandern und Wallonien), Grossbritannien (die problematische Identität Englands, der Prozess von *„devolution"* und *„regionalization"*), Spanien (Baskenland, Katalonien), das frühere Jugoslawien oder Frankreich (Korsika).

Trotz aller Widersprüche hat sich jedoch Europa zu einer politisch-wirtschaftlichen Einheit entwickelt mit einem kulturellen Selbstverständnis, das zwar heterogen ausgeprägt ist, das aber doch eine „Rahmen-Identität" vermittelt. Neben der von der griechischen Antike ausgehenden „Logos-Kodierung", wie Vietta den Primat der Rationalität bezeichnet hat, die die technisch-wissenschaftliche Dominanz der westlichen Welt ermöglicht hat, entwickelte sich in Europa eine Wertestruktur, die sich ebenfalls über die ganze Welt verbreitet hat ungeachtet der Tatsache, dass diese Werte auch in Europa immer wieder verletzt wurden. Zu ihnen gehört die Menschenwürde, das Individuum als Rechtssubjekt, die Freiheit des Einzelnen im und gegenüber dem Staat, das Recht auf Eigentum sowie partizipative Staatsformen. Die Pluralität von Meinungen im öffentlichen Leben gehört ebenso zu den Errungenschaften des europäischen Erbes wie die Freiheit des unternehmerischen Handelns. Diese Werte haben sehr unterschiedliche Wurzeln, sie dürften aber alle auf Impulse zurückgehen, die der judäochristlichen Tradition (einschließlich ihrer inneren Kontroversen) und ihrer Verbindung mit dem philosophischen Denken des antiken Griechenlands zu verdanken sind. Ohne dass es je zu einem expliziten „Glaubensbekenntnis" gekommen wäre, repräsentieren sie eine Wertestruktur, deren Vorzug es ist, dass sie keinen konkreten Totalitätsanspruch eines Systems rechtfertigt – auch wenn dies immer wieder versucht wurde. Auf dieser Basis scheint das grundlegende Charakteristikum Europas, musikalisch gesprochen, die Dissonanz zu sein, die nur gelegentlich harmonisch aufgelöst wird, aber im 20. Jahrhundert auch zweimal an den Rand der Katastrophe geführt hat. Die Dimensionen, die diese beiden großen Kriege im Europa des 20. Jahrhunderts erreicht haben, spiegeln sich in der Bezeichnung ‚Weltkrieg' wider. Darin äußert sich nicht nur Eurozentrismus, sondern auch die weltpolitische Rolle, die Europa zugewachsen ist.

Trotz des Faktums, dass Europa der Weltgemeinschaft politische und ethische Grundwerte vermittelt hat, bleibt es problematisch, Europa ein Wesen zuzusprechen, das es essentiell vom Rest der Welt unterscheidet. Europa war immer selbst auch Empfänger (Horn 1998). Seine kulturellen Wurzeln reichen auch in außereuropäische Kulturen, angefangen in Mesopotamien bis in den indischen Subkontinent. Es wäre aussichtslos, historisch oder gar ideengeschichtlich eine rein europäische Substanz zu konstruieren. Pragmatisch und phänomenologisch gesehen unterscheidet sich das heutige Europa von früheren Epochen und von vielen Ländern und Kulturen, die es umgeben, aber die jetzige Position Europas im globalen Kontext ist ebenso sehr eine geschichtlich Momentaufnahme wie die intellektuelle Dynamik des arabischen Mittelalters, die persische Blütezeit unter den Safaviden oder der Han-Epoche in China. Die humanistischen Werte, die heute als essentiell europäisch gelten, hatten keineswegs immer und überall in Europa diese Geltung, sondern sind das Ergebnis von intellektueller und gesellschaftlicher Auseinandersetzung. Sie sind heute als europäisch anzusehen, aber selbst wenn man sie so bezeichnet, muss man sich im klaren sein, dass ‚europäisch' nicht allein geographisch verstanden werden kann, ohne einen Großteil der Welt auszuschließen. Das heutige europäische Wertesystem ebenso wie seine kulturelle Zeichenwelt sind zwar ein Strukturelement eines Großteils der Welt geworden, verdankt sich aber einer langen Entwicklung mit Wurzeln, die über seine geographische Begrenzung hinausgehen.

Literatur zum 3. Kapitel

Becker, S. O. und Woessmann, L.: Was Weber Wrong? A Human Capital Theory of Protestant Economic History, in: CESifo Working Paper Series No. 1987; IZA Discussion Paper No. 2886, 2007. Available at SSRN: http://ssrn.com/abstract=988031.

Burckhardt, J.: Griechische Kulturgeschichte. Gesammelte Werke, Darmstadt 1956.

Foucault, M.: Histoire de la sexualité. Vol. 1, La volonté de savoir; deutsch: Der Wille zum Wissen. Sexualität und Wahrheit 1. Suhrkamp, Frankfurt am Main 1983 (1976).

Gizewski, C.: Antike Wirtschaft. WWW-Skript zur systematischen und illustrativen Einführung in Rahmenbedingungen, Funktionszusammenhänge, Typen und Konzepte antiken Wirtschaftens. http://www2.tu-berlin.de/fb1/AGiW/Auditorium/AntWiSys/PV.htm. (05.05.2009)

Häring, N. und Storbeck, O.: Ökonomie 2.0. 99 überraschende Erkenntnisse. Schäffer Poeschel, Stuttgart 2007.

Kaiser, O. und Borger, R. u. a. (Hrsg.): Texte aus der Umwelt des Alten Testaments, Band I: Rechts- und Wirtschaftsurkunden. Historisch-chronologische Texte, Gütersloh 1985.

Kantorowicz, E. H.: The King's Two Bodies. Princeton UP, Princeton 1957.

Kennedy, P.; The Rise and Fall of the Great Powers. Economic Change and Military Conflict from 1500 to 2000. Unwin Hyman, London 1988.

Lovejoy, A.: The Great Chain of Being: A Study of the History of an Idea. Harvard University Press, Cambridge (Mass.) 1936.

Marx, K.: Ökonomisch-philosophische Manuskripte aus dem Jahre 1844. Marx/Engels, Ausgewählte Werke. Directmedia Publ. 2006, Digitale Bibliothek, 11 (1844).

Maurer, M.: Kulturgeschichte. Eine Einführung. Böhlau, Köln 2008.

Nestle, W.: Vom Mythos zum Logos. Die Selbstentfaltung des griechischen Denkens von Homer bis auf die Sophistik und Sokrates. Kröner, Stuttgart 1942.

Reynolds, S.: Fiefs and Vassals: The Medieval Evidence Reinterpreted. New York and Oxford, Oxford University Press 1994.

Richter, K.: Rechtsbücher: Sachsenspiegel und Schwabenspiegel. In: Jörg Wolff (Hrsg.): Kultur- und rechtshistorische Wurzeln Europas (Studien zur Kultur- und Rechtsgeschichte). Band 1. Forum, Mönchengladbach 2005.

Rousseau, J. J.: Discours sur l'origine de l'inégalité parmi les hommes; deutsch: Über den Ursprung und die Grundlagen der Ungleichheit unter den Menschen (1775).

Schuller, W.: Griechische Geschichte. Oldenbourg, München 2008.

Stapelfeldt, G.: Mythos und Logos. Antike Philosophie von Homer bis Sokrates. Dr. Kovac, Hamburg 2007.

Van Doren, C.: A History of Knowledge, New York 1991.

Vico, G.: Il Diritto Universale. Laterza e Figli, Bari 1936.

Vico, G.: On the Most Ancient Wisdom of the Italians, Unearthed from the Origins of the Latin Language. Including the Disputations with the Giornale de' Letterata d'Italia. Transl. L. M. Palmer. Cornell University Press, Ithaca and London 1988.

Vico, G.: On the One Principle and One End of Universal Law. Transl. J. D. Schaeffer. Vol. 21, New Vico Studies, 2003.

Vietta, S.: Europäische Kulturgeschichte. Eine Einführung. Fink, München 2005.

Weber, M.: Die protestantische Ethik und der ,Geist' des Kapitalismus, 1904.

Weiler, I., Griechische Geschichte. 2. Aufl., Darmstadt 1988.

Whitehead, A. N.: Process and Reality. Free Press, o. O. 1979.

Wood, D.: Medieval Economic Thought. Cambridge University Press, Cambridge 2002.

4 Methoden ökonomischen und kulturellen Denkens (*Lothar Černý* & *Walter Gutzeit*)

4.1 Vorgehensweise zur Gewinnung wissenschaftlicher Erkenntnisse

Letztendlich erfordert Wissenschaft immer die Suche nach der ‚Wahrheit', und zwar im Sinne einer Erkenntniserweiterung. Eine Vorgehensweise zur Gewinnung wissenschaftlicher Erkenntnisse ist die Methode, die der Theorie vorgelagert ist. Die Methode ist das logisch Frühere, und die Begriffe Analysetechnik und Betrachtungsweise werden synonym verwandt.

Die Wahl der Methode richtet sich nach dem jeweiligen Erklärungsziel. Garant der Erkenntnis ist nicht die Selbstreflexion des Ich im Gegensatz zur Welt, sondern die Erkenntnis, dass dieses Ich schon immer in einem geschichtlichen Kontext zu betrachten ist. Das in dieser Methode liegende Moment der Relativierung wird durch das Bemühen um das Verstehen des Anderen, sowohl des anderen Menschen als auch des Objekts, aufgefangen. Die Offenheit, die das Verstehenwollen verlangt, öffnet das eigene Denken für die andere Sichtweise, steuert also der puren Relativierung entgegen.

Die Frage nach der ‚richtigen' Methode oder Theorie der Wirtschafts- und Kulturwissenschaften lässt sich nicht eindeutig beantworten. Zur Erreichung ihrer Ziele bedienen sich die Wirtschafts- und Kulturwissenschaften relevanter, empirischer Daten und/oder Sinnerklärungen und versuchen, daraus allgemeingültige Aussagen – eine Theorie – zu formulieren.

4.1.1 Geisteswissenschaftliche Vorgehensweise

Ernst Cassirer (1874–1945), der erste und bedeutendste deutsche Kulturphilosoph, verwandte die Termini „Kulturwissenschaft" und „Geisteswissenschaft" fast synonym und betrachtete sie als Einheit. Wenn heute von den Geisteswissenschaften (im Kontrast zu den Naturwissenschaften) die Rede ist, so versteht man darunter eher eine übergreifende Kategorie und subsumiert darunter die Kulturwissenschaften, die sich aber stärker gesellschaftswissenschaftlich verankert sehen. Der Terminus „Kulturwissenschaften" kann deshalb als „Neujustierung des eigenen

gesellschaftlichen Aufgabenbereichs" verstanden werden (Landwehr/Stockhorst 2004: 9).
Trotzdem handelt es sich um eine – wenn auch sehr vielfältige – geisteswissenschaftliche Disziplin. Sie erfasst einerseits das konkrete Material – Texte und Dokumente – , beschäftigt sich
aber vor allem auch mit dem Verstehen von Kulturen und kulturellen Phänomenen in historischer Perspektive, wobei das Verstehen hier auch das wissenschaftliche Erklären, d. h. das
Ableiten eines Sachverhalts von vorhergehenden, in allgemein logisch beschreibbaren Schritten
einschließt und nicht nur einen existenzialen Akt bedeutet. Denn formal bedienen sich auch
die Geisteswissenschaften einer Methode, die in den Naturwissenschaften angewandt wird:
Eine induktiv gewonnene Hypothese, also eine Hypothese, die vom Einzelnen zum Allgemeinen hinführt, gibt den Anstoß zu einer Untersuchung der Fakten und Phänomene und
zielt auf eine Bestätigung, Modifizierung oder Falsifizierung der anfänglichen Präsumtion.

Der Unterschied zwischen Geisteswissenschaften im Vergleich zu den Naturwissenschaften
liegt aber vor allem in der historischen Perspektive, die sowohl den Gegenstandsbereich als
auch den Verstehensprozess einschließt. Gleichzeitig muss betont werden, dass die Kultur-
und Geisteswissenschaften nicht nur ein anderes Gegenstandsfeld haben, sondern auch selbst
ein historisches Phänomen darstellen – genauso wie die Kulturen, die sie untersuchen. Auch
sie sind das Ergebnis eines kulturellen Prozesses, d. h. eines kulturbedingten Handelns. Wie
die Geschichte des Kulturbegriffs zeigt, bedeutet die Verwendung des Terminus „Kultur"
noch nicht ein Bewusstsein von der Kontingenz (d. h. von der historischen Bedingtheit) des
Begriffs und impliziert erst recht keine Theorie oder wissenschaftliche Beschäftigung mit der
Kultur. Von Kultur- oder Geisteswissenschaft lässt sich trotz aller Vorstufen wie der Bibel-
exegese im eigentlichen Sinne erst seit dem 18. Jahrhundert sprechen.

Grundsätzlich erfordert die wissenschaftliche Erfassung und Erforschung kultureller Phänomene einen Prozess des Erklärens und Verstehens. Deshalb steht die Hermeneutik als Lehre
vom Interpretieren und Verstehen im Zentrum der Kultur- und Geisteswissenschaften. Die
Hermeneutik unterscheidet sich im Hinblick auf das Verständnis von Wahrheit und Objektivität wesentlich von ihrem Gegenpart, den Naturwissenschaften, die von einem erkenntnis-
theoretischen Realismus ausgehen, i. e., dass Wahrheit unabhängig vom Subjekt erkannt und
überprüft werden kann. Die Hermeneutik problematisiert gerade die Gegenüberstellung von
Subjekt und Objekt, denn der Verstehende ist bei der Betrachtung von kulturellen Artefakten
und Texten selbst Teil des Gegenstandsbereichs, den er untersucht. Verstehen impliziert
deshalb immer auch eine Reflexion der eigenen Position und somit des eigenen kulturellen
Hintergrunds im geschichtlichen Kontext.

Zudem gehen die Kultur- und Geisteswissenschaften davon aus, dass wir die Welt nicht
objektiv, sondern symbolisch vermittelt wahrnehmen. Was immer uns in der Gegenwart aus
der Vergangenheit in Form von künstlerischen, geistigen und sozialen ,Produkten' entgegen-
tritt, steht uns nicht neutral und objektiv gegenüber; diese Produkte sind vielmehr Teil des
Horizonts, in dem wir als Betrachter leben und durch den unser Denken sowie unsere Welt-
sicht determiniert ist. Wir verstehen also prinzipiell nur das, was wir schon ,verstehen'; wir
haben ein „Vorverständnis". Während Wilhelm Dilthey (1833–1911) diese Art des Verstehens noch weitgehend aus der Subjektivität ableitete und das Einfühlen als wesentliches
Charakteristikum der geisteswissenschaftlichen Erkenntnisweise betrachtet (Dilthey [1926]
1970, Schleiermacher, Hermeneutik [1838] 1959) erweitert Gadamer 1960 das Vorverständ-

nis um die Kategorie des Vor-Urteils, das er von seiner negativen Konnotation, als Erkenntnis behindernd, befreien will. Der Angriff auf das Vor-Urteil bedeute eine „Entmachtung der Überlieferung" (Gadamer 1960: 264), mit anderen Worten das ‚Vorurteil' verbindet uns mit unserer Geschichte und Tradition.

Methodisch heißt dies, dass wir ein einzelnes Phänomen nur verstehen, wenn wir es unter dem Aspekt des Ganzen interpretieren. Umgekehrt gilt aber auch, dass uns das Ganze immer nur zugänglich wird durch die Betrachtung und das Verstehen des Einzelnen. Das Einzelne erlaubt uns, das Ganze zu ‚erahnen'. Diese Art des Verstehens wird mit dem Begriff des hermeneutischen Zirkels bezeichnet, der eine Dialektik des Verstehens vom Einzelnen und vom Ganzen beinhaltet. Wir können Sinn nicht aus isolierten Details konstruieren, denn Sinnstrukturen gehen ontologisch den einzelnen Elementen voraus. Das umfassende Ganze des kulturellen und sozialen Lebens ist die Geschichte, in der wir uns befinden, unsere Kultur im weitesten Sinne. Deshalb befinden wir uns im Prinzip in einem endlosen Dialog und Verstehensprozess, da jeder Mensch in der – und in seiner – Geschichte befangen bleibt. Auch dem Verstehen kultureller ‚Produkte' liegt diese Logik zugrunde. Sie macht begreiflich, dass der Verstehensprozess verschiedener Personen unterschiedlich ist und sowohl in individueller Hinsicht als auch gesellschaftlich nie abgeschlossen sein kann.

Schon bei Schleiermacher liegt jedoch der Methodik des hermeneutischen Zirkels primär das Textverstehen zugrunde, das nicht nur die Betrachtung von Teil und Ganzem beinhaltet, sondern auch die Betrachtung des Textes sowie der Tradition, aus der er entstanden ist. Dass das Textverstehen zum Modell der hermeneutischen Methodik geworden ist, geht auf die fundamentale Rolle zurück, die die Sprache für den Menschen einnimmt. Denn nur durch die Sprache entwickelt der Mensch Begriffe, die ihm das Denken und Handeln innerhalb einer Gesellschaft ermöglichen.

Das hermeneutische Denken repräsentiert den Gegensatz zur rationalistischen Subjekt-Objekt-Opposition, die seit Descartes (1596–1650) Rationalismus und Empirie als Methoden der Naturwissenschaften etablierte. Die Selbstreflexion des Ich im Gegensatz zur scheinbar objektiven Weltbetrachtung ist jedoch nicht Garant der Erkenntnis, sondern ermöglicht lediglich die Erkenntnis, dass dieses Ich immer schon in einem geschichtlichen Kontext steht. Das in dieser Methode liegende Moment der Relativierung wird durch das Bemühen um das Verstehen des Anderen, sowohl des anderen Menschen als auch des anderen Objekts, aufgefangen. Die Offenheit, die das Verstehenwollen verlangt, öffnet das eigene Denken für die andere Sichtweise, steuert also der bloßen Relativierung entgegen.

Das Verstehen in den empirischen Sozialwissenschaften beruht hingegen auf einem anderen Verfahren, wie es Max Weber skizziert:

„‚Verstehen' heißt in allen diesen Fällen: deutende Erfassung: a) des im Einzelfall real gemeinten (bei historischer Betrachtung) oder b) des durchschnittlich und annäherungsweise gemeinten (bei soziologischer Massenbetrachtung) oder c) des für den reinen Typus (Idealtypus) einer häufigen Erscheinung wissenschaftlich zu konstruierenden (‚idealtypischen') Sinnes oder Sinnzusammenhangs. Solche idealtypische Konstruktionen sind z. B. die von der reinen Theorie der Volkswirtschaftslehre aufgestellten Begriffe und ‚Gesetze'. Sie stellen dar, wie ein bestimmt geartetes, menschliches Handeln ablaufen würde, wenn es streng zweckrational, durch Irrtum und Affekte ungestört, und wenn es ferner ganz eindeutig nur an einem Zweck (Wirtschaft) orientiert wäre." (Max Weber, Wirtschaft und Gesellschaft. Grundriss der verstehenden Soziologie [1922])

Hier wird deutlich, dass in den Sozialwissenschaften der Subjekt-Objekt-Gegensatz erhalten bleibt. Dass der Erkennende den Erkenntnisvorgang mitprägt, also die Subjektivität, soll gerade ausgeschlossen werden. Um diesen Zusammenhang soll es im Folgenden gehen.

4.1.2   Wirtschaftswissenschaftliche Vorgehensweise

Induktion

Die Induktion ist die Verdichtung von Einzeltatsachen zu einem Gesetz. Viele besondere Beobachtungen führen zu einem allgemeinen Satz. Wenn es richtig ist, dass Steine, Federn, Papier, Textil etc. zu Boden fallen, dann ist der allgemeine Satz der Physik richtig:

Alle schweren Körper fallen zu Boden.

Oder

Wenn es richtig ist, dass bei Preissteigerungen die Menschen weniger Güter nachfragen, dann ist der allgemeine Satz richtig:

Bei Preissteigerungen geht die Nachfrage zurück.

Diese Aussagen besagen, dass sie mit den beobachtbaren Tatsachen gut übereinstimmt. Derartige Gesetze findet man durch Induktion (lat. *inducere* = hinführen).

Diese Vorgehensweise ist in den Realwissenschaften untrennbar mit der Schwierigkeit verbunden, dass sich Gesetze durch Induktion nicht streng beweisen lassen (Induktionsproblem). Selbst unter idealen Bedingungen lassen sich Beobachtungen nur für eine begrenzte Zahl von Tatsachen anstellen, aber nicht für alle. Die Induktion kann für die Wissenschaft als essentieller, aber nicht als logisch zwingender Schluss angesehen werden.

In den Realwissenschaften ist es nicht möglich, die allgemeine Gültigkeit eines durch Induktion gewonnenen Gesetzes zu zeigen, es zu verifizieren. Andererseits lassen sich Gesetze jedoch durch ein Gegenbeispiel widerlegen – falsifizieren.

Deduktion

Deduktion (lat. *deducere* = herabführen) stellt das Gegenstück zur Induktion dar. Sie ist der logische Schluss von einem allgemeinen Satz auf einen besonderen. Es leuchtet ein, dass man – sofern die oben angeführten Gesetze Gültigkeit haben – zwingend schließen kann:

Dieser Stein fällt zu Boden.

Die Nachfrage nach einer bestimmten Automarke geht bei einer Preissteigerung zurück.

Daneben bezeichnet man als Deduktion jede definitorisch richtige Umformung von Sätzen und die Verfahren der Mathematik.

Gleichgewichtsmethode

Der Begriff des Gleichgewichts nahm in der Volkswirtschaftslehre seit Beginn eine zentrale Stellung ein. Der Gleichgewichtsbegriff wird unterschiedlich verwendet:

- der methodische Gleichgewichtsbegriff
  Dieser Begriff ist dem naturwissenschaftlichen vergleichbar, wobei Gleichgewicht als zeitlicher Ruhestand – ein Zustand mit Beharrungsvermögen – aufgefasst wird. Ein ökonomisches System befindet sich dann im Gleichgewicht, wenn sich die endogenen Variablen im Zeitablauf (bei Konstanz der exogenen Variablen) ändern. Der Gleichgewichtsbegriff ist sehr allgemein und lässt sich in der Ökonomik universell anwenden (z. B. Markt-, Zahlungsbilanz- oder Wachstumsgleichgewicht).
- der theoretische Gleichgewichtsbegriff
  Der theoretische Gleichgewichtsbegriff bezieht sich im Normalfall auf einen Markt. Ein Markt befindet sich genau dann im Gleichgewicht, wenn Angebots- und Nachfragepläne übereinstimmen. Bei der Behandlung des Unterbeschäftigungsgleichgewichts zeigt sich, dass diese Definition zu eng ist und zu Problemen führt. Es ist dann die Rede von Ungleichgewichtsgleichgewichten. Um diese Schwierigkeiten zu vermeiden, bezeichnen wir die Übereinstimmung von Angebots- und Nachfrageplänen als Markträumung oder Marktausgleich. Von Marktgleichgewicht wird gesprochen, wenn diese Situation als gleichgewichtig im methodischen Sinne angesehen werden kann – und nur dann.
- Stabiles Gleichgewicht
  Von stabilen Gleichgewichten spricht man aufgrund der Reaktion auf äußere Störungen. Innere Kräfte bewirken eine Rückkehr zum Gleichgewicht, falls eine äußere Störung auftritt.
- Indifferentes Gleichgewicht
  Das ursprüngliche Gleichgewicht wird nach einer Störung nicht wieder erreicht. Es fehlen Kräfte, die zu einer Rückkehr zum Gleichgewicht führen.
- labiles Gleichgewicht
  Die Störung bewirkt eine fortschreitende Entfernung von der Ausgangslage. Für die ökonomische Analyse gilt grundsätzlich, dass ein Gleichgewicht stabil sein muss, soll es ökonomische Bedeutung haben. Andernfalls wird man nicht schließen können, dass ein wirtschaftliches System dem Gleichgewicht zustrebt. Es wird sich vielmehr in nicht näher definierbaren Ungleichgewichtszuständen bewegen. Eine Gleichgewichtsanalyse beginnt daher auch mit einer Stabilitätsanalyse, die die Bedingungen für ein stabiles Gleichgewicht aufzeigt.

Ein instabiles Gleichgewicht ist ebenso unwahrscheinlich, wie ein Ungleichgewicht. Nur wenn ein stabiles Gleichgewicht existiert, ist damit ein Bezugspunkt gefunden, dem das ökonomische System voraussichtlich zustreben wird. Der sinnvollen Verwendung des Gleichgewichtsbegriffes widerspricht, dass in der Realität die exogenen Variablen nicht konstant sind und das stabile Gleichgewicht sich deshalb bewegt. In diesem Fall wird das System seinem Gleichgewicht mit einer Verzögerung folgen.

Lässt sich ein stabiles Gleichgewicht als Bezugspunkt der Analyse des ‚Gravitationszentrums‘ des Systems nicht ausmachen, kann über Gesetzmäßigkeiten und zukünftige Entwicklungen nichts gesagt werden. Das ist zugleich die eigentliche Rechtfertigung der Gleichgewichtsanalyse, und zwar in einem nicht-normativen Sinn.

Zu fragen ist, warum ein Gleichgewichtsbegriff so bedeutsam für die ökonomische Analyse ist?

* Ein gleichgewichtiger Zustand ist ex definitione zeitlich beständig, während ein un-
  gleichgewichtiger Zustand nur vorübergehenden Charakter hat.
* Ein gleichgewichtiger Zustand dient als Bezugspunkt der Theorie. Wenn beispielsweise
  bei ,Vollständiger Konkurrenz' der Gleichgewichtspreis 10 € beträgt, der derzeitige Preis
  aber nur 7 €, so kann ein Steigen des Preises vorhergesagt werden. Durch den Vergleich
  von Gleichgewichts- und tatsächlichen Größen lässt sich die Bewegungsrichtung ermitteln.

Statik und Dynamik

Durch die Art der Einbeziehung der Zeit wird unterschieden:

* statisch,
* komparativ statisch oder
* dynamisch,

je nachdem, ob die Zeit als Konstante, Parameter oder Variable auftritt. Bei statischen Analysen
beziehen sich alle Variablen auf denselben Zeitpunkt. Eine statistische Analyse ist zum Beispiel die
Ermittlung eines Gleichgewichtspreises zu gegebenem Angebot und bei gegebener Nachfrage.

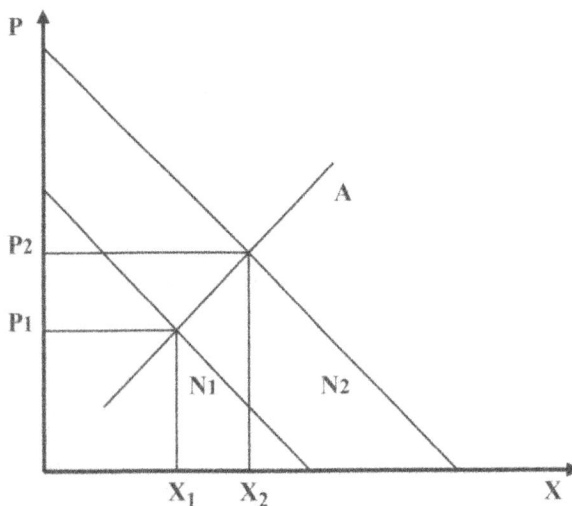

Abb. 4-1: Komparativ statische Analyse

In der Grafik findet man neben der zeitlich konstanten Angebotsgerade A die Nachfragegera-
den N_1 und N_2 zu zwei verschiedenen Zeitpunkten. Innerhalb der komparativen Statik befasst
man sich nun mit der Frage, welche Preis- und Meneneffekte die Verschiebung der Nachfrage-
gerade mit sich bringt. Offensichtlich muss der Preis auf P2 und die Menge auf X2 steigen.

Das Wie und das Ob des Anpassungsprozesses werden durch diese Untersuchung nicht erklärt. Hingegen fordert man, dass vor und nach der Geradenverschiebung ein Gleichgewicht
besteht. Die komparativ-statische Analyse ist somit unvollständig und bedarf einer ergänzen-
den Erklärung der Anpassungsprozesse.

Für diese Ergänzung bietet sich die dynamische Analyse an. Dabei werden der Preis P und die Menge X als Funktionen der Zeit P(t) und X(t) betrachtet. Die komparativ-statische Erklärung kann etwa durch die Hypothese vervollständigt werden, dass bei einer Überschussnachfrage der Marktpreis steigt und bei einem Überschussangebot der Marktpreis sinkt. Durch die verbal oder mathematisch formulierte ‚Dynamik‘ wird mithin der zeitliche Anpassungsprozess beschrieben, und es lassen sich die Bedingungen für eine Konvergenz zum Gleichgewicht angeben (Stabilitätsbedingungen). Aufgrund der Kenntnis bestimmter dynamischer Eigenschaften kann auf komparativ-statische Charakteristika geschlossen werden. Diesen Zusammenhang von komparativ-statischen und dynamischen Analysen nennt man nach Samuelson das Korrespondenzprinzip.

Die Dynamik ist eine geeignete Methode zur Beschreibung von Prozessen und wird in der Konjunktur- und Wachstumstheorie angewandt.

Eine mögliche Charakterisierung von statischer mit ‚schlechter‘ bzw. dynamischer mit ‚guter‘ Theorie wäre falsch und würde der bisherigen ökonomischen Erkenntnisgewinnung nicht entsprechen.

Ex-post und ex-ante-Analyse

Gemäß dem zeitlichen Verhältnis von Analyse und Analysegegenstand unterscheidet man ex-post und ex-ante-Analysen. Die ex-post-Analyse (lat. post = nach geschehener Tat) betrachtet ihr Objekt im Nachhinein.

Nehmen wir etwa die Marktgleichung (Verkäufe = Käufe)

$$Va = Kn$$

als ex-post- Analyse, so ist diese Gleichung eine Identität. Sie erklärt, dass in der Vergangenheit Verkäufe und Käufe übereinstimmen. Dieses Ergebnis ist einleuchtend – denn wenn in einer Periode auf einem Computermarkt 1000 Personalcomputer verkauft wurden, dann müssen notwendigerweise auch 1000 Computer gekauft worden sein.

Die ex-ante-Analyse stellt dagegen auf Plangrößen ab. Als ex-ante-Gleichung verstanden ist die oben angegebene Gleichung eine Gleichgewichtsbedingung. Sie fordert, dass im Gleichgewicht Angebot und Nachfrage übereinstimmen. Aufgabe der Theorie ist es, Bedingungen für eine Übereinstimmung herauszuarbeiten.

Partial- und Totalanalysen

Partial- und Totalanalysen unterscheiden sich dadurch, dass beispielsweise bei der Betrachtung einer Marktwirtschaft entweder die Menge aller Märkte oder eine Teilmenge analysiert wird.

Nicht damit gemeint ist, ob in eine Untersuchung alle relevanten Faktoren oder nur ein Teil davon einfließen. Würde man nach dem derzeitigen Erkenntnisstand versuchen, alle Faktoren zu berücksichtigen, wären sämtliche Analysen partiell und die Unterscheidung bedeutungslos.

Cetreris-paribus-Methode

Ceteris-paribus-Methode heißt (lat. der Rest bleibt gleich bzw. unter sonst gleichen Bedingungen), dass der Einfluss einer Größe (Wirkung) isoliert unter Konstanz der übrigen Bedingungen untersucht wird.

Beispiel:
Die generelle Nachfragefunktion eines Haushalts besagt, dass die nachgefragte Menge eines Gutes (N_1) von den Bestimmungsgrößen
- Preis des nachgefragten Gutes (p_1),
- Preise anderer Güter ($p_2 ... p_n$) und der
- Konsumsumme (c)

abhängig ist.

$$N_1 = f(p_1, p_2 ... p_n)$$

$$N_1 = \text{Wirkung}$$

$$f(p_1, p_2 ... p_n) = \text{Ursache}$$

Bei der generellen Nachfragefunktion sind drei Verursachungsgrößen vorhanden, die die Nachfragemenge beeinflussen. Soll jedoch untersucht werden, welche Größe die Nachfragemenge ursächlich verändert hat, muss man unterstellen, dass sich nur eine Größe auf der rechten Seite der Gleichung verändert. Die übrigen Bestimmungsgrößen werden dagegen konstant gehalten. Mit dieser Isoliermethode (ceteris-paribus-Methode) lassen sich aus der generellen Nachfragefunktion drei spezielle Nachfragefunktionen ableiten:

- die Nachfragemenge ist abhängig vom Preis des nachgefragten Gutes;
- die Nachfragemenge ist abhängig von den Preisen anderer Güter;
- die Nachfragemenge ist abhängig von der Konsumsumme.

Kontrollierte Experimente – bei denen isolierte Abläufe unter gleichen Bedingungen regelmäßig wiederholt werden können – kann die Wirtschaftswissenschaft nur in der experimentellen Wirtschaftsforschung ermöglichen. Die Wirtschaftswissenschaftler sind somit darauf angewiesen, die Zusammenhänge und Kausalgesetzlichkeiten in erster Linie gedanklich zu durchdringen und zu erfassen.

Theoretisch kann man fragen, wie sich die nachgefragte Menge nach einem Gut ändert, wenn der Preis für dieses Gut steigt und wenn alle anderen Bedingungen gleich bleiben (*ceteris paribus*). Empirisch lässt sich die ceteris-paribus-Bedingung kaum erfüllen.

Die ceteris-paribus-Klausel ist kein unbedenkliches theoretisches Hilfsmittel. Wird das Einkommen eines – sehr kleinen – Haushalts bei Konstanthaltung der Preise verändert, so ist diese Vorgehensweise sinnvoll, weil eine etwaige Nachfrageänderung des Haushalts keinen bedeutenden Einfluss auf die Gesamtnachfrage hat. Deshalb kann man grundsätzlich von gegebenen Preisen ausgehen. Würde sich aber das Einkommen aller Haushalte erhöhen, so wäre die

Verwendung jener ceteris-paribus-Klausel methodisch falsch. In diesem Fall würde die Gesamtnachfrage steigen, und die Preise könnten kaum als konstant angenommen werden.

Die ceteris-paribus-Klausel wird häufig falsch angewandt. Bei ihrer Verwendung ist stets zu prüfen, ob die veränderlichen und die konstanten Größen unabhängig voneinander sind. Nur dann ist der Kunstgriff des *ceteris paribus* methodisch richtig.

Mit der Begrenztheit des menschlichen Erkenntnisvermögens hängt zusammen, dass sowohl die Partial- als auch die Totalanalysen von der ceteris-paribus-Klausel Gebrauch machen. Ihre Verwendung kann demnach nicht das Abgrenzungskriterium von Partial- und Totalanalysen sein.

Auch beim kritischen Rationalismus besteht das Problem der einseitigen Auswahl und Behandlung der anstehenden Fragestellungen – Basis- oder Selektionsproblem.

In der Tat liegt in der Problemauswahl, die die einzelnen Forscher aufgreifen, bereits eine Wertung. Es besteht die Gefahr, dass bestimmte Fragestellungen nicht ausführlich genug behandelt werden. So könnte die Wissenschaft trotz Anwendung exakter Methoden zu einem Instrument herrschender Gruppen werden. Dieser Vorwurf wird insbesondere von marxistischer bzw. neo-marxistischer Rationalismuskritik gegen die so genannte bürgerliche Nationalökonomie erhoben.

Das Basisproblem stellt jedoch eine grundsätzliche Schwierigkeit dar – unabhängig davon, ob es sich um die Wirtschafts- oder andere Wissenschaften handelt – weil die Zahl der zu lösenden Probleme größer ist als die verfügbare Forschungskapazität.

Eine theoretisch begründete, empirisch überprüfbare und bisher nicht falsifizierte Hypothese ist z. B. die Behauptung, dass man in einer Klausur eine um so bessere Note erzielt, je intensiver man sich vorbereitet. (Es gilt die ceteris-paribus-Klausel.)

An die Stelle der linearen Kausalitätsvorstellung tritt ein Denken in kreisförmigen Kausalitäten, in Netzwerken. Erst wechselseitige Wirkungen (Interdependenzen) und zeitliche Abläufe erlauben es, die Dynamik und damit die Komplexität eines Systems zu verstehen.

Kausales Denken in Steuerketten wird der Realität nicht gerecht. In der Regel handelt es sich um zirkuläre Systeme mit Rückkoppelungen über mehrere miteinander verbundene Teile. Die Zusammenhänge vernetzter Systeme verlangen die Beachtung von Nebenwirkungen, Mehrfachwirkungen, Schwellenwerten, Umkippeffekten, exponentiellen Entwicklungen usw. Nur so kann die Varietät eines Systems erfasst werden.

Mikro- und Makroökonomik

Die Mikroökonomik betrachtet das einzelne Wirtschaftssubjekt, das ökonomische Entscheidungen zu treffen hat – ein Haushalt etwa Konsum-, ein Unternehmen Investitionsentscheidungen. Die Mikroökonomik versucht, wirtschaftliche Aktivitäten insgesamt aufgrund der Einzelentscheidungen zu erklären. So untersucht man etwa den markträumenden Preis (Partialanalyse). Andererseits werden die Bedingungen für ein Gleichgewicht auf allen Märkten untersucht (Totalanalyse). Das mikroökonomische Interesse richtet sich auf zwei Problembereiche:

Erstens die Allokation, d. h. die Verwendung knapper Ressourcen auf alternative Verwendungszwecke. Inbegriffen sind die Fragen, welche Güter in welchen Mengen produziert werden und wie die Faktoren im Produktionsprozess kombiniert werden. Die Allokation stellt ein zentrales Problem der Volkswirtschaftslehre dar und wurde teilweise sogar zur Definition der Nationalökonomie herangezogen. Somit leuchtet ein, dass die Wert- bzw. die Preistheorie sowie die Wettbewerbstheorie ein Feld umfangreicher Forschung darstellt.

Zweitens auf die Distribution, d. h. das Problem der Einkommensverteilung auf Personen, Gruppen oder Produktionsfaktoren.

Die Makroökonomik geht nicht vom einzelnen Haushalt bzw. der Unternehmung aus, sondern vom Aggregat (der Zusammenfassung) aller Haushalte bzw. Unternehmen. Sie untersucht nicht das Angebot eines Gutes, sondern das aggregierte Güterangebot. Kennzeichnend für die Makroökonomik ist somit der mehrfache Aggregationsprozess:

* die Wirtschaftssubjekte werden zu Aggregaten oder Sektoren zusammengefasst und
* die Güter zu Güterbündeln sowie
* vom individuellen zum Durchschnittsverhalten.

Bei der Mikro- und Makroökonomik handelt es sich nicht um zwei unterschiedliche Theorien, sondern um zwei Methoden, die sich in ihren Fragestellungen gegenseitig ergänzen.

Die Makroökonomik befasst sich vor allem mit den Globalgrößen Konjunktur, Beschäftigung, Inflation und Wachstum. Untersucht wird z. B. die Entwicklung der Beschäftigung und des BIP (Bruttoinlandsprodukt).

4.2 Theorietypen und Modellbildungsprozesse

4.2.1 Theorietypen

Klassifikatorische Theorien
Mit ihnen wird versucht, verschiedene Komponenten der Realität begrifflich zu definieren. Im nächsten Schritt kann die Wirklichkeit mit Hilfe dieses Begriffsystems beschrieben werden.

Beispiel:
Hierzu zählt die Marktformenlehre. Sie definiert bestimmte Markttypen (Monopol, Oligopol, Polypol), die zur Beschreibung tatsächlicher Märkte verwendet werden können. Diese Art von „Theorie" liefert keine Erklärung des ökonomischen Geschehens.

Nomologische und entscheidungslogische Theorien
Mit Nomologischen Theorien (griech. *nomos* – das Gesetz) wird versucht, gesetzmäßige Zusammenhänge aufzudecken. Die Newtonsche Gravitationstheorie gehört beispielsweise zu dieser Gruppe von Theorien.

Entscheidungslogische Theorien befassen sich mit menschlichen Verhaltensweisen. Eine solche Theorie unterstellt rationales Verhalten der Wirtschaftssubjekte und untersucht die sich daraus ergebenden Folgen (z. B. die Preistheorie). Insofern sind diese Theorien mit den nomologischen Theorien verwandt. Sie können aber über Analyseaussagen hinausgehen und bestimmte Verhaltensweisen empfehlen.

Entscheidungslogische Theorien unterscheiden zwischen:

* deskriptiven Theorien
  (Ziel ist es, die aus den Verhaltensweisen resultierenden Folgen zu bestimmen) und
* präskriptiven Theorien
  (Ziel ist es – z. B. im Rahmen der Wirtschaftspolitik – Verhaltensweisen zu empfehlen).

Erklärende Theorien
Wirtschaftliche und kulturelle Phänomene sollen erklärt werden. Wann ein Phänomen erklärt ist, ist jedoch nicht eindeutig messbar und wird unterschiedlich interpretiert.

Ein Phänomen ist erklärt

* wenn seine Zusammensetzung verstandesmäßig und sinngebend nachvollziehbar ist – Verstehende Theorie – Hermeneutik;
* wenn die beobachteten wirtschaftlichen und kulturellen Tatbestände als Ergebnis von Gesetzmäßigkeiten (Gesetz als raum- und zeitlose Aussage) abgeleitet werden können. – Klassischer Empirismus, Klassischer Rationalismus, Kritischer Rationalismus.

Klassischer Empirismus
(Francis Bacon – 1561–1626; John Locke – 1632–1704; John Stuart Mill – 1806–1873)

Einzige Quelle der Erkenntnis ist die Wahrnehmung durch die Sinne (Verwandtschaft zur verstehenden Methode). Nur mit den Sinnen können die Menschen die Wirklichkeit erfassen und damit zur Wahrheit gelangen. Diese Wahrheit wird durch einen allgemeinen Satz formuliert, der auch als Gesetz bezeichnet wird und auf dem Wege der Induktion gewonnen wird.

Es wird versucht, aus vielen Einzelbeobachtungen des wirtschaftlichen Lebens zu einer allgemeinen Aussage zu kommen.

Für die Naturwissenschaften bestehen kaum Probleme, dieses Verfahren anzuwenden. In den Wirtschaftswissenschaften lassen sich solche durch die Induktion gewonnenen Gesetze nicht beweisen – Das Induktionsproblem.

Klassischer Rationalismus
(René Descartes – 1596–1650; Gottfried Wilhelm Leibnitz – 1646–1716)

Der Zugang zur Wahrheit könne nur durch die Vernunft erreicht werden. Dadurch könne man allgemeine Wahrheiten formulieren, mit denen man durch ‚Deduktion' das Besondere erklären könne. (Durch Deduktion gewonnene Erkenntnisse nennt man Theoreme oder Konklusionen.)

Allgemeine Wahrheiten – „Axiome" – seien evident und andere Erkenntnisse seien daraus ableitbar.

Diese Theorieschule führte in der Wirtschaftswissenschaft zum modelltheoretischen Denken – d. h. die Wirklichkeit wird auf das Wesentliche reduziert.

Kritischer Rationalismus
(Karl Popper – 1902–1994; Hans Albert – 1921–2007)

Vertreter des Kritischen Rationalismus lehnen sowohl die Vorstellungen der Empiristen als auch der klassischen Rationalisten als Wege zur Wahrheitsfindung ab.

Als Begründung nennen Karl Popper und Hans Albert:

* der Empirismus unterschätze die Möglichkeiten der Spekulation (Vernunft) und
* der klassische Rationalismus überschätze die Möglichkeiten der Spekulation (der Vernunft), weil er die Vernunfteinsicht der Erfahrungskontrolle nicht unterziehe.
* Vernunft sei eine theoretische Spekulation, die durch Beobachtung nicht ersetzbar ist. Es gibt keine von der Wahrnehmung unabhängige Beurteilung von Aussagen über die Richtigkeit der Realität.

Theorien seien immer Konstruktionen der Vernunft, die durch die Wirklichkeit überprüft werden müssen – und seien nicht durch Beobachtung zu gewinnen.

4.2.2   Modellbildungsprozesse

Die ‚Erklärung' gesellschaftlicher Phänomene erfolgt in der Regel mit Hilfe von Modellen. Eine Unterscheidung zwischen Modell und Theorie ist nicht exakt möglich. Modelle stellen Hilfsmittel für die Theoriebildung dar.

Neben den Modellen der Technik (räumliches Abbild eines technischen Entwurfs oder Erzeugnisses), der Naturwissenschaft (Vorbild aus der vom Menschen nicht gestalteten physischen Umwelt) und der Mathematik (Realisierung eines abstrakt formulierten Axiomensystems) stehen Modellbegriffe der Wirtschafts- und Kulturwissenschaften (Blum: 17).

Modelle müssen die Wirklichkeit erklären können. Sie müssen deshalb nicht wirklichkeitsnah sein, da im Modell zunächst von der Wirklichkeit abstrahiert wird. Durch eine ständige Abnahme der Abstraktion – durch die Methode der sukzessiven Approximation – soll sich das Modell der Wirklichkeit nähern.

Gesucht wird ein Modell bzw. Gesetz, das Allgemeingültigkeit hat, um wirtschaftliche Phänomene unabhängig von der Zeit, zu erklären. Bei der Modellbildung gibt es im Wesentlichen drei Ansätze:

* den historizistischen Ansatz,
* den naturwissenschaftlichen Ansatz,
* den kulturwissenschaftlichen Ansatz.

Liefert ein Modell keine befriedigenden Lösungen – z. B., weil Zweifel am unterstellten Rationalverhalten im Modell des vollkommenen Marktes bestehen (siehe hierzu auch Herbert A. Simon ,Begrenzte Rationalität) – dann wird versucht, durch Verfeinerung desselben zu immer besseren Lösungen zu gelangen. Man nennt diese Verfahrensweise Methode der abnehmenden Abstraktion. Die Restriktivität oder Angemessenheit jeder Annahme muss sorgfältig geprüft werden. Diese Aufgabe ist oft schwierig und manchmal kaum lösbar.

a) Historizistische Modellbildung

Mit Hilfe der Geschichte soll ein Entwicklungsgesetz gefunden werden. Mittels der Kenntnis dieser universalen Entwicklungsgesetze sollen dann soziologische Großprognosen historischen Charakters formuliert werden, die zur Enthüllung der politischen Zukunft der Menschen beitragen sollen. Sozialwissenschaft wird dabei als theoretische Gesellschaftswissenschaft verstanden.

Das historizistische Denken richtet sich auf soziale Ganzheiten. Der ganzheitliche (holistische) Charakter sozialer Gebilde – dabei sind die Gebilde mehr als die Summe ihrer Teile – bringe es mit sich, dass soziale Strukturen nie als Kombinationen ihrer Teile und Glieder erklärt werden könnten. Jede soziale Gruppe oder Institution habe jeweils ihre eigene Tradition. Die Erklärung ihres gegenwärtigen Zustands sei nur aus dem Studium ihrer Geschichte heraus möglich.

Die Analyse geschichtlicher Ereignisse könne zu intuitivem Verstehen des gegenwärtigen Zustands führen.

Nach Ansicht der Historizisten sind Sozialprognosen detaillierter Art nicht möglich. Da die Betrachtung sozialer Tatbestände holistisch sein muss, kann es sich bei den erwünschten Prognosen nur um Großprognosen sozialer Entitäten handeln. Der Mangel an Präzision wird durch die qualitativen Begriffe der Soziologie – Aufeinandertreffen von Kulturen, Verstädterung etc. – ausgeglichen. Solche Großprognosen als historische Vorhersagen gesellschaftlicher ,Ganzheiten' müssen sich auf historische Gesetze stützen. Diese Gesetze müssen nach Meinung der Historizisten andere sein als jene der Naturwissenschaft. Es sind Gesetze, die aufeinander folgende Epochen der Geschichte miteinander verbinden – historische Entwicklungsgesetze.

Soziale Ganzheiten sind nach Karl Popper in zweifacher Weise interpretierbar:

1. Ganzheit im Sinne der Gesamtheit aller Eigenschaften oder Aspekte einer Sache und aller Beziehungen zwischen deren Teilen;
2. Ganzheit, die eine Sache als Struktur erscheinen lasse – ein Gedicht ist mehr als die Summe seiner Wörter (Methode der Gestaltpsychologie).

Nach Ansicht der Historizisten unterscheidet sich die Ganzheit gemäß dem Verständnis (von der Struktur bzw. Gestalt) von der Betrachtung sozialer Ganzheiten nur dadurch, dass eine Gestalt durch unmittelbare Intuition erfasst werden kann. Soziale Ganzheit kann wegen ihrer Komplexität nur allmählich durch langes Nachdenken und Beachten aller Elemente erfasst werden.

Verstehen von Sinn und Zweck gesellschaftlicher Ereignisse sei die angemessene Methode der Sozialwissenschaften und nicht deren kausale Erklärung.

Drei Varianten von intuitivem Verstehen lassen sich nach Karl Popper unterscheiden:

1. ein soziales Ereignis ist dann verstanden, wenn es als Ergebnis jener Kräfte interpretiert ist, die es hervorbrachten, wenn also die an ihm beteiligten Individuen und Gruppen, deren Ziele und Interessen sowie die ihnen zu Gebote stehende Macht bekannt sind.
2. Ein soziales Ereignis ist dann verstanden, wenn man über das in 1. Gesagte hinaus noch die Bedeutung versteht, die sein Auftreten hat. Dabei muss man begreifen – verstehen – welche Rolle das Ereignis innerhalb des Ganzen spielt.
3. Ein soziales Ereignis ist dann verstanden, wenn zu 1. und 2. noch die fundamentalen objektiven geschichtlichen Tendenzen der jeweiligen Epoche erkannt werden.

b) Naturwissenschaftliche Modellbildung

Ein Modell soll Aspekte der Wirklichkeit herausgreifen, die relevant sind – andere Faktoren können dabei vernachlässigt werden. Die Qualität eines Modells bemisst sich weniger nach der Wirklichkeitsnähe seiner Annahmen als nach seinem Erklärungswert.

> „Ein Modell, das die ganze Buntheit der Wirklichkeit berücksichtigte, würde nicht nützlicher sein als eine Landkarte im Maßstab eins zu eins." (Joan Robinson)

Dilthey legte in Deutschland die philosophischen und wissenschaftstheoretischen Grundlagen der Geisteswissenschaften als notwendige Ergänzung der naturwissenschaftlichen Betrachtung der Welt. Formal folgen sie einer Methode, die auch in den Naturwissenschaften gilt: Eine induktive gewonnene Hypothese führt zu einer Untersuchung der Fakten und Phänomene, aber vor allem in historischer Perspektive und zielt auf eine Bestätigung, Modifizierung oder Falsifizierung der anfänglichen Hypothese.

Ein Wirtschaftsmodell ist im Prinzip folgendermaßen aufgebaut:

1. Definitionen
    a)   der Wirtschaftssubjekte und -objekte sowie der Institutionen,
    b)   der exogenen Variablen, die für das Modell gegeben sind,
    c)   der endogenen Variablen, die im Modell bestimmt werden sollen.
2. Prämissen
    Dies ist die Menge aller vorausgesetzten, d. h. unbewiesenen Sätze. Darunter fallen die Axiome (unbewiesene allgemeine Gesetze) und die Postulate (spezielle Forderungen).
3. Empirische Gesetze
    Empirische Gesetze sind quantitative oder qualitative Beziehungen, die zuvor durch empirische Messungen, zum Beispiel Statistiken, gefunden werden. Der Aussagewert der empirischen Gesetze ist begrenzt und besitzt keine strenge Gültigkeit.
4. Schlussfolgerungen
    Im Rahmen der Deduktion werden die eigentlichen Ergebnisse abgeleitet. Diese nennt man Theoreme (bewiesene Gesetze) oder Implikationen bzw. Konklusionen (Schlussfolgerungen).

Ein anderes Schema der Modell- oder Theoriebildung ist die Unterscheidung nach *Explanandum* bzw. *Explikandum* und *Explanans* bzw. *Explikans*.

Ein Phänomen ist in der wirtschaftlichen Wirklichkeit dann erklärt, wenn ein Explanans gefunden wurde, aus dem sich das Explanandum logisch ableiten lässt.

- **Erster Schritt** – Das zu lösende Problem (*Explanandum*) – der zu untersuchende Tatbestand – ist eindeutig und klar zu beschreiben.
  Die erste Stufe lässt weiten Raum für weitergehende Diskussionen. Auf dieser Stufe wird noch keine wissenschaftlich abgesicherte, sondern nur eine vorläufige zu prüfende Aussage formuliert. Für eine so definierte Wissenschaft ist es dann nicht erforderlich, die vorläufigen Aussagen als unwissenschaftlich und damit minderwertig (rein politisch) zu klassifizieren. Ob man nun diesen Aussagen das Prädikat „wissenschaftlich" erteilt oder die Bezeichnungen innerhalb dieses Erkenntnisprozesses anders wählt, ist dann unbedeutend.
- **Zweiter Schritt** – Formulierung von Hypothesen (*Explanans*) und Anwendungsbedingungen sind aus allgemeinen Gesetzmäßigkeiten abgeleitete nomologische Hypothesen zu formulieren, aus denen sich die Erklärung des Tatbestandes logisch ableiten lässt.
  Aussagen werden einer härteren Prüfung unterzogen, ehe ihnen das Prädikat „abgesichert" zuerteilt wird. An die Stelle endgültiger Aussagen (unveränderlicher Gesetze) treten solche von vorläufiger, meist wahrscheinlichkeitstheoretischer Form.
  Nomologische Hypothesen sind Sätze über gesetzmäßige Zusammenhänge zwischen bestimmten Tatbeständen – diese sind zeit- und raumlos). Hinzu kommen Anwendungsbedingungen, die Aussagen über bestimmte Tatbestände machen und die Anwendung der nomologischen Hypothesen ermöglichen.
- **Dritter Schritt** – Empirische Überprüfung der Aussagen der Theorie – ob die Theorie vorläufig als bestätigt (verifiziert) oder nicht bestätigt (falsifiziert) angesehen werden kann.

Beispiel:
In der Volkswirtschaft der Bundesrepublik Deutschland herrscht seit einigen Jahren Arbeitslosigkeit (*Explanandum*). Gesucht wird jetzt das Explanans – nomologische Hypothesen und ihre Anwendungsbedingungen – aus denen sich das Phänomen Arbeitslosigkeit logisch ableiten lässt.

1. Stufe – Es ist ein subjektiver Vorgang des Auswählens einer geeigneten Hypothese. Dieser subjektive Vorgang führt bei einigen Wirtschaftswissenschaftlern zu folgender Überlegung:
Theorieansatz – Die Arbeitslosigkeit in der Bundesrepublik Deutschland könnte durch die überhöhten Lohnsätze verursacht worden sein.

2. Stufe – Die Umformulierung des Erklärungsvorschlags in eine Theorie, die sich aus einer oder aus mehreren Hypothesen und Anwendungsbedingungen (aus denen sich das Phänomen Arbeitslosigkeit in der Bundesrepublik Deutschland) logisch ableiten lässt, bestehen kann.
Die Hypothese sollte sein: ‚Wenn ... dann ...'
Eine nomologische Hypothese könnte sein:
Wenn in einer Volkswirtschaft (die marktwirtschaftlich organisiert ist) die Stückkosten gestiegen sind, weil der Reallohn höher als die Produktivität ist, dann stellen die Arbeitgeber weniger Arbeitskräfte ein.
Problem: Die Hypothese – siehe Stufe 1 – wurde durch Induktion gewonnen und hat nur tendenziell Allgemeingültigkeit.
Die Anwendungsbedingungen sind:
- Die Volkswirtschaft ist marktwirtschaftlich organisiert,
- Der Reallohn ist höher als die Produktivität,
- Die Stückkosten sind deshalb gestiegen.

3. Stufe – Aus diesen Sätzen – der nomologischen Hypothese und den Anwendungsbedingungen – lässt sich mittels Deduktion eine vorläufige Erklärung des Problems der Arbeitslosigkeit ableiten. Die Allgemeingültigkeit hängt jedoch davon ab, inwieweit die Aussagen mit der Realität – durch empirische Ergebnisse – übereinstimmen. Bei Übereinstimmung kann die Theorie nicht – noch nicht – falsifiziert werden und kann somit als vorläufig bestätigt angesehen werden (Paraskewopoulos: 24 ff.)

c) Kulturwissenschaftliche Modellbildung (Lothar Černý)

Die Methoden der Kulturwissenschaft sind so vielfältig wie ihre Objektfelder. Die unterschiedlichen methodischen Ansätze erklären sich zum einen durch die Perspektiven, die mit der medialen Vermittlung der Kulturgegenstände verbunden sind, zum anderen durch die verschiedenen Disziplinen, aus denen die wissenschaftliche Beschäftigung mit den Kulturphänomenen erwachsen ist (Soziologie, Ethnologie, Philosophie, Sprachwissenschaft, Literaturwissenschaft). Obwohl es deshalb angebrachter wäre, analog zum Englischen („cultural studies") von Kulturwissenschaft im Plural zu sprechen, gibt es doch ein Erkenntnis-Interesse, das für sie definitorisch ist und die Kulturwissenschaft vom einzelwissenschaftlichen Studium einer Kultur bzw. der Kulturen abhebt (Barker 2008). Sie stellt einen interdisziplinären Diskurs dar, der sich mit den Formen und Repräsentationen von Gesellschaft oder Gesellschaften befasst.

Die heutige Kulturwissenschaft wurde vor allem durch die *cultural studies* in Großbritannien geprägt, deren institutioneller Ausgangspunkt das *Birmingham Centre for Contemporary Cultural Studies* (BCCCS) war. Dessen Interesse galt ursprünglich der Kultur der englischen Arbeiterklasse (im Gegensatz zur ‚hohen' Kultur der Mittel und Oberschicht). Es war aber nie in dezidiert marxistischer Weise orientiert. So manifestiert sich in der Forschungstätigkeit des BCCCS eine Abweichung von traditionell marxistischen Positionen, die sich aus der für England charakteristischen Entwicklung eines *welfare state* nach dem zweiten Weltkrieg erklärt. (Lutter 2005). Im Bemühen, für die neue Disziplin *cultural studies* eine methodisch fundierte wissenschaftliche Basis zu finden, wurden in die zunächst dominierende kulturanalytisch orientierte Textanalyse auch strukturalistische und psychoanalytische Ansätze integriert. Damit war aber auch eine Entscheidung gegen die quantitative Methode der Sozialwissenschaften gefallen. Da bereits das deterministische Postulat des Marxismus aufgegeben war, dass die Produktionsverhältnisse und die Produktion von Gütern als unmittelbare Ursache kultureller Phänomene anzusehen seien, konnte diese Ausprägung der Kulturwissenschaft sich vor allem mit den Machtmechanismen der Gesellschaft befassen, insbesondere mit der Rolle gesellschaftlicher Minderheiten, der Rassenfrage, dem Postkolonialismus und Gender-Fragen.

Für die amerikanische Entwicklung der *cultural studies* kann die Disziplin der *American studies* als Vorbild und Vorläufer angesehen werden.[6] Allerdings dürfte die Theorie der Kultur als Massenkultur dem Einfluss bedeutender Vertreter der deutscher Soziologie zu verdanken sein, die in die USA emigriert waren (Max Horkheimer, Theodor W. Adorno, Herbert Marcuse, die wichtigsten Denker der „kritischen Theorie"). In den achtziger Jahren des

---

[6]   Dass sich auch kulturwissenschaftliche Richtungen auf den anderen Kontinenten entwickelt haben, sei hier nur erwähnt (Ioan Davies 1995).

vergangenen Jahrhunderts entwickelte sich dann unter dem Einfluss französischer Philosophen (Foucault, Lacan, Derrida) ein Ansatz, demzufolge die Kultur als „Text" zu lesen sei, dessen Zeichen zu entschlüsseln sind. Das zugrunde liegende Verständnis von Kultur geht davon aus, dass Kultur eine Konstruktion sei, etwas von Menschen Gemachtes und nichts von Natur aus Gegebenes. Im Gegensatz zur marxistisch orientierten Soziologie treten dabei die historischen Umstände der kulturellen Produktion jedoch weitgehend zurück. Es geht aber in jedem Fall um die „gesellschaftliche Konstruktion der Wirklichkeit" und die Art und Weise, wie sich eine Gesellschaft als ein System von Bedeutung vermittelnden Zeichen darstellt.

Trotz methodischer Differenzen im Einzelnen stimmen alle Richtungen der Kulturwissenschaft darüber überein, dass es nicht nur um die Frage geht, wie kulturelle Manifestationen gelesen werden, sondern auch wie kulturelle Bedeutungen durch Medien erzeugt werden. Die Konstruktionen von Sinn in einer Gesellschaft sind also ein wesentlicher Gegenstand der Kulturwissenschaft.

Ebenso wenig umstritten ist das Faktum, dass die Kulturwissenschaft das Repertoire gemeinsamer Bedeutungen und die gemeinsamen Wissensbestände untersucht und von einem zeichenhaft vermittelten Charakter dieser Bestände ausgeht. Sie befasst sich mit den Zeichen, die zusammen eine Kultur repräsentieren. Insofern können ihre Forschungsgegenstände im Einzelnen alles umfassen, was gesellschaftlich-kulturellen Sinn enthält oder produziert, von Gegenständen des Alltags, Bildern, Kommunikationsmitteln jeder Art von Klängen bis Filmen bis hin zu Hoch-, Alltags- und Subkulturen. Innerhalb der verschiedenen Zeichensysteme spielt wiederum die Sprache eine herausragende Rolle. Die Sprache ist konstitutiv für Bedeutung und Wissen und ermöglicht erst die Kommunikation über die gemeinsamen Bedeutungen, die einer Kultur Einheit verleihen. Die Kulturwissenschaft will verstehen, wie kulturelle Bedeutungen durch Sprache und andere kulturelle Formen symbolisch erzeugt werden. Innerhalb der verschiedenen Codes von Zeichen spielt wiederum die Sprache eine hervorgehobene Rolle. Die Sprache ist konstitutiv für Bedeutung und Wissen und ermöglicht erst die Kommunikation über die gemeinsamen Bedeutungen, die einer Kultur Einheit verleihen.

An der Objektivität und Leistungsfähigkeit der sprachlichen Zeichen scheiden sich Strukturalismus, Poststrukturalismus, Postmodernismus und Postkolonialismus, weil sie die Verlässlichkeit der Sprache im Hinblick auf ihre Wahrheitsvermittlung unterschiedlich beurteilen. Dem szientifischen Anspruch des Strukturalismus setzen die poststrukturalistischen Theoretiker (z. B. Derrida und Foucault) die Instabilität der Zeichen entgegen, den gesellschaftlichen Diskurs als Bedingung und Quelle von Wissen und ‚Wahrheit' ohne einen Bezug zu einer gegebenen objektiven Wahrheit. Alle kulturellen Phänomene sind das Ergebnis von Diskursen, d. h. spezifischer Arten der Kommunikation. Die postmoderne Theorie betont daher auch die Relativität kultureller Normen, übt sich in ironischer (in diesem Fall erkenntnistheoretischer) Distanz (vgl. den Titel des einflussreichen Werks von Richard Rorty [1931–2007] *Contingency, Irony, and Solidarity* [1989]) und betrachtet alle Erscheinungsformen der menschlichen Gesellschaft als kontingent, zufällig und fragmentarisch. Im Vergleich dazu befasst sich der so genannte Postkolonialismus auch mit den kulturellen Grenzen zwischen ‚Rassen' und Ethnien und wendet sich gegen biologistische Begründungen.

Dank ihrer Herkunft aus Philosophie, Anthropologie und Geistesgeschichte zeichnet sich die Kulturwissenschaft durch eine methodische Vielfalt und beständige Diskussion ihrer Methoden aus.

Der ethnographische oder anthropologische Ansatz der Kulturwissenschaft versucht auf der Basis von Feldstudien – also Beobachtung, Teilhabe am Leben oder Interviews – , genaue und umfassende Beschreibungen und Analysen einer Kultur zu liefern. Clifford Geertz (2002) prägte dafür die viel zitierte Bezeichnung „dichte Beschreibung" („*thick description*"). Auf diese Weise sollen Lebenswelten, Kulturen und Identitäten erfasst werden, ohne dass die wissenschaftliche Distanz aufgegeben wird oder die Subjektivität des Betrachters unbemerkt in der Untersuchung zum Ausdruck kommt.

Die Ethnographie nähert sich durch die episodische, von persönlichem Erleben geprägte und Empathie erfordernde Darstellung der literarischen Beschreibung. Wissenschaftlich bleibt sie natürlich der Beobachtung und dem Kriterium der intersubjektiven Nachvollziehbarkeit unterworfen. Das Ziel ist kein Geringeres als die Aufhebung des strengen Subjekt-Objekt-Gegensatzes in einem Akt des interpretierenden Erfassens und Verstehens der anderen Kultur. Der Erreichung dieses Anspruchs dienen auch Elemente einer stärkeren Objektivierung durch die Anwendung empirischer Verfahren bei gleichzeitiger qualitativer Analyse, z. B. Befragungen, Gesprächsanalysen, mediale Aufzeichnungen und gezielte Auswahl bestimmter Gruppen.

Es bleibt aber das Faktum, dass am Ende der Feldstudien und Erhebungen ein Forscher einen Text verfasst, der wissenschaftlichen, Textsorten orientierten Normen folgt und die Autorität des Wissenschaftlers gegenüber dem beschriebenen Phänomen spiegelt. Aus der Vielzahl von Beobachtungen und Eindrücken entsteht ein in sich kohärenter, Glaubwürdigkeit beanspruchender Text.

In methodischer Hinsicht bedeutet das Verfahren der dichten Beschreibung, dass sich nach dem Ende der an formalen Strukturen orientierten, das subjektive Erleben ausklammernden Anthropologie (Lévi-Strauss) ein hermeneutischer Ansatz durchgesetzt hat. Es bedeutet ferner, dass sich Betrachter und fremde Kultur nicht wie Subjekt und Objekt gegenüber stehen, sondern dass durch den Prozess des gegenseitigen Verstehens eine Art Konversation entsteht, „the cosmopolitan conversation of humankind" (Rorty 1980).

Forschungs- und Interessensgebiete der Kulturwissenschaft sind u. a.:

1. die Urbanisierung der Welt, d. h. Phänomene wie gesellschaftliche Polarisierung und soziale Konflikte; Fragmentierung und Rückzug in private Bereiche; Diversität, Überwachung und Kontrolle; Unterhaltung und Scheinwelten; Leben mit mehreren Identitäten; Subkulturen, die verschiedene kulturelle Einflüsse vermischen (Hybridisierung).
2. die Welt der digitalen Medien, d. h. digitale Übersättigung und ein neuer Nord-Süd-Gegensatz („*digital divide*"); der nicht-hierarchische Charakter des Internet, das die Teilnehmer ohne ihren sozialen Kontext auftreten lässt; die Frage, ob das Internet zwischen kulturellem Potential und manipuliertem Massenkonsum durch die globalen Medien-produzenten eine demokratische Bewegung darstellt.

3. das Fernsehen in seiner Entwicklung von einem Medium der öffentlichen Information zur kommerziellen Institution; die Verbreitung von standardisierten Unterhaltungsformaten (Infotainment, Soaps, Musik, Spiele, Quiz) bei gleichzeitiger Hybridisierung.

4. die Gender-Thematik, d. h. die Untersuchung der Geschlechter-Identität als historisch kontingente, formbare Identität; die Situation von Geschlechtsrollen im Kontext von gesellschaftlicher Machtorganisation; die Formen des Diskurses über die Geschlechter; die visuellen Repräsentationen der Geschlechter, insbesondere in den Medien und in der Literatur; die sozialen und beruflichen Folgen von Genderkonstruktionen.

5. die kulturelle Identitätsproblematik, die sich mit der Zugehörigkeit zu verschiedenen Subsystemen befasst, z. B. der Nation, der Rasse, der sozialen Klasse, der Genderrolle und auch der Altersgruppe. Es geht um die Bilder, die mit der Zugehörigkeit zu diesen Gruppierungen konstruiert werden und in die soziale Praxis eingehen. Gleichzeitig richtet sich das kulturwissenschaftliche Interesse auch in diesem Bereich auf die zunehmende Hybridisierung, die Mehrfach-Identitäten und Kombinationen von Teil-Identitäten, insgesamt um den Prozess von Entwicklung und/oder Fixierung von Identität. Als wichtige Faktoren erweisen sich hierbei zum einen die Macht der Sprache in ihren öffentlichen Formen (politische Rhetorik beispielsweise), zum anderen die verschiedenen Orte sozialer Beziehungen und Aktivitäten.

Literatur zum 4. Kapitel

Albert, H.: Rationalität und Wirtschaftsordnung – Grundlagenprobleme einer rationalen Wirtschaftspolitik, in: Jürgensen, H. (Hrsg.), Gestaltungsprobleme der Weltwirtschaft, Jahrbuch für Sozialwissenschaft, S. 86 – 113.

Barker, C.: Cultural Studies. Theory and Practice. SAGE Publ., Los Angeles [u. a.] 2008.

Dilthey, W.: Der Aufbau der geschichtlichen Welt in den Geisteswissenschaften. Suhrkamp, Frankfurt a. M. 1970 (1927).

Gadamer, H.-G.: Wahrheit und Methode. Grundzüge einer philosophischen Hermeneutik. Mohr, Tübingen 1960.

Geertz, C.: Dichte Beschreibung: Beiträge zum Verstehen kultureller Systeme. Suhrkamp, Frankfurt a. M. 2002.

Lutter, C. und Reisenleitner, M.: Cultural Studies. Eine Einführung. Löcker, Wien 2005.

Popper, K. R.: Das Elend des Historizismus, 2. deutsche Auflage, Tübingen 1969.

Rorty, R.: Philosophy and the Mirror of Nature. Blackwell, Oxford 1980.

Schleiermacher, F. D. E.: Hermeneutik und Kritik. Mit einem Anhang sprachphilosophischer Texte Schleiermachers (Hrsg. M. Frank). Suhrkamp, Frankfurt a. M. 1977.

Weber, M.: Wirtschaft und Gesellschaft. Grundriss der verstehenden Soziologie (Hrsg. J. Winckelmann). Mohr, Tübingen, 1980 (1922).

5 Kritische Analyse der Methoden, Theorietypen und Modellbildungsprozesse (*Walter Gutzeit*)

Bis in die fünfziger Jahre des vorigen Jahrhunderts hatte Wissenschaftstheorie im Wesentlichen die Analyse der formalen Struktur von Aussagen zum Inhalt. Die Beschreibung und Analyse von Wissenschaftspraxis sowie ihre Voraussetzungen wurden fast vollständig vernachlässigt. Heute versteht sich die Wissenschaftstheorie als Disziplin, die den Wissenschaftsprozess in seiner Gesamtheit, statistisch und dynamisch, systematisch zu erfassen versucht. Darauf aufbauend ist sie bemüht, allgemeine Regeln für seine Steuerung zu entwickeln. Weitgehende Übereinkunft besteht vor allem in folgenden Positionen:

- Zentrale Aufgabe der Erfahrungswissenschaft ist die Erklärung der wirtschaftlichen Wirklichkeit. Die Vielfalt der Erfahrungswirklichkeit erfordert eine Auswahl von Daten. Wissenschaftliche Erklärungen reduzieren sich auf Erklärungen ‚im Prinzip'.
  Hauptsächliche Kennzeichen für diesen Theorietyp ist in den Natur- wie in den Sozialwissenschaften die Falsifizierbarkeit einer Hypothese. Das besagt, dass sie weder alle denkmöglichen Ergebnisse umfassen –

  Kräht der Hahn auf dem Mist, ändert sich das Wetter oder es bleibt wie es ist –

  noch sich generell einer empirischen Überprüfung entziehen darf.

  Der Krieg ist der Vater aller Dinge.

- Die Beschränkung erfahrungswissenschaftlicher Aussagen auf einen Problembereich ist fragwürdig. Erfahrungswissenschaftliche Aussagen basieren auf Regeln, Hypothesen sowie Überzeugungen und Problemlösungen. Eine empirische Überprüfung kann nur am Gesamtsystem erfolgen.
- Endgültige empirische Tests sind unmöglich. Alle Falsifikation ist vorläufig und beruht letztlich auf Konvention.
  Die Verwendung empirisch falsifizierter Aussagen gilt solange nicht als problematisch, wie sie brauchbare Erklärungen liefern und keine besseren Lösungen vorliegen.

Gleichwohl erlebt die Wissenschaftstheorie, dass es nicht möglich ist, die Wahrheit von erfahrungswissenschaftlichen Erkenntnissen eindeutig darzustellen, sondern nur ihre Falschheit. Selbst die Falsifizierung gilt mittlerweile für die Wissenschaft kaum noch als praktikables Verfahren.

Das betrifft nicht die logische Begründung der Falsifikationstheorie. Problematisch scheint vielmehr ihre praktische Anwendung. Verstärkt werden diese Zweifel noch durch die Behauptung, dass die Falsifikationstheorie den Erkenntnisfortschritt massiv behindert, ohne etwas Vergleichbares an ihre Stelle zu setzen. Mit der Kritik an dem Falsifikationsprinzip ist ein „Vakuum" entstanden. Es wird gegenwärtig durch andere Theorieansätze aufgefüllt. Dazu gehören neben den Voraussetzungen: Bestätigung, Prognosefähigkeit oder Anerkennung seitens der Gesellschaft oder bestimmter Gruppen auch traditionelle Forderungen, wie Plausibilität, Einfachheit und Eleganz.

Die wichtigste Gegenposition zum Kritischen Rationalismus beziehen die Konstruktivisten, demzufolge ‚Wahrheit' in einem herrschaftsfreien Diskurs zur solchen erklärt wurde. Hier geht es also nicht um eine Methode des Begründens, sondern um eine des Verstehens. Meist ist ein Minimum um Konsens erforderlich, beispielsweise in der Einigung, den kritischen Rationalismus als Erkenntnismethode zu verwenden. (Blum: 18)

Für die praktische Wissenschaftstheorie ergeben sich drei zu berücksichtigende Zusammenhänge:

* Der Begründungszusammenhang fragt, wie eine Theorie bzw. ein Modell aussehen soll – ist also normativ.
* Der Erkenntniszusammenhang gibt das Forschungsverhalten in der Praxis wieder und fragt nach den Eigenschaften und Grundmustern von Theorien – ist also positiv.
* Der Verwendungszusammenhang bezieht sich auf die gesellschaftliche Funktion wissenschaftlicher Aussagen.

Dritter Teil:
Ökonometheoretische Überlegungen

6   Ökonomische Denkweisen (*Walter Gutzeit*)

Üblicherweise reduziert die makroökonomische Theorie die in der Realität bestehenden Märkte auf den Güter-, Geld- und Arbeitsmarkt. Auf dem Gütermarkt stehen sich Käufer und Verkäufer von Waren und Dienstleistungen gegenüber. Das Interesse richtet sich auf die Höhe und Struktur des gesamtwirtschaftlichen Angebots und der gesamtwirtschaftlichen Nachfrage. Der Geldmarkt wird unter dem Aspekt des Geldbedarfs aller Wirtschaftssubjekte – Geldnachfrage und der Bereitstellung des Geldes durch den Bankensektor – Geldangebot – gesehen. Auf dem Arbeitsmarkt treffen sich Arbeitsangebot und Arbeitsnachfrage.

6.1   Klassische Denkweise

Die Vorstellungen der Klassiker (Paradigma) sind vor allem vor dem Hintergrund der sozialen und wirtschaftlichen Verhältnisse der industriellen Revolution sowie der geistig-philosophischen Ideen der Aufklärung zu verstehen.

Es herrschte große Armut und der Wunsch der Menschen nach mehr Gütern war verständlich. Daher gingen der Klassiker von unbegrenzten Bedürfnissen hinsichtlich des Erwerbs von Gütern aus. Die Güterproduktion in dieser Zeit war jedoch im Verhältnis zu den Bedürfnissen viel zu gering. Das Interesse galt vor allem der Angebotsseite. Im Vordergrund standen Untersuchungen über den Wohlstand durch Produktionssteigerung und Verteilungsfragen. Die Weiterentwicklung der klassischen Lehre – in der zweiten Hälfte des 19. Jahrhunderts – wird als Neo-Klassik bezeichnet und mit dem Namen Knut Wicksell (1851–1926) verknüpft.

Die Klassik ist von der Stabilität des privaten Sektors überzeugt, d. h. die Unternehmen können prinzipiell ohne staatliche Einflüsse agieren. Der Staat soll nur Rahmenbedingungen für den freien Zutritt zum Markt und die Sicherung des Privateigentums festlegen. Spätestens mit Ausbruch der Weltwirtschaftskrise im Jahre 1929 wurde der Glaube an die klassische Theorie erschüttert.

Im Mittelpunkt des realwirtschaftlichen Sektors stehen die Güternachfrage und das Güterangebot. Da die Herstellung von Waren und Dienstleistungen mit Hilfe des Einsatzes von Produktionsfaktoren erfolgt, ist mit dem Angebot die Beschäftigung verknüpft. Vordringliche Aufgabe ist es daher, die Determinanten dieser Aggregate sowie deren Interdependenzen aufzuzeigen.

Nach dem 2. Weltkrieg erfuhr die Klassik mit der Theorie von Milton Friedman eine Renaissance, und zwar als Monetarismus. (siehe hierzu das Kapitel ‚Geldpolitik') In den siebziger Jahren erfolgte auf der Basis des klassischen Theorieansatzes die ‚Angebotsorientierte Wirtschaftspolitik'.

Dabei geht die Klassische Theorie von folgenden Prämissen aus:

* Es handelt sich um ein Zwei-Sektoren-Modell mit Haushalten und Unternehmen.
* Die Produktionsmittel sind in privater Hand.
* Das BIP wird als ein homogenes Gut aufgefasst.
* Es herrscht vollkommener Wettbewerb auf allen Märkten.
* Die Produktionsfunktion ist linear-homogen.
* Es gelten die Aussagen der Quantitätstheorie.
* Jedes produzierte Gut wird auch gekauft (Saysches Theorem).
* Staatliche und außenwirtschaftliche Aktivitäten werden im Modell nicht berücksichtigt.

6.2   Denkweise von Keynes

Die von 1929 bis 1933 andauernde Weltwirtschaftskrise erforderte ein Überdenken der klassischen Theorie. Während dieser Zeit entwickelte John Maynard Keynes mit seiner *Allgemeinen Theorie der Beschäftigung, des Zinses und des Geldes* ein neues Konzept zur Begegnung der Massenarbeitslosigkeit. Nach Meinung von John Maynard Keynes neigen hoch entwickelte Volkswirtschaften prinzipiell zu wirtschaftlichen Störungen, da der Marktmechanismus versagt. Die Ursachen für wirtschaftliche Krisen liegen nach John Maynard Keynes in einer zu geringen gesamtwirtschaftlichen Nachfrage. Daher sollte die Wirtschaftspolitik nachfrageorientiert sein. Bei Instabilitäten bedarf es daher der Steuerung der Gesamtnachfrage durch den Staat. Damit kommt der Fiskalpolitik über die Staatseinnahmen und Staatsausgaben eine besondere Rolle zu. Zur Finanzierung der notwendigen Ausgaben kann sich der Staat vorübergehend verschulden, d. h. konjunkturelle Haushaltsdefizite bilden. Wie die klassische Theorie erlebte auch die Keynesianische Theorie (bis in die siebziger Jahre) in der so genannten Post-Keynesianischen bzw. Neokeynesianischen Theorie eine Renaissance.

Tab. 6-1: Paradigmen – Klassik und Keynes

Paradigmen	
Klassik/Neoklassik	**Keynes/Post- und Neo-Keynesianismus**
Marktoptimismus	**Marktpessimismus**
* Vollbeschäftigung	* Unterbeschäftigung
* Laissez-Faire-Prinzip Selbstheilungskräfte des Marktes	* Interventionismus
* Absage an den Staat als Stabilisator der Wirtschaft	* Bedeutung des Staates als Stabilisator der Wirtschaft
* Preismechanismus steht im Vordergrund	* Kreislaufzusammenhänge stehen im Vordergrund
* Förderung der Wettbewerbspolitik	* Förderung der Finanzpolitik
* Angestrebt wird Haushaltsausgleich	* Haushaltsdefizit als Instrument der Wirtschaftspolitik

7 Gesamtwirtschaftlicher Gütermarkt (*Walter Gutzeit*)

7.1 Klassischer Gütermarkt

7.1.1 Angebot schafft Nachfrage

Die Klassiker gehen von der Beschäftigung aus. Sie bestimmt die Produktion, die auf den Märkten das Angebot und damit die Höhe des Volkseinkommens bildet.

Die Klassiker stützten sich auf die Aussage von John B. Say, dass ‚jedes Angebot sich seine Nachfrage schafft' (Saysches Theorem). Diese Aussage ist mit der Vorstellung verbunden, dass die Bedürfnisse der Menschen unendlich sind. Die Befriedigung der Bedürfnisse erfolgt durch Güter, die durch Beteiligung am Produktionsprozess erzieltes Einkommen gekauft werden können. Unterstellt wird dabei, dass das gesamte Einkommen zum Kauf von Gütern verwendet wird. Ein dauerhaftes Ungleichgewicht auf dem Gütermarkt ist ebenso unmöglich wie eine schwere Beschäftigungskrise.

Die Angebotslücke kann kurzfristig durch effizienten Einsatz der Produktionsfaktoren beseitigt werden. Auf längere Sicht bedarf es jedoch der Erhöhung und Verbesserung der Einsatzfaktoren. Daher achten die Klassiker vornehmlich auf günstige Produktionsmöglichkeiten.

Nach klassischer Vorstellung sind die Produktionsmittel komplementär mit variablem Einsatzverhältnis, d. h. begrenzt substituierbar. Makroökonomisch bedeutet dies, dass mit zunehmendem Einsatz von Arbeit und Kapital auch eine Zunahme der Ausbringungsmenge verbunden ist. Die Produktionszuwächse werden jedoch immer geringer, d. h. die Grenzerträge nehmen ab.

Bei gegebener Technik und Qualität der Arbeit lautet die Produktionsfunktion:

$$Y = \frac{dY}{dB} > 0, \frac{dY}{dK} > 0 \text{ und } \frac{d^2Y}{dB^2} < 0, \frac{d^2Y}{dK^2}$$

In der Regel betrachtet man produktionstechnische Zusammenhänge anhand partieller Faktorvariationen, indem man nur einen Produktionsfaktor variiert und alle übrigen konstant hält. Daraus folgen dann die partiellen Produktionsfunktionen für den Faktor Arbeit (bei gegebenem Kapitalbestand K) und Kapital (bei gegebener Arbeitsmenge B).

Zur Verschiebung der Produktionsfunktion kommt es immer dann, wenn sich eine bisher konstant gehaltene Größe verändert. Die partielle Produktionsfunktion des Faktors Arbeit verschiebt sich beispielsweise nach oben, wenn sich die Zahl der in der Produktion eingesetzten Maschinen erhöht oder aufgrund von technischen Neuerungen.

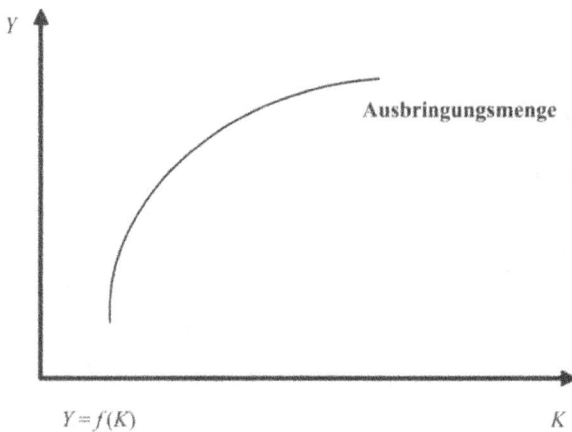

Abb. 7-1: Partielle Produktionsfunktion – Kapital

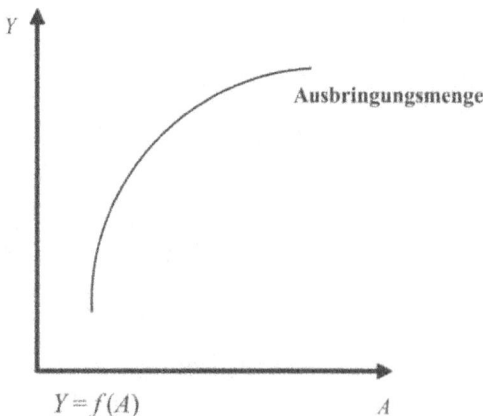

Abb. 7-2: Partielle Produktionsfunktion – Arbeit

Die Bestimmung des Gleichgewichtseinkommens ist mit Hilfe der Produktionsfunktion alleine nicht möglich. Dazu bedarf es näherer Informationen über den Faktoreinsatz. Nach klassischer Auffassung neigt die Volkswirtschaft zur Vollbeschäftigung, so dass die Beschäftigungsmenge der Produktionsfaktoren Arbeit und Kapital bekannt ist. Damit liegt auch die gleichgewichtige Produktionsmenge fest. Für die partielle Produktionsfunktion des Faktors Arbeit ergibt sich folgendes Bild:

Als einfachster Typ einer stationären Wirtschaft kommt die so genannte ‚Ein-Gut-Wirtschaft' in Betracht. Sie beruht auf der Prämisse, die Produktion bestehe aus nur einem Konsumgut (C), so dass

$$Y = C$$

ist.

Infolge der Konstanz des vorhandenen Sachkapitalbestandes verharrt die Produktion des Gutes C im Zeitablauf auf einem unveränderten Niveau. Da in einer stationären Wirtschaft kein Sparen erfolgt, verausgaben die Haushalte ihr Einkommen vollständig. Auf diese Weise findet das gesamte Angebot auch seinen Absatz.

Komplizierter stellt sich in einer stationären Wirtschaft die Situation bei einem ‚Mehr-Güter-Modell' dar. Hier sei von zwei verschiedenen Konsumgütern ausgegangen.

Im Ausgangspunkt herrsche ein Gleichgewicht auf dem Gütermarkt, d. h. das Angebot an Gütern (Konsumgütern) stimmt bei den Preisen für Konsumgut A = P_1 und Konsumgut B = P_2 mit der jeweiligen Nachfrage überein. Bei gegebener Kapitalausstattung steht mit der Produktionsstruktur auch die Aufteilung des Arbeitseinsatzes fest.

Es fragt sich, ob das güterwirtschaftliche Gleichgewicht bei einer Veränderung der Nachfragestruktur erhalten bleibt. Verringert sich die Nachfrage von Konsumgut A – die Nachfragefunktion verschiebt sich nach links – führt dies bei flexiblen Preisen zu einer Preissenkung von P_1 und einem damit verbundenen Umsatzrückgang. Die Konsequenzen sind:

- Produktionseinschränkung
- Gewinneinbußen
- Beschäftigungsrückgang.

Da in diesem Modell auch weiterhin kein Sparen ‚zugelassen' ist, muss die geänderte Bedürfnisstruktur notwendigerweise zu einer Mehrnachfrage nach Konsumgut B führen. Dadurch kommt es auf dem Konsumgütermarkt B zu einer Preissteigerung. Die damit verbundene Gewinnsteigerung veranlasst die Unternehmer zu einer Produktionsausdehnung. Die bei der Produktion von Konsumgut A freigesetzten Arbeitskräfte können bei der zusätzlichen Produktion von Konsumgut B eingesetzt werden.

Das Beispiel zeigt, dass die Preisbewegungen die Produktionsfaktoren an die Stelle lenken, wo die Effizienz am höchsten ist.

Würden die Unternehmen aufgrund der Gewinnsteigerung eine Kapazitätserweiterung vornehmen, würde die Angebotsfunktion von Konsumgut B nach rechts verschoben. Es käme dann zu einer Abschwächung des Preisanstiegs. Das güterwirtschaftliche Gleichgewicht bliebe trotz einer geänderten Bedarfsstruktur erhalten. Der Angebotsüberschuss entfällt – bei unendlicher Reaktionsgeschwindigkeit – sofort wieder, so dass weiterhin Gesamtangebot und Gesamtnachfrage übereinstimmen.

7.1.2   Spar- und Investitionsfunktion

Sparfunktion

Nach Auffassung der Klassiker (Eugen von Böhm-Bawerk) besteht bei den Wirtschaftssubjekten grundsätzlich einer Höherschätzung von Gegenwarts- im Vergleich zu Zukunftsgütern. Sparen (S), d. h. der Verzicht auf den höher bewerteten Gegenwartskonsum ist demnach nicht rational. Sparen erscheint nur dann als sinnvoll, wenn der Sparer als Belohnung hierfür ein Mehr – Zins – an Zukunftsgütern erhält. Je höher der Zins liegt, um so größer ist die Bereitschaft, den Konsum in die Zukunft zu verlagern – also zu sparen.

Der Zins ist nach klassischer Auffassung die entscheidende Determinante des Sparens.

Die einzige Sparform besteht nach klassischer Ansicht im Erwerb festverzinslicher Wertpapiere (auch als Renten bezeichnet). Die Geldhaltung zur Vermögensbildung – Wertaufbewahrung – ist irrational und wird deshalb abgelehnt.

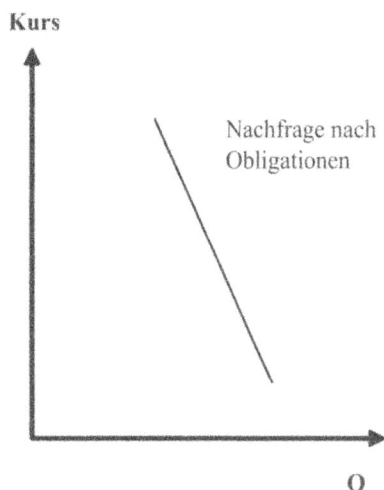

Kurs

Nachfrage nach
Obligationen

O

Abb. 7-3: Nachfrage nach festverzinslichen Wertpapieren (Obligationen)

Die Klassiker gehen davon aus, dass die Haushalte die Wertpapiere (Obligationen) direkt bei den Unternehmen beziehen. Das Angebot dieser Wertpapiere ist daher identisch mit den Spargeldern. Je höher der Kurs, um so niedriger ist die Effektivverzinsung und um so geringer die Nachfrage nach festverzinslichen Wertpapieren.

Daraus ergibt sich:

$$Y = C + S$$

Investitionsfunktion

Neben dem Sparen sind Investitionen konstituierende Elemente der evolutorischen Wirtschaft. Entsprechend der Vorstellung vom Sparen als Zukunftskonsum wird die Investition als Zukunftsproduktion angesehen.

Bei gegebener Arbeitsmenge und Faktorqualität ist eine Erhöhung der künftigen Produktion nur durch eine Ausweitung des Kapitalstocks möglich. Um festzustellen, ob die Spar- und Investitionspläne einander entsprechen, sind genauere Kenntnisse über die Bestimmungsgründe der Investitionen erforderlich.

Der Investor realisiert ein Gewinnmaximum, wenn der durch zusätzlichen Kapitaleinsatz (z. B. eine Maschine) erzielte Umsatz dem zusätzlichen eingesetzten Kapital entspricht. Je höher der Kapitalkostensatz liegt, desto geringer fällt die Investitionstätigkeit aus und umgekehrt. Zur Finanzierung der Investitionen emittiert der Unternehmer die Wertpapiere (Obligationen). Bei hohem Kurs ist die Wertpapieremission groß.

7.1.3 Gleichgewicht in der evolutorischen Wirtschaft

Ein Gleichgewicht liegt dann vor, wenn geplantes Sparen und geplante Investitionen übereinstimmen. Da beide Variablen zinsabhängig sind, gilt

$$S = I$$

Im Gleichgewicht entspricht der „Sparzins" dem „Investitionszins". Die Beweglichkeit der Wettpapierkurse garantiert ein Gleichgewicht.

Analog zur stationären ‚Zwei-Güter-Wirtschaft' gilt es zu prüfen, wie sich eine Änderung der Nachfragestruktur auswirkt. Ausgangspunkt sei ein Konsumgüterrückgang.

Der Nachfragerückgang nach Gegenwartsgütern führt zu einem Anstieg der Nachfrage nach Zukunftsgütern, d. h. zu höherem Sparen. Die Nachfragefunktion auf dem Wertpapiermarkt verschiebt sich nach rechts und der Kurs und die Menge nach diesen Papieren steigt. Wie beim stationären Modell treten gegenläufige Preis-Mengen-Bewegungen auf. Innerhalb der Produktion kommt es nicht zur Umschichtung von Gegenwartsgütern. Die Sparfunktion verschiebt sich nach rechts. Dadurch geht der Zins zurück und hebt die Investitionstätigkeit auf das Niveau des erhöhten Sparens. Das Gleichgewicht bleibt also erhalten. (Mussel: 47 ff.)

7.2 Gütermarkt nach Keynes

7.2.1 Nachfrage schafft Angebot

Entscheidende Ursache für wirtschaftliche Krisen ist die mangelnde Nachfrage. Durch technische Neuerungen und damit verbundener Massenproduktion kommt es zu Sättigungstendenzen. Im Gegensatz zur Klassik werden Bedürfnisse als endlich eingestuft. Dadurch ist die Nachfrage prinzipiell beschränkt.

Nach Keynes entscheidet die Höhe der Nachfrage über das Produktionsvolumen. Wird weniger nachgefragt, geht die Produktion und damit die Beschäftigung zurück. Die Nachfrage schafft sich ihr eigenes Angebot – das Say'sche Theorem (*Jedes Angebot schafft sich seine Nachfrage*) wird umgekehrt.

Im Zentrum der Theorie von Keynes steht die gesamtwirtschaftliche Nachfrage, die sich wie folgt darstellt:

$$Y = C + I + G + Ex - \text{Im}$$

7.2.2   Konsum- und Sparfunktion

Determinanten des Konsums sind

- Bevölkerungsgröße
- Altersaufbau
- Einkommensverteilung
- Veränderung des Preisniveaus
- Werbung
- Prestigedenken.

Alle diese und andere Faktoren beeinflussen die Konsumentscheidungen. Wichtigste Größe für die Konsumentscheidung ist jedoch das Einkommen – ‚absolute Einkommenshypothese'. Mit steigendem Einkommen nimmt der Konsum zu. Allerdings tätigen die Haushalte unabhängig vom Einkommen Konsumausgaben (Basiskonsum). Daraus leitet sich nach Keynes die Konsumfunktion als Verhaltensgleichung ab.

$$C = C(Y)$$

Wie der Konsum wird bei Keynes auch das Sparen vom Einkommen bestimmt.

$$S = S(Y)$$

Im Gegensatz zur Klassik spielt die Verzinsung der Ersparnisse gesamtwirtschaftlich nur eine untergeordnete Rolle.

Setzt man die Veränderung der Konsumausgaben ins Verhältnis zur Einkommensveränderung, so ergibt sich die marginale Konsumneigung (c'). Dies gilt in gleicher Weise für die Sparneigung (s'). Demzufolge lauten die Definitionen:

Durchschnittliche Konsumquote $\qquad c = \dfrac{C}{Y}$

marginale Konsumneigung $\qquad c' = \dfrac{dC}{dY}$

Durchschnittliche Sparneigung $\qquad s = \dfrac{S}{Y}$

marginale Sparneigung $\qquad s' = \dfrac{dS}{dY}$

Aus der Ableitung der Gleichung $Y = C + S$ nach Y folgt

$$\frac{dY}{dY} = \frac{dC}{dY} + \frac{dS}{dY}$$

Die marginale Konsum- und Sparneigung ergänzen sich immer zu 1.

$$1 = c' + s'$$

In der Tatsache, dass der Konsumzuwachs geringer ausfällt als der Einkommenszuwachs, die marginale Konsumneigung also kleiner 1 ist, sieht Keynes ein *Fundamentales Gesetz.*

Neben Keynes sehen auch andere Ökonomen im Einkommen längerfristig die wesentliche Determinante des Konsums. Nach der 'Permanenten Einkommenshypothese' (Milton Friedman) werden die Konsumentscheidungen nicht nur vom gegenwärtigen, sondern auch vom erwarteten zukünftigen Einkommen geprägt. Modigliani sieht – 'Lebenszyklushypothese' – eine Beziehung zwischen dem während des ganzen Lebens getätigten Konsum und dem in dieser Zeit verdienten Einkommen. Andererseits betont Brown – 'Habit-Persistence-Hypothese' – dass der Konsum auf Einkommensänderungen mit einer Verzögerung reagiert. Duesenberry ist der Meinung, dass die Konsumausgaben durch die soziale Stellung der privaten Haushalte beeinflusst wird – 'Relative Einkommenshypothese'.

7.2.3 Gleichgewicht und Ungleichgewicht bei autonomen Investitionen

Gründe zur Durchführung von Investitionen sind vielfältig. Umsatzerwartungen, Verzinsung des Kapitals, steuerliche Vorschriften u. a. beeinflussen die Investitionsentscheidungen der Unternehmer.

Zunächst gehen wir davon aus, dass die Unternehmer aus unbekannten Gründen planen zu investieren – autonome Investition. Die geplante gesamtwirtschaftliche Nachfrage (N) ergibt sich nach Keynes, unter der Voraussetzung, dass $S = I$ ist:

$$N = C + I$$

$$N = C(Y) + I$$

Unterstellt man eine homogen lineare Konsumfunktion erhält man

$$N = c'Y + I$$

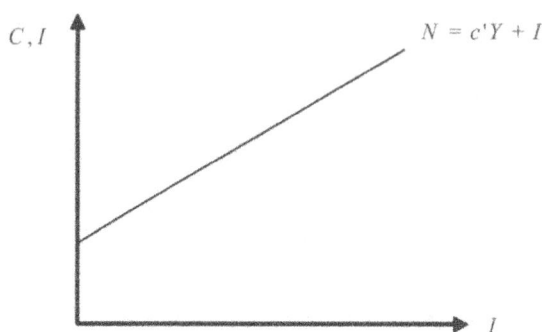

Abb. 7-4: Nachfrage bei autonomen Investitionen

Ein güterwirtschaftliches Gleichgewicht herrscht, wenn geplantes Angebot und geplante Nachfrage bzw. geplantes Sparen und geplante Investitionen übereinstimmen. John Maynard Keynes sieht die Entwicklung reifer Volkswirtschaften pessimistisch, d. h. es kommt zu kontraktiven Lücken (S > I) und damit zu Wirtschaftskrisen. Sie sind begründet mit einer Zunahme der Sparneigung und verbunden mit einem Rückgang der Investitionen. Während die Klassiker eine hohe Sparneigung mit einer Erhöhung der Investitionen gleichsetzen, kommt John Maynard Keynes zu einer gegenteiligen Meinung – höheres Sparen führt zu geringeren Investitionen. Aufgabe der Politik muss es daher sein, die Kontraktionslücke durch Schaffung von Nachfrage zu schließen. Zusätzliche Nachfrage soll vor allem der Staat durch *deficit spending* initieren.

Die Realisierung eines Gleichgewichts ist in der Klassik der Zins und bei Keynes das Einkommen.

8 Gesamtwirtschaftlicher Arbeitsmarkt (*Walter Gutzeit*)

8.1 Klassischer Arbeitsmarkt

Nach Auffassung der Klassiker gibt es in marktwirtschaftlichen Systemen keine langanhaltende unfreiwillige Arbeitslosigkeit. Eine Volkswirtschaft ist vollbeschäftigt, wenn zu herrschenden Lohnsätzen alle arbeiten können, die auch arbeiten wollen. Diejenigen, die nur bei einem höheren Lohnsatz arbeiten wollen, verzichten freiwillig auf Arbeit und sind demzufolge nicht arbeitslos – freiwillige Arbeitslosigkeit. Dies wird mit dem Markt-Preis-Mechanismus begründet, der die Übereinstimmung der Pläne von Anbietern und Nachfragern auf – Güter-, Arbeits- und Geldmarkt – sichert.

8.1.1 Arbeitsnachfrage und Arbeitsangebot

Der Lohn ist nach klassischer Sicht in erster Linie ein Kostenfaktor. Je höher der Lohn ist, umso geringer ist die Bereitschaft der Unternehmer, neue Arbeitsplätze zu schaffen. Der Arbeitsmarkt ist der strategische Markt, der die wirtschaftlichen Aktivitäten determiniert, und zwar die Höhe des Reallohnes, die Beschäftigung und damit auch die gesamte volkwirtschaftliche Produktion. Wie viel Arbeit nachgefragt wird, hängt zunächst von den produktionstechnischen Bedingungen ab.

Ausgangspunkt für die Analyse des Arbeitsmarktes bildet die gesamtwirtschaftliche Produktionsfunktion.

$$Y = F(A, B, K)$$

$$Y = f(A)$$

Ausgangspunkt ist eine kurzfristig gegebene Produktionsfunktion eines Unternehmens – Kapital und Boden bleiben dabei zunächst unveränderte, fixe Größen. Der Gewinn ergibt sich als Ergebnis von Erlös (E = Preis • Menge) minus Gesamtkosten (K = fixe Kosten + variable Kosten).

$$G = E - K$$

Die gewinn- und beschäftigungsmaximale Situation wird erreicht, wenn die eingesetzte zusätzliche Arbeitseinheit dem Reallohn entspricht – Lohn : Preisniveau (w:p). Dies bedeutet, dass makroökonomisch die gesamtwirtschaftliche Nachfrage nach Arbeitskräften so lange andauert, bis der durchschnittliche Lohnsatz (w) dem Produkt aus Preisniveau (P) und dem Zuwachs aus realem BIP (Y) entspricht, den die zuletzt eingesetzte Arbeitseinheit erzielt hat.

$$w = P \cdot Y$$

Die gesamtwirtschaftliche Arbeitsnachfrage der Unternehmen nimmt mit fallendem Reallohn ab und nimmt bei steigendem Reallohn zu. Mithin ist die Arbeitsnachfrage (Grenzproduktivität der Arbeit)[7] eine Funktion des Reallohnes.

Haushalte bieten ihre Arbeitskraft an, um Einkommen zu erzielen. Daraus resultiert die Hypothese, dass die Höhe des Lohnsatzes den Umfang des Arbeitsangebotes determiniert.

Der Lohn, den der Arbeiter für die geleistete Arbeit erhält (Nominallohn) unterscheidet sich von dem Lohn, der im Verhältnis zum Preisniveau (Reallohn) betrachtet wird. Der Reallohn drückt die Kaufkraft des Reallohnes aus. Nach klassischer Vorstellung orientieren die Arbeiter (Arbeitsangebot) sich am Reallohn. Nach der Haushaltstheorie bietet ein Haushalt so lange Arbeitskraft an, bis der Nutzen aus dem erhaltenen Lohn gleich dem Nachteil (Arbeitsleid, Freizeitverzicht), der dem Haushalt durch den Arbeitseinsatz entsteht, entspricht.

Das gesamtwirtschaftliche Arbeitsangebot nimmt bei steigendem Reallohn zu und bei fallendem Reallohn ab (Mussel: 139 ff und Paraskewopoulos: 69 ff.).

8.1.2   Arbeitsmarktgleichgewicht

Vollbeschäftigung herrscht, wenn alle, die zum gegebenen Reallohn arbeiten wollen, auch Arbeit finden. Die Gleichgewichtssituation auf dem Arbeitsmarkt wird von den Klassikern als stabil angesehen, weil Änderungen des Preisniveaus keinen Einfluss auf die Höhe des Reallohns und die Beschäftigung haben. Fällt beispielsweise das Preisniveau von P_1 auf P_2, dann steigt bei gegebenem Nominallohn (w) der Reallohn (w:p). Bei dem höheren Reallohn herrscht zunächst ein Arbeitsangebotsüberschuss, was die Arbeiter als Arbeitsanbieter veranlasst, ihr Arbeitsangebot zu ändern. Bei höherem Reallohn wird angebotene Mehrarbeit von den Unternehmen nicht nachgefragt. Die Arbeitnehmer werden bei der neuen Preissituation einen niedrigeren Nominal- und Reallohn akzeptieren. Ein neues Gleichgewicht stellt sich somit bei einem niedrigeren Nominallohn ein. Im neuen Gleichgewicht ist der Nominallohn im Vergleich zur Ausgangssituation um den gleichen Prozentsatz niedriger als das Preisniveau. (Mussel: 143)

---

[7]   Grenzproduktivität = Diese gibt an, um wie viel der Output steigt, wenn der Faktoreinsatz um eine Einheit steigt – bei Konstanz der anderen Faktoren. Auf den Faktor Arbeit bezogen heißt das: um welchen Betrag der Output wächst, wenn eine zusätzliche Arbeitseinheit (z. B. Arbeitsstunde) geleistet wird.

8.2   Arbeitsmarkt nach Keynes

8.2.1   Arbeitsangebot und Arbeitsnachfrage

Auch bei John Maynard Keynes determiniert der Lohnsatz das Arbeitsangebot. Im keynesianischen Modell wird unterstellt, dass die Haushalte bei ihrem Arbeitsangebot der Geldillusion unterliegen, so dass sie sich kurzfristig nicht am Reallohn (w:p), sondern am Nominallohn orientieren. In der Realität ist zu beobachten, dass in modernen Industriegesellschaften der Lohn nur nach oben und nicht nach unten flexibel ist. Daher wird angenommen, dass erst ab einer bestimmten Arbeitsmenge die Vollbeschäftigungssituation erreicht wird. Hier könnte Vollbeschäftigung herrschen, weil alle Arbeitskräfte (A_1) den Nominallohn (w) akzeptieren und arbeiten könnten. Nur diejenigen, die zu einem höheren Nominallohn arbeiten wollen, gelten als freiwillig arbeitslos. Die Angebotskurve hat zunächst einen unendlich elastischen, dann einen elastischen Bereich.

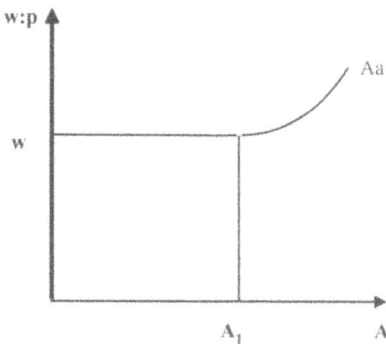

Abb. 8-1: Beschäftigung und Nominallohn

Im keynesianischen Modell gelten die gleichen produktions-technischen Bedingungen wie im klassischen Modell. Ebenso wird eine linear-homogene Cobb-Douglas Produktionsfunktion unterstellt. Die Unternehmer streben nach Gewinnmaximum und die Arbeitsnachfrage orientiert sich am Reallohn.

8.2.2   Arbeitsmarktgleichgewicht

Da bei John Maynard Keynes die Arbeitsnachfrage vom Reallohn und das Arbeitsangebot vom Nominallohn abhängt, können beide Funktionen nicht in einem gemeinsamen Diagramm dargestellt werden. Dies ist jedoch möglich, wenn das nominallohnorientierte Arbeitsangebot in Abhängigkeit vom Reallohn dargestellt und der Nominallohn als konstant angesehen wird. Im Schnittpunkt von Arbeitsangebot und Arbeitsnachfrage herrscht Gleichgewicht auf dem Arbeitsmarkt. Es handelt sich jedoch nicht um ein Vollbeschäftigungsgleichgewicht, da nicht alle Personen, die zu diesem Nominallohn bzw. Reallohn arbeiten wollen, auch arbeiten können.

Die Strecke zwischen A1 und A2 zeigt die Arbeitsmenge an, die bei dieser Lohnhöhe arbeitslos ist. Schneidet die Angebotskurve die Nachfragekurve im unendlich elastischen Bereich (A1) dann besteht Unterbeschäftigung. Zu diesem Reallohn (w:p) wird eine Arbeitsmenge in Höhe von A1 angeboten, aber nur in Höhe von A2 nachgefragt. Dies zeigt, dass bei einem gegebenen Nominallohn (wo) die Höhe des Preisniveaus die Beschäftigungsmenge bestimmt. Geht man weiter davon aus, dass das Verhalten der Unternehmer hinsichtlich der Arbeitsnachfrage unverändert ist, dann kann nur ein Anstieg des Preisniveaus – er führt zur Senkung des Reallohnes – aus der Situation der unfreiwilligen Arbeitslosigkeit herausführen.

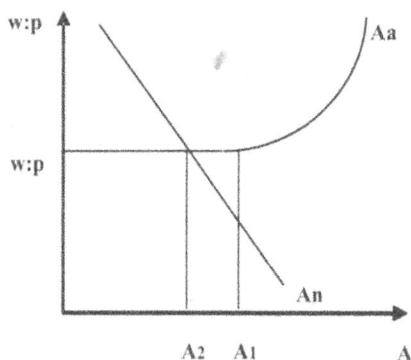

Abb. 8-2: Arbeitsmarktgleichgewicht bei Keynes

Arbeitslosigkeit ist das Ergebnis zu geringer Löhne. Festzuhalten ist, dass bei einer gegebenen Produktionsfunktion und einem nach unten nicht-flexiblen Nominallohnsatz eine Mehrnachfrage nach Arbeit nur über eine Reallohnsenkung durch Preisniveauerhöhung induziert werden kann. (Mussel: 139 ff., Paraskewopoulos: 156 ff.)

8.3   AS-AD am nicht-klassischen Arbeitsmarkt

8.3.1   Preis- und Lohnsetzung am Güter- und Arbeitsmarkt

In der Realität haben wir es nicht selten mit deutlichen Abweichungen von modelltheoretischen wettbewerbsinduzierten Preisflexibilitäten und strenger Marginalkalküle bei vollkommenem Wettbewerb zu tun. Die beiden Arbeitsmarktseiten sind nicht Anpasser an wettbewerbliche Marktbedingungen, sondern üben Marktmacht aus. Auf vielen Märkten ‚setzen' die Unternehmen die Löhne und die Preise.

Dabei ist zunächst festzulegen:

AS-Kurve = Angebotskurve (*Aggregate Supply*)

AD-Kurve = Nachfragekurve *(Aggregate Demand)*

p = Preisniveau

L = Nominallohn

w/p = Reallohn

AP = Arbeitsproduktivität

L/AP = Lohnstückkosten

La = Aufschlagsatz auf die Lohnstückkosten

U = Arbeitslosenquote

B = Beschäftigte

EP = Erwerbspersonen

Y = Output/BIP

Geht man anstatt von der wettbewerblichen Grenzkosten-Preisbildung von einer Aufschlags-
kalkulation aus, ergibt sich für das Preisniveau (p):

$$\text{Preisniveau} = \frac{\text{Nominallohn}}{\text{Arbeitsproduktivität}} \, (1 + \text{Lohnaufschlagssatz})$$

Dem Reallohn (w:p) entspricht

$$\text{Reallohn} = \frac{\text{Arbeitsproduktivität}}{1 + \text{Lohnaufschlagssatz}}$$

Der Aufschlagsatz La wird – bei gegebenen Nicht-Lohnkosten – maßgeblich bestimmt durch
das Ausmaß des Wettbewerbsdrucks auf den Produktmärkten. Je größer der Wettbewerb ist,
umso geringer ist der Lohnaufschlagsatz. Bei vollkommener Konkurrenz und Arbeit als
einzigem variablem Faktor beträgt La gleich null. Wenn die Unternehmen aufgrund eines
geringen Wettbewerbdrucks den Gewinnaufschlag erhöhen oder gestiegene Nicht-Lohnkosten (Rohstoffkosten, Mehrwertsteuer) in ihren Produktpreisen weitergeben, steigt das
Preisniveau und der Reallohn sinkt. Auch wenn die Nominallöhne stärker steigen als die
Produktivität kommt es über steigende Lohnstückkosten zu steigenden Preisen.

Für die Arbeitnehmer ist nicht entscheidend, wie viel Lohn sie für die geleistete Arbeit erhalten, sondern wie viele Güter sie dafür kaufen können. Somit ist das Preisniveau entscheidend.
Werden höhere Preise erwartet, so werden die Arbeitnehmer höhere Löhne fordern. Die Unternehmer werden bereit sein, höhere Löhne zu zahlen, weil sie mit höheren Verkaufspreisen
rechnen. Daraus folgt, dass je niedriger die Arbeitslosenquote ist, um so leichter wird es sein,
eine neue Stelle zu finden. Um Kündigungen und damit verbundene Fluktuationskosten zu
vermeiden, werden die Unternehmen bei geringer Arbeitslosigkeit von sich aus höhere Löhne
zahlen als bei hoher Arbeitslosigkeit. Auf jeden Fall muss der Reallohn über dem „Reservationslohn" liegen, also dem Lohn, bei dem es aus Sicht der Arbeitnehmer keinen Unterschied
macht, ob sie arbeiten oder nicht arbeiten, also arbeitslos sind. Der „Reservationslohn" der
Arbeitnehmer wird dabei maßgeblich von den Lohnersatzleistungen bestimmt – Zahlungen, die
der Staat bei Nicht-Arbeit leistet. (Görgens, E. u. Ruckriegel, K.: S. 219 ff.)

Neben der Arbeitslosenquote werden die Lohnforderungen noch von anderen Faktoren beeinflusst:

* Faktoren, die die Opportunitätskosten des Arbeitens verändern. Bei einer Anhebung bzw. Verlängerung der Bezugsdauer des Arbeitslosengeldes steigen die Opportunitätskosten der Arbeit.
* Faktoren, die die Verhandlungsmacht der Arbeitnehmer beeinflussen. Kollektive Lohnverhandlungen durch Gewerkschaften anstelle von Einzelverhandlungen von Arbeitnehmern bzw. Gesetze zum Schutz der Arbeitnehmer – z. B. Kündigungsschutzgesetze – erhöhen die Möglichkeiten für Lohnerhöhungen. In gleicher Weise gilt dies für Mindestlöhne.

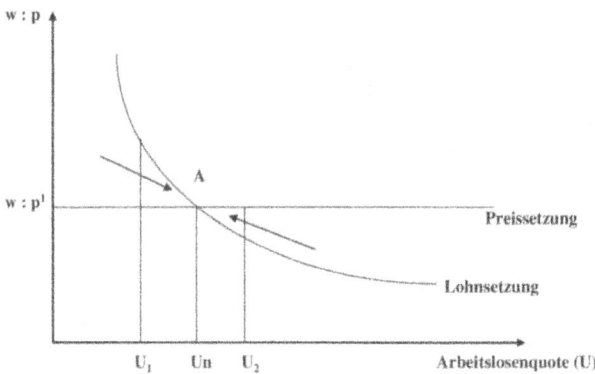

$w : p^1$ = Arbeitsproduktivität : 1 + Aufschlag auf die Lohnstückkosten

Abb. 8-3: Lohnsetzung und Arbeitslosenquote

Im fallenden Verlauf der Lohnsetzungskurve wird die Machtposition der Arbeitnehmer mit zunehmender Arbeitslosenquote verringert. Die Preisbestimmung erfolgt nach dem Aufschlagskalkül und ist von der Arbeitslosenquote unabhängig. Je größer die Marktmacht auf den Gütermärkten ist und je höher deshalb der Aufschlagsatz ausfällt, desto höher ist das Preisniveau und der Reallohn sinkt. Die Preissetzungsgerade würde nach unten verschoben.

Im Punkt A befindet sich der Arbeitsmarkt im Gleichgewicht mit einer Arbeitslosenquote, die als natürliche Arbeitslosenquote bezeichnet wird. Hier entspricht der durch die Preissetzungsmacht der Unternehmen implizierte Reallohn dem aufgrund der Lohnsetzungsmacht von Arbeitnehmern geforderten Reallohn.

Liegt die Arbeitslosenquote unter ihrem natürlichen Niveau ($U_1 < U_n$), so liegt der von den Arbeitnehmern gesetzte Reallohn über dem, den die Unternehmen bereit sind zu zahlen. Die Konsequenz ist, dass der Real- und der Nominallohn sinken, weil die Unternehmen Arbeiter entlassen. Liegt die Arbeitslosenquote über ihrem natürlichen Niveau ($U_2 > U_n$), sind die Reaktionen entsprechend umgekehrt.

Die gleichgewichtige (natürliche) Arbeitslosenquote ergibt sich aus den Marktunvollkommenheiten und kann durch wirtschaftspolitische Maßnahmen beeinflusst werden. So führt beispielsweise eine Erhöhung der Arbeitslosenunterstützung zu steigenden Opportunitätskosten der Arbeit. Es kommt zu einer Verschiebung der Lohnsetzungskurve nach oben, d. h. die natürliche (strukturelle) Arbeitslosenquote nimmt zu. Bei nachlassendem Wettbewerb steigt der Aufschlagsatz und verschiebt die Preissetzungsgerade nach unten. Es kommt ebenfalls zu einem Anstieg der natürlichen Arbeitslosenquote.

Gleichfalls lässt sich eine Beziehung zwischen Produktion und Beschäftigung herstellen. Beschäftigungs- und Arbeitslosenquote addieren sich zu 1. Die Beschäftigungsquote entspricht mithin $1 - U$, bzw. $1 - Un$ als einer ‚natürlichen Beschäftigungsquote‘. Die Lohnsetzungsquote beschreibt dann einen positiven Zusammenhang zwischen Reallohn und Beschäftigungsquote.

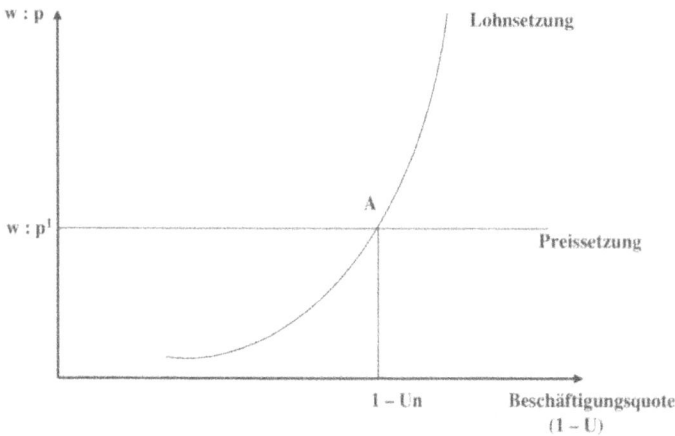

w : p¹ = Arbeitsproduktivität : 1 + Aufschlag auf die Lohnstückkosten

Abb. 8-4: Lohnsetzung und Beschäftigungsquote

Die Lohnsetzungskurve ist der Ausdruck der Lohnsetzung durch die Unternehmen. Ebenso beinhaltet die Preissetzungskurve Marktmachtelemente auf den Güter- und Dienstleistungsmärkten und ist nicht der Ausdruck einer Anpassung der Arbeitsnachfrage an die Arbeitskosten.

In diesem Modell – im Gegensatz zum klassischen Modell – kommt zu der freiwilligen Arbeitslosigkeit bei den Klassikern noch eine weitere Arbeitslosigkeit hinzu, die aus Lohn- und Preissetzungsmacht resultiert. (Görgens, E. u. Ruckriegel, K.: S. 225 ff.)

8.3.2 Gesamtwirtschaftliches Arbeitsangebot und gesamtwirtschaftliche Arbeitsnachfrage

Bei den Lohnverhandlungen ist nicht das aktuelle, sondern das erwartete Preisniveau entscheidend. Für die gesamtwirtschaftliche Angebotskurve muss ein Preis- und Produktions-Zusammenhang hergestellt werden. Dabei sei zunächst die Arbeitslosen- durch die Beschäftigungsquote ersetzt. Bei der Produktionsfunktion wird vereinfachend angenommen:

BIP = Arbeitsproduktivität · Zahl der Beschäftigten ($Y = AP \cdot B$)

Setzt man die Arbeitsproduktivität = 1, kann die Beschäftigung durch den Output (BIP) ersetzt werden und die Arbeitslosenquote lautet dann:

$$U = 1 - \frac{Y}{EP}$$

Das Preisniveau hängt vor allem von folgenden Variablen ab: von dem erwarteten Preisniveau, dem Output, der Zahl der Erwerbspersonen, dem Aufschlagsfaktor. Werden der Aufschlagsfaktor und die Zahl der Erwerbspersonen als konstant angesehen, so hängt das Preisniveau vom erwarteten Preisniveau und vom Output (BIP) ab und ergeben das gesamtwirtschaftliche Angebot (AS-Funktion).

Demzufolge hat die AS-Funktion zwei Eigenschaften:

* Ein höherer Output (BIP) führt zu mehr Beschäftigung = geringere Arbeitslosigkeit. Eine sinkende Arbeitslosigkeit stärkt die Verhandlungsposition der Arbeitnehmer. Dadurch steigen die Nominallöhne und es steigt das Preisniveau durch den Aufschlagssatz. Punkt B auf der AS-Kurve verlagert sich nach Punkt C.
* Ein Anstieg der Preiserwartungen schlägt sich im Verhältnis eins zu eins in höheren Nominallöhnen nieder, um den angestrebten Reallohn zu sichern. Kostensteigerungen führen zu Preiserhöhungen bei den Unternehmen und gesamtwirtschaftlich zu einem höheren Preisniveau. Es kommt zu einer Verschiebung der AS-Kurve – von AS zu AS'.
  Die AS-Kurve geht durch den Punkt B, bei dem die Produktion ihrem natürlichen Niveau entspricht. Liegt die Produktion über dem natürlichen Niveau, führt dies zu einem höheren Preisniveau als das erwartete Preisniveau (Punkt C). (Görgens/Ruckriegel: 221 ff.)

Die Verlagerung von B nach B' bedeutet, dass nur Wechselwirkungen von steigenden Preiserwartungen und Preiserhöhungen stattfinden. Am gleichgewichtigen Produktionsniveau und der zugehörigen ‚natürlichen Beschäftigung‘ ändert sich nichts. Die Reale Produktion – reales Angebot – stellt sich bei einer bestimmten Kapitalausstattung, technischem Wissen sowie dem Arbeitsmarktgleichgewicht – Un bzw. 1 – Un – ein und ist in der Grafik die Vertikale von Yn (natürliches Produktionsniveau). Zu der im Gleichgewicht bestehenden ‚natürlichen Arbeitslosenquote‘ kommt noch die durch Marktunvollkommenheiten – Rigiditäten und Machtpositionen – bedingte Arbeitslosigkeit hinzu.

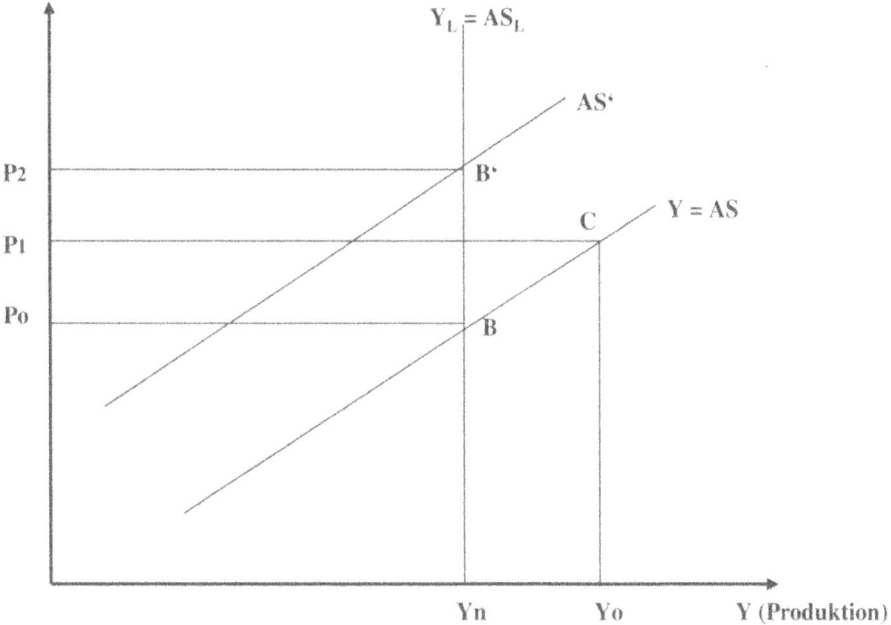

Abb. 8-5: Natürliches und erwartetes Preisniveau

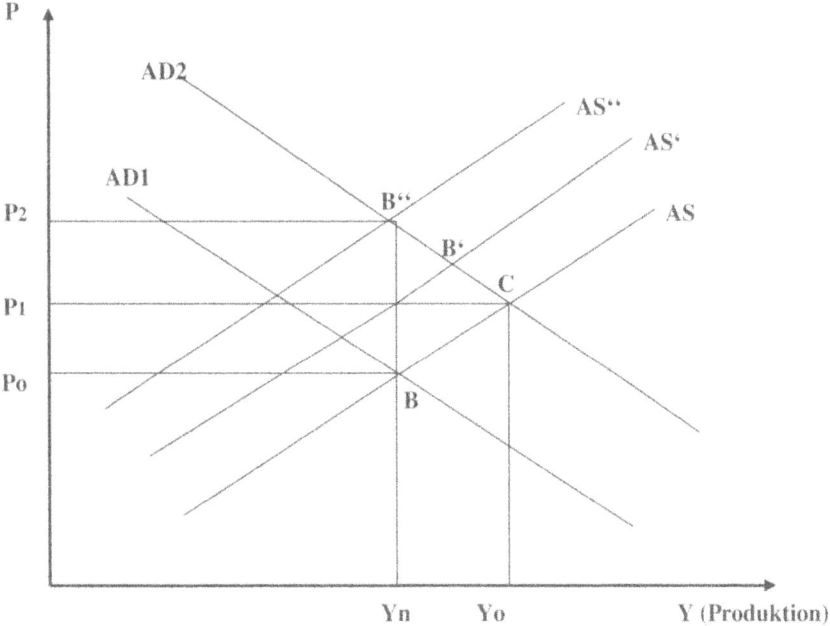

Abb. 8-6: Wechselwirkungen von Preiserwartungen und Preiserhöhungen
Quelle: Görgens, E. u. Ruckriegel, K. a.a.O., S. 229 ff.)

8.4   Vollbeschäftigung und Arbeitslosigkeit

8.4.1   Erfassung der Beschäftigung

Eine Volkswirtschaft befindet sich nach der Theorie im Zustand der Vollbeschäftigung, wenn auf dem Arbeitsmarkt ein Gleichgewicht zwischen Arbeitsangebot und Arbeitsnachfrage herrscht. Die Wirklichkeit auf dem Arbeitsmarkt sieht allerdings anders aus. Tatsächlich kann Arbeitslosigkeit bzw. Vollbeschäftigung nicht exakt errechnet bzw. angegeben werden.

Wie bereits im vorangegangenen Kapitel dargestellt, kommt es auf dem Arbeitsmarkt sowohl zu Lohn- als auch zu Preissetzungen – die im Widerspruch zu den theoretischen Überlegungen stehen – als auch zu ungenauen statistischen Erfassungsmethoden durch die Agentur für Arbeit (in der Bundesrepublik Deutschland).

Die Arbeitslosenstatistik ist durch eine Vielzahl von unterschiedlichen Messkonzepten und durch Änderungen gekennzeichnet, die für Verwirrung in der Öffentlichkeit sorgen. Die einzig richtige Arbeitslosenzahl gibt es nicht, weil sie nicht gleichzeitig unterschiedlichen Informationsbedürfnissen genügen kann. Grundsätzlich sind bei der amtlichen statistischen Erfassung zwei unterschiedliche Messkonzepte zu unterscheiden, nämlich die „registrierte Arbeitslosigkeit" und die „Erwerbslosigkeit". Beide Definitionen weisen eine gemeinsame Schnittmenge auf, es gibt jedoch auch Personen, die ‚arbeitslos‘, aber nicht ‚erwerbslos‘ sind und vice versa.

Die amtliche Statistik weist die Arbeitslosigkeit zu hoch aus, wenn sie auch Personen erfasst, die freiwillig arbeitslos sind und deren Zahl unbekannt ist. Die freiwillige, aber registrierte Arbeitslosigkeit nimmt mit der sozialen Absicherung der Arbeitslosen zu. Zu gering ausgewiesen wird die Arbeitslosigkeit in der amtlichen Statistik durch nicht registrierte Personen. Ein Arbeitsloser ist an einer Meldung nur dann interessiert, wenn er Anspruch auf eine öffentliche Unterstützung hat.

In der Realität ist ein gewisses Maß an Arbeitslosigkeit unvermeidlich, weil es jährlich einen millionenfachen Berufs- und Arbeitsplatzwechsel gibt („Fluktuations-Arbeitslosigkeit"). Daher wird in der politischen Praxis von Vollbeschäftigung gesprochen, wenn die Arbeitslosenquote nicht mehr als 2 % bis 3 % ausmacht. In gleicher Weise könnte man von Vollbeschäftigung sprechen, wenn die Zahl der offenen Stellen der Zahl der Arbeitslosen entspricht. Dieser Definition steht allerdings die Heterogenität von Arbeit entgegen, weil Arbeitslose oft freie Stellen entweder nicht oder nicht ohne weiteres besetzen können. (Woll: 384 f.)

Die Anzahl der Bezieher von Leistungen für Arbeitslose übersteigt die Anzahl der registrierten Arbeitslosen beträchtlich. Im Jahresdurchschnitt von 2006 standen den rund 6,7 Mio. Leistungsempfängern nur knapp 4,5 Mio. registrierte Arbeitslose gegenüber (Franz: 353 f.).

Die amtliche Arbeitslosenstatistik definiert Arbeitslose als solche „Arbeitnehmer, die nicht in einem Beschäftigungsverhältnis stehen, sich bemühen, ihre Beschäftigungslosigkeit zu beenden, und den Vermittlungsbemühungen der Agentur für Arbeit zur Verfügung stehen" (§ 119 Abs. 1 SGB III). Nicht in der Arbeitslosenstatistik erscheinen:

* hochschwangere Frauen;
* Jugendliche, die ausschließlich einen Ausbildungsplatz suchen;
* unbeschäftigte und arbeitsunfähige Kranke.

Die Bundesagentur für Arbeit kann ohnehin nur diejenigen Personen korrekt erfassen, die sich bei den Arbeitsagenturen als arbeitslos melden. Zu unterscheiden sind die Personen, die aus einem noch bestehenden Beschäftigungsverhältnis über die Arbeitsagentur einen anderen Arbeitsplatz suchen. Sie zählen nicht zu den Arbeitslosen, sondern zu den ‚nicht-arbeitslosen Arbeitssuchenden‘. Die Einstufung als Arbeitsloser hängt im Übrigen nicht davon ab, ob der Betreffende Arbeitslosengeld oder Arbeitslosenhilfe bezieht. Damit bietet die Arbeitslosenstatistik Anlass zu Diskussionen und zu vielfältigen Änderungsvorschlägen. Im Vordergrund der öffentlichen Diskussion stehen dabei die als ‚unecht‘ klassifizierten Arbeitslosen, die nur vortäuschen, arbeiten zu wollen und in Wirklichkeit nur ihren Anspruch auf Unterstützungsleistungen ausschöpfen wollen. Dazu zählen u. a. anspruchsberechtigte Arbeitslose, die stark verschuldet oder wegen einer Scheidung mit Unterhaltsansprüchen belastet sind. Für diesen Personenkreis ‚lohnt‘ sich eine Arbeitsaufnahme häufig kaum, weil Einkommensteile sogleich gepfändet werden. Zu dieser Gruppe können auch (verheiratete) Frauen gezählt werden, die aus dem Erwerbsleben ausscheiden, um sich der Erziehung der Kinder zu widmen. Sie melden sich formal arbeitslos, um das Arbeitslosengeld zu beziehen. Nach Beendigung der Arbeitsberechtigung scheiden sie aus dem Arbeitslosenregister aus.

Ein weiteres ‚Statistikproblem‘ stellt das Kriterium der Zumutbarkeit dar, das als zu ‚großzügig‘ kritisiert wird, und zwar hinsichtlich der regionalen Mobilität oder der zumutbaren Arbeitszeit. Sanktionen – z. B. in Form einer zeitweiligen ‚Streichung‘ des Arbeitslosengeldes – weil eine zumutbare Arbeit abgelehnt wird, sind nicht immer durchsetzbar. Die Kontrolle durch die Arbeitsagenturen wird erschwert, wenn Unternehmen sich häufig scheuen, einen von der Arbeitsagentur vermittelten Bewerber als arbeitsunwillig zu melden, um die Unannehmlichkeiten einer gerichtlichen Auseinandersetzung zu vermeiden. Zu den arbeitsunwilligen Arbeitslosen zählen auch jene Personen, die zusätzlich zur Arbeitslosenunterstützung durch Schwarzarbeit ein Einkommen erzielen, das höher liegt als bei einer legalen Beschäftigung.

Eine Befragung von 20 Tausend Arbeitslosen im Jahre 2000 kommt zu dem Ergebnis, dass nur 50 % aller Arbeitslosen nach ihrer Selbsteinschätzung eine hohe Suchaktivität aufweisen und lediglich 60 % der Befragten dem Arbeitsmarkt unmittelbar zur Verfügung stehen. 20 % aller Arbeitslosen suchen keinen Arbeitsplatz, weil sie die Zeit bis zum Antritt einer neuen Stelle überbrücken oder in den vorzeitigen Ruhestand gehen wollen.

Der Gruppe der ‚arbeitsunwilligen‘ Arbeitslosen steht eine große Anzahl Personen gegenüber, die nicht in der Arbeitslosenstatistik aufgeführt sind, obwohl sie zum großen Teil erwerbsorientiert sind. Dazu gehören die ‚Bezieher von Arbeitslosengeld unter erleichterten Voraussetzungen‘ (§ 428 SGB III). Dies sind Arbeitslose über 57 Jahre, die „nicht arbeitsbereit sind und nicht alle Möglichkeiten nutzen und nutzen wollen, um ihre Beschäftigungslosigkeit zu beenden" und in absehbarer Zeit Altersrente beziehen werden. Im Jahre 2008 be-

lief sich die Anzahl dieser Personen auf 150 Tausend. Entlastet wird die Statistik der registrierten Arbeitslosen um 315 Tausend durch die Bezieher von Altersrenten wegen Arbeitslosigkeit. Rechnet man zu den registrierten Arbeitslosen noch die Teilnehmer an ‚beschäfti-
gungsschaffenden Maßnahmen' (40 Tausend) – Personen, die sich in ‚Arbeitsgelegenheiten'
befinden (310 Tausend) und die auf die auf vollzeitäquivalente umgerechnete Anzahl der
Kurzarbeiter (rund 42 Tausend) – hinzu, so ergaben sich für das Jahr 2008 rund 1,2 Mill.
Personen, die der Sachverständigenrat als „verdeckt Arbeitslose" bezeichnet.

Daneben gibt es Personen, die erwerbsorientiert sind, jedoch keinen Anspruch auf Unterstüt-
zungsleistungen besitzen und es als aussichtslos ansehen, einen Arbeitsplatz über die
Arbeitsagentur zu erhalten. Sie werden häufig als ‚entmutigte Arbeitskräfte' bezeichnet. Der
Entmutigungseffekt ist umso größer, je mehr sich die Arbeitsmarktsituation verschlechtert.
Damit unterliegt die Erwerbsquote konjunkturellen Schwankungen, weil die Zählergröße von
der Marktlage beeinflusst wird. (Franz: 348 ff.)

8.4.2   Mögliche Ursachen für Arbeitslosigkeit

Die Diskussion über die Ursachen der Arbeitslosigkeit leidet unter der Vielzahl von subjektiven Einschätzungen, mit denen einzelne Faktoren belegt werden und woraus dann Gegenmaßnahmen abgeleitet werden. Eine solche Einschätzung ist die Unterscheidung nach konjunkturellen und strukturellen Ursachen der Arbeitslosigkeit. Eine hinreichende Erklärung
der Ursachen liefert diese Unterscheidung nicht. Wer beispielsweise die Lohnhöhe als Ursache der Arbeitslosigkeit beklagt und sich für entsprechende Korrekturen ausspricht, wird mit
der Frage konfrontiert, welche den Lohnbildungsprozess bestimmenden Variablen in welcher
Weise und von wem beeinflusst werden könnten. Daher kommt man ohne die Erstellung
eines theoretischen Analyserahmens nicht aus, und zwar als einer theoretischen und empirischen Ursachenanalyse.

Ursachenanalyse

Eine theoretische Ursachenanalyse von Arbeitslosigkeit wird mit dem „QERU"-Modell
(*quasi-equilibrium rate of unemployment* = quasi-gleichgewichtigen Arbeitslosigkeit) bzw.
dem „NAIRU"-Modell (*Non accelerating inflation rate of unemployment* = inflationsstabilen
Arbeitslosenquote) beschrieben.

Das „QERU"-Modell berücksichtigt als wirtschaftspolitisches Erfordernis eine vertretbare
Preissteigerungsrate entsprechend den Vorstellungen der EZB – 2 bis 3 % jährlich. Es beinhaltet die Gleichheit von Lohn- und Preissteigerungsraten, wobei sich die Raten im Zeitablauf ändern können. Die inflationsstabile Arbeitslosenquote („NAIRU"-Modell) wird hingegen für zeitlich konstante Preissteigerungen berechnet.

Angebotsschocks

Die inflationsstabile Arbeitslosenquote hatte einen Anstieg auf Grund der Angebotsschocks
in den Jahren 1974 und 1979 (Erhöhungen der Rohstoffpreise) und der Verlangsamung des
Produktivitätsfortschritts zur Folge. Die Arbeitslosigkeit steigt bei einem Angebotsschock,
weil auf Grund der höheren Preise die gesamtwirtschaftliche Nachfrage sinkt und damit
weniger Arbeit nachgefragt wird. Stabilität der Inflationsrate erfordert bei preiserhöhenden

Angebotsschocks geringere heimische Ansprüche an die inländische Wertschöpfung. Wenn eine freiwillige Lohnzurückhaltung nicht erfolgreich ist und die Unternehmen zusätzliche Kosten nicht überwälzen können, kommt es zu Arbeitslosigkeit. Nur wenn man bereit ist, höhere Inflationsraten bei Angebotsschocks auf Dauer zu akzeptieren, könnte (zusätzliche) Arbeitslosigkeit verhindert werden.

Lohnstarrheiten

Je geringer die Lohnflexibilität ist, desto höher ist die Arbeitslosigkeit. Im Wesentlichen gibt es 3 Gründe für Lohnrigiditäten:

* Unzureichende Informationen einer bereits eingetretenen Marktsituation sowie auf zukünftig zu erwartende Arbeitsmarktsituationen. Dies betrifft vor allem Überlegungen bei der Arbeitsmarktsuche. Der Sucher überschätzt in einer Rezessionsphase die tatsächliche Situation auf dem Arbeitsmarkt und korrigiert erst im Verlaufe des Suchprozesses seine Vorstellungen.
* Kosten, die durch Austauschbeziehungen der Vertragsparteien entstehen – Kosten der Sicherung der Vertragstreue, der Informationsbeschaffung („Transaktionskosten").
* Gewerkschaftsverhalten – Lohnreduktionen werden von den Insidern verhindert, ohne dass die Arbeitslosen („Outsider") die Möglichkeit haben, diese Strategie zu unterlaufen.

Hysteresis (Giech. – Zurückbleiben)

Der Gleichgewichtswert eines Systems ist von dem Zeitpfad abhängig. Wo ein System schließlich ankommt, hängt davon ab, wie es dorthin gekommen ist.

Am Beispiel der Arbeitslosigkeit bedeutet dies: durch einen Angebotsschock hat sich die Arbeitslosigkeit erhöht. Wird nun der Angebotsschock wieder in voller Höhe rückgängig gemacht – die Erdölpreise sinken wieder auf das alte Niveau – erreicht die Arbeitslosigkeit den Gleichgewichtswert nicht auf dem Niveau der Ausgangssituation, sondern auf einem höheren Niveau.

Mismatch

Auf dem Arbeitsmarkt müssen Arbeitsanbieter und -nachfrager zusammengeführt werden. Dieser „Matching-Prozess" beginnt mit der Arbeitsplatzsuche einer Erwerbsperson auf der einen Seite und der Unternehmens-Aktivität auf der anderen. Nachdem (möglicherweise) ein Kontakt zwischen beiden Suchenden hergestellt worden ist, ist zu prüfen, ob ein Arbeitsvertrag zu Stande kommt. Ein Teil dieser Aktivitäten führt weder zu einem Vertrag noch zu einem Kontakt, so dass nach den Ursachen eines solchen „Mismatch" zu fragen ist.

Trotz hoher Arbeitslosigkeit gibt es dennoch Probleme, offene Stellen zu besetzen. Die Profile von Arbeitslosen und Arbeitsplätzen in regionaler und qualitätsmäßiger Hinsicht stimmen nicht überein (Franz: 229 f.).

Literatur zum 6. bis 8. Kapitel

Bartling, H. und Luzius, F.: Grundzüge der Volkswirtschaftslehre, Einführung in die Wirtschaftstheorie und Wirtschaftspolitik, 15. Auflage, Verlag Vahlen, München 2004.

Franz, W.: Arbeitsökonomik, 5. Auflage, Springer Verlag, Heidelberg – London – New York 2009.

Hardes, H.-D. und Uhly, A.: Grundzüge der Volkswirtschaftslehre, 9. Auflage, Oldenbourg Verlag, München – Wien 2007.

Keynes, J. M.: ‚Allgemeine Theorie der Beschäftigung, des Zinses und des Geldes', Berlin 2002.

Mussel, G.: Einführung in die Makroökonomik, 6. Auflage, Verlag Vahlen, München 2000.

Paraskewopoulos, S.: Makroökonomik, eine Einführung, Verlag Kohlhammer, Stuttgart – Berlin – Köln 1995.

Görgens, E. und Ruckriegel, K.: Makroökonomik, 10. Auflage, Lucius & Lucius, Stuttgart 2007.

Say, J. B.: Traité d'économie politique, ou simple exposition de la manière dont se forment, se distribuent, et se consomment les richesses, Vol. 1 u. 2. Paris 1803 (Faksimile-Ausgabe: Frankfurt a. M. – Düsseldorf 1986).

Varian, H. R.: Grundzüge der Mikroökonomik, Oldenbourg Verlag, München – Wien 2007.

Woll, A.: Volkswirtschaftslehre, 15. Auflage, Verlag Vahlen, München 2007.

9 Geldtheorie
(*Helmut Bujard*)

9.1 Grundlagen

9.1.1 Das Geld und seine Funktionen

Geld ist gesetzliches Zahlungsmittel. Diese juristische Festlegung ist für Ökonomen nicht ausreichend, denn wirtschaftliche und politische Gründe können dazu führen, dass die Bürger das gesetzliche Zahlungsmittel – die Währung – meiden. Geld ist nur dann Geld, wenn es bestimmte Funktionen erfüllt. Die drei wesentlich sind die Funktionen als Tauschmittel, zur Wertaufbewahrung und als Recheneinheit.

Geld als Tauschmittel oder Zahlungsmittel wird zur Schuldentilgung und beim Kauf von Gütern und Dienstleistungen als Gegenleistung vom Verkäufer akzeptiert. Gibt es kein allgemein anerkanntes Zahlungsmittel, so müssen die Güter mit anderen Gütern bezahlt werden, was im umständlichen Realtausch die Regel ist. Umständlich ist der Realtausch deshalb, weil er stets eine zweifache Übereinstimmung der Käufer und Verkäufer voraussetzt: Will jemand ein Bücherregal gegen einen Tisch tauschen, so muss er einen Menschen finden, der erstens dieses Bücherregal will und zweitens einen passenden Tisch hat, den er ihm als Gegenleistung überlässt. Durch die gesellschaftliche Erfindung des Geldes kann diese zweifache Koinzidenz in einen Verkauf und in einen davon unabhängigen Kauf aufgelöst werden: Man verkauft das Bücherregal an einen Interessenten und sucht einen Anbieter für den Tisch.

Die Wertaufbewahrungsfunktion des Geldes ermöglicht es, Verkauf und Kauf zeitlich und räumlich zu trennen. Man nimmt das Geld, das dem Wert des Regals entspricht und tätigt den Kauf erst bei der nächsten Möbelmesse. Das bar Halten von Geld steht in Konkurrenz zu anderen Formen der Wertaufbewahrung, wie zum Beispiel in der Anlage auf dem Konto oder in Wertpapieren.

Geld als Recheneinheit gibt den Wirtschaftssubjekten die Möglichkeit, alle Güter, Dienstleistungen aber auch Unternehmen und Forderungen zu bewerten und zu vergleichen. Damit wird die Geldeinheit unter anderem sowohl zur Grundlage des betriebswirtschaftlichen als auch des volkswirtschaftlichen Rechnungswesens.

Es liegt auf der Hand, dass diese Funktionen vom Geld nur dann erfüllt werden können, wenn das Bankensystem störungsfrei arbeitet und der Geldwert relativ stabil ist. Anderenfalls wird das gesetzliche Zahlungsmittel im täglichen Handel durch Warengeld (Zigaretten) oder wie in den Bilanzen der Unternehmen durch eine andere stabilere Währung ersetzt.

9.1.2   Die Geldarten

Geld wird von den Bürgern in verschiedenen Formen genutzt. Da ist zunächst das Bargeld in seinen beiden Ausprägungen, den Banknoten, die die Europäische Zentralbank (EZB) ausgibt, und den Münzen, die von den Mitgliedstaaten der Europäischen Währungsunion geprägt und in Abstimmung mit der EZB in Umlauf gebracht werden. Beide sind gesetzliche Zahlungsmittel, aber nur die Noten sind es uneingeschränkt. Nach dem deutschen Münzgesetz kann beispielsweise ein Gläubiger Zahlungen in Münzen ab einer bestimmten Höhe zurückweisen. Da auch die Münzen nur mit Zustimmung der Zentralbank in den Verkehr gebracht werden, bezieht man das Bargeld in das Zentralbankgeld ein, das nur von ihr geschaffen werden kann.

Verfügt ein Bürger über ein Bankkonto und hat er einen Geldbetrag eingezahlt, so besitzt er neben seinem Noten und Münzen Geld, das in den Büchern der Bank festgehalten ist, das Buchgeld oder Giralgeld (Sichteinlagen, Depositen, Einlagen). Buchgeld stellt verbriefte Forderungen gegenüber den Geschäftsbanken und der Zentralbank dar. Da das Buchgeld bei der Zentralbank nur mit ihrer Zustimmung entstehen kann, zählt dieses ebenfalls zum Zentralbankgeld.

Schließlich ist noch auf die neue Geldform, nämlich auf das elektronische Geld (E-Geld), hinzuweisen. Von elektronischem Geld spricht man, wenn sich auf einem digitalen Speichermedium Guthaben befinden, die für Zahlungen an verschiedene Empfänger genutzt werden können. Zahlungssysteme mit einem einzigen Empfänger, wie zum Beispiel bei Telefon- oder Kantinenkarten, zählen nicht zum E-Geld. Eine andere Form des E-Gelds ist das Netzgeld, bei dem ein Geldbetrag in einem Kommunikationssystem einem Empfänger gut geschrieben werden kann. Noch ist das E-Geld mit einem Anteil am Bargeldumlauf von etwa 0,1 % in der Eurozone unbedeutend (Issing, 2007: 4 f.).

Noten und Münzen werden von den zuständigen Institutionen gedruckt oder geprägt. Aber wie entsteht Buchgeld? Zunächst durch Einzahlung auf ein Konto. In diesem Fall wird einfach Bargeld in Buchgeld umgewandelt und die Zentralbankgeldmenge bleibt konstant. Aber das Geschäftsbankensystem ist außerdem in der Lage, Geld zu schöpfen, in dem es Aktiva, die kein Geld sind, in Geld umwandelt. Zum Verständnis dieses Vorgangs ist es wichtig, die Abgrenzungen der Geldmenge einer Volkswirtschaft zu betrachten.

9.1.3   Geldmengen

Die Geldtheorie sieht einen Zusammenhang zwischen der Veränderung der Geldmenge und der Veränderung makroökonomischen Variablen wie zum Beispiel der Inflation, des Nationaleinkommens und so weiter. Drei Geldmengenaggregate sind im Folgenden dargestellt, die in der theoretische und der wirtschaftspolitischen Diskussion eine Rolle spielen.

Wie beschrieben setzt sich das *Zentralbankgeld* aus dem von der Zentralbank in Umlauf gebrachten Bargeld und dem Buchgeld zusammen, das bei ihr gehalten wird. Es umfasst also alles Geld, das von der Zentralbank geschaffen wird. Davon ist die *Geldbasis* (monetäre Basis) zu unterscheiden. Sie ist um die Einlagen der Nichtbanken (Wirtschaftssubjekte, die nicht Banken sind, zum Beispiel nichtfinanzielle Kapitalgesellschaften oder der Staat) bei der Zentralbank vermindert. Schließlich ist von diesen theoretischen Begriffen die wirtschaftspolitisch abgegrenzte *volkswirtschaftliche Geldmenge* (Geldvolumen) zu trennen. Sie wird von der jeweiligen Zentralbank definiert und orientiert sich an der Tauschmittelfunktion des Geldes. Die EZB hat zunächst das Bargeld bei den Nichtbanken (also ohne die Kassenbestände der Kreditinstitute) und das Buchgeld der Nichtbanken bei den Kreditinstituten, weil sie mit hoher Wahrscheinlichkeit als Zahlungsmittel genutzt werden, als Geldmenge M1 bestimmt. Da aber auch Termineinlagen mit einer Laufzeit unter zwei Jahren und Spareinlagen mit einer Kündigungsfrist von drei Monaten mit geringen Kosten für Transaktionen verfügbar gemacht werden können, fasst die EZB unter M2 die Geldmenge M1 und die Termin- und Spareinlagen zusammen. Schließlich fügt sie noch drei Finanzinstrumente, nämlich Repogeschäfte (bei diesen überträgt der Kreditnehmer dem Kreditgeber Vermögensgegenstände (zum Beispiel Wertpapiere), die bei der Tilgung an den Kreditnehmer zurückgegeben werden) Geldmarktfondsanteile und Bankschuldverschreibungen mit einer Laufzeit unter zwei Jahren hinzu und kommt so zu der Geldmenge M3.

M1 = Bargeld und Sichteinlagen der Nichtbanken

M2 = M1 + Spareinlagen und Termineinlagen

M3 = M2 + Repogeschäfte und Geldmarktfondsanteile und Bankschuldverschreibungen unter zwei Jahren

9.1.4   Geldschöpfung und Geldvernichtung

Nun aber zurück zu der Frage: Wie entsteht Buchgeld? Die folgenden Beispiele sollen das erläutern. Als erstes kauft eine Bank von einem ihrer Kunden einige Bilder für die Vorstandsetage. Sie schreibt den Kaufbetrag von 1 Mill. € dem Konto des Verkäufer gut, das auf der Passivseite der Bankbilanz geführt wird, und bucht denselben Betrag unter der Bilanzposition „Sonstiges Vermögen" auf der Aktivseite gegen. Die folgende Abbildung zeigt die in diesem Zusammenhang relevanten Veränderungen in der Bankbilanz.

Bilanz Bank A

Aktiva		Passiva
	Konto Verkäufer	+1 Mill. €
Sonstiges Vermögen +1 Mill. €		

Die Bilanz wurde auf beiden Seiten durch eine Aktiv-Passiv-Mehrung verlängert und der Verkäufer kann über eine zusätzliche Geldmenge verfügen, die die Bank mit einer Zahlung gegen sich selbst zur Verfügung stellt. Das bedeutet, dass die Geschäftsbanken – ebenso wie eine Zentralbank – in gewissen Grenzen Geld schöpfen und die volkswirtschaftliche Geldmenge – hier M_1 – vergrößern können.

Ein weiteres Beispiel ist der Kauf von Sorten, das sind ausländische Zahlungsmittel in der Hand von Inländern, durch eine Bank. Der Verkäufer von US Dollar im Wert von 1.000 € habe wieder ein Konto bei der Bank. Dann ergibt sich die folgende Buchung:

Bilanz Bank B

Aktiva		Passiva	
		Konto Verkäufer	+1.000 €
Sorten	+1.000 €		

Wieder erhöht sich die Geldmenge M_1 (und damit auch M_2 und M_3) in der Eurozone durch die Aktivität der Geschäftsbank B ohne Zutun der Zentralbank, dieses Mal um 1.000 €.

Zum Abschluss das Beispiel einer Kreditgewährung. Ein Kunde nimmt einen Kredit in Höhe von 10.000 € bei seiner Bank auf und dieser wird ihm nach Vertragsabschluss auf seinem Konto gutgeschrieben:

Bilanz Bank C

Aktiva		Passiva	
		Konto Kreditnehmer	+20.000 €
Forderungen	+20.000 €		

Wieder kommt es über die Bilanzverlängerung zu einer Geldschöpfung der Geschäftsbank. Diese Geldschöpfung durch Kreditgewährung ist die weitaus wichtigste Möglichkeit der Geschäftsbanken, an dem Prozess der Geldschöpfung mitzuwirken. Aber auch der Kauf von Wertpapieren oder sonstiger Finanzinstrumente der Geschäftsbanken führt zur Geldschöpfung. Natürlich hat diese Grenzen, da beim Abheben oder Überweisen der geschöpften Beträge die Bank mit Zentralbankgeld zu leisten hat, was sie nicht selbst schaffen kann. Hier liegt der Unterschied zur Zentralbank, diese kann auf dem gleichen Wege Buchgeld schaffen, aber sie hat den Vorteil, dass sie immer mit selbst geschaffenem Geld zahlen kann, das sie auch neu drucken lassen könnte.

Wie muss man sich nun eine Geldvernichtung vorstellen? Zahlungsmittel lösen sich in Nichts auf, wenn eine Bank Aktiva verkauft, zum Beispiel Gold gegen Euro, oder wenn ein Kredit zurückgezahlt wird. Im ersten Fall bucht die Bank den Verkaufspreis vom Konto des Kunden und vermindert so dessen Bestand an Buchgeld, beziehungsweise bei Barzahlung sein Bargeld. Wird der Kredit zurückgezahlt, so bucht die Bank am Stichtag den Betrag vom Konto des Kreditnehmers und reduziert sein Buchgeld, beziehungsweise bei Barzahlung die Summe seiner Noten und Münzen. Bei den Beispielen mit dem Löschen von Buchgeld auf den Konten ist die Geldvernichtung einleuchtend, bei der Rückzahlung mit Bargeld muss man sich daran erinnern, dass die Kassenbestände der Geschäftsbanken nicht zur volkswirtschaftlichen Geldmenge zählen, weil sie normalerweise nicht für Transaktionszwecke vorgesehen sind.

9.1.5   Geldsektor und Gütersektor

In einer Volkswirtschaft kann man den Geldschöpfungssektor dem Geldhaltungssektor und dem geldneutralen Sektor gegenüber stellen. Zu ersterem zählen die Europäische Zentralbank und die nachgeordneten nationalen Zentralbanken der teilnehmenden Mitgliedstaaten. Diese werden unter dem Begriff Eurosystem zusammengefasst.

Den zweiten Baustein bildet die Summe der Geschäftsbanken, Kreditinstitute oder – in der Terminologie der Währungsunion – die Monetären Finanzinstitute (MFI). Sie sind dadurch gekennzeichnet, dass sie Einlagen von ihren Kunden entgegennehmen, Kredite gewähren und in Wertpapiere investieren. Wegen des letzten Punktes zählen auch die Geldmarktfonds zu den MFIs. Nach der Rechtsform ist die Masse der deutschen Geschäftsbanken in drei Hauptgruppen geteilt, die Kreditbanken/Universalbanken, zu denen die Großbanken zählen (Anteil am gesamten Geschäftsvolumen 36 vH), Sparkassen (32 vH) und die Kreditgenossenschaften (10,0 vH).

Der Geldsektor ist ein systemisches Risiko, ebenso wie beispielsweise die Energie- und Wasserversorgung. Beide Bilanzseiten der Geschäftsbanken bestehen zu 80 und mehr Prozent aus Forderungen. Kommt es nun zu einem Schock, beispielsweise durch den Zusammenbruch eines Marktes für ein Finanzprodukt, so kann ein einzelnes Kreditinstitut zusammenbrechen. Da sich die meisten der ausfallenden Forderungen des zusammengebrochenen MFI auf die Bilanzen anderer Kreditinstitute auswirken, breitet sich der Verlust über den gesamten Geldsektor aus und kann ihn zerstören. Diesen Ansteckungseffekt gibt es nicht auf Gütermärkten. Bricht eine Automobilunternehmung zusammen, vergrößern sich die Marktanteile der Konkurrenten und stabilisieren diese. Wegen des systemischen Risikos untersteht der Finanzsektor (Banken und Versicherungen) einer Staatsaufsicht.

Zum Geldhaltungssektor zählen die nichtfinanziellen Kapitalgesellschaften, die Versicherungen, die privaten Haushalte und der Sektor Staat ohne die Zentralregierung. Letztere wird wegen des fehlenden engen Zusammenhangs zwischen Geldhaltung und Ausgabenverhalten dem geldneutralen Sektor zugerechnet.

Vereinfacht kann man sagen, dass dem Geldsektor der Gütersektor (realer Sektor) gegenübersteht und von diesem mit Geld versorgt wird. Diese Versorgung kann man am Geldvolumen M3 messen, das insbesondere über die Zinsen, die Nachfrage der Haushalte und Unternehmen und damit das Produktionsniveau, die Beschäftigung, das Preisniveau und die außenwirtschaftlichen Ergebnisse einer Volkswirtschaft bestimmt. Der Staat, dessen Einfluss hier ebenfalls mitwirkt, ist dagegen nicht zinsabhängig sondern weitgehend politisch bestimmt.

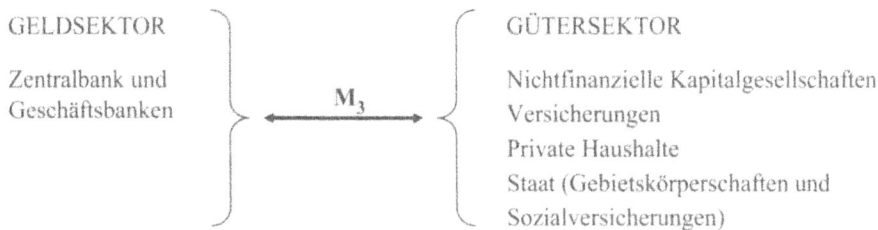

GELDSEKTOR

Zentralbank und
Geschäftsbanken

$$M_3$$

GÜTERSEKTOR

Nichtfinanzielle Kapitalgesellschaften
Versicherungen
Private Haushalte
Staat (Gebietskörperschaften und
Sozialversicherungen)

Abb. 9-1: Geld- und Gütersektor

9.2 Die Kreditmärkte

9.2.1 Zum Guts-Charakter von Finanzprodukten

Die Bedürfnisse in einer Volkswirtschaft werden durch den Gebrauch von Gütern befriedigt. Neben Sachgütern tun dies Dienstleistungen und Nutzungen. Sachgüter werden in der Regel mit Hilfe von Produktionsfaktoren produziert, bei Dienstleistungen tritt meistens ein externer Faktor hinzu: Man geht mit seiner Krankheit zum Arzt; man bringt seine Garderobe zur Reinigung. Bei einer Nutzung kauft man das Gut, zum Beispiel ein Auto oder Buch, nicht, sondern leiht es sich aus. Was aber sind nun Finanzprodukte?

Finanzprodukte sind Forderungen (Rechte) (Bujard, 2003, Teil I). Zu diesen zählt zunächst einmal das Geld. Beim Buchgeld liegt dies auf der Hand: Der Bestand auf einem Konto ist eine Forderung gegenüber der Bank. Das Bargeld dagegen wird als eine Forderung gegenüber der Zentralbank aufgefasst.

Forderungen sind nicht Ergebnis eines Produktionsprozesses. In der Regel sind sie das Ergebnis eines Vertragsabschlusses. So entsteht zum Beispiel eine Kreditbeziehung durch die übereinstimmende Willenserklärungen: „Ich übertrage Dir zeitweilig die Verfügung über wirtschaftliche Güter." – „Ich übernehme zeitweilig die Verfügung über wirtschaftliche Güter." Ebenso entstehen Forderungen mit dem Abschluss eines Versicherungsvertrages. Sie können auch direkt oder indirekt durch Gesetze geschaffen werden wie bei Pflichtversicherungen oder im Rahmen der Sozialversicherung.

Während bei einem Sachgüterkauf das Gut mit dem Tauschmittel Geld bezahlt wird, stehen bei einer Finanztransaktion auf beiden Seiten Forderungen. Das heißt, eine Finanztransaktion ist ein Forderungstausch.

Bei einer Einzahlung auf ein Sparkonto wird eine Forderung gegenüber der Zentralbank gegen eine Forderung gegenüber dem Kreditinstitut getauscht; beim Kauf einer Anleihe wird eine Forderung gegenüber der Konto führenden Bank gegen eine Forderung (Rückzahlung und Verzinsung) gegenüber dem Emittenten getauscht; bei einer Kreditaufnahme wird die heutige Verfügung über wirtschaftliche Güter gegen eine zukünftige Zins- und Rückzahlungsforderung getauscht. Begleicht ein Schuldner seine Verbindlichkeit aus einer Kreditbeziehung mit Bargeld oder Buchgeld, so tritt aus der Sicht des Gläubigers an die Stelle einer Forderung gegenüber dem Schuldner eine solche gegenüber dem Bankensystem (Monetäre Finanzinstitute einschließlich der Zentralbank). Ebenso tritt im Falle der bargeldlosen Gehaltszahlung zu Gunsten eines Arbeitnehmers die Forderung an eine Bank an die Stelle der Forderung an den Arbeitgeber. Bei einer Finanztransaktion entsprechen die Forderungen der einen Marktseite den Verbindlichkeiten der anderen mit der Konsequenz, dass sie sich im Falle einer Konsolidierung aufheben.

Beim Abschluss eines Versicherungsvertrages übernehmen die Versicherungen in bezug auf Höhe und Zeitpunkt unsichere Vermögenspositionen (Schäden) und tauschen sie in sichere um (Prämien).

Forderungen sind also nicht das Ergebnis eines Produktionsprozesses, daher fallen auch keine Produktionskosten im engeren Sinne an, aber die Anbieter von Finanzprodukten müssen bei Vertragsabschluß über Kapital verfügen, denn die Bank muss beispielsweise den ausgehandelten Kredit auszahlen, beziehungsweise die Versicherungsgesellschaft muss unter Umständen am nächsten Tag einen eingetretenen Schaden regulieren.

9.2.2 Der Geldmarkt

Der Geldmarkt besteht theoretisch aus zwei sehr unterschiedlichen Teilen. In beiden Fällen sind die gehandelten Forderungen kurzfristig, das heißt, die Laufzeiten reichen von einem Tag bis zu längstens zwei Jahren. Die Zinssätze heißen Geldmarktsätze. Anbieter und Nachfrager sind zum einen die Geschäftsbanken und große Unternehmen, die ihren kurzfristigen Liquiditätsausgleich herbeiführen. Da bis Mitte der 1980er Jahre die Kreditinstitute auf diesem Teil des Geldmarktes unter sich waren, spricht man auch heute noch oft von dem Interbankenmarkt. Bei den gehandelten Forderungen geht es um Geldmarktpapiere, wie Commercial Papers oder Geldmarktfondsanteile, und um Geldmarktkredite, wie Tagesgeld und Termingeld.

Am Geldmarkt betreibt zum anderen aber auch die Zentralbank ihre Politik. Für sie ist der Geldmarkt ihr wesentlichster Einflusskanal. Durch ihre geldpolitischen Instrumente bestimmt sie einerseits die Geldmenge, indem sie den Geschäftbanken mehr oder weniger Liquidität zur Verfügung stellt, und andererseits die Zinsen. Während sich der Kapitalmarktzins und die Umlaufrendite weitgehend durch das weltweite Angebots- Nachfrageverhältnis ergibt, kann eine Zentralbank in gewissen Grenzen ihren Geldmarktzins steuern.

9.2.3 Die übrigen Kreditmärkte

Neben dem Geldmarkt zählen noch der Kapitalmarkt, der Bankeinlagenmarkt und der Bankkreditmarkt zu den Kreditmärkten. Als Kapitalmarkt wird der Markt für langfristige Forderungen bezeichnet, die zum größten Teil durch Kapitalmarktpapiere – zum Beispiel Aktien, Schuldverschreibungen (Anleihen) und Investmentzertifikate – verbrieft sind. Als Nachfrager oder Emittenten beschaffen sich zum Beispiel inländische und gebietsfremde Produktionsunternehmen, Gebietskörperschaften und finanzielle Kapitalgesellschaften auf diesem Markt Kapital. Ihnen stehen als Anbieter inländische und gebietsfremde Wirtschaftsubjekte aller volkswirtschaftlichen Sektoren gegenüber, die es ihnen zur Verfügung stellen. Der größte Teilmarkt ist der der Schuldverschreibungen und innerhalb dessen sind die des Staates die wichtigsten. Der Handel der Kapitalmarktforderungen wird in der Regel durch Wertpapier- oder Effektenbörsen wie zum Beispiel die Deutsche Börse AG oder die London Stock Exchange organisiert.

Als Bankkreditmarkt bezeichnet man den Markt für Kredite, die sich Nichtbanken von den Geschäftsbanken beschaffen. Die Arten der Forderungen, die hier angeboten und nachgefragt werden, sind äußerst vielseitig. Als Beispiele seien nur der weit verbreitete Kontokorrentkredit, die verschieden ausgestalteten Darlehen und der Wechselkredit genannt. Auf diesem Markt kann es bei starkem Auseinanderklaffen von Angebot und Nachfrage zu Kreditklemme kommen. Das bedeutet, dass die Nichtbanken sich nicht in dem Umfang und zu den Bedingungen, die sie für angemessen halten, verschulden können.

Schließlich ist noch der Bankeinlagenmarkt zu beschreiben. Die wesentlichen Forderungen auf diesem Markt sind die Sicht-, Spar- und Termineinlagen, die Bankkunden bei Kreditinstituten einlegen, das heißt, den Geschäftsbanken Kredite zu gewähren. Die Geschäftsbanken konkurrieren um diese Einlagen, da sie preiswerte Liquidität darstellen, und somit Kreditgewährung und Gewinnspanne beeinflussen.

9.3 Geldangebot

9.3.1 Die Geldschöpfungskapazität einer einzelnen Bank

Geld ist ein Gut, das sich von anderen Gütern nur durch seine allgemeine Annahmebereitschaft unterscheidet. Daher kann man Geld wie andere Güter über Angebot und Nachfrage analysieren. Am Anfang steht die Frage nach dem Geldangebot oder der Kreditschöpfungskapazität einer einzelnen Bank, die gleichzeitig auch ihre Geldschöpfungskapazität darstellt. Damit wird dann auch die Grenze der Geschäftsbanken aufgezeigt, bis zu der sie, wie oben dargestellt, Zahlungen mit Forderungen gegen sich selbst zusagen können.

Am Anfang sei eine einzelne Bank D betrachtet, die neben anderen und der Zentralbank ihre Dienste anbietet. In der Ausgangslage sei die Bilanz dieser Bank D insofern im Gleichgewicht, dass den Einlagen und dem Eigenkapital eine Barreserve und Forderungen gegenüberstehen. Die Barreserve ist zur Abwicklung der Tagesgeschäfte erforderlich und deckt Ansprüche aus der Umwandlung von Geschäftsbankengeld in Zentralbankgeld ab. Die Forderungen stammen aus Kreditgewährung sowie Zahlungen im Rahmen der Mindestreservepolitik an die Zentralbank.

Bilanz Bank D

Aktiva	Passiva
Barreserve	Einlagen
Forderungen	Eigenkapital

In vielen Staaten haben die Geschäftsbanken einen bestimmten Prozentsatz (Mindestreservesatz) ihrer Einlagen bei der Zentralbank zu hinterlegen. Dieser Mindestreservesatz (r) betrage in dem Beispiel 2 vH.

Nun zahlt der Kunde K auf sein Konto 1.000 € ein. Daraufhin hat das Kreditinstitut die Mindestreserve auf sein Zentralbankkonto zu überweisen und, da es die Barreserve als ausreichend beurteilt, verfügt es über eine Überschussreserve von 980 €. Käme nun ein anderer Kunde und erbittet einen Kredit, so kann die Bank D ihm 980 € anbieten, denn wenn der Kreditnehmer diesen Betrag bar abhebt oder ihn an einen Geschäftspartner, dessen Konto bei einem anderen Kreditinstitut geführt wird, überweist, so fließt die Überschussreserve ab, ohne dass die Geschäftsbank weiteres Zentralbankgeld beschaffen muss.

Bilanz Bank D

Aktiva		Passiva	
		Einlagen Kunde	+1.000 €
Überschussreserve	+980 €		
Mindestreserve	+20 €		

Insofern kann man daher sagen, dass die Bank D eine Geldschöpfungskapazität in Höhe ihrer Überschussreserve besitzt. (Dabei sei davon abgesehen, dass die Bank D sich üblicherweise Zentralbankgeld beschaffen kann, und dass der Geschäftspartner des Kreditnehmers sein Konto ebenfalls bei der Bank D hat.)

9.3.2 Die Geldschöpfungskapazität eines Bankensystems

Nun sei ein Bankensystem betrachtet, bei dem zwei Geschäftsbanken, die Bank D und die Bank F, unterstütz von der Zentralbank ihre Dienste anbieten. Außerdem sei daran erinnert, dass neben dem Buchgeld auch Bargeld verwendet wird. Das Verhältnis von Bargeld zu Buchgeld soll 1 : 5 betragen, das heißt, wenn Kunden 100 € abheben, fließen nur 80 € in das Bankensystem zurück. Dieses Verwendungsverhältnis bezeichnet man als Zahlungssitten (c). Die Zahlungssitten lassen sich als $c = 0,2$ beschreiben, während der Mindestreservesatz wie oben mit $r = 0,02$ berücksichtigt wird.

Tab. 9-1: Multipler Geldschöpfungsprozess

Bank D	Bank F	Bargeldabfluss
Bilanz 1		
ÜR 100,00 €		
	Bilanz 1	
	E 80,00 €	20,00 €
	MR 1,60 €	
	ÜR 78,40 €	
Bilanz 2		
E 62,72 €		15,68 €
MR 1,25 €		
ÜR 61,47 €		
	Bilanz 2	
	E 49,18 €	12,29 €
	MR 0,98 €	
	ÜR 48,20 €	
Bilanz 3		
E 38,56 €		9,64 €
MR 0,77 €		
ÜR 37,79 €		

In dem Bankensystem soll eine Überschussreserve (ÜR) von 100 € vorhanden sein, die sich vollständig bei der Bank D befindet. Die Bank F hat keine Überschussreserve. Ein Kunde fragt nun bei der Bank D einen Kredit in Höhe von 100 € nach und erhält ihn. Wegen der angenommenen Zahlungssitten verwendet der Kreditnehmer 20 vH des Kredites bar und bezahlt mit einer Überweisung des restlichen Betrag von 80 € die Rechnung eines Geschäftspartners, der sein Konto bei der Bank F hat. Damit hat die Bank D keine Überschussreserve mehr.

Der Bank F fließt nun eine Einlage von 80 € zu. Nach der Überweisung der Mindestreserve in Höhe von 1,60 € an die Zentralbank bleibt ihr eine neu entstandene Überschussreserve von 78,40 €, die sie einem Kreditnehmer zur Verfügung stellt. Bei diesem gibt es wieder einen Bargeldabfluss von 2 vH (15,68 €) und eine Überweisung an einen Kunden der Bank D in Höhe von 62,72 €. Nun verfügt Bank D nach der Abführung der Mindestreserve wieder über eine Überschussreserve und zwar in Höhe von 61,47 € usw.

Durch diese multiple Geldschöpfung entsteht eine unendliche geometrische Reihe von Überschussreserven beziehungsweise Krediten:

$$100,00€ + 78,40€ + 61,47€ + 48,20€ + 37,79€ + 29,47€ + \ldots$$

Deren Summe lässt sich nach der folgenden Formel berechnen:

$$\Delta Kr = \frac{100}{1-(1-c)(1-r)}$$

Wobei ΔKr für die maximale Veränderung der Kreditsumme bei gegebener Zentralgeldmenge unter Berücksichtigung der Überschussreserve, des Mindestreservesatzes und der Zahlungssitten steht.

$$\Delta Kr = \frac{100€}{1-(1-0,2)(1-0,02)} = \frac{100€}{(1-0,8)0,98} = \frac{100€}{0,196} = 510,20€$$

Während eine einzelne Bank – unter bestimmten Bedingungen – nur Geld beziehungsweise Kredit in Höhe der Überschussreserve schaffen kann, kann ein Bankensystem im Gleichschritt ein Mehrfaches der Überschussreserve schöpfen. In unserem Beispiel das 5,102fache.

Man nennt den Wert, der sich aus der Summenformel ohne ÜR ergibt, den Geldschöpfungsmultiplikator:

$$GM = \frac{1}{1-(1-c)(1-r)}$$

Er wird nur vom Mindestreservesatz und den Zahlungssitten bestimmt.

9.3.3 Ergänzungen des multiplen Geldschöpfungskonzepts

Wie gezeigt wurde, bestimmt sich die Geldmenge einer Volkswirtschaft aus der Geldschöpfung der Zentralbank und der Geschäftsbanken, wobei die Zentralbank über ihre Geldpolitik die Überschussreserve und den Mindestreservesatz bestimmen und damit den Geldschöpfungsprozess steuern kann. Dennoch darf man die knappe Erläuterung des Geldschöpfungsprozesses nicht rein mechanisch interpretieren. Eine Fülle von weiteren Faktoren spielt eine wichtige Rolle, von denen einige kurz angeführt werden sollen.

Der Geldschöpfungsprozess muss nicht von einer bestehenden Überschussreserve ausgehen. Wenn Kredite bei den Geschäftsbanken nachgefragt werden, haben diese in der Regel die Möglichkeit, sich durch den Verkauf von Wertpapieren an die Zentralbank, durch die Refinanzierungsmöglichkeiten bei der Zentralbank (freie Liquiditätsreserven) oder über die Aufnahme von Krediten bei anderen Geschäftsbanken Zentralbankgeld zu beschaffen.

Des Weiteren gibt es einen engen Zusammenhang zwischen dem Geldmarkt und dem Bankkreditmarkt, denn beide bestimmen über die Kreditnachfrage und das Kreditangebot den Zins und die Geldmenge. Bei der obigen Darstellung wurde dagegen einfach unterstellt, dass die Kreditnachfrage im gewünschten Umfang vorhanden ist.

Sollte der Staat sich beliebig bei der Zentralbank verschulden dürfen, so würde eine weitere Quelle der Geldschöpfung entstehen, die die Zentralbank nicht kontrollieren könnte. Das gleiche gilt, wenn eine Zentralbank im Rahmen fester Wechselkurse unbeschränkt fremde Währungen aufkaufen müsste, um die eigene Währung zu verteidigen.

Auch den privaten Nichtbanken kommt ein gewisser Einfluss zu, der sich insbesondere in den Zahlungssitten niederschlagen kann, wenn beispielsweise durch die Zunahme von illegaler Schattenwirtschaft der Bargeldumlauf expandiert.

Durch den gesetzlichen, geldpolitischen Rahmen kann ein Teil der dargelegten Probleme so geregelt werden, dass die Monopolstellung der Zentralbank in der Beschaffung und Steuerung der Zentralbankgeldmenge gesichert und eine effiziente Geldpolitik gefördert wird.

9.4 Geldnachfrage

9.4.1 Die Quantitätsgleichung

Die Geldnachfrage der Wirtschaftssubjekte entspricht deren Kassenhaltungswünschen, die zum Einen von ihren Zahlungseingängen und zum Andren von ihren Güterkäufen abhängen. Letzteres beschreibt die Quantitätsgleichung, die man aus zwei Bausteinen bilden kann.

$$\frac{\text{BIP}_{\text{nom}}}{M_3} = V$$

Wobei V für die Umlaufgeschwindigkeit des Geldes steht, die sich als Quotient aus dem nominalen Bruttoinlandsprodukt und der Geldmenge M_3 ergibt. Beträgt beispielsweise die Umlaufgeschwindigkeit 2, so muss die zur Finanzierung des BIP erforderliche Geldmenge M_3 zweimal ausgegeben werden.

Mit der folgenden Gleichung berücksichtigt man die Inflation:

$$BIP_{nom} = BIP_{real} * P$$

Wobei P für das Preisniveau und BIP_{real} für den inflationsfreien Wert der Güter und Dienstleistungen einer Periode steht. Formt man die erste Gleichung um und setzt sie in die zweite ein, so ergibt sich die Quantitätsgleichung.

$$BIP_{real} * P = V * M_3$$

Auf der linken Seite der Gleichung steht die reale Gütermenge multipliziert mit dem Preisniveau, was dem Handelsvolumen der Periode entspricht. Auf der rechten Seite steht die monetäre Nachfrage. Das ist die Geldmenge, die zum Kauf des Handelsvolumens benötigt wird.

Die Quantitätsgleichung ist eine definitorische Identität, die keinen Kausalzusammenhang beschreibt und deshalb nicht als wirtschaftpolitische Leitlinie dienen kann.

9.4.2   Die keynesianische Geldnachfragetheorie

John Maynard Keynes nennt in seiner Liquiditätstheorie des Geldes vier Motive für das bar Halten von Geld. Nämlich die beiden eben erläuterten: 1. das Einkommensmotiv, das der Überbrückung des Zeitraums zwischen Bezug und Ausgabe des Einkommens dient, und 2. das Umsatzmotiv, bei dem das Geld der Finanzierung der Käufe dient. Des Weiteren nennt er dann 3. das Vorsichtsmotiv, das heißt, das Verlangen nach Sicherheit über den zukünftigen Barwert eines gewissen Teils seines Gesamtvermögens, und 4. das Spekulationsmotiv, das Verlangen nach optimaler Kapitalanlage.

Üblicherweise fasst man die Beträge, die aufgrund der ersten drei Motive gehalten werden unter der Bezeichnung Transaktionskasse (M_T) zusammen. Sie ist alleine vom nominalen Volkseinkommen (Y) abhängig, was sich grafisch und mathematisch wie folgt darstellen lässt:

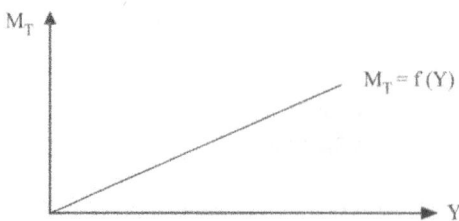

Abb. 9-2: Transaktionskasse und Volkseinkommen

Da der Zins (i) keinen Einfluss auf die Transaktionskasse hat, ergibt sich bei einer Darstellung der Variablen M_T, Y und i folgender Zusammenhang:

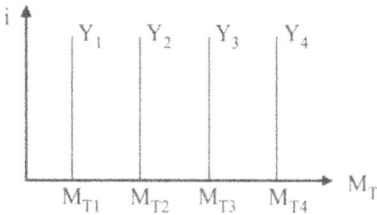

Abb. 9-3: Transaktionskasse und Zinssatz

Bei einem Volkseinkommen von Y_1 wird eine Transaktionskasse von M_{T1} nachgefragt, wobei $Y_4 > Y_3 > Y_2 > Y_1$. Mikroökonomisch kann man sich einen Teil der volkswirtschaftlichen Transaktionskasse als das Haushaltsgeld eines privaten Haushaltes vorstellen.

Bei der Spekulationskasse geht es um die Beträge, die die Wirtschaftssubjekte anlegen möchten. Dabei vergleicht der Investor den angebotenen Zins mit dem Nachteil, keine Liquidität mehr zu haben. Die Liquiditätspräferenz bildet die Opportunitätskosten des Anlegers, der in der keynesianischen Theorie nur die Möglichkeit hat, ein Wertpapier mit unendlicher Laufzeit zu kaufen, und außerdem keine Teilbeträge sondern nur seine gesamte Spekulationskasse anlegen kann. Die Nachfragekurve nach Spekulationskasse ist daher vom Zins abhängig und wird als Kurve der eigentlichen Liquiditätspräferenz bezeichnet. Sie hat folgenden Verlauf:

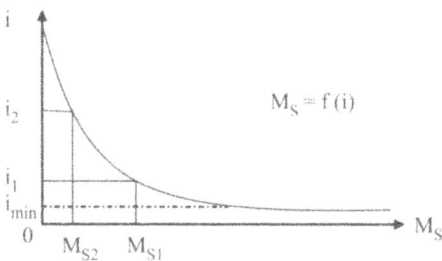

Abb. 9-4: Kurve der (eigentlichen) Liquiditätspräferenz

Die Tatsache, dass die Kurve der Liquiditätspräferenz die Ordinate schneidet, ist dadurch begründet, dass ab einem bestimmten hohen Zinssatz kein Wirtschaftssubjekt mehr bereit ist, Geld – sprich: Spekulationskasse – zu halten. Würde der Zins i_1 betragen, so hätten alle Wirtschaftssubjekte, die mit einem Zinssatz in dieser Höhe zufrieden sind, ihr Spekulationsgeld angelegt und die Spekulationskasse hätte den Betrag M_{S1}; steigt der Zins auf i_2, trennen sich weitere Anleger von ihrem Geld, und die Transaktionskasse sinkt auf M_{S2}. Die Kurve der Liquiditätspräferenz läuft in einer Parallelen zur Abszisse aus. Das bedeutet, der Zins hat sein Minimum (i_{min}) erreicht und die Elastizität der Nachfrage nach Spekulationskasse ist ab dem Punkt, in dem die Parallele beginnt, unendlich. Dieser Punkt wird als Liquiditätsfalle bezeichnet.

Die Gesamtgeldnachfrage setzt sich aus der Transaktionskasse und der Spekulationskasse zusammen: $M_N = M_T + M_S = f(Y,i)$. Wächst das Volkseinkommen, verschiebt sich der Anfang der Kurve wie oben gezeigt nach rechts. Verlängert man den parallel zur Ordinate verlaufenden Ast der Kurve bis zur Abszisse und fällt das Lot vom Schnittpunkt der Zinslinie mit der Kurve der Liquiditätspräferenz, so kann man jeweils die Geldmengen M_T und M_S ablesen, die zusammen die Geldnachfragemenge M_N beim Zins i_3 ist.

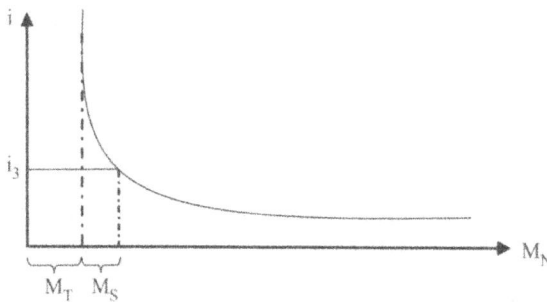

Abb. 9-5: Gesamtnachfrage nach Geld

Wird in einer Abbildung die Geldnachfrage M_N und das Geldangebot M_A eingezeichnet, so erkennt man, dass die Liquiditätspräferenz und das Geldangebot den Zins bestimmen. Eine Erhöhung des Geldangebots in dem parallelen Ast zur Geldmengenachse, das heißt nach dem Punkt der Liquiditätsfalle, kann den Zins nicht beeinflussen und die zusätzliche Geldmenge wird nicht nachfragewirksam. Die Geldpolitik stößt an ihre Grenze. Konjunkturelle Wirkungen kann dann nur noch die Finanzpolitik erzielen.

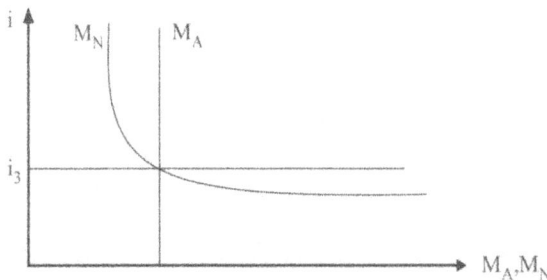

Abb. 9-6: Geldangebot und Geldnachfrage

9.4.3   Die neoklassische Quantitätstheorie

Die klassische Quantitätstheorie behauptet einen Zusammenhang zwischen der Geldmenge (M) und dem Preisniveau (P):

$$P = f(M)$$

Dieser einfache Ansatz wird schon unterschiedlichen Konjunkturlagen nicht gerecht, denn bei Unterbeschäftigung muss es bei einer Geldausweitung nicht zu Preissteigerungen kommen, weil die von der zusätzlichen Geldmenge induzierte wachsende Nachfrage zu einem Anstieg der realen Wirtschaftsleistung führen wird. Ganz anders bei Vollbeschäftigung, da wird die zusätzliche Nachfrage nur die nominale Wirtschaftsleistung erhöhen, das heißt inflatorisch wirken.

Daher haben die Monetaristen, insbesondere Milton Friedman und Karl Brunner, diese Theorie zur neoklassischen Quantitätstheorie erweitert. Wobei sie – im Gegensatz zur keynesianischen Liquiditätstheorie, die der Frage nachging: Wozu brauchen die Wirtschaftssubjekte Bargeld? – eine Vermögenstheorie entwickelt haben, die sich damit beschäftigt, wie das Vermögen bei Beachtung von Risiko und Rendite optimal angelegt werden kann.

Beim Vermögen werden fünf Vermögensarten unterschieden, nämlich Bargeld, Anleihen, Aktien, Sachkapital und Arbeitsvermögen (human capital), also das, was jemand aufgrund seiner Fähigkeiten und Verhaltensweisen vermag. Aus dem Sachkapital sollte man die Immobilien herauslösen und als sechste Vermögensposition betrachten, denn es besteht ein langfristiger Zusammenhang zwischen der Geldmenge und Immobilienmarktvariablen. Insbesondere lässt sich eine Beziehung zwischen dem Geldmengenwachstum und dem Anstieg der Häuserpreise nachweisen. Außerdem verbessert das Geldmengenwachstum die Finanzierungsbedingungen und verstärkt dadurch die Nachfrage nach Immobilien. Das bedeutet, dass eine zu großzügige Geldmenge die Bildung von Immobilienblasen fördert (Greiber/Setzer: Money and housing – evidence for the euro area and the US, 2007).

Haben die Anleger ihr Vermögen nach Rendite, Risiko und Fristigkeit so angelegt, wie es ihren Präferenzen entspricht, dann befinden sie sich im monetären Gleichgewicht. Dabei werden sie auch einen Teil ihres Gesamtvermögens bar halten.

| tatsächlich gehaltene reale Geldmenge der Wirtschaftssubjekte | = | gewünschte reale Geldmenge der Wirtschafssubjekte |

monetäres Gleichgewicht

Wird nun das monetäre Gleichgewicht durch die Geldpolitik der Zentralbank gestört, weil sie beispielsweise in einer konjunkturellen Abschwungsphase die Geldmenge ausweitet, so übertrifft die gehaltene Geldmenge die gewünschte, und die Anleger werden ein neues Gleichgewicht anstreben. Die bar gehaltenen Beträge, die sie als zu hoch empfinden, werden sie in Anleihen oder Aktien anlegen und damit die Kurse erhöhen beziehungsweise die Effektivverzinsung senken, oder sie schaffen sich Sachgüter einschließlich Immobilien an, was deren Nachfrage erhöht, oder sie investieren in ihre Aus- und Weiterbildung. Durch diesen Anpassungsprozess bei dem es zu Ausgaben- und Vermögenssubstitutionseffekten kommt, werden die geldpolitischen Impulse des Geldsektors auf den Gütersektor übertragen (Transmissionsmechanismus) und führen dort zur Ausweitung der Investitions- und Konsumgüterproduktion und können einen neuen Aufschwung herbeiführen.

Beim keynesianischen Transmissionsmechanismus hängt alles entscheidend vom Zins und damit von den Investitionen ab. Solange der Zins sinkt und zusätzliche Investitionen ermöglicht, wirkt die Zentralbankpolitik im gewünschten Sinne. Sollte sich aber die Geldpolitik in der Liquiditätsfalle befinden, so wird das zusätzlich Geldangebot der Zentralbank nur bar gehalten und kann keine Veränderungen in der Güterwirtschaft hervorrufen. In dieser Situation ist die Geldpolitik wirkungslos geworden, und nun soll – nach Ansicht der Keynesianer – der Staat über seine Ausgaben, gegebenenfalls finanziert durch Kreditaufnahme (deficit spending), den Aufschwung herbeiführen.

Der monetaristische Grundgedanke, dass die Geldmenge einen großen Einfluss auf die Inflation hat, enthält empirische Relevanz. So zeigt die folgende Abbildung, dass Preissteigerungen zu 80 Prozent mit Veränderungen der Geldmenge erklärt werden können.

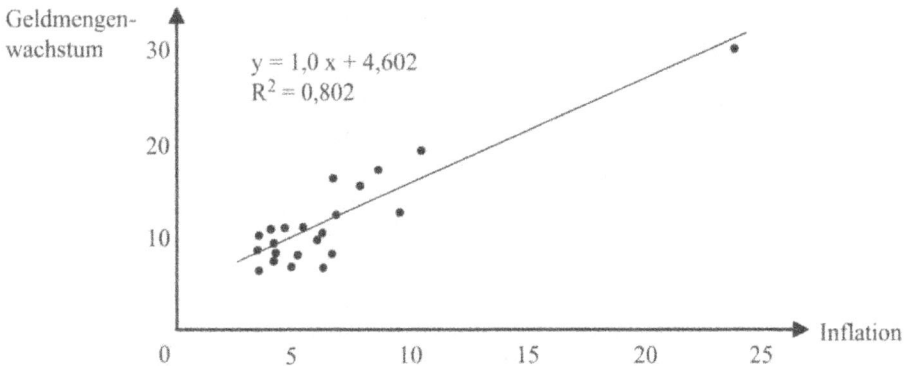

Geldmengenwachstum

$y = 1,0 \, x + 4,602$
$R^2 = 0,802$

Inflation

Quelle: Issing, Otmar u. a.: Monetary Policy in the Euro Area, Chambridge 2001, S.11

Abb. 9-7: Zusammenhang von Geldmengenveränderung und Inflation in 23 Industriestaaten

9.5   Geldtheorie der offenen Volkswirtschaft

9.5.1   Öffnung der Volkswirtschaft

Bisher wurde eine geschlossene Volkswirtschaft betrachtet. Das heißt, ausländische Volkswirtschaften und die Interaktionen mit ihnen lagen nicht im Blickfeld. Im Folgenden wird diese Annahme aufgehoben und die grenzüberschreitenden Aktivitäten berücksichtigt.

Diese grenzüberschreitenden Transaktionen für einen bestimmten Zeitraum, zum Beispiel für ein Jahr, werden in der Zahlungsbilanz systematisch aufgezeichnet. Eine Zahlungsbilanz gliedert sich in vier Abschnitte.

Der erste Abschnitt ist die Leistungsbilanz. Sie fasst vier Teilbilanzen zusammen:

* Die Außenhandelsbilanz stellt die Einfuhren den Ausfuhren an Sachgütern gegenüber.
* Die Dienstleistungsbilanz hält die grenzüberschreitenden Dienstleistungen, wie Reiseverkehr, Transportkosten, Finanzdienstleistungen und Regierungsleistungen fest.
* Die Bilanz der Erwerbs- und Vermögenseinkommen bildet die grenzüberschreitenden Einkommen der Produktionsfaktoren Arbeit und Kapital ab.

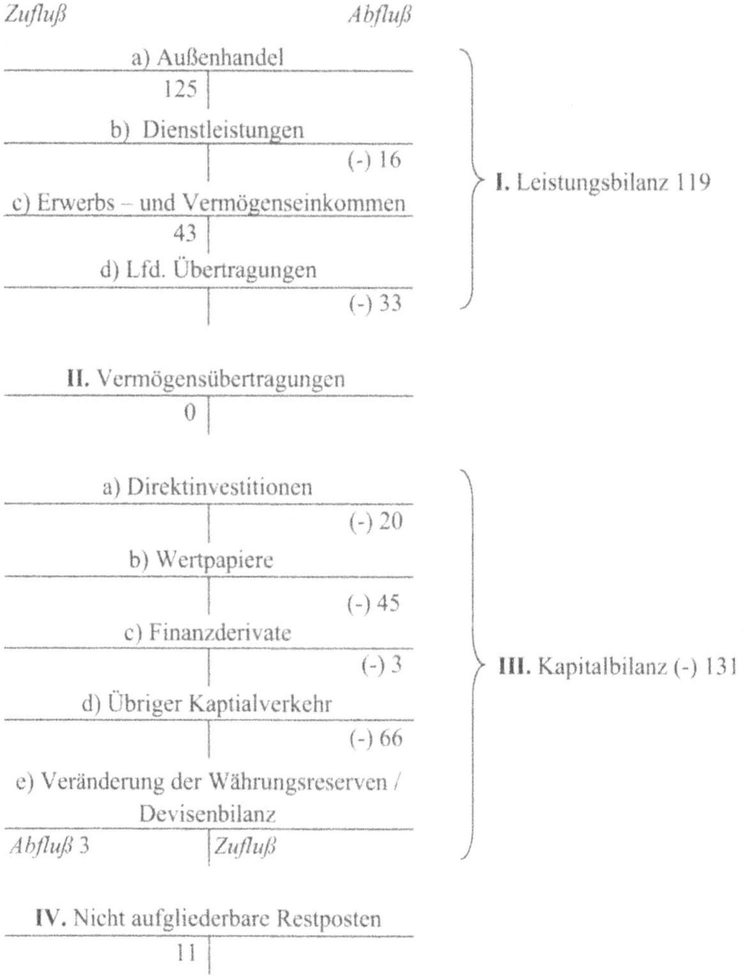

Zufluß   *Abfluß*

a) Außenhandel
125

b) Dienstleistungen
(-) 16   } I. Leistungsbilanz 119

c) Erwerbs – und Vermögenseinkommen
43

d) Lfd. Übertragungen
(-) 33

II. Vermögensübertragungen
0

a) Direktinvestitionen
(-) 20

b) Wertpapiere
(-) 45

c) Finanzderivate
(-) 3   } III. Kapitalbilanz (-) 131

d) Übriger Kaptialverkehr
(-) 66

e) Veränderung der Währungsreserven /
Devisenbilanz
Abfluß 3 |*Zufluß*

IV. Nicht aufgliederbare Restposten
11

Abb. 9-8: Zahlungsbilanz 2009 für Deutschland (in Mrd. €)

* Schließlich hält die Bilanz der laufenden Übertragungen die Zahlungen an und von internationalen Organisationen fest, wie zum Beispiel EU, UN oder NATO; aber auch Zahlungen im Rahmen der Entwicklungshilfe oder Renten und Pensionen.

Der zweite Abschnitt der Zahlungsbilanz ist die Bilanz der Vermögensübertragungen, die einmalige Transaktionen wie Schuldenerlasse, Erbschaften, Schenkungen, Investitions-zuschüsse (der EU) und Vermögensmitnahmen bei Ein- und Auswanderung festhält.

Der dritte ist die Kapitalbilanz, die fünf Teilbilanzen umfasst:

* Die Bilanz der Direktinvestitionen stellt die grenzüberschreitenden Investitionen gegenüber, bei denen es sich um strategische Beteiligungen an ausländischen Firmen von mehr als 10 vH handelt.
* In der Bilanz der Wertpapieranlage werden die grenzüberschreitenden Käufe und Verkäufe von Wertpapieren gegenübergestellt.
* Die Bilanz der Finanzderivate hält die entsprechenden verbrieften und nicht verbrieften Optionen und Finanztermingeschäfte fest.
* In der Bilanz des übrigen Kapitalverkehrs werden die im Ausland aufgenommenen und dem Ausland gewährten Kredite und der sonstigen Kapitalanlage, zu denen Beteiligungen des Staates an internationalen Organisationen (zum Beispiel Internationaler Währungsfonds, Weltbank) zählen, registriert.
* Den wichtigen Abschluss bildet die Devisenbilanz, die die Veränderung der Währungsreserven wiederspiegelt.

Der vierte und letzte Teil sind die nichtaufgliederbaren Restposten.

In der Abbildung wurden nur die Salden für das Berichtsjahr aufgeführt. Eine Zahlungsbilanz ist immer ausgeglichen, wobei die Teilsummen I und II den Teilsummen III und IV gegenübergestellt werden. Im ökonomischen Sprachgebrauch meint man dagegen mit ausgeglichener Zahlungsbilanz, dass der Saldo der Devisenbilanz gleich Null ist. In diesem Fall sind weder Devisen ab- noch zugeflossen. Gelegentlich wird auch von einer ausgeglichenen Zahlungsbilanz gesprochen, wenn die Leistungsbilanz ausgeglichen ist. In diesem Fall entsprechen die Leistungen an das Ausland denen an das Inland.

9.5.2   Der Wechselkurs

Der Tauschkurs zwischen zwei Währungen ist der Wechselkurs. Er ergibt sich beim Handel der Währungen an Devisenmärkten. Jede Währung hat zwei Wechselkurse. Man kann fragen: Wie viel Euro kosten ein US$? Die Antwort könnte sein:1 US$ kostet 0,75 €. Das ist der Preiswechselkurs (w_p) oder Devisenkurs.

Man kann man aber auch fragen: Wie viel US$ kosten 1 €? Die Antwort könnte lauten: 1 € kostet 1,33 US$. Das ist der Mengenwechselkurs (w_m). Er gibt an, welche Menge an ausländischer Währung man für einen Euro erhält. Die beiden Wechselkurse sind durch folgende Formel verbunden:

$$w_p = \frac{1}{w_m} \qquad \text{beziehungsweise} \qquad w_m = \frac{1}{w_p}$$

Setzt man die Zahlen des Beispiels ein, ergibt sich:

$$0,75 = \frac{1}{1,33} \quad \text{beziehungsweise} \quad 1,33 = \frac{1}{0,75}$$

Wie auf allen Märkten bilden sich die Preise der Währungen am Devisenmarkt nach Angebot und Nachfrage. Die Nachfrage nach € ergibt sich aus der €-Nachfrage der Importeure und Exporteure, wenn die Rechnungen in € gestellt werden. Entsprechend bildet sich die Nachfrage nach US$, wenn die Unternehmen in US$ fakturieren. Zu der Nachfrage, die der Außenhandel induziert, kommt noch die Nachfrage aus Finanztransaktionen, die sich in der Kapitalbilanz niederschlägt und seit den 90er Jahren bedeutend größer geworden ist als die des traditionellen Außenhandels.

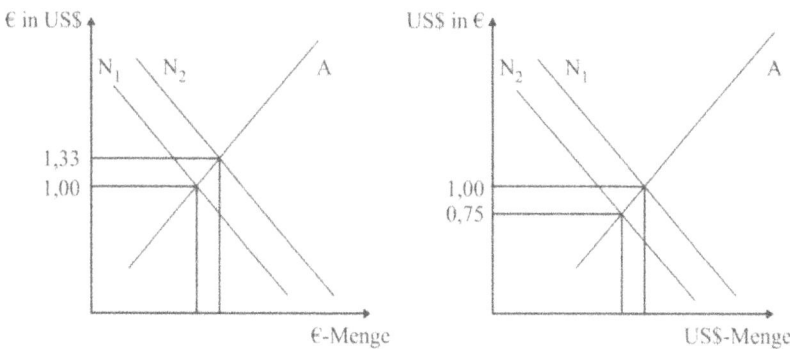

Abb. 9-9: Die zwei Formen des Wechselkurses

9.5.3   Bestimmungsgrößen des Wechselkurses

Welche Faktoren bestimmen die Höhe des Wechselkurses? Im Folgenden sollen aus der Fülle der Determinanten zwei wesentliche erläutert und einige weitere genannt werden.

Die Kaufkraftparitätentheorie behauptet, dass die Wechselkurse die nationalen Preisunterschiede ausgleichen. Kostet beispielsweise ein Gut in den USA 2,40 $ und in der Eurozone 1,80 €, so erwartet sie einen Wechselkurs (wp) von 1,80 : 2,40 = 0,7500.

Meist wählt man nicht die absoluten Werte, sondern deren Veränderungen (relative Kaufkraftparitätentheorie). Steigen also in dem Beispiel die Preise für das genannte Gut in den USA um 6 Prozent und in der Eurozone um 4 Prozent, so steigen die Preise in den USA stärker als in Euroland, weshalb die Nachfrage nach den europäischen Gütern steigt und damit auch nach dem Euro. Der Euro wertet um 2 Prozent auf. Der Preis des Dollars in Euro würde also um 2 Prozent sinken. Für die Euroländer hätte sich die Kaufkraft nicht verändert, da man entsprechend der Preissteigerung in den USA weniger für den Dollar zu bezahlen hat. Der reale Wechselkurs ist also konstant geblieben. Sein Wert ergibt sich, wenn man die nominale Wechselkursänderung (–2 Prozent), die Inflationsrate in den USA (+6 Prozent) und die Inflationsrate in Euroland (–4 Prozent) zusammenfasst.

In dem Beispiel sind keine Kosten oder Gebühren berücksichtigt und es wirken sich auf den Außenhandel auch nur die handelbaren Güter, nicht aber Mieten oder Gesundheitskosten usw. aus. Außerdem berührt der Außenhandel nur die ersten beiden Konten der Zahlungsbilanz. So überrascht es nicht, dass die empirischen Ergebnisse der Kaufkraftparitätentheorie auf die Wechselkurse in der Regel höchstens die Richtung von Entwicklungen, nicht aber ihre zahlenmäßige Veränderung vorhersagen können.

Seit den 90er Jahren des 20. Jahrhunderts haben sich als Folge von Globalisierung und Deregulierung die internationalen Kapitalbewegungen vervielfacht und im Volumen die des Außenhandels weit übertroffen. Dadurch gewannen die Zinsen eine größere Bedeutung und deren Einfluss auf die Wechselkurse versucht die Zinsparitätentheorie zu bestimmen. Ausgangsgrößen können beispielsweise die realen Kapitalmarktzinsen in den betrachteten Ländern sein. Betragen sie in den USA 3 Prozent und in Euroland 2 Prozent, so wird der Dollar verstärkt nachgefragt, die Geldanlage in den USA steigt, der Dollar wertet auf und der Euro ab.

Weitere Einflüsse gehen von den Erwartungen der Marktteilnehmer aus. Diese können durch die Kaufkraftparitäten- und der Zinsparitätentheorie – aber auch durch andere Faktoren – stark beeinflusst sein. Besonders bei der Kapitalanlage in einem anderen Währungsraum kann der Wechselkurs, mit dem der Anlagebetrag wieder zurückgetauscht wird, ganz wesentlich über den Erfolg der Anlage entscheiden. Rechnen die Anleger mit der Abwertung des Dollar und verkaufen sie daher ihre Dollar, dann können sich diese übereinstimmenden Erwartungen selbst erfüllen.

Erwartungen können aber noch von anderen Faktoren als von den skizzierten Paritätstheorien bestimmt werden. Risiko und angestrebte Risikostreuung, politische und militärische Ereignisse, Interventionen der Zentralbanken, Direktinvestitionen, psychologische Faktoren und die Größe und Bedeutung eines Währungsraumes – um nur einige zu nennen – können das Angebots- und Nachfrageverhalten an den Devisenmärkten beeinflussen, und damit den Wechselkurs mitbestimmen.

9.5.4 Geldpolitik in offenen Volkswirtschaften

Welche Auswirkungen hat nun die Integration in die Weltwirtschaft für die nationale Geldpolitik? Wenn man die Zahlungsbilanz auf die beiden wichtigsten Teile, die Leistungsbilanz (Export – Import) und die Kapitalbilanz (Kapitalexport – Kapitalimport) reduziert, so gibt es fünf Konstellationen im Bezug auf die Veränderung der Devisenreserven.

Tab. 9-2: Devisenbilanzsalden

Beispiel	Leistungsbilanzsaldo	Kapitalbilanzsaldo	Devisenbilanzsaldo
1	+ 30	– 30	0
2	+ 30	0	+ 30
3	– 30	+ 30	0
4	– 30	0	– 30
5	0	+ 30	+ 30

In den Beispielen fließen 30 Mrd. € zu beziehungsweise ab oder der Saldo der Devisenbilanz ist Null. Welche Auswirkungen hat das auf die Geldpolitik?

Bilanz Zentralbank

Aktiva		Passiva	
		Geldmenge M_3	+30 Mrd. €
Devisenreserven	+ 30 Mrd. €		

Fließen dem Land 30 Mrd. Devisen zu und die Wirtschaftsubjekte verkaufen sie an die Zentralbank, so erhöhen sich die Devisen- oder Währungsreserven und gleichzeitig die Geldmenge M_3. Umgekehrt sinkt bei einem Abfluss von Devisen deren Bestand bei der Zentralbank, denn sie muss diese ja an die Wirtschaftsubjekte verkaufen, und damit sinkt auch um diesen Betrag die Geldmenge M_3. Eine ausgeglichene Devisenbilanz dagegen hat keinen Einfluss auf die Geldmenge.

Die Zentralbank in einer offenen Volkswirtschaft muss also die grenzüberschreitenden Kapitalbewegungen beobachten und dann mit ihren geldpolitischen Instrumenten neutralisieren. Bei einem Kapitalzufluss zum Beispiel kann sie im gleichen Umfang Gold oder Wertpapiere gegen Euro an Inländer verkaufen und auf diese Weise die Geldmenge M_3 vermindern. Sie kann aber ebenso das Refinanzierungsvolumen in entsprechendem Umfang zurückführen.

Schließlich muss eine Erfolg versprechende Geldpolitik durch andere Politikbereiche wie zum Beispiel die Finanzpolitik und die Lohnpolitik flankiert werden.

Literatur zum 9. Kapitel

Bujard, Helmut (2003): Der Versicherungsvertrag als Forderungstausch, Teil I: Zum Guts-Charakter von Versicherungen aus der Sicht der Neoklassik, Zeitschrift für Versicherungswesen, Nr. 17, S. 501 – 506.

Greiber, Claus; Setzer, Ralph (2007): Money and housing – evidence for the euro area and the US, Discussion Paper of Deutsche Bundesbank, Series 1: Economic Studies, No12.

Issing, Otmar (2007): Einführung in die Geldtheorie, 14. Auflage, München.

Issing, Otmar et al. (2001): Monetary Policy in the Euro Area, Cambridge, UK.

Jarchow, Hans-Joachim (2003): Theorie und Politik des Geldes, 11. Auflage, Göttingen.

Vierter Teil:
Ergänzungen zum Verhältnis von
Kultur und Wirtschaft

10 Güter- und Arbeitsmarkt (*Harald Weyel*)

10.1 Gütermarkt

Kein Wirtschaftssystem ist besser als die Kultur, die es zur Vorraussetzung hat oder nach sich zieht! (Weyel 2003: 99)

Die Fortentwicklung des reinen Jäger- und Sammlertums hin zur Sesshaftigkeit mit Landbau, Viehzucht sowie immer mehr Kunst- und Handwerk war der erste evolutionäre Schritt in Richtung Kulturgesellschaft. Und mit nur fünfzig- bis sechzigtausend Jahren ist der neuere biologische, genetische Quantensprung des „Homo sapiens sapiens" anzusetzen (‚Out of Africa'), mit fünf bis sechs Jahrtausenden der kulturgeschichtliche Sprung in die ‚Zivilisation' und mit eher gar wenigen Jahrhunderten – teils vielleicht nur Jahrzehnten – die Genese des kulturell-wirtschaftlich-politischen Gegenwartstypus des Menschen. Die regional mehr oder minder begrenzten Hochkulturen mit nennenswerten Kulturtechniken außerhalb der Faustkeilherstellung und Ähnlichem (also Schreiben/Lesen, Rechnen, Kunst- und Handwerksfertigkeiten) dürften etwa 5.000 Jahre umfassen – jedenfalls was eurasische und europide Populationen angeht.

Die Gesellschaftsforscher Gunnar Heinsohn und Otto Stempel (2008) sortieren dabei heutzutage und mit Blick auf die menschenmöglichen Herrschafts-, Wirtschafts- und Gesellschaftsformen folgende Möglichkeiten: erstens die auf verwandtschaftlicher Solidarität basierenden Stammesgesellschaften, zweitens die auf Autorität und Herrschaft basierenden Befehlsgesellschaften als Abgabenwirtschaften – und ob nun feudal oder nicht: auch der ‚modernste' Sozialismus wäre genau hier zu verorten! – sowie drittens die auf Eigentum und Vertragsfreiheit beruhenden Geldwirtschaften. Ein quasi kulturvergleichender Ansatz also.

Technische Fertigkeiten im Handwerk wurden mit sozusagen naturgesetzlichem Blick auf Jagd und Kampf sowie im Rahmen fortgesetzter Kulturgenese mit Blick auf Ackerbau und Wohnkultur im Regelfalle wohl ziemlich stetig erhalten und weiterentwickelt. Teils wurde und wird wohl auch wieder vergessen oder ausgemerzt – Personen wie Kollektive, Fähigkeiten und Artefakte. Doch nur bei Auslöschung ganzer Kollektive – bis zum letzten kultur(über)tragenden Individuum –, des konservierten Wissensstandes, der Artefakte und Kulte ging etwas wirklich verloren. Und selbst das geschichtlich Unrealisierte oder Verlorene oder Vergessene könnte im Sinne der „Mem"-Theorie (Dawkins 1976) sozusagen als

Idee latent im Rest der Menschheit fortbestehen und/oder sozusagen individueller wie kollektiver Wiedergeburten nur so harren.

Die gemutmaßte (nichtbiologische) Stufen- oder Fortschrittstheorie menschlicher und ökonomischer Entwicklung, wie sie schon vor Charles Darwin im späten 18. und frühen 19. Jahrhundert angenommen wurde (siehe Adam Smith oder Friedrich List), wurde nicht vor oder nach dem *1. Weltkrieg*, sondern letztlich erst *nach 1945* ideell fortgeschrieben. Siehe etwa Walt W. Rostow (1960) mit seinem prognostizierten gesamtwirtschaftlichen *Take off* auch der sogenannten Entwicklungsländer in die moderne Industriegesellschaft. Der daraus hervorgehende, sozusagen globalisierte, flächendeckende, industriestaatliche neue Missionarismus im Rahmen der so genannten ‚Entwicklungshilfe' des Westens, ist zudem meines Erachtens ganz klar ein weiteres Kind des Kalten Krieges. Während zunächst und vor allem die Sowjetunion von 1917–90 und später auch China et cetera die *Weltrevolution* mit Diplomatie, Militär, Geheimdiensten, Waffen (und hier und da auch ein bisschen Geld) beförderten, setzte *der Westen* ebenfalls all dies sowie eben viel, viel mehr Geld dagegen – freilich meist mit nicht eben spektakulären Erfolgen.

Mithin gilt: Mehr und mehr scheint bei alledem und unter Normalbedingungen vor allem der Technische Fortschritt als eigentlich treibende Kraft der *Kulturevolution* durch. Zumindest aber ist er als Reformator, Multiplikator, Abschwächer oder aber auch Zerstörer vorangehender technischer, sozioökonomischer und soziokultureller Gegebenheiten oder Probleme anzusehen. Dies in Verbindung mit den die jeweilige Gesamtgesellschaft tragenden (oder eben nicht tragenden) Eckpfeilern der direkten oder indirekten, hierarchischen Herrschafts- oder Legitimationsfragen. Die archaische Herrschaft über Leben und Tod ist dabei (meist) sublimiert in eine solche über Produktion und Konsumtion sowie die Handhabung der internen und/oder externen Konfliktaustragung oder -bewältigung. Die seit den 1970er/80er Jahren politisch gesponserte *Technikfolgenabschätzung* insbesondere im Zusammenhang mit der zivil genutzten Atomkraft beziehungsweise der Anti-Atomkraft- beziehungsweise Umwelt-Bewegung (mehr vielleicht noch die damit betriebene Parteiräson und das Politmarketing), wirft ein viel sagendes Schlaglicht auf derartige *Diskurse* und *Strukturen* gerade in (West-) Deutschland. Man vergleiche zu alledem etwa die Rede von „harten und sanften Wegen" (Schefold et al.1981) oder die Rede über das „Grüne Paradoxon" (Sinn 2008) oder die „Klimapolitik-Katastrophe" (Weimann 2008).

Der Technische Fortschritt präsidiert(e) stets sozusagen als ureigentlicher darwin(isti)scher Faktor – freilich weniger in Verbindung mit biologischen Eigenschaften als vielmehr in Verbindung mit Wirtschaftsweisen oder -stilen, mit modernen (inter)nationalen Konkurrenzsituationen und *politischer* Organisiertheit oder Organisierbarkeit der weltweiten Wirtschafts-, Sozial-, Politik- und Militärgeschichte, sprich der gesamten *Kulturgeschichte*. Es zählte jedoch nie nur die jeweilige *Innovation* als solche, sondern ihre hinreichende geographische und strategische, militärische und zivile Wirksamkeit – mehr und mehr also auch nach dem Gesetz der Massenproduktion vor, im und nach dem 1. Weltkrieg.

Die gegenseitige Befruchtung von Kriegs- und Friedensproduktionen sowie die mit beiden soziokulturellen und -ökonomischen Vorgängen einhergehenden sozialen Aggregatzustände kulminiert(e) sozusagen als Kulturgeschichte des 1. Weltkrieges und so weiter (vgl. Daniel et al. 2005). Eher quantitativ als qualitativ ist derlei Grundsatzbetrachtung auszudehnen insbesondere auch auf den 2. Weltkrieg. Und es ist völlig unzureichend klar, dass die gegenwärtig dominierende Weltwirtschaftsordnung oder Weltkultur zunächst sehr, sehr viel mit den vor und insbesondere nach 1918/19 ignorierten, nach 1945 aber im/vom Westen guten Teils geflissentlich befolgten, quasi ordo-liberalen, pragmatischen und (inter)national versöhnlichen Lehren eines John M. Keynes (beziehungsweise Wilhelm Röpke; Walter Eucken; et al.) zu tun hat. Mehr jedenfalls als mit dem bloßen ideologisch-rhetorischen Schlagabtausch des so genannten Kalten Krieges (1945–1989 ff.). Indes: Viele Lehren scheinen vergessen, fehlerhaft angewandt, nicht wirklich verstanden worden zu sein. Insbesondere mit Blick nicht nur auf globale Finanzwirtschaft und Wettbewerbe, sondern ganz generell mit Blick auf (kontraproduktive) Institutionen, Investitionen oder Kapitaltransfers an und für wen auch immer. Eher die Rückkehr kollektivster, naivster, primitivster Utopien aller Art steht auf der heutigen Tagesordnung einer globalisiert krisengeschüttelten Weltgesellschaft in Zeiten einer (zweiten) Welt-Finanz- und/oder Welt-Wirtschaftskrise, wie sie seit 2008 manifest wurde und wie man sie seit 1929 (ff.) wohl nicht mehr erlebt hat.

Ob allerdings allein schon die bisherigen, im Rahmen diverser ‚Nachkriegsordnungen‘ der modernen Welt propagierten oder beschworenen oder teils eben eher regelrecht nachgereichten (konkreten) sozialen Veränderungen, Modernisierungen, Verbesserungen (und so weiter) all die fragwürdigen Opfergänge seit 1914 nun wert waren oder nicht, sei nun erst recht dahingestellt. Trotz aller medial aufbereiteten und (polit)marketingmäßig ausgebeuteten, vermeintlichen Eindeutigkeiten scheinen mir viele Entwicklungen vor und insbesondere nach 1914 in weiten Teilen ihrer politischen, wirtschaftlichen und insbesondere auch kulturellen Bedeutung nach wie vor eher untergewichtet, überdeckt und fehlinterpretiert – national, regional und global. Ein dergestalt neuer, nüchterner Blick etwa auf Dinge wie ‚das europäische Projekt‘ (also die heutige EU etc.) könnte für die Protagonisten – und vor allem für die, die nachweislich oder mutmaßlich die Zeche(n) zahlen – vielleicht gänzlich ungewohnte intellektuelle wie emotionale Infragestellungen oder (Selbst-) Findungen zeitigen.

Die bisherigen (Standard-)Überlieferungen samt ihrer offiziellen Absicht einer Befähigung oder Erziehung möglichst vieler Beteiligter beziehungsweise Nachgeborener zu einem wahrhaft aufgeklärten Diskurs – oder alternativen Konsens – über die Fragwürdigkeiten einer (inter)nationalen „Welt von Gestern" (à la Stefan Zweig), erfahren in der Literatur, Forschung, Lehre, Schule, Politik und Wirtschaft von ‚Heute‘ vielleicht viel zu wenig qualifizierten Gegenwind (erst recht nach 1945). Für wirtschaftliche Strukturen und Beziehungen sowie ‚allerhandlei‘ politisches Tagesgeschäft, ist die ärgerliche Aufnötigung simplizistischster ‚Geschichtswissenschaft‘ leider kein Schnee von ‚Gestern‘, sondern Erpressungsund/oder Marketingpotential mit überaus vielschichtigen, negativen wie positiven Verwendungsmöglichkeiten.

Der vielfältige Dilettantismus vor allem der deutschen ‚politischen Klasse‘ wird den deutschen und anderen Interessen(politiken) europa- und weltweit keinesfalls gerecht. Und beispielsweise undifferenzierte EU-Erweiterungen bei gleichzeitiger Nicht-Erledigung langjähriger Fehlentwicklungen oder gar manifester Geburtsfehler oder Anachronismen der EU, sind schließlich für alle Beteiligten (langfristig) kontraproduktiv. Es geht bei alledem auch nicht darum, den jeweils kriminellsten oder aber unfähigsten und dämlichsten unter welchen (Anti-) ‚Nationalisten‘ auch immer zu willfahren. Vielmehr gilt es im In- und Ausland die

Interessen vielleicht gerade der jeweils aufgeklärtesten Bürger zu befördern sowie die jeweilige ‚Geschichtspolitik‘ und ‚Nationalpädagogik‘ wirklich ideologiefrei in die richtige Richtung fortzuentwickeln. Gerade im Rahmen deutsch-französischer, deutsch-englischer, deutsch-russischer, deutsch-polnischer (et cetera) Versöhnungswut und ähnlichem (einseitigen?) Geheische ist derlei Rahmenwerk eminent verhandlungswirksam. Unfähiges Gewese eines nicht nur regional sehr bedeutenden Akteurs (oder Objekts?) der internationalen Beziehungen und Märkte ist gerade heute ein soziologisch und sozialpsychologisch völlig unterbelichteter Post-1933–45-Anachronismus mit hohem Gefährdungspotential. Dies zumal gewisse politische, wirtschaftliche und am langen Ende stets auch kulturellen Phänomene der ach so modernen Jetztzeit in mancherlei Hinsicht eher an den europäischen Geisteszustand vom Sommer 1914 gemahnen als an irgendwelche verwirklichten oder auch nur in Verwirklichung begriffenen ‚Europa‘-Utopien. Formalien und geduldiges Papier helfen hier nicht wirklich weiter und können sogar höchst kontraproduktive (Neben-) Wirkungen haben – und zwar für alle Beteiligten.

Es ist vielleicht zudem zu konstatieren, dass in keineswegs unmaßgeblichen Bereichen einer Welt nach 1989 (ff.) beispielsweise gewisse außen- oder wirtschaftspolitische und andere unangenehme Normalitäten zurückgekehrt sind, oder solche jedenfalls weit offensichtlicher wurden als je zuvor. Andererseits kommen zu unliebsamen alten Normalitäten im internationalen Geschäft auch ganz neue Herausforderungen hinzu für deren Bewältigung utopistische oder letztlich gar pathologische Strukturen, Rhetoriken oder Experimente mitsamt inhärenter Zeit-, Energie- und Geldverschwendung alles andere als zielführend sind. Und ausgerechnet das größte Industrieland Europas hat dabei wohl die größten Schwierigkeiten genau damit angemessen zurechtzukommen! Dies (zunächst) vielleicht eher zur Freude als zum Leidwesen vieler Nachbarn, Nutznießer oder Beobachter. Zur Unterstreichung meiner seit 2004 verstärkt erforschten (Neu-) Interpretationsmöglichkeiten deutsch-europäisch-globaler Wirtschafts- und/oder Gesellschaftsgeschichte – sowie zur vielleicht hilfreichen Hervorhebung der Tatsache, dass ich wohl nicht völlig allein auf weiter Flur stehe – nun folgendes, gut verständliche Vollzitat aus der „Financial Times Deutschland" (anno 2006):

„Der Mensch der Gegenwart ist zwar von Zukunftsangst geplagt, er ist sich aber zumindest in einem Punkt meist sehr sicher: Er ist klüger, kompetenter und auch moralischer als die Menschen der Vergangenheit. Schließlich hat er ja nicht nur Handy, Internet, Bonusmeilen und ein Auto mit Airbag und Navigationssystem. Er weiß außerdem schon, wie die Geschichte der Altvorderen ausging – und was sie anders hätten machen müssen. Welchen größeren Vorteil kann man haben? Im Vorfeld des 60. Todestags des britischen Ökonomen John Maynard Keynes hat die Historikerin Dorothea Hauser jetzt eine der berühmtesten Streitschriften des 20. Jahrhunderts in der deutschen Übersetzung neu herausgegeben: ‚The Economic Consequences of the Peace‘ (auf deutsch: ‚Krieg und Frieden‘). Der Text machte Keynes 1919 auf einen Schlag weltweit zur Berühmtheit. Hauser schließt ihre hilfreiche Einleitung zu der Neuausgabe mit der These, dass ‚Versailles‘ uns Heutigen sehr viel näher ist, als uns bewusst und lieb ist. Und sie rät klug: Man solle Keynes‘ Text heutzutage ‚mit Demut lesen‘. Wohl wahr. Diese tagespolitische Abrechnung eines Insiders beeindruckt auch nach fast 90 Jahren noch, selbst wenn ihr Thema längst Vergangenheit ist, ihre Grundthese Allgemeingut wurde und sich manches Urteil im Detail als verfehlt erwiesen hat. Der damals erst 36-jährige Keynes hatte seine Position als Chefdelegierter der britischen Treasury bei den Friedensverhandlungen nach dem Ersten Weltkrieg hingeschmissen, weil er die dort verabredete wirtschaftliche Bestrafung Deutschlands für ebenso unrealistisch wie unmoralisch hielt. Er sah darin bereits den Keim für den nächsten Krieg – zu Recht, wie sich zeigen würde. Sein Buch hat jedoch viel mehr zu bieten als staubige Besserwisserei. Keynes zeichnet scharf beobachtete Porträts der führenden Akteure, liefert ein Lehrstück über Strategie und Taktik in einer großen Verhandlungsrunde. Vor seine Analyse stellt er zudem eine ebenso knappe wie eindrucksvolle

Skizze des ‚Zwischenspiels' kapitalistischer Globalisierung, vom 19. Jahrhundert bis zum Weltkrieg. So wird auf wenigen Seiten nachvollziehbar, warum dieser Krieg auch ökonomisch zur Urkatastrophe des 20. Jahrhunderts wurde: Er zerriss das komplexe Netz einer gewachsenen internationalen Arbeitsteilung, die historisch einzigartige Wohlstandsgewinne ermöglicht hatte. Die Herkulesaufgabe der Nachkriegspolitik wäre es gewesen, die alte Ordnung wenigstens so zu flicken, dass die schlimmsten Abstürze ins Elend hätten verhindert werden können. Das dramatische Versagen von Versailles bestand für Keynes darin, dass die Mächtigen wirtschaftliche Verflechtungen einfach ignorierten – und stattdessen nur sicherheitspolitische Ängste, ideologische Eitelkeiten und fiskalische Nöte kannten. Keynes schreibt brillant, sein Text ist auch ein Lesegenuss. Umso spürbarer wird aber zugleich die Tragik der Situation: In der großen Erschöpfung von 1919 erwies sich die Politik als überfordert. Selbst ein Genie wie Keynes konnte nicht mehr tun, als das aufzuschreiben." (Schütte; Hauser 2006)

All dies sollte man beim heutigen ‚Krisenmanagement' in Erinnerung behalten und alten wie vermeintlich neuen Heilslehren eher skeptisch begegnen, erst recht dem überbordenden Glauben an die Politik. Wenn schon nicht die Akteure in personam, so sind doch die Staaten und ihre Interessen (-Gruppen) teils sehr, sehr weitgehend die Gleichen wie ehedem. (Und die nicht eben vielen oder überzeugenden alten/neuen Ausnahmen brauche ich hierbei wohl nicht gesondert zu erwähnen.) Bereits dem historischen, zumeist ach so pragmatisch, rational und anmaßend gerecht daherkommenden politischen Versagen auf fast allen politischen Ebenen – insbesondere der allerhöchsten, allerinternationalsten Ebenen – , gingen oft theoretisch-utopistische Mutmaßungen oder Literaturen voran. Manche dien(t)en als quasi ersatzreligiöse Vorlage(n) für die blutigen Totalitarismen des 20. Jahrhunderts, die sich allerdings erst durch die (historische) chauvinistisch-atavistisch motivierte Selbstzerfleischung des relativ lange Zeit halbwegs humanistisch gesonnenen (groß)bürgerlichen Europa ab 1914 flächenbrandmäßig auswirken konnten.

Insbesondere die theoretischen (r)evolutionären Massen- oder Elite-Konzepte füll(t)en (erneut) die Erklärungs- und Problemlösungslücken vor und nach der *Urkatastrophe* (1914) – recht eigentlich bis heute. Insbesondere die Namen Marx, Engels, Lenin, Stalin, Hitler, Mao und so weiter sind da zu nennen. Heutzutage sind die Stichwortgeber wohl nicht nur klassische Ideengeber, sondern eben die massenmedial kommunizierten, oft weit schwieger identifizier- oder personifizierbaren, sozusagen in gewissen ‚Mainstream'-Kollektiven untertauchenden Macher oder Vermarkter von Unzufriedenheit, Irrationalität, Gier und Massenpanik aller Art – egal ob als Laien oder Experten diverser Disziplinen, Organisationen oder ominöser Strukturen.

Inwieweit im Gegensatz dazu eher andere klassische oder wissenschaftliche(re) Autoren wie Adam Smith, Auguste Comte, Vilfredo Pareto, Max Weber, José Ortega y Gasset oder noch ganz andere Philosophen, wissenschaftliche Forscher, oder bloße Sozialliteraten den Stein der Weisen schon gefunden haben könnten, kann hier nicht näher erörtert werden. Allein die Bedeutung und Wechselwirkung von Theorien, Praktiken, Kulten aller Art im Zusammenhang mit der Wahrnehmung, Formulierung und Interpretation natürlicher oder eben kultureller beziehungsweise wirtschaftlicher, politischer, sprich sozialer Realitäten, kann schwerlich übersehen werden. Und wenn statt wie früher Häuptlinge, Schamanen, Hexen oder Priester heute – mit allzu oft eher deprimierenden Ergebnissen – Politiker/innen ihre demokratisch (oder sonst wie) legitimierte, vor allem aber wohl kollektiv fremdfinanzierte Herrschaftsgewalt ausüben (manchmal angeblich auch noch ‚wissenschaftlich gestützt'), so mag gerade die aufgeklärte Skepsis darin wohl eher nur gewisse graduelle Unterschiede zwischen Moderne und Frühgeschichte – oder gar der Vorgeschichte – erkennen. In Kriegs- wie Friedenszeiten!

Auch ob nun Staaten, Interessengruppen oder menschliche Gemeinschaften aller Art, insbesondere aber Parteien, Verwaltungen und andere Organisationen – und zwar kommunikativ wie qualitativ – wirklich so viel anderes sind oder bieten wie ehedem Sippen und Dynastien samt aller nur erdenklichen psychologischen oder spirituellen Überhöhungen der Dinge, wie sie nun einmal sind (oder sein sollten), sei dahingestellt. Allein: Die einzig materielle und langfristige Grundlage moderner wie archaischer Herrschaften, Sitten und Dinge, ist der wie auch immer geartete oder verwaltete, und hinreichend funktionierende Produktionsapparat.

Nach der kulturhistorisch im Rahmen der Nationalstaaten – jeweils vor und nach beispielsweise 1492, 1523, 1648, 1783, 1789, 1815, 1914 und so weiter – modernisierten Sicherung von Subsistenz oder/und Herrschaft durch (Eigen-) Produktion, Raub, Erpressung, Betrug oder eben ehrlichen Handel, nahmen insbesondere Produktion und Handel eine immer stärkere Bedeutung ein. Der Übergang vom (über)regionalen, wandernden oder eben sesshaften Handwerk (inklusive Kriegshandwerk!) hin zur industriellen Massenproduktion und Massenkonsumption (mit mal mehr, mal weniger demokratischer und nationaler Herrschaftsweise im Territorialstaat), fußte teilweise und vermehrt oft auch auf einer dynamischen (inter)nationalen Arbeitsteilung. Dies auf einem nach innen wie außen hinreichend befriedeten nationalen wie internationalen Austausch-Terrain mit den entsprechenden Hoheitsrechten und Rechtssicherheiten. Rechtlich wie physisch also auf eben dem mehr oder weniger liberalisierten oder reglementierten Markt für den internen/externen Austausch von Gütern und Dienstleistungen.

Praktisch funktioniert derlei Phänomen – zumindest rudimentär – wohl auch ohne ausgeprägte Geldwirtschaft. Ware gegen Ware (Naturaltausch/*Barter Trade*) oder eben Ware-Geld-Ware sind gleich zwei gangbare Wege, die sich gegenseitig auch nicht ausschließen müssen. Aber nur das hinreichende Wirken der Mechanik von Angebot und Nachfrage über den Preis ersetzt eine ansonsten eher willkürliche Zuteilung durch halbwegs transparente und massenhafte Transaktion. Dies erfordert auch nicht unbedingt unendlich viele Anbieter und Nachfrager, sondern eben nur hinreichend viele um Monopolmacht oder Oligopolabsprachen zu mindern oder gar zu verhindern. Theoretisch wie praktisch spiegeln die dann stattfindenden Preisbildungen einerseits die Knappheitsverhältnisse und andererseits die Nutzenvorstellungen der Marktteilnehmer wieder.

In liberalen und dynamischen, nicht zuletzt durch Zielsetzungen der wirtschaftlich-politischen Kultur und Gruppenstrategien sowie reichlich Technik angetriebenen Wettbewerben, verändern sich die sich ergebenden Markt(-Un-)Gleichgewichte, also Angebots- oder Nachfrageüberhänge, permanent. In der Aufrechterhaltung oder Initiierung dieses Wettbewerbs auf den meisten Güter- wie Dienstleistungsmärkten liegt denn auch eine der vornehmlichsten Staatsaufgaben – mit einigen Ausnahmetatbeständen versteht sich (siehe dazu schon die Klassiker des 18./19. Jahrhunderts: Adam Smith, David Ricardo (als Vertreter ‚kosmopolitischer Ökonomie‘) oder Friedrich List (als Vertreter ‚nationaler Ökonomie‘). Den Aussagen der schottisch-englischen ökonomischen Klassiker hinzuzufügen ist freilich die Tatsache, dass ihre neue Theorie zu ihrer Zeit keinesfalls der britischen Praxis entsprach. Vielmehr war das ‚Empire‘ über sehr, sehr lange Zeit ganz wesentlich von staatlichen und privaten Monopolen nebst einschlägiger Flottenpolitik geprägt.

Produktion von, und Handel (oder Nicht-Handel) mit, naturgemäß zu allen Zeiten nicht immer nur rein zivil nutzbaren Verbrauchs- und Investitionsgütern (sowie ganz explizit die

Agrar-, Rüstungs- und Finanzwirtschaft), mögen noch heute einiges an jeweiligen Eigenheiten aufweisen. Der Konstanten und Variablen im geschichtlichen Zeitablauf sind noch recht viele. Und der immerhin oft eher historisch gewachsene oder (vor)gegebene Faktor wirtschaftlicher und anderer Macht vor Beginn oder im Laufe von Markttransaktionen, ist ein praktisch oder willentlich oft eher wenig zu beeinflussender Faktor. Die faktischen Grenzen (inter)nationalen Privat- und/oder Völkerrechtes mögen da auch heute noch ganz schnell erreicht sein (siehe Besitzansprüche und Eigentumsrechte beziehungsweise Staatlichkeit, Rohstoffsektor, Industriespionage, Produktpiraterie, Protektionismus und so weiter).

Und es gilt bei alledem außerdem: Am Anfang war das Geld beziehungsweise der Kredit! Aber um alle Austauschprozesse mit Konsum- oder Investitionscharakter wirklich zu erleichtern und zu optimieren bedarf es: erstens der hinreichenden Freiheit (und Kompetenz) der Akteure, und zweitens wohl oder übel auch noch des tatsächlich verfügbaren werthaltigen Geldes. Die (zivile) Versorgungslage und der Produktionsstand einer Kriegswirtschaft, wie auch die Endergebnisse der Planwirtschaften der real existierenden sozialistischen beziehungsweise kommunistischen Bürokratismen, unterstreichen historisch genug die vorgenannte liberale Grundannahme. Alles wäre vielleicht noch um rein psychologische Kategorien oder Motivationspsychologien et cetera zu erweitern.

Dass auch die größte Liberalität noch den Ordnungsrahmen eines kompetenten Staates, dessen Existenzberechtigung sich in hohem Maße genau aus derlei (erfolgreicher) Aufgabenerfüllung ableitet, weiß man wohl praktisch wie theoretisch nicht erst seit der jüngsten Krise. Und wie bereits gesagt: der Stammvater des liberalen Gedankens (Adam Smith) stellte derlei Überlegungen auch schon spätestens seit 1776 an – unter anderem in seinem berühmten Werk über den „Wohlstand der Nationen" (teils schon in seinen „Moral Sentiments" der 1750er Jahre). In neuerer Zeit greift selbst die deutschsprachige Forschung über die hierzulande dominierenden Vulgärformen von Liberalismus, Sozialismus, vermeintlicher Mitte oder Dritter Wege hinaus.

Der Ökonomie-Nobelpreisträger[8] Paul Samuelson skizziert(e) in seinem zweibändigen Standardwerk „ECONOMICS" die Evolution der WiWi beziehungsweise VWL einst wie folgt (in Klammern beziehungsweise kursiv meine Ergänzungen):

---

[8] Weitere seit den 1960er Jahren gekürten Ökonomie-Nobelpreisträger sind u. a.: Milton Friedman (Monetarismus), Douglass C. North (Evolution und Institutionen), Gary S. Becker (Humankapital, Ökonomie und Familienbildung, Ökonomie und Kriminalität etc.), Daniel Kahnemann (Behavioral Economics), Vernon L. Smith (Behavioural Finance) und bislang als einziger Deutscher Reinhard Selten (Spieltheorie) von der Uni Bonn. (Vgl. Weyel 2003: 171)

Tab. 10-1: Stammbaum der Nationalökonomie

Physiokraten:
(F. Quesnay et al., **1758**)
Tableau économique, Classe productive, Classe
stérile; Forderung staatlicher Zurückhaltung.

Merkantilisten:
(**17.+18. Jh.**; **Colbert** et al.)
Protektionismus; aktive Wirtschaftspolitik;
Export- und Reexportförderung.

Die Klassiker:

Adam Smith, 1776
(„An Inquiry into the Nature and Causes of
the Wealth of Nations": Laisser-faire,
invisible hand, Tâtonnement, Nadelbeispiel
zur Produktivität/Arbeitsteilung,
Wertparadoxon.)

David Ricardo, 1817
(„Principles of Political Economy
and Taxation";Gebrauchs-,
Tauschwert, Arbeitswertlehre;
Außenwirtschaft: komparative
Kostenvorteile.)

T.R. Malthus, 1798
(Bevölkerungsgesetz)

Sozialismus:
Karl Marx, 1867
(„Das Kapital": Mehrwerttheorie, ruinöse Konkurrenz,
fallende Profitrate, Verelendungstendenz, Arbeitswertlehre,
Dialektik, historischer Materialismus, Klassenkampf.)

W. I. Lenin, 1914
(Sozialismus/Kommunismus – zunächst in einem Land;
Kolonialismus und Imperialismus als Entwicklungsstufen
des Kapitalismus.)

Neo-Klassiker:
J.S. Mill, 1848
Walras, Marshall, 1890
(Gleichgewichtstheorien,
Makro- und Mikroökonomik.)

Sonderstatus für:
J.M. Keynes, 1936, Begründer des
Keynesianismus (aktive
Konjunkturpolitik des Staates, „deficit
spending", Spar- und Investitionsquote;
Makro-ökonomische Steuerung.)

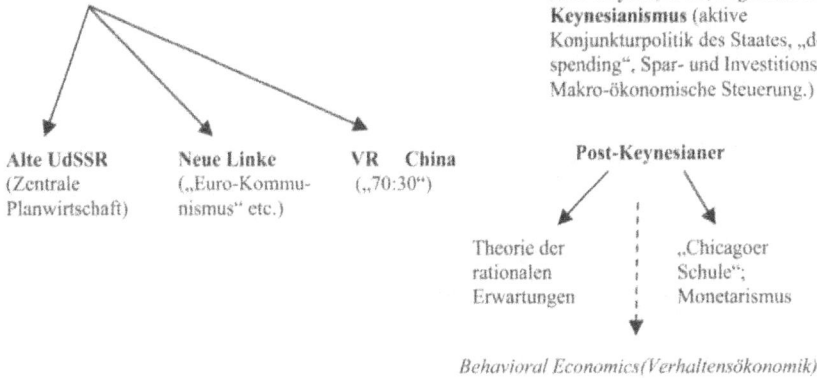

Alte UdSSR
(Zentrale
Planwirtschaft)

Neue Linke
(„Euro-Kommu-
nismus" etc.)

VR   China
(„70:30")

Post-Keynesianer

Theorie der
rationalen
Erwartungen

„Chicagoer
Schule";
Monetarismus

Behavioral Economics(Verhaltensökonomik)

Eine Auswahl anderer wissenschaftlicher Theorien, Erkenntnisse und Hypothesen ist dem
vielleicht noch hinzuzufügen (vgl. Weyel 2003: 183). Schon seit Adam Smith (& Co.) wurden Entstehungs- und Funktionsbedingungen menschlichen Wirtschaftens weniger von der
Ökonomie als vielmehr von der Anthropologie oder Ethnologie sowie der Ethologie, der
Kunst- und Kulturgeschichte, der Sozialpsychologie und Sozio(bio)logie her ausgeleuchtet,
während sich ‚moderne. Ökonomen' meist nur den reinen Modellbildungen verschrieben.
Aber Kultur und Ökonomie sowie Kultur und Freiheit sind vor allem sozialgeschichtlich
letztlich in einem Atemzuge zu nennen und in immer neue Zusammenhänge zu bringen.
Siehe dazu auch folgendes Schaubild:

Tab. 10-2: Auswahl wissenschaftlicher Theorien

Zu „Natur" und den Naturwissenschaften:	Zu „Kultur" und Kultur- oder Sozialwissenschaften (ohne Wirtschaftswissenschaften):

Letzte Jahrtausendwende ff.:

Gen-, Bio-, Medizintechnik machen „Quantensprünge";
Informations-, kommunikations- und militärtechnische
Neuerungen ...

Economic Sociology; Bourdieu;
teilw. die dt. Eliteforschung

Neurochirurgie bzw. -medizin usw.;
„Verhaltenswissenschaft(en)";
Hirnforschung, Humangenetik etc.

Soziobiologie des Menschen erstmals seit Mitte der 1940er Jahre
„angedacht"; ab 1970/80er näher definiert (E. Wilson; R. Dawkins et al.)

[(Neo-)Marximus; „Frankfurter
Schule" nach 1945: Adorno,
Horkheimer, Marcuse; siehe auch
1968ff.]

[Freudianische Psychoanalyse und andere
„Psycho"-Schulen sowie „Lobotomie"
und „Eugenik" etc.]

Oswald Spengler (1880-1936):
„Der Untergang des Abendlandes" (1917–23)]

Einstein et al.: Relativitätstheorie
Atomphysik, Astrophysik etc.

Max Weber (1864–1920) „Die protestantische Ethik
und der Geist des Kapitalismus" (1905);
„Die Wirtschaftsethik der Weltreligionen"

Vilfredo Pareto (1848-1923) „Trattato de Sociologia
Generale" (1916); Rotation der Eliten; Residuen und
Derivationen, Persistenz (...) Auch die theoretische
Definition eines ökonomischen Wohlfahrtsoptimums
(„Pareto-Optimum/Effizienz")

Émile Durkheim (1858–1917) kann neben Comte
jedoch als der wissenschaftlichere (Mit-)Begründer
und früher Vertreter der Soziologie gelten.

Gregor Mendel (1823–84)
(Anfang der Genetik)

[Die chronologisch hier in etwa einzuordnenden Autoren
Marx und Engels - Hauptwerke in 1848 und 1867 -
bewegen sich in der Tradition des deutschen Idealismus
à la Hegel und fallen (wie einige andere auch) quasi als
Sozialphilosophen aus einer ‚rein wissenschaftlichen'
Betrachtung heraus.]

Charles Darwin (1809–82)
„Entstehung der Arten" (1859)
„Die Abstammung des Menschen und die
geschlechtliche Zuchtwahl" (1874).
(Er hatte gewisse Vorgänger gehabt.)

Auguste Comte (1789–1857): „Cours philosophique"
(dt.: „Kurs der positiven Philosophie") 1830–42;
„Abhandlung über die Soziologie, worin die
Menschheitsreligion eingesetzt wird" (1851–54).

Erkenntnisse der frühen
Physiker und Astronomen etc.:
Kopernikus, Galilei,
Newton, Pascal usw.

10.2   Arbeitsmarkt und Arbeitseinkommen

10.2.1   Arbeitsmarkt

Der ‚oikos‘ (altgr. Haus/Haushalt) war Ausgangspunkt jedweder ‚oiko-nomischen‘ Betrachtung. Schon in der Antike kam wohl immer wieder mal die Frage auf, ob besser mit Sklaven oder aber Lohnempfängern zu wirtschaften sei. Und bei der offiziellen Abschaffung der Sklaverei im imperialen England (anno 1833) standen wohl keineswegs nur moralische Aspekte im Vordergrund. Kommen einen die Sklaven, die man schließlich durchfüttern und vielleicht auch ein bisschen hegen und pflegen muss, am Ende etwa doch viel teurer als mehr oder weniger besitzlose Tagelöhner, die ihren Lebensunterhalt selbst bestreiten müssen?

Die ausschließliche oder doch teilweise Bezahlung freier beziehungsweise abhängiger Arbeiter in Naturalien ist keinesfalls so grundlegend historisch oder juristisch erledigt, wie die Sklavereifrage. Eher nur ansatzweise sind Tätigkeiten wie *Aupair*, *Nanny*, Pflegekraft oder *Butler* et cetera von Industriearbeiter-mäßigen rechtlichen Reglements erfassbar. Vielmehr gelten hierbei wohl eher überaus vorindustrielle, archaisch-pragmatische Normen. Und etwa vom Arbeitgeber bezahlte Nackenmassagen in der Mittagspause für Kreativberufe oder IT-Fachleute usw., nützliche oder prestigeheischende Mitgliedschaften in sportlichen oder anderen *Clubs*, Deputatskohle für Bergleute, Jahreswagen für Automobil-Arbeiter, Dienstwagen und Werkswohnungen, *Jobtickets*, Kost und Logis für Landarbeiter oder Familienhelfer und dergleichen mehr haben durchaus Naturallohncharakter, doch sind sie unter anderem steuerlich reglementiert. Stellt dergleichen auf Freiheit und Selbstbestimmung des modernen Individuums ab, oder stellt es einen (un)vermeidlichen Rückfall in paternalistische Strukturen dar? Der Blick ist freilich ganz pragmatisch stets auf Erhalt oder Steigerung der Arbeitsmotivation, Produktivität und Rentabilität gerichtet – egal mit welchem ideologischen Zubehör alles zusätzlich befrachtet sein mag. Allein die kulturgeschichtlichen Leistungen der Geldwirtschaften mit ihrem Verbraucher-Versprechen alle Konsumpräferenzen autonom gestalten zu können und die Erfahrung der realen Erhältlichkeit hinreichend attraktiver Waren und Dienstleistungen mittels ebenfalls erwerbbaren Geldes, machen auch den ein- oder beidseitig ehrlichen Tausch Arbeitskraft gegen Geld attraktiv. Natürlich ebenso Raub, Betrug, Diebstahl und Mord.

Doch selbst der liberalste „Nachtwächterstaat“ (à la Ferdinand Lasalle) muss das Recht seiner Bürger auf Eigentum und Unversehrtheit, muss materielle wie geistige Infrastruktur und Sicherheit im Inland und gegenüber dem Ausland sowie ganz allgemein die Herrschaft des Rechts garantieren können. Sonst wäre der Staat das, was man heute einen ‚Failed State‘ nennt. Staatsgebiet, Staatsvolk und Staatsgewalt runden das Thema definitorisch und juristisch ab. Das Recht auf vereinbarte Entlohnung und Vertragstreue hat einen hohen Stellenwert – seit der Antike. Unterschiede der Verhandlungsmacht zu mildern ist dabei Aufgabe der demokratisierten, kollektiven Interessenwahrnehmung, wie sie die jüngeren Phasen der (westlichen) Industrialisierung begleitet hat. In den konkreten Märkten jedenfalls gibt es meist weder auf Angebots- noch auf der Nachfrageseite den atomistischen Wettbewerb des reinen, vollkommenen Markt-Modelles, wo kein einzelner Akteure das Gesamtergebnis wirklich manipulieren kann, wo durch den Marktmechanismus alles Massenentscheid wird und sein Gleichgewicht findet.

In praxi mag dies also weder auf dem (individuellen) Arbeits- noch auf dem Kapital- oder Gütermarkt hundertprozentig so sein. In praxi reicht aber offenbar in den meisten Bereichen eine hinreichende, nicht eine totale Erfüllung von derlei Wettbewerbs(vor)bedingungen, die obendrein von staatlichen Behörden leidlich aufrechterhalten werden (Wettbewerbsrecht, Börsen- und Bankenaufsicht et cetera). Auch an dieser Stelle ist jedoch auf die psychologische Phänomenologie des Herdentriebes und die Tatsache zu verweisen, dass das Verhalten von Gruppen vielleicht sehr viel leichter vorhergesagt werden kann als das von Individuen. Kräfte und Gegenkräfte können sich dabei einerseits zwar ausbalancieren, andererseits aber auch eine quasi pathologische Eigendynamik entfalten.

Der institutionalisierte Arbeitsmarkt jedenfalls ist – vor allem in der nicht genossenschaftlichen, nicht kollektivierten, nicht landkommunemäßig-ganzheitlichen Form – für die allermeisten Teilnehmer eher ein (un)reiner Tauschmittelerwerb. Oftmals ist er eben nicht mit allzu großer inhaltlicher Selbstverwirklichung (auch im Sinne des Schillerschen „Spiels") verbunden; eher mit tatsächlichem oder gefühltem, doch sozialgesetzlich durchaus relativiertem (entfremdeten) Erwerbszwang. Die moderne sozio- und psychologisch fundierte Management-Lehre US-amerikanischer Prägung suchte frühzeitig die Verbindung der Erfordernisse eines konkreten Arbeitsplatzes mit den (individuellen und/oder sozialen) Bedürfnissen sowie Kreativität und Selbstverwirklichung zu gewährleisten. Derlei Motivationsforschung erreichte insbesondere in den 1970er Jahren gewisse Durchbrüche und Setzungen gewisser Standards. Dies auch in Verbindung mit neuen Berufen, gesellschaftlichen Leitbildern und Rahmenbedingungen. In der jeweiligen Praxis mag davon eventuell aber ein nur noch rhetorisches Moment übrig bleiben.

Tatsächlich werden vielerorts viele denkbare oder einst gegebene Freiheitsgrade und inhaltliche Standards durch Technisierung sowie Verrechtlichung oft eher beschnitten als gesichert oder ausgeweitet. Und seit dem vorgeblichen Ausbruch der Ära des Postkommunismus werden letztlich alle Bereiche des ‚westlichen‘ Arbeits- und Kulturlebens mit eindeutig eher ideologischen als pragmatischen Erwägungen offiziös angegangen. Insbesondere in reinen Dienstleistungsbranchen oder (staatlichen) Verwaltungen ist dies zu beobachten – nicht zuletzt im deutschen Hochschulsektor, aber zunehmend wohl auch in der freien Wirtschaft.

Die mehr oder weniger ausgeprägte Entwicklung von Arbeits- und Bildungskulturen – sozusagen unter dem Diktat des Zeitgeistes – mögen dabei ebenso wenig durch humanistisches Selbstverständnis wie durch demokratisches Prozedere (also Von-unten-nach-Oben beziehungsweise ‚Bottom-up-Ansätze‘) legitimiert sein. Vieles ist einer Art oft nur selbstreferentieller oder organisationspsychologischer Scheinrationalität, einer Strategie ohne haltbares oder erreichbares Oberziel zu verdanken. Gewisse Reformbedarfe, Willigkeiten und Fähigkeiten sind eher nur vorgetäuscht und manches angeblich politisch korrekt Daherkommende deutet eher in Richtung getarnt-autoritärer – tendenziell sogar krypto-faschistischer? – Sonderbehandlung und Vorteilsheischung (vgl. Weyel 2006). Sehr viele der dergestalt agierenden Strukturen, Kollektive und Individuen innerhalb der massengesellschaftlichen Trias Politik-Verwaltung-Ökonomie sind auf ein gekünstelt aktivistisches Funktionieren und/oder Vorgeben von Funktionalität angelegt. Und die Entdeckung von tatsächlicher Dysfunktionalität und deren konsequente Ausschaltung wäre dabei wohl das Ende vieler dieser ‚Strukturen‘. Aber solange die Ökonomie und Bürger das Geld dafür bereitstellen dürfte sich derlei

Reigen (vielleicht nur scheinbar folgenlos) auch unabsehbar fortsetzen. Vielleicht gilt das, was einst die Kritiker des Sowjetsystems über selbiges sagten, paradoxerweise gleichermaßen für die heutigen Sieger der einstigen Systemkonkurrenz.

> „Alles was Solschenizyn über das ideologische Ritual, über schädliche Vergeudung von Zeit und Kraft der besten Menschen schreibt und über das Geschwätz, durch das sie zum Gebrauch leerer Worte und zum Heucheln abgerichtet werden, ist nicht zu bestreiten." (Aron 1978: 67)

In der Sphäre rein marktabhängiger Dienstleistungen, oder in Produktionsbetrieben, setzt die Globalisierung der Arbeits-, Kapital- und Gütermärkte freilich auf das teils vielleicht allzu kostenrechnerische Verlagerungsmotiv. Verstärkt seit den 1990er Jahren erreicht sie in vielerlei Hinsicht nun Ausmaße, die den Liberalismus vor 1914 noch weit übertreffen. In Verbindung mit einer eventuell genau darauf gar nicht – oder eben eher falsch! – reagierenden Politik und/oder Verwaltung, machen viele Akteure von ihrer erweiterten Mobilität eben auch verstärkten Gebrauch. Dies oft und in summa wohl eher zum Nachteil ihrer alten Standorte oder Heimatgefilde. Die unter derlei bestenfalls halbverstandenen Prämissen agierenden (tertiär oder anderweitig) ausgebildeten Jobnomaden fast aller Studienfächer, bilden die eine Seite dieser Medaille – die (größere Gruppe?) der dauerhaft vom ‚Sozialstaat' alimentierten, weder von ‚Arbeitsamt' noch ‚Agentur für Arbeit' oder ‚Arge', weder im In- noch im Auslande vermittelbaren Bildungsfernen (individualökonomisch aber doch eher ziemlich Schlauen?) die andere Seite. Der Homo oeconomicus erlebt im staatlich alimentierten Millieu ‚Unterschicht' oder ‚Prekariat' seine vielfache Wiedergeburt. Und die sozusagen geistig Miss- oder Fehlgebildeten – also das Paradoxon der irgendwie recht dummen Akademiker? – spielen bei alledem vielleicht auch eine nicht zu unterschätzende trübe Rolle, insofern gerade sie die politischen Strukturen weder zu durchschauen noch zu reformieren vermögen, sich vielmehr zu nützlichen Idioten von wem auch immer machen! Schöne neue (inter)nationale Arbeits-, Sozial- und Kulturwelt also?

Doch wie sagt es schon die Bibel (Thessalonicher 3, 10), und auch die alten/neuen Sozialdemokraten August Bebel (einst) und Franz Müntefering (jetzt) präzisieren es noch etwas:

> „Es geht nicht darum, Menschen etwas zu versprechen und etwas zu schenken, was es überhaupt nicht gibt. Sondern es kommt darauf an, dass man das Land stark macht, dass der Wohlstand auch erarbeitet werden kann und davon dann auch alle profitieren. … Es gab einen ganz alten Spruch in der Sozialdemokratie: ‚Wer nicht arbeitet, soll auch nicht essen'. Das traut man sich heute gar nicht mehr zu sagen. Aber das war sozialdemokratisches Denken. Die haben gewusst: Jeder muss sich anstrengen, jeder muss seinen Teil dazu beitragen. (…)." (Müntefering, zitiert nach „Die Zeit", Netz-Ausgabe, am 18.1.2009)

Auch wenn die spirituelle oder rein kulturelle Dimension des Geschehens dabei etwas aus dem Blick gerät, dürften Staatsfinanzen und Psychohygiene von solch klaren Worten durchaus profitieren, erst recht wenn wirklich zielführende Handlungen oder Unterlassungen damit verbunden wären.

10.2.2   Arbeitseinkommen

Nicht für Gotteslohn, sondern gegen Entgelt wird außerhalb von klösterlichen Mauern oder ähnlichen Gebilden im Regelfalle gearbeitet. Auch außerhalb des Klosterlebens kann der Naturallohn (Kost, Logis und mehr) nach wie vor eine mehr oder minder große Rolle spielen. Nicht nur bei den Haushaltshilfstätigkeiten. In der so genannten Dienstleistungsgesellschaft fallen viele solcher Dienstleistungen weg, weil sich doch weniger Leute als früher eine entsprechende Dienerschaft leisten können oder wollen. Und das vermeintlich selbstbestimmtere, jedenfalls mehr markt- oder staatsvermittelte moderne Geldverdienen (oder bloße Einstreichen von Transfereinkommen) enthebt auch des unmittelbaren Verdingungszwanges, der früher weit stärker, und kulturell tief ‚eingebettet‘ obwaltete.

Es gibt den historischen Versuch einer ‚objektiven Arbeitswertlehre‘, insbesondere des Klassikers David Ricardo und à la Karl Marx. Und zur wiederum quasi neoricardianischen, preistheoretischen Herleitung des Arbeitswertes siehe etwa Piero Sraffa (1898–1983). Das der Kapitalgeber dem Lohnarbeiter wohl nur einen Teil des Warenwertes auszahlen will (und/oder kann), und der resultierende Mehrwert irgendwie als Profit vereinnahmt wird, ist wohl eine Binsenweisheit. Und nimmt man die ursprüngliche, subjektive Wertlehre eines Adam Smith hinzu, ist also jede Ware letztlich auch genau soviel wert wie irgendjemand dafür zu zahlen bereit ist – und zwar reichlich unabhängig von den Material- und Arbeitskosten oder dem jeweiligen praktischen Nutzen et cetera.

Es kommt also zum ‚Wertparadoxon‘ inmitten der Markt- und Warenwelten – mit materiell und/oder arbeitszeitlich nicht mehr ableitbaren Werten; auch zum Unterschied von Gebrauchs- und Tauschwerten. Grund- und Akkordlöhne, Arbeitszeitmessung oder ‚Zeitmanagement‘ spielten in der ökonomischen Praxis und Lehre lange Zeit die Hauptrolle schlechthin (Fließbandarbeit beziehungsweise Taylorismus/Fordismus). Und auch individuelle oder kollektive Verhandlungen über Arbeitszeit und Lohn spielen nach wie vor eine Hauptrolle. Aber der analytische Blick ist im Wohlfahrts- beziehungsweise Sozialstaat noch deutlich zu erweitern: Keine Diskussion des Lohnphänomens arbeitsteiliger Gesellschaften ohne eine adäquate Diskussion des Themas Lohnersatzleistungen und ‚Transfers‘ aller Art.

Die Gewährleistung eines nun mal gegebenen absoluten oder eines konstruierbaren ‚soziokulturellen‘ Existenzminimums auch für Kranke und Alte gehört zum modernen Repertoire jedes Industrielandes. Auch die Regelung so genannter Transferleistungen bei vorübergehender oder dauerhafter (un)freiwilliger Erwerbslosigkeit ist hierbei hervorzuheben. Die große Frage ist: Mit oder unter welchen Prämissen, mit welchen Anreizen wird dabei gearbeitet (beziehungsweise soll gearbeitet werden)? Wohl genau dies macht den Unterschied nationaler Kulturen, Strukturen, Kassenlagen, Konsens- und Konfliktfähigkeiten aus, die sich allein schon innerhalb Europas deutlich unterscheiden.

Wird dabei etwa die Armut als bloße statistische Abweichung vom Durchschnittseinkommen definiert (unter 60 % desselben – wie es hierzulande der Fall ist), oder wird einem gewährten Existenzminimum gar ein letztlich doch irgendwie bedenklicher Warenkorb zugrunde gelegt, oder werden zielgruppengerecht und rundum bequemlichkeitspolitisch einfach allzu weltfremde Verhaltensweisen unterstellt, so kommen die Dinge leicht auf die schiefe Ebene. Ein aufgeklärter Diskurs darüber kann ausgerechnet im Lande der üppigsten Sozialleistungen letztlich nicht geführt werden. Der durch Hartz IV nicht billiger, sondern mindestens 7 Milliarden Euro teurer gewordene neudeutsche Sozial-Staat, ist recht eigentlich ein Politikum ersten Ranges. Recht eigentlich dient jener „Sozialstaat" vielleicht längst eher als „Herrschaftsinstrument" denn als echter Nothelfer (Miegel 2002). Differenzierte und aktuelle Statistiken und Erfahrungswerte jedenfalls zählen dabei so gut wie nichts. Da können diesbezüglich noch so penible Berechnungen angestellt werden (was an sich schon ein gewisses Novum darstellt), aber die hiesigen, einseitig skandalisierenden Pseudo-Diskurse zeigten auch im Spätsommer 2008, dass politisches Marketing von Links bis Rechts – und schon gar nicht das der so genannten Mitte – dabei eine aufgeklärte Positionierung und Richtungsgabe zulassen will.

„8,3 Millionen Deutsche haben Ende 2006 existenzsichernde Hilfen wie Arbeitslosengeld II oder Hartz IV erhalten – das sind 10,1 Prozent der Bevölkerung. Das teilte das Statistische Bundesamt (…) mit. Dabei bekommen Hartz-IV-Empfänger sogar noch zu viel Geld – diese provokante Rechnung machen zwei Wirtschaftswissenschaftler der TU Chemnitz in der ‚Zeitschrift für Wirtschaftspolitik' auf (Friedrich Thießen und Christian Fischer, H.W.). Sie befassen sich darin mit der Höhe des Hartz-IV-Regelsatzes – und kommen zu dem Schluss, dass Empfänger dieser Hilfe deutlich mehr Geld bekommen würden als das durchschnittliche Existenzminimum rechtfertigt. Maximal angemessen wären 278 Euro für den Lebensunterhalt ohne Miete und Energiekosten, so die Wissenschaftler. Die Berechnung bezieht sich auf das Jahr 2006. Damals belief sich der Regelsatz für Hartz IV im Westen auf 345 und im Osten der Republik auf 331 Euro. Inzwischen liegt er bei 351 Euro, 73 Euro mehr als der in der Studie errechnete Regelsatz. Die Studie kommt sogar zu dem Ergebnis, dass bei enger Auslegung, was das Existenzminimum umfassen soll, ein Bedürftiger mit 132 Euro im Monat auskommen müsste. Tabu wären in diesem Fall Alkohol und Tabak. Für Freizeit, Unterhaltung und Kultur würden lediglich ein Euro, für Kommunikation zwei Euro veranschlagt. (…)." („Der Spiegel", Netz-Ausgabe, am 18.1.2009)

Am 4. September 2008 wurde das Thema unter anderem auch in den Netz-Ausgaben von „Stern" und „Welt" aufgegriffen. Letzteres Blatt: „(…) Das heißt im billigsten Fall: Essen holen bei Aldi, gelegentlich Kleidung und Schuhe aus dem Restpostenladen oder bei Billigketten, seltener Möbel aus dem Ein-Euro-Laden oder dem Baumarkt. Für Freizeit, Unterhaltung und den Besuch von Kultur gestehen die Forscher Arbeitslosen gerade einen Euro pro Monat zu. Geld für Zigaretten, Bier und Schnaps sollen sie nicht mehr vom Staat bekommen. Die Finanzexperten ermitteln außerdem einen Bedarf im Maximumfall und nehmen dafür Preise aus Supermärkten, Kaufhäusern und Fachgeschäften zur Grundlage. Auch dabei kommt die Studie mit 278 Euro monatlich auf einen Betrag, der unter dem heutigen Hartz-IV-Standard liegt – nicht eingerechnet Wohnungskosten, die beim ALG II zusätzlich erstattet werden. Das Fazit: Die Sozialleistungen in bisheriger Höhe halten die Forscher für ungerechtfertigt. Sie fordern eine Debatte in Deutschland über die Höhe der Regelsätze. Insbesondere stellen sie den Begriff ‚kulturelles Existenzminimum' infrage. Dieser definiert den Finanzwissenschaftlern zufolge mehr Bedürfnisse, als nötig wären – wie die Teilhabe an Kulturgenüssen. Dafür muss der Staat, so die These, den Arbeitslosen kein Geld bereitstellen. In den vergangenen Monaten ist die Debatte häufig anders herum geführt worden. Arbeitslosenverbände haben kritisiert, dass der Hartz-IV-Satz nicht zum Leben ausreicht. Sie führen an, dass sich viele Erwerbslose extra Ausgaben wie für gelegentliche Kinobesuche längst nicht mehr leisten können. Anschaffungen wie die Erstausstattung eines Kindes zur Einschulung reißen dann ein Loch in die Haushaltskasse. Gewerkschafter haben deshalb einen höheren Regelsatz von 420 Euro ins Gespräch gebracht. Andere Politiker, darunter der Berliner Finanzsenator Thilo Sarrazin, rechneten dagegen öffentlich vor, dass Hartz IV völlig ausreichend sei. So veröffentlichte Sarrazin seinen viel diskutierten Hartz-IV-Speiseplan (…)." („Die Welt", Netz-Ausgabe, am 4.9.2008)

Das Schicksal von Politikern/innen, die hierbei zu unpopulären Positionen tendieren, lässt sich pointiert von der Boulevardpresse bis hin zu sogenannten Qualitäts- oder Fachpublikationen gleichermaßen gut nachverfolgen. Mit umgekehrtem Vorzeichen findet sich die politische Quintessenz aus derlei deutschem ‚Diskurs' dann sozusagen spiegelverkehrt auch in dem wieder, was deutsche Parteiprogramme auch in diesem Politikfeld so alles versprechen, verbiegen oder verschweigen. Inhaltlich findet sich die vorgenannte, höchst seltene und selten wahrhaft alternative Sicht der (deutschen) Dinge auch regelmäßig konterkariert von den überaus wortreich verunklarenden Auftragsstudien mit nachfolgender emotionaler Massenaufpeitschung diversester Sozial-Lobbyisten mitsamt medial-politischen Vermarktungszusammenhängen.

Der Berliner Finanzsenator (a.D.) Dr. Thilo Sarrazin (SPD) legte dann Ende 2009 (als ‚Bundesbanker‘) nochmal in einem Zeitschrifteninterview in punkto ‚Hartz IV‘ und ‚Migrationsprobleme‘ nach, nur um in gewohnter Manier medienwirksamst verschrien zu werden. Es wagten aber auch erstmals größere Teile eines ernsthaft recherchierenden Journalismus Sarrazins sehr, sehr unliebsame und konfliktträchtige Aussagen durchaus voll zu bestätigen! Schon anno 2007 beziehungsweise 2008 mußte eine andere nüchterne Stimme ihre parteiinterne Mundtot-Machung, Quasi-Inquisition und Quasi-Exkommunikation hinnehmen. Nachdem er den populistischen Schlachtruf auch seiner Partei nach ‚mehr Sozialknete‘ in Form von ‚Hartz IV‘ von seinerzeit 349 auf 420 €/mtl. sowie ein ‚Voraussetzungsloses Grundeinkommen‘, öffentlich als sozial eher schädlich abgelehnt hatte, trat der schwäbische Ex-‚Grüne‘ Oswald Metzger nämlich aus – und legte 2008 auch sein Landtagsmandat nieder. Wegen deren ‚Linksruck‘ und einer gewissen modischen Industriefeindlichkeit trat anno 2008 auch SPD-Bundeswirtschafts- und Arbeitsminister (a.D.) Wolfgang Clement aus seiner Partei aus. Eine gewisse Verstärkung erfuhr solcherlei Anti-Populismus auch im Februar 2010 vom neuen Vizekanzler und Außenminister Dr. Guido Westerwelle (FDP), der sich gegen das Politversprechen vom letztlich „anstrengungslosen Wohlstand" aussprach – mit den erwartbaren deutschen ‚Diskurs‘-Folgen. Die politische Bewirtschaftung der von wackerer Fachwissenschaft bis hin zum illustren Boulevard absolut hinreichend (und immer wieder neu) beschriebenen ‚Sozial- und Arbeitsmarktprobleme Deutschlands‘ läuft aber auch im Rahmen einer (erneuten) ‚konservativ-liberalen Koalition‘ eher nach den gewohnten Mustern munter immer weiter – wie so vieles andere auch.

11   Geld- und Bodenmarkt (*Harald Weyel*)

Geld ist genau wie das Rad eine Erfindung, ohne die die moderne Zivilisation nicht denkbar wäre. Von den uns bekannten Hochkulturen scheinen nur die Inka ohne Geld ausgekommen zu sein – und die sind ausgestorben. (Otte 2008: 129)

11.1   Geldmarkt und Geldeinkommen

11.1.1   Geldmarkt

Nicht in Abgrenzung zum in der Regel längerfristigen Kreditmarkt oder zum Kapitalmarkt samt Wertpapierhandel soll der meist nur kurzfristige Geldmarkt an dieser Stelle betrachtet werden. Vielmehr sollen grundsätzliche Überlegungen zu seiner (wirtschafts-) kulturellen Bedeutung angestellt werden. Rein ökonomisch definiert sich sozusagen zunächst das Geld selbst als Recheneinheit, Wertaufbewahrungs- und Tauschmittel (vgl. Gabler Wirtschaftslexikon). Nicht Ware gegen Waren, sondern die universelle Erhältlichkeit von Waren oder Dienstleistungen gegen Geld macht seinen Zauber aus. Ungeachtet all dessen hat die Gelderfindung beziehungsweise Schöpfung nolens volens mit Schuldverhältnissen zu tun im Sinne von: Am Anfang war der Kredit! Und im Theoretischen erklingt die (neue) Fundamentalkritik:

„Eigentum, Zins und Geld werden von der etablierten Wirtschaftswissenschaft bis heute umrätselt. So hat noch kein Vertreter der herrschenden Lehren überzeugend erklären können, dass und wie der Gütertausch, von dem alles Ökonomische abzuleiten sei, überhaupt Geld hervorbringt" (Heinsohn; Stempel 2008).

Siehe jedoch dazu auch Helmut Bujard im vorliegenden Werk, der verdeutlicht wie aus gewissen Aktivitäten von Zentralbanken und Wirtschaftssubjekten durchaus Geld geschöpft oder geschaffen wird.

In derlei Zusammenhang sei meinerseits an dieser Stelle auch darauf hingewiesen, dass selbige Mechanismen zu hoch zweistelligen Milliardenverlusten der deutschen Bundesbank seit Einführung des Euro im Zeitablauf führ(t)en. Die deutsche Geldmenge umfass(t)e schließlich weit über 1/3 der seit den 1990er Jahren realisierten Euro-Zone und die seit 1949 angehäuften Wertpapierbestände der Bundesbank waren/sind die weitaus größten in ‚Euroland'. Und außerhalb war die DM nicht nur die inoffizielle Hauptwährung Ostmitteleuropas! Die im zwielichtigen außenpolitischen Rahmen der ‚Wiedervereinigung' stehende Euroeinführung wurde zudem deutscherseits (wie gewohnt) sehr selbstschädigend verhandelt. Die im Geschäft nationaler Zentralbanken anfallenden Geldschöpfungsgewinne (Seignorage) wurden nämlich ohne Not und offenbar auch völlig ohne Kenntnis, Bewusstsein und Würdigung relevanter Tatsachen nunmehr unter allen Euro-Teilehmerländer in höchst ungerechtfertigter Manier verteilt – nämlich nach bevölkerungsmäßiger „Landesgröße" aber völlig ungeachtet der vorher national angesammelten Wertpapierbestände et cetera. Die Erträge der in der Euro-Eröffnungsbilanz im Januar 1999 ausgewiesenen nationalen Wertpapierschätze wurden einfach so umverteilt und Deutschland wurde über 29 Milliarden € ärmer, Frankreich über 31 Milliarden € reicher! Übrigens verloren hierbei auch Österreich und Spanien nennenswerte Summen von rund 2 bzw. 11 Mrd. €, während etwa Finnland über 3 Milliarden € gewann usw. Es ist wohl einzig das Verdienst des Münchner Professors Hans-Werner Sinn, auf genau diesen veritablen Unsinn und EU-Großschaden die hohe deutsche Politik schon 1998 öffentlich aufmerksam gemacht zu haben – freilich ohne wirksamen Erfolg angesichts (inter)national konfliktscheuer und offenbar weitgehend beratungsresistenter Entscheidungsstrukturen und Mentalitäten in Deutschland (vgl. Sinn 1998, 2000, 2004 sowie 2007).

Ungeachtet all dessen führten Unterschiede in der Leistungskraft, der Inflationsraten und der staatlichen Politik- und Ausgabendisziplin in der Eurozone zudem spätestens in der seit 2007/08 sich manifestierenden neuen Weltfinanz- und Wirtschaftskrise zu absehbaren Problemen, die auch diesen EU-Großaktionsbereich zur regelrechten Transferunion (mittels subventionierter Gemeinschaftsanleihen oder anderer (in)direkter Hilfen für schwache (€-)Länder degenerieren lassen könnten. Und aller mutmaßlichen Effektivität der im Euro implizierten deutschen Stabilitätsleihe für schwache Ökonomien (bzw. Staaten) zum Trotze – was ja zunächst auch für Deutschland (in)direkt positive Wirkungen haben mag –, wären negative und höchst zahlungswirksame Kontereffekte einer noch weiter verstärkten Auslandssubventionierung dann wohl wiederum (in)direkt einmal mehr und ganz maßgeblich eben vom deutschen Steuerzahler zu tragen! Das Ganze wäre sozusagen ein (weiteres) Fass ohne Boden verfehlter oder nicht wirklich zielführender EU- und/oder Außen(wirtschafts)politik. (Vgl. Ohr; Pickartz et al.; Ginsburg 2009)

Doch weg vom (Un-)Praktisch-Profanen, hin zum einst so Spirituellen: Rein kulturgeschichtlich nahm das Geld seinen Anfang eher als Opfergeld oder Tempelgeld – ob nun in Gestalt von Vieh, Kaurimuscheln oder Münzen aus Edelmetallen et cetera. In unserem Zusammenhang stellt sich die Frage aber eher nicht (nur) tiefenpsychologisch, sondern rein praktisch. Braucht es nun das Geld für sogenannte Transaktionskasse, zum Erwerb von was auch immer, oder eben als Spekulationskasse, um aus bereits vorhandenem Geld noch viel mehr Geld zu machen? Wird das Geld verkonsumiert, investiert, oder gehortet? Individuelle Bedürfnisse der bloßen Subsistenz konkurrieren hierbei mit umfassenden, vielleicht tendenziell überbordenden Bedürfnis- oder Selbstverwirklichungen, oder schieren Wunschvorstellungen. Und schon ein (später) Keynes machte kritische Anmerkungen zur Differenz und Klassifizierung von „Bedürfnissen erster und zweiter Klasse" (zitiert nach Schefold et al. 1981: 159 f.).

Mit anderen Worten: zu halbwegs fraglosen und leidlich erfüllbaren menschlichen Bedürfnissen einerseits und oft eher fragwürdigen, fortdauernden Wünschen andererseits.

Die faktische Rolle des Geldes als ewiger (gesamt)kultureller Fetisch, auch als soziobiologisches Elixier (nämlich als Aphrodisiakum) ist wohl kaum zu leugnen. Eine nüchtern-neutrale, rein instrumentelle oder sachliche Betrachtung des Geldphänomens griffe da gewiss zu kurz. Ganz pragmatisch ist nebenbei auch hinzuweisen auf alte wie neue Spekulationsblasen, auf das Herdenverhalten gerade auch im Rahmen globalisierter (Finanz-) Transaktionen, die sich immer weiter von der Realwirtschaft ablös(t)en. Insbesondere *Behavioural Finance* beziehungsweise *Behavioural Economics* befassen sich mit der Erklärung menschlicher ökonomischer Transaktionen, die so gar nicht dem Bild vom rationalen Homo oeconomicus der klassischen Mikro- und Makroökonomie entsprechen und die letztlich auch für politische und andere Wissenschaften oder eben Praktiken hochrelevant sind.

Zur Analyse der kulturevolutionären Grundelemente und Abläufe hoch entwickelter Geld- und Volkswirtschaften sei auch folgender Ansatz genannt: die halbvergessene deutsche ‚Historische Schule' der Ökonomie (um 1900) und deren partielle Weiterentwicklungen. Sie sollte(n) nicht völlig übersehen werden.

> „Die Verbindung von Wirtschaftsstil und Wirtschaftssystem, mit anderen Worten, Walter Eucken erweitert um Evolutions- und Transaktionskostentheorie mit dem Schwerpunkt auf Institutionen, erscheint für die Erklärung der Funktionsweise und Entwicklung von Wirtschaft und Gesellschaft ein sehr viel versprechendes Modell." (v. Prollius 2004)

Und um eine historische Substanzbetrachtung auch an dieser Stelle aufzugreifen, verweise ich auf manch hochmoderne Finanzexperten. Eher klassisch-solide beziehungsweise relativ anti-monetaristisch, kann man sehr wohl auch im reinen, technokratischen Bezug auf das isolierte Thema heutige Geld- und Kapitalmärkte zu unschmeichelhafter Einordnung und Kontrastierung politisch-wirtschaftlicher Strukturen der Gegenwart mit den teils weit fraglo-seren Erfolgen der Vergangenheit kommen:

> „Aber die Politik der extrem niedrigen Zinsen und der Geldschwemme hat nicht den Effekt, den sich Notenbanker wünschen. Der private Konsum läuft bestenfalls mittelmäßig, und Unternehmen investieren nur sehr zurückhaltend in neue Maschinen. Stattdessen fließt das viele Geld in immer spekulativere Investments wie Technologieaktien, amerikanische Immobilien, Hedge-Fonds oder in ganze Staaten und führt dort zu spekulativen Blasen. (…) Das Weltwährungssystem der globalen Ära von 1870 bis 1914 beruhte auf dem Goldstandard. Die Banknoten jedes Landes konnten bei der entsprechenden Zentralbank jederzeit zu einem staatlich festgesetzten (und nicht veränderlichen!) Verhältnis gegen Gold eingetauscht werden. (…) Die ganze zivilisierte Welt wurde (zu) einem transparenten Handelsraum ohne größere Preisunterschiede. Nur die Transportkosten waren ein Bremsfaktor, ansonsten herrschte in der Weltwirtschaft Sicherheit." (Otte 2008: 138 ff.)

Das Geld als Mittel zum Zweck der Befriedigung fragloser beziehungsweise fragwürdiger Ziele oder Bedürfnisse ist mithin das Standardmedium oder Scharnier für menschliche Inter- oder Transaktion auf den Güter-, Arbeits- oder Kapitalmärkten. Die Spitze erreicht die teils höchst rationale, teils aber auch zum Irrationalen (sprich zur irrationalen Übertreibung) neigende monetäre Motivation im Begriff des ‚Cash Nexus'. Dieser beinhaltet die (utilitaristische) Hinterfragung jeglicher menschlicher Aktivität und Motivation im England der Zwei-

ten Industriellen Revolution. Den menschlichen Arbeits- und Privatverhältnissen zugrunde
liegt demzufolge fast ausschließlich der Geldzusammenhang. Auch kann dies auf die gesamte wirtschaftlich-politische Gesellschafts- und Staatsentwicklung der Industrienationen
(spätestens seit 1815) übertragen werden (vgl. Ferguson 2001). Weniger von der institutionellen Seite her (vgl. North 1994), als vielmehr von der sozial- und individualpsychologi-
schen beziehungsweise sozio-biologischen Seite her argumentieren Ökonomen wie Gary S.
Becker (1998), die ein immer wieder gerade auch auf biologischem Selbsterhalt (im engeren
oder weiteren Sinne) beruhendes Rationalkalkül bei fast jedweder menschlichen (Trans-)
Aktion erkennen können.

Und eine der ersten moderneren Ausführungen, nach denen der englischen Utilitaristen des
19. Jahrhunderts, findet sich dann bei John M. Keynes (1930):

> „Nun ist es freilich wahr, dass die Bedürfnisse menschlicher Wesen anscheinend unersättlich sind. Aber sie zer-
> fallen in zwei Klassen: solche Bedürfnisse, die … unbedingter Art sind …, und solche die in dem Sinne verhält-
> nismäßiger Art sind, dass wir sie nur fühlen, wenn ihre Befriedigung uns über unsere Mitmenschen erhebt, uns
> ein Gefühl der Überlegenheit gibt. (…) Die Bedürfnisse der zweiten Klasse, solche, die das Verlangen nach Über-
> legenheit befriedigen, mögen in der Tat unersättlich sein, denn je höher der allgemeine Stand, um so höher sind
> sie. Das ist nicht so zutreffend für die unbedingten Bedürfnisse: es mag ein Punkt erreicht werden, vielleicht viel
> eher als es uns selbst klar wird, an dem diese Bedürfnisse in dem Sinne befriedigt sind, dass wir vorziehen unsere
> weiteren Kräfte nichtwirtschaftlichen Zwecken zu widmen." (Zitiert nach Schefold et al.1981: 159 f.)

Jedenfalls die heutige Motivations- beziehungsweise Glücks-Forschung à la „Ein Ferrari
macht nicht lange glücklich" (Frey 2008) scheint jene mehr oder minder jenseits von Angebot und Nachfrage stehenden, sozusagen post-makro- und post-mikroökonomische Anmerkungen auch fruchtbar aufzugreifen.

11.1.2   Geldeinkommen

Ist der Lohn der Preis für die Überlassung von Schaffenskraft, so ist der Zins der Preis für
die Überlassung von schierem Geld. Seine Höhe (beziehungsweise Rendite) spiegelt auch
hier – unter hinreichenden Marktbedingungen – die Knappheitsverhältnisse und den Wettbewerb alternativer Anlage- oder Investitionsmöglichkeiten. Jedes Unternehmen kalkuliert
seine zu tätigenden oder eben zu unterlassenden Investitionen mit dem zu erwartenden Zins,
sprich: der Rendite. Dies spiegelt am Markte eben auch das Risiko, was mit einer Investition
verbunden ist. Investoren-Faustregel: Je höher das Risiko, desto höher der Zins, der Zins ist
in Teilen oder zur Gänze eben auch die Risikoprämie für einen möglichen Totalverlust. Und
je höher die Kreditzinsen für Unternehmen (und Privatiers), desto höher muss wohl auch der
zu erwartende Gewinn (also Kalkulationszinsfuß etc.) ausfallen. Die Betrachtung der geld-
oder wirtschaftspolitischen Stimulation des Zusammenhangs Geld(menge)-Zinsen-
Investitionen/Kosum-Beschäftigung et cetera, möglichst unter Berücksichtigung des Inflati-
ons-/Deflationszusammenhanges, wurde unter anderem auch von Keynes beleuchtet – und
findet sich in anderen Abschnitten des vorliegenden Buches wieder.

Auch die Überlassung anderen, sozusagen klassischen Kapitals in Form von Räumen, Gebäuden oder Grundstücken erbringt so genannten Miet- oder Pachtzins. Und das bei den

Lohnbetrachtungen in Erinnerung gerufene Prinzip des (biblischen wie sowjetischen) „wer nicht arbeitet, soll auch nicht essen", lässt sich ideell auch – zumindest ein bißchen – für die Bezieher auskömmlicher Zinseinkünfte sowie Vermieter- und Verpächter sowie (Groß-) Erben aller Art bemühen. Und was biblische oder kirchenrechtliche Implikationen angeht sei auch das kanonische beziehungsweise katholische Zinsverbot erwähnt (2. und 4. ‚Lateran-konzil' 1139 und 1215 – es galt bis 1822). Merke: vorher hielten schon Aristoteles und die Seinen nichts von Wucher und dergleichen. „Am Zinsverbot war offiziell nicht zu rütteln, obwohl Theologen und Juristen es ab dem 13. Jahrhundert kritisierten und immer mehr Aus-nahmen zuließen. Unter den Reformatoren befürwortete Calvin am nachhaltigsten die Lega-lität von Zinsen bei einem gemäßigten Zinssatz von 5 %; der Calvinismus legitimierte das verzinsliche Darlehen." (Dubler 2009)

Christliche (deutsche) Kaufleute wie Fugger und Welser verstanden es aber schon im Mittel-alter, die Gelder von Adel, Kurie und ihrer selbst zum Frommen (und Gewinn) aller Beteilig-ten zu verwalten und Kaiserwahlen im Heiligen Römischen Reich (Karl V.) zu finanzieren. Auch das bis in unsere Tage im Islam fortbestehende Zinsverbot macht(e) die örtliche und hiesige Finanzbranche kreativ. Angeführt von britischen Instituten und inspiriert durch viele, viele Petrodollars ist inzwischen auch vermehrt ein Sharia-konformes *Islamic Banking* wohl für alle Beteiligten profitabel aufgegriffen worden. Nicht notwendig wird dabei der Zins etwa nur umgetauft. Vielmehr soll hierbei echte unternehmerische oder quasi-unternehmerisch Beteiligung einen Gewinn abwerfen. Freilich schließt oder schlösse dies auch ein entsprechendes Verlustrisiko mit ein. Übrigens ist auch die reine Spekulation als solche verboten.

Der sozusagen ansonsten tendenziell höchst unfromme Vorgang wird auch bei Ungläubigen aller Art sowie in allen fiskalisch durchdrungenen Gesellschaften freilich ohnehin konterka-riert oder relativiert durch Erbschafts- und Steuerrecht. Auch ist hierbei wohl eine ausführli-che und sehr prinzipielle Betrachtung von Eigentumsrechten und Rechtsstaat zu bemühen. Und es sei der Hinweis gestattet, dass in praxi sich ein ansonsten wohl ziemlich anarchi-scher, selbstzerstörerischer Liberalismus mittels Rechtsstaat (einschließlich Wettbewerbs-recht sowie eben auch Arbeits- und Sozialrecht et cetera) durchaus sehr nennenswert regu-liert und relativiert findet. Und übrigens wurde der Zins im realen Sozialismus genauso we-nig abgeschafft wie der Arbeitszwang!

11.2   Bodenmarkt und Bodeneinkommen

„Der erste, der ein Stück Land mit einem Zaun umgab und auf den Gedanken kam zu sagen ‚Dies gehört mir' und der Leute fand, die einfältig genug waren, ihm zu glauben, war der eigentliche Begründer der bürgerlichen Ge-sellschaft. Wie viele Verbrechen, Kriege, Morde, wie viel Elend und Schrecken wäre dem Menschengeschlecht erspart geblieben, wenn jemand die Pfähle ausgerissen und seinen Mitmenschen zugerufen hätte: ‚Hütet euch, dem Betrüger Glauben zu schenken; ihr seid verloren, wenn ihr vergesst, dass zwar die Früchte allen, aber die Erde niemandem gehört'." (Jean Jacques Rousseau, 1755)

In der klassischen Ökonomie ist der Boden neben Kapital und Arbeit ein wichtiger Produk-tionsfaktor. Und bereits ein (Baron) Turgôt (oder die Herren Stewart oder v. Thünen) formu-

lierten im 18. beziehungsweise 19. Jh. im Angesicht landwirtschaftlicher Produktionsverhältnisse das so genannte Ertragsgesetz (gleichbedeutend mit dem vom abnehmenden Grenz-
ertrag oder Grenznutzen). Dieses besagt, dass man den landwirtschaftlichen Ertrag offensichtlich durch Faktorvariationen steigern kann, wobei ein zunehmender Input (Fläche, Dünger,
Maschinen) zunächst eine (über)proportionale Ertrags- beziehungsweise Output-Steigerung
erbringt. Bei weiterer Steigerung desselben (Sub-) Faktors wird ab einem bestimmten Punkt
dann aber irgendwann kein zunächst überproportionaler und dann linearer, sondern schließlich ein nur noch abnehmender (Zusatz-) Ertrag herausgeholt. Ein zusätzlicher Sack Dünger
etwa bringt oder brächte also irgendwann keinen zusätzlichen Sack Ernte mehr ein. Der
genannte Sachverhalt lässt sich zwar nur teil- und phasenweise auf industrielle Produktionen
übertragen, beschreibt aber einen grundlegenden Sachverhalt jeglichen Produktionsvorgangs.

Kulturell und geschichtlich ist vieles – jenseits mathematisch nachweisbarer Zusammenhänge – natürlich auch eher eine qualitative oder normative Frage. Beispielsweise wie denn
nun jeweils das (Nicht-) Eigentum an Boden, Kapital und Arbeit begründet oder legitimiert
wurde und ist? Die Erde, was darauf wächst und was darin schlummert gehört(e) einst ziemlich flächendeckend dem von eigenen und Gottes Gnaden herrschend Adel – sofern nicht
(später) auch der Kirche. Derlei Ausgangslage beherrschte seit dem frühen Mittelalter die
Geschicke von Untertanen, Klerikern und Lehnsherrn. Der von Handel oder Handwerk le-
bende, mehrheitlich mehr oder weniger als Leibeigener, Tagelöhner oder gar als freier
Mensch eigenen oder herrschaftlichen Acker- oder Bergbau treibende Dritte bzw. Vierte
Stand hatte zu gehorchen, zu dienen und seine Abgaben zu entrichten.

Das Recht von Adel und/oder Klerus ging nicht nur in Amerika nach 1776 oder in Frankreich nach 1789 mehr und mehr auf den (Bürger-)Staat über und zog mit Napoleon I. auf
dem Kontinent immer weitere Kreise. Nach gewissen Restaurationen (1813–15 ff.) folgte
nach dem Ende des ‚langen 19. Jahrhunderts‘ dann ab anno 1914 (sowie 1945) – und dies
insbesondere in Mittel- und Osteuropa – eine relativ umfassende Neuordnung von Eigen-
tums- und Rechtsverhältnissen mit In- und Auslandsbezügen (großteils sogar mit Gültigkeit
und sehr hoher Relevanz bis heute). Völker- und Privatrecht verknäul(t)en sich dabei eins
ums andere Mal – (Un?)recht eigentlich bis heute.

Der im rechts- und gesellschaftspolitischen Zusammenhang stehende Begriff auch der
Grundrente verweist also letztlich ebenso auf juristische Eigentumsfragen wie auf motiva-
tionstheoretische und praktische Anreizsysteme für Eigentümer und/oder Kapitalisten einerseits sowie für Arbeiter andererseits. Der Umgang mit dem Rechtsinstitut des Eigentums, das
Verfügung über Kapital in Form von Boden, oder Immobilien, oder Geld und Kredit, oder
das Eigentum an bloßer, veräußerbarer menschlicher Arbeitskraft (Humankapital) war und
ist sozusagen die Frage aller Fragen aller nur denkbaren historischen (wie künftigen?) Eigen-
tumsreformen, Revolten oder (R-)Evolutionen.

Literatur zum 10. und 11. Kapitel

Aron, R.: Plädoyer für das dekadente Europa, Berlin u. Frankfurt/Main 1978.

Becker, G.S.; Nashat, G.: Die Ökonomik des Alltags, Tübingen 1998

Daniel, U.: Einkreisung und Kaiserdämmerung, in: Stollberg-Rilinger 2005, S. 279–328.

Dawkins, R.: Das egoistische Gen, Frankfurt/Main 1976.

Duble, A. M.: Zinsen – Der Umgang mit dem Zinsverbot der Kirche, in: Historisches Lexikon der Schweiz, unter: http://hls-dhs-dss.ch/textes/d/D13923-1-1.php (15.3.2009).

Ferguson, N.: Politik ohne Macht. Das falsche Vertrauen in die Wirtschaft, 2001; engl. Original: The Cash Nexus, London 2001.

Frey, B. S.: Ein Ferrari macht nicht lange glücklich, Interview, unter: http://www.faz. net/s/RubB8DFB31915A443D 98590B0D538FC0BEC/Doc~E8AE01D6AEEC2439EBC7C7C48A4F99703~ATpl~Ecommon~Scontent.html (10.1.2009).

Gabler Wirtschaftslexikon, 14. Aufl., Wiesbaden 1997.

Ginsburg, H. J.: Zwang zum Betteln, in: „Wirtschaftswoche", Nr. 12, v. 16.3.2009, S. 26.

Hauser, D. (Hrsg. und Einleitung): Krieg und Frieden. Die wirtschaftlichen Folgen des Vertrags von Versailles, Neuausgabe der deutschen Übersetzung des Urtextes von John Maynard Keynes aus dem Jahre 1919, 3. Aufl., Berlin 2006.

Haustein-Teßmer, O.: Professor hält 132 Euro Hartz IV für ausreichend, unter:
http:// www.welt.de/wirtschaft/article2397035/Professor-haelt-132-Euro-Hartz-IV-fuer-ausreichend.html (4.9.2008 bzw. 18.1.2009).

Krüske, K. D. (Hrsg.): Die Nobelpreisträger der ökonomischen Wissenschaft, Band III, 1989–93, Düsseldorf 1994.

Meyer-Abich, M.; Schefold, B.: Wie möchten wir in Zukunft leben: der harte und der sanfte Weg, München 1981.

Miegel, M.: Die deformierte Gesellschaft, Berlin 2002.

North, D. C.: Ökonomische Entwicklung in langfristiger Sicht, in: Krüske 1994, S. 311–28.

Ohr, R.: Fass ohne Boden, Interview in: „Wirtschaftswoche" Nr. 12, v. 16.3.2009, S. 28.

Otte, M.: Der Crash kommt, 10. aktualisierte und erweiterte Auflage, Berlin 2008; Erstauflage 2006.

O.V. (diverse Presseagenturen): Wissenschaftler halten Hartz-IV-Satz für viel zu hoch, unter:
http://www.spiegel.de/wirtschaft/0,1518,576376,00.html (18.1.2009).

O.V.: http://kommentare.zeit.de/user/gebe/beitrag/2008/06/12/wer-nicht-arbeitet-soll-auch-nicht-essen (12.6.2008 bzw. 18.1.2009).

Pickartz, E.; Ramthun, C.; Wettach, S.: Drückende Last, in „Wirtschaftswoche", Nr. 12, v. 16.3.2009, S. 20–25.

Prollius, M. von: Rezension zu: Schefold, Bertram (Hrsg.): Wirtschaftssysteme im historischen Vergleich, unter:
http://hsozkult.geschichte.hu-berlin.de/rezensionen/2004-4-116 (17.11.2004 bzw. 8.1.2009).

Rostow, W. W.: Stadien wirtschaftlichen Wachstums, Alternativen zur marxistischen Entwicklungstheorie, Göttingen 1960.

Reimann, A.: Der Erste Weltkrieg – Urkatastrophe oder Katalysator?, in: „Aus Politik und Zeitgeschichte", B 29–30/2004, S. 30–38.

Rousseau, J. J.: Discours sur l'origine et les fondements de l'inegalité parmi les hommes, par Jean Jaques Rousseau, Citoyen de Genève, à Amsterdam chez Marc Michel Rey, 1755 (Erstausgabe), zitiert nach: o.V.: „Soziale Ungleichheit und Bildung", Präsentation für Proseminar am Institut für Soziologie der Universität Erlangen-Nürnberg, unter: http://www. soziologie.phil.uni-erlangen.de/files/lehre/Ueberblick_Bildungsungleichheit.pdf., SS 2008.

Schütte, C.: Wenn Politik überfordert ist, Rezension von Hauser, Dorothea (siehe ebd.), unter:
http://www.ftd.de/rezensionen/65761.html (2006), Februar 2009.

Sinn, H. W.: Das Grüne Paradoxon, Berlin 2008.

Ders. (22.5.2007): http://www.wiwi-treff.de/home/index.php?mainkatid=1&ukatid=1&sid= 9&artikelid=3489& pagenr=0 (28.5.09)

Ders. (26.5.1998): http://www.cesifo-group.de/portal/page/portal/ifoHome/a-winfo/d7teachmat/10videolect/ _VIDEOLECT?item_link=lect-sinn-euro1998.htm (28.5.09)

Stollberg-Rilinger, B. (Hrsg.): Was heißt Kulturgeschichte des Politischen?, Zeitschrift für historische Forschung, Beiheft 35, Berlin 2005, S. 279–328.

Weimann, J.: Die Klimapolitik-Katastrophe, Marburg 2008.

Weyel, H.: Internationales Wirtschaften, politisch korrekte BWL, kulturelle Evolution?, interne „Ilias"-Publikation, FH Köln 2003 u. 2006.

Ders.: Internationale Betriebswirtschaftslehre und kulturelle Evolution. Internationalität, Wirtschaft und Kultur im 21. Jahrhundert, Köln/Lohmar 2003.

Fünfter Teil:
Wirtschaftskreislauf und Bruttoinlandsprodukt

12 Wirtschaftskreislauf (*Walter Gutzeit*)

12.1 Aufbau und Aufgabe des Wirtschaftskreislaufs

Täglich finden unzählige Beziehungen zwischen Wirtschaftseinheiten statt:

- Hausfrauen kaufen Konsumgüter
- ein Unternehmen zahlt Löhne
- Leute spenden für gute Zwecke
- Banken gewähren Kredite an Haushalte und Unternehmen
- Werften exportieren Schiffe
- Raffinerien importieren Erdöl
- Bürger erhalten ihre Rente
- Studenten erhalten Bafög.

Im volkswirtschaftlichen Sinne handelt es sich um Transaktionen; Geld und Güter werden zwischen den Wirtschaftseinheiten bewegt. Jeder dieser Transaktionen gehen die Entscheidungen der handelnden Menschen voraus. Alle Entscheidungen beruhen auf Informationen. Unternehmer, Gewerkschaften, Haushalte, Regierung und Banken wollen möglichst genau wissen:

- Wie ist die gesamtwirtschaftliche Lage z. B. In der Bundesrepublik Deutschland?
- Worauf ist diese Entwicklung zurückzuführen?
- Wie wird die zukünftige Entwicklung sein?

Die Fragen lassen sich nur durch ein stark vereinfachtes Abbild des komplexen wirtschaftlichen Geschehens sinnvoll beantworten.

Dabei bedient man sich eines Kunstgriffs: Gleichartige Wirtschaftseinheiten – Institutionen – werden zu Sektoren und gleichartige Transaktionen werden zu Stromstößen zusammengefasst.

Man sagt auch: Wirtschaftseinheiten, Geld- und Güterströme werden aggregiert.

Daraus ergibt sich ein Schaubild, das den französischen Arzt François Quesnay (1694–1774) an den Blutkreislauf des Menschen erinnerte. Er stellte die gesamtwirtschaftlichen Prozesse als erster 1758 in seinem „Tableau Economique" kreislaufartig dar.

Sieht man zunächst von empirischen Zahlen ab und sucht die Wechselwirkungen in einer abstrakten Darstellung von Sektoren und Strömungsgrößen zu erklären, so spricht man von „Kreislauftheorie".

12.2   Elemente des Wirtschaftskreislaufs

In der „Kreislauftheorie" werden die Elemente des Wirtschaftskreislaufs wie folgt definiert. Die leistenden bzw. empfangenden Wirtschaftssubjekte werden in überschaubaren Gruppen zusammengefasst und heißen Sektoren oder Pole. Die Aktivitäten, die sich zwischen den Wirtschaftssubjekten (Polen) ergeben, nennt man Transaktionen oder Ströme, die in Mengen bzw. Geld pro Zeiteinheit erfasst werden.

1.   Sektoren oder Pole
     Dabei ist zu berücksichtigen, dass die VGR (Volkswirtschaftliche Gesamtrechnung) in Sektoren gliedert ist, die das ESVG 95 für die 27 EU-Mitglieder vorschreibt, und zwar in
     *   nicht-finanzielle Kapitalgesellschaften (z. B. Aktiengesellschaften, GmbH und Personengesellschaften wie OHG und KG, rechtliche unselbständige Eigenbetriebe des Staates und der privaten Organisationen ohne Erwerbescharakter – z. B. Krankenhäuser, Wirtschaftsverbände);
     *   Finanzielle Kapitalgesellschaften (Banken, Versicherungen);
     *   Staat (Bund, Länder und Gemeinden, Sozialversicherung);
     *   Private Haushalte (Einzelpersonen, selbständige Landwirte, Händler, Gastwirte...);
     *   Private Organisationen ohne Erwerbszweck (pol. Parteien, Gewerkschaften, Kirchen, Vereine...);
     *   Übrige Welt (alle Wirtschaftseinheiten, die ihren ständigen Wohnsitz außerhalb des Wirtschaftsgebietes haben.
2.   Transaktionen
     Die Transaktionen fließen aggregiert als Produktionsfaktorstrom von H nach U und als Konsumgüterstrom von U nach H. Diese beiden Ströme fassen Sachgüter, Dienstleistungen und Rechte zusammen als Real- oder Güterströme. Gegenläufig fließen den Haushalten Einkommen und den Unternehmungen Konsumgüterausgaben zu, und zwar als monetäre oder Geldströme mögliche Transaktionen sind:
     *   Gütertransaktionen
     *   Verteilungstransaktionen
     *   Finanzielle Transaktionen
     *   Sonstige Transaktionen

12.3   Modellarten des Wirtschaftskreislaufs

Kreislaufmodelle stellen Systeme von Sektoren (Pole) und Transaktionen (Ströme) dar. Ströme gehen von Polen aus und münden in einem Pol. Sie sind gekennzeichnet durch ihre Richtung und Stärke und beziehen sich stets auf einen bestimmten Zeitraum, wie Jahr, Monat oder Quartal.

Die kreislaufanalytische Betrachtungsweise ermöglicht es, die komplexen, arbeitsteiligen Vorgänge, die sich zwischen den Millionen von Wirtschaftseinheiten in einer Volkswirtschaft abspielen, durchsichtiger zu machen. Dabei behilft sich die Wirtschaftswissenschaft je nach Untersuchungsgegenstand und -ziel verschiedenartiger Modelle, die Vereinfachungen der wirtschaftlichen Realität darstellen.

Die wichtigsten Modellarten sind:

* „Mikromodelle" (einzelwirtschaftliche Analyse, Analyse des Verhaltens einzelner Wirtschaftssubjekte),
* „Makromodelle" (gesamtwirtschaftliche Analyse bzw. Totalanalyse, Analyse des Wirtschaftsprozesses einer ganzen Volkswirtschaft),
* „Partialmodelle" (teilwirtschaftliche Analyse, Analyse einzelner Märkte oder Wirtschaftszweige).

12.3.1 Prämissen des Kreislaufmodells

Wir setzen Prämissen für den einfachen Wirtschaftskreislauf einer geschlossenen Wirtschaft.

a) Es gibt nur private Haushalte und Unternehmungen als Wirtschaftssektoren (kein Staat und kein Ausland).
b) Das ausschließlich in Unternehmungen erzielte Einkommen wird vollständig ausgegeben für Konsumgüter (Ersparnis = O).
c) Die Produktionsmittel sind dauerhaft nutzbar.
d) Die Unternehmungen erzeugen nur Konsumgüter.
e) Alle Transaktionen finden in der gleichen Zeit statt (zeitliche Differenzen = 0).
f) Transaktionen von Haushalten untereinander fehlen. Sie sind relativ bedeutungslos und praktisch auch schlecht zu erfassen.
g) Die Transaktionen von Unternehmungen untereinander sind vernachlässigt. Tatsächlich nehmen Unternehmungen in erheblichem Umfang Vorleistungen in Anspruch, d. h. dass sie Güter und Dienstleistungen von anderen Unternehmungen einkaufen. Diese Vorleistungen führen in anderen Unternehmungen zu Einnahmen. Es handelt sich also um In-sich-Ströme des Unternehmenssektors, die noch einer besonderen Erklärung bedürfen. Bei einer ersten Einführung der Kreislaufidee können sie vernachlässigt werden.

Die Haushalte beziehen Faktoreinkommen (Lohn, Miete, Pacht, Zinsen, Gewinn), die zusammen das Volkseinkommen ausmachen.

Das Volkseinkommen ist wertmäßig gleich den Konsumausgaben der Haushalte. Der Geldkreislauf ist geschlossen. Die übliche Abkürzung für Volkseinkommen ist Y; Y steht auch für BIP. (Y = Yeald)

Für Konsumausgaben wird das Symbol C (engl. *consumption*) benutzt. Es gilt Y = C. Das Sozialprodukt wird für den Konsum verwendet.

Die Erfahrung widerlegt die Prämisse unendlicher Gebrauchsfähigkeit der Produktionsmittel. Es erweist sich als notwendig, die zeitlich begrenzte Nutzung von Maschinen und Anlagen zu berücksichtigen. Zu diesem Zweck werden die Prämissen des Modells in der Weise geändert,

- dass Ersatzinvestitionen und Anlagen mit zeitlich begrenzter Nutzungsdauer zugelassen werden.
- Technischer Fortschritt soll nicht stattfinden. Alle anderen Prämissen bleiben bestehen.
- Ersatzinvestitionen stellen sich als Nachfrage eines Unternehmens bei einem anderen Unternehmen, also innerhalb eines Sektors dar. Solche intra-sektoralen Ströme können wir nur als In-sich-Ströme zeigen. Da Zugänge und Abgänge gleich sind, könnten wir auf einen besonderen Ausweis auch ganz verzichten.

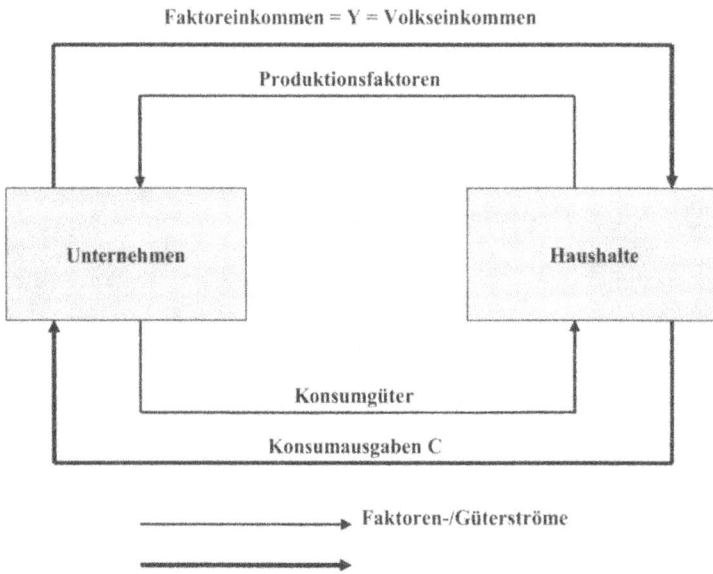

Faktoreinkommen = Y = Volkseinkommen

Produktionsfaktoren

| Unternehmen | | Haushalte |

Konsumgüter

Konsumausgaben C

→ **Faktoren-/Güterströme**

Abb. 12-1: Faktoreinkommen = Volkseinkommen

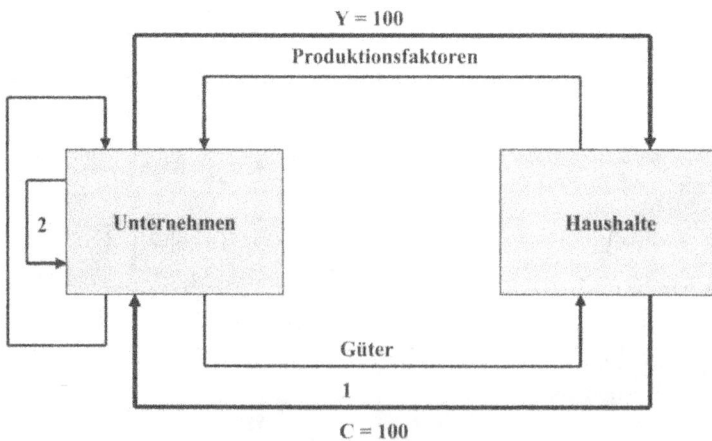

Y = 100

Produktionsfaktoren

2 | Unternehmen | | Haushalte |

Güter

1

C = 100

Abb. 12-2: Haushalte und ,In-sich-Ströme' der Unternehmungen

Alternativ dazu könnte der Unternehmenssektor aufgespalten werden in Investitionsgüter-unternehmungen = UI und Konsumgüterunternehmungen UE.

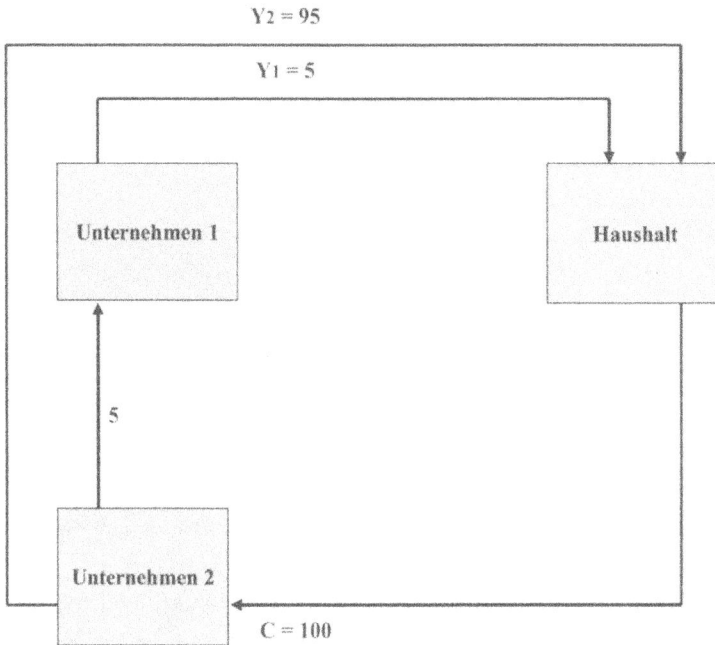

$Y_2 = 95$

$Y_1 = 5$

Unternehmen 1

Haushalt

5

Unternehmen 2

$C = 100$

Abb. 12-3: Haushalt und Aufspaltung des Unternehmenssektors

Betrachtet man nur Transaktionen der beiden Sektoren private Haushalte und Produktions-unternehmen, dann spricht man vom einfachen Wirtschaftskreislauf. Ausgeklammert sind dabei im Unternehmenssektor die Banken sowie die Sektoren Staat und Ausland. Es wird davon ausgegangen, dass alle Einkommen verbraucht werden. Es gibt in diesem Modell

* keine Ersparnisse,
* keine Kredite und
* keine Neuinvestitionen.

In diesem stark vereinfachten Modell produzieren die Unternehmen Güter und Dienstleis-tungen und zahlen Einkommen in Form von Löhnen und Gehältern an die privaten Haus-halte. Die Einkommen sind die Entlohnung für die von den privaten Haushalten in den Unternehmen geleistete Arbeit. Mit den Einkommen werden die zuvor produzierten Güter gekauft. Der Einkommensstrom von den Unternehmen zu den Haushalten entspricht einem entgegengesetzten Strom von Konsumausgaben der privaten Haushalte.

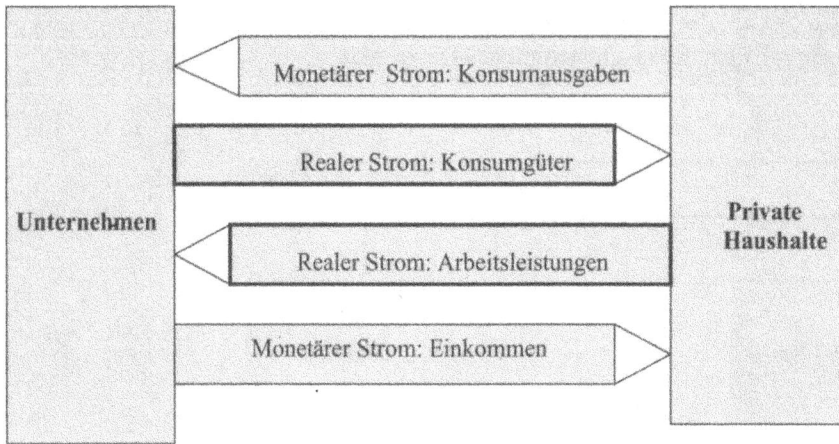

Abb. 12-4: Monetäre und reale Transaktionen

12.3.2   Kreislaufmodelle ohne staatliche Aktivität

Wir gehen einen Schritt weiter vom einfachen zum komplexeren Modell, indem wir die Verflechtung der Volkswirtschaft mit dem Ausland berücksichtigen.

1. Der Sektor Ausland umfasst die wirtschaftlichen Beziehungen der Volkswirtschaft mit der übrigen Welt. Bei Einbeziehung dieses Sektors in das Modell, spricht man von einer offenen Volkswirtschaft.
2. Wir unterstellen weiterhin positive Nettoinvestitionen, zeigen also das Bild einer offenen, nicht stationären Volkswirtschaft ohne staatliche Aktivität.

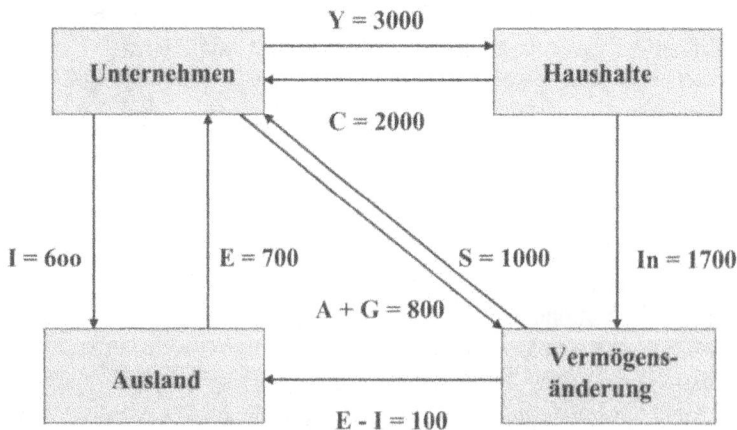

Abb. 12-5: Verflechtung der Volkswirtschaft mit dem Ausland

Dabei werden die Ersatzinvestitionen, die infolge des Wertverlustes durch Verschleiß, Über-alterung sowie technischen Fortschritt eingetreten sind, durch Abschreibungen finanziert. Die Nettoinvestitionen bewirken eine Erweiterung der gesamtwirtschaftlichen Produktions-möglichkeiten. Sie werden finanziert durch die Ersparnisse der Haushalte als auch durch unverteilte Gewinne der Unternehmen.

Y = Volkseinkommen	S = Sparen
C = Konsum	In = Investitionen
I = Import	A = Abschreibungen
E = Export	G = Gewinne

Inländische Unternehmen importieren Waren und Dienstleistungen, für die ein Zahlungs-strom I vom Sektor Unternehmungen zum Sektor Ausland fließt. Sie exportieren Waren und Dienstleistungen, was sich in einem Zahlungsstrom E aus dem Sektor Ausland zum Sektor Unternehmungen niederschlägt. Wenn mehr exportiert als importiert wird, fehlen den aus-ländischen Käufern Zahlungsmittel. Sie können entweder bei Inländern Kredite aufnehmen oder in Devisen zahlen, die dann von der Zentralbank angekauft werden. Die Zentralbank erwirbt im letzten Falle eine Forderung an das Ausland. Exportüberschüsse können also gleichsam als Kredite an das Ausland angesehen werden. Ein Zahlungsmittelstrom fließt vom Vermögensänderungssektor zum Sektor Ausland.

12.3.3 Kreislaufmodelle mit staatlicher Aktivität

Der Sektor Staat gibt Geld aus für Güter und Dienste (staatlicher Konsum StaC) für Trans-ferzahlungen an die Haushalte (StaSI) und an Unternehmungen (StaIn). Transferzahlungen stellen Einkommen ohne direkte ökonomische Gegenleistung dar. Haushalte erhalten z. B. Sozialrenten, Krankengeld, Bafög; Unternehmungen kassieren Subventionen.

Der Staat nimmt Geld ein aus direkten Steuern von den Unternehmungen (Stind). Zu ihnen gehören die Umsatzsteuer, die Verbrauchssteuern wie Mineralöl- und Tabaksteuer und z. B. die Gewerbesteuer. Allen indirekten Steuern ist gemeinsam, dass sie vor der Ermittlung des steuerpflichtigen Gewinns von den Erträgen der Unternehmen abgesetzt werden können.

Direkte Steuern (Stdir) zahlen vor allem die Haushalte an den Staat. Die Einkommenssteuer fällt dabei am stärksten ins Gewicht.

Wenn sich der Staat verschulden muss, um sämtliche Ausgaben bestreiten zu können (=Budgetdefizit), dann schlägt sich das als Strom von Sektor Vermögensänderung zum Sek-tor Staat nieder. Umgekehrt verläuft der Strom bei einem Budgetüberschuss (Sparen des Staates, StaS).

Ursprünglich war mit Investition die Einkleidung eines neuen Bischofs gemeint. Im übertra-genen Sinn bedeutet es heute die ‚Einkleidung‘ oder Ausstattung eines Unternehmens mit Sachkapital, d. h. produzierten Produktionsmitteln oder die Umwandlung finanzieller Mittel in Sachkapital. Es kann sich dabei um Anlageinvestitionen oder Lagerinvestitionen handeln. Werden finanzielle Mittel aufgewendet für Gebäude, Maschinen und andere dauerhaft nutz-bare Produktionsgüter, so spricht man von Anlageinvestition. Die Bildung finanzieller Mittel in Form von Rohstoffen und nicht verbrauchten Vorleistungen oder eigenen unfertigen und fertigen Erzeugnissen wird dagegen als Lagerinvestition verstanden. Eine Zunahme der Lagerbestände entspricht einer positiven Lagerinvestition, eine Abnahme einer negativen Lagerinvestition.

Die Anlageinvestitionen können entweder dem Ersatz abgenutzter Anlagen dienen – man spricht dann von Re- oder Ersatzinvestition – oder sie stellen eine Ausdehnung der Produktionskapazitäten dar, d. h. eine Erweiterungs-Investition.

Für Zwecke der volkswirtschaftlichen Gesamtrechnungen ist es sinnvoll, zu unterscheiden zwischen Ersatzinvestitionen und Nettoinvestitionen. Ersatzinvestitionen sind notwendig, um abgenutzte Anlagen und Maschinen zu ersetzen. Im Rechnungswesen der einzelnen Unternehmungen entsprechen sie den Abschreibungen, d. h. der rechnerischen Verteilung der Anschaffungsausgaben auf die Nutzungsdauer. Nettoinvestitionen umfassen Erweiterungs- und Lagerinvestitionen.

Das folgende Schema verdeutlicht noch einmal diese Begriffe.

Tab. 12-1: Investitionsarten

Bruttoinvestitionen		
Brutto-Anlageinvestitionen		Lagerinvestitionen
Ersatzinvestitionen	Erweiterungsinvestitionen	
	Nettoinvestitionen	

12.3.4   Darstellungsformen des Wirtschaftskreislaufs

Jeder Kreislauf lässt sich graphisch, mathematisch (als Gleichung) in Kontenform oder Matrixform (Tabellen) darstellen.

Bei der graphischen Methode in Form eines Flussdiagramms (Schaubild) existiert ein System von Punkten und Strecken. Von den Punkten (Sektoren, Pole) gehen Transaktionen aus oder zu ihnen fließen Transaktionen hin.

Mathematisch (als Gleichung) wird das Volkseinkommen Y als Summe von Konsum C und Sparen S dargestellt, wobei Sparen S = Investieren I ist.

Bei der kontenmäßigen Darstellung richtet man für jeden Sektor ein Konto ein. Jede Transaktion erscheint zweimal. Auf der Sollseite der Konten (links) nimmt man hinausfließende Ströme auf, hereinfließende Ströme auf der Habenseite (rechts).

In der tabellarischen Darstellung der Transaktionen (Matrixform) werden die verschiedenen Sektoren in gleicher Reihenfolge in der Kopfzeile und -spalte aufgeführt. In den Zeilen werden die Ströme eingetragen, die von Sektoren ausgehen. Die Zeilen einer Tabelle, in die die hinausfließenden Ströme eingetragen werden, entsprechen somit den Sollseiten der entsprechenden Konten. Die Zeilensumme umfasst die gesamten Lieferungen, die Spaltensumme die gesamten Empfänge eines Sektors (Habenseite eines Kontos).

Die hier nur kurz beschriebenen Darstellungsweisen eines Kreislaufsystems sind bezüglich ihres Inhalts völlig identisch. Je nach Zweck der Darstellung und nach Umfang des betreffenden Kreislaufsystems bietet sich die eine oder andere Form der Darstellung an.

Flussdiagramm – bei kleinen Systemen
Vorteil: Übersichtlichkeit

Tabellenform – bei Systemen mit starken Verflechtungen der Sektoren, Darstellung in der Input-Output-Analyse.

Kontendarstellung – bei umfangreichen Systemen z. B. volkswirtschaftliche Gesamtrechnung

Tab. 12-2: Wirtschaftskreislauf – Kontendarstellung

Unternehmen		Haushalte		Vermögensänderung	
Ausgabe	Einnahme	Ausgabe	Einnahme	Ausgabe	Einnahme
Y	C	C	Y	I	S
		I	S		

Graphische Methode

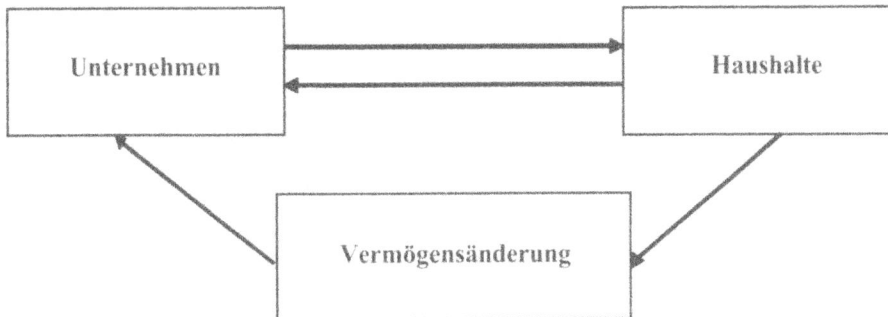

Abb. 12-6: Wirtschaftskreislauf – Graphische Methode

Gleichungsschreibweise

$$Y = C + I$$

$$Y = C + S$$

Matrixform

Tab. 12-3: Wirtschaftskreislauf – Matrixform

von \ an	Unternehmen	Haushalte	Vermögens-änderung	Summe
Unternehmen	O	Y	–	Y
Haushalte	C	O	S	C + S
Vermögensänderung	I	–	O	I
Summe	C + I	Y	S	

Literatur zum 12. Kapitel

Bartling, H. und Luzius, F.: Grundzüge der Volkswirtschaftslehre, Einführung in die Wirtschaftstheorie und Wirtschaftspolitik, 15. Auflage, Verlag Vahlen, München 2004.

Frenkel, M. und John, K. D.: Volkswirtschaftliche Gesamtrechnung, 6. Auflage, Verlag Vahlen, München 2006.

Görgens, E. und Ruckriegel, K.: Makroökonomik, 10. Auflage, Lucius & Lucius, Stuttgart 2007.

Hardes, H.-D. und Uhly, A.: Grundzüge der Volkswirtschaftslehre, 9. Auflage, Oldenbourg Verlag, München – Wien 2007.

Mussel, G.: Einführung in die Makroökonomik, 6. Auflage, Verlag Vahlen, München 2000.

Varian, H. R.: Grundzüge der Mikroökonomik,. Oldenbourg Verlag, München – Wien 2007.

Woll, A.: Volkswirtschaftslehre, 15. Auflage, Verlag Vahlen, München 2007.

13 Bruttoinlandsprodukt – Indikator für die Beurteilung der wirtschaftlichen und kulturellen Entwicklung (*Walter Gutzeit*)

13.1 Aufbau und geschichtlicher Rückblick

Das BIP – als wesentlicher Indikator für die Beurteilung der wirtschaftlichen und kulturellen Entwicklung – wird erfasst durch die „Volkswirtschaftliche Gesamtrechnung".

Die Volkswirtschaftliche Gesamtrechnung ähnelt dem betrieblichen System der doppelten Buchführung. Für die einzelnen Sektoren und auch die ökonomischen Funktionen (Produktion, Einkommensentstehung, Finanzierung und Vermögensbildung) werden Konten geführt, so dass man die volkswirtschaftliche Gesamtrechnung auch als nationale Buchhaltung bezeichnen kann.

Sie bildet als Zahlenwerk die geeignete Basis zur Analyse gesamtwirtschaftlicher Vorgänge in der Vergangenheit, eine Entscheidungsgrundlage für wirtschaftspolitische Maßnahmen in der Gegenwart und Ausgangspunkt der wirtschaftlichen Entwicklung in der Zukunft.

Die Volkswirtschaftliche Gesamtrechnung gibt Auskunft über die ökonomische Leistungsfähigkeit einer zurückliegenden Periode und bildet die Basis für Aussagen über die kulturelle Entwicklung eines Landes. Dabei sind das BIP und das Volkseinkommen die vorherrschenden Messgrößen und liefern nur eine begrenzte Information über die kulturelle Situation und Entwicklung eines Landes. Indirekt werden Ergebnisse des ‚kulturellen Bereichs' jedoch in Institutionen – in den Sektoren Staat und Nicht-finanziellen Kapitalgesellschaften – errechnet.

Zur Erfassung der Daten wird die VGR in Sektoren gegliedert, die das ESVG 95 vorschreibt, und zwar in

* Nicht-finanzielle Kapitalgesellschaften (z. B. Aktiengesellschaften, GmbH und Personengesellschaften wie OHG und KG, rechtliche unselbständige Eigenbetriebe des Staa-

tes und der privaten Organisationen ohne Erwerbescharakter – z. B. Krankenhäuser, Wirtschaftsverbände);

* Finanzielle Kapitalgesellschaften (Banken, Versicherungen);
* Staat (Bund, Länder und Gemeinden, Sozialversicherung);
* Private Haushalte (Ein- und Mehrpersonenhaushalte, Personengesellschaften, selbständige Landwirte, Händler, Gastwirte…);
* Private Organisationen ohne Erwerbszweck (pol. Parteien, Gewerkschaften, Kirchen, Vereine…);
* Übrige Welt (alle Wirtschaftseinheiten, ihren ständigen Wohnsitz außerhalb des Wirtschaftsgebietes haben).

Darüber hinaus werden Daten in Nebenrechnungen für das gesamte Rechnungssystem aufbereitet. (Volkswirtschaftliche Gesamtrechnungen 2007, Fachserie 18, Reihe 1.4).

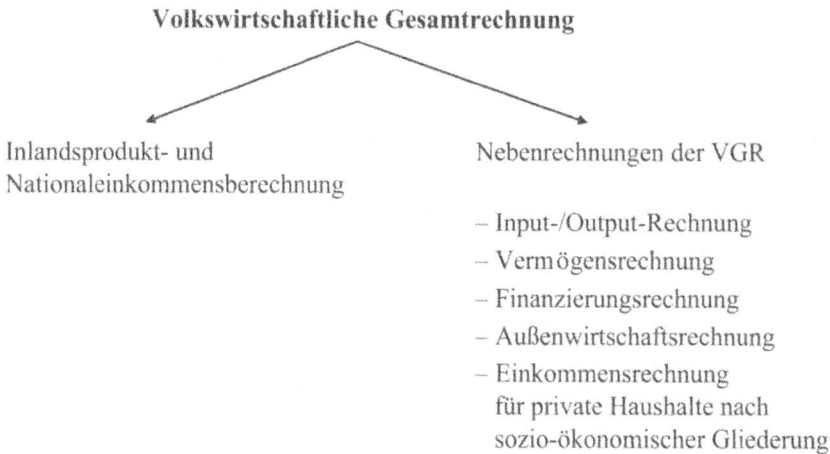

Volkswirtschaftliche Gesamtrechnung

Inlandsprodukt- und   Nebenrechnungen der VGR
Nationaleinkommensberechnung

                                     – Input-/Output-Rechnung

                                     – Vermögensrechnung

                                     – Finanzierungsrechnung

                                     – Außenwirtschaftsrechnung

                                     – Einkommensrechnung
                                       für private Haushalte nach
                                       sozio-ökonomischer Gliederung

Quelle: (Frenkel/John S. 4 f.)

Abb. 13-1: Teilgebiete der Volkswirtschaftlichen Gesamtrechnung

Die ersten Ansätze einer volkswirtschaftlichen Gesamtrechnung gehen auf den französischen Arzt François Quesnay (1694–1774) zurück. In seinem *Tableau Economique* (1758) stellt er die Kreislaufbeziehungen zwischen Bodeneigentümern, Bodenpächtern sowie Handel und Gewerbe (entsprechend der Gesellschaftsstruktur seiner Zeit) dar und analysiert erstmals die Interdependenzen von Geld- und Güterströmen für eine ganze Volkswirtschaft in einem stationären Modell.

François Ouesnay, Hauptvertreter der ‚Physiokratischen Schule‘, unterscheidet vier Gruppen, „Klassen" genannt (Blum: 177 ff.).

Classe productive: Ihr gehören die Bodenpächter an. (Die französische Landwirtschaft wurde damals überwiegend im Pachtsystem betrieben.) Allein die Pächterklasse wird als produktiv angesehen.

Classe distributive: Es sind Grundbesitzer und Verpächter. Diese Klasse beaufsichtigt die Pächter. Sie allein ist steuerpflichtig.

Classe sterile: Handwerker und Kaufleute gehören ihr an. Die Handwerker veredeln agrarische Erzeugnisse und formen Gegenstände der Natur lediglich zu nützlichen Gegenständen um; die Kaufleute reichen die Güter nur weiter. Der Produktionsbeitrag dieser Klasse entspricht dem Aufwand („Addieren ist nicht Multiplizieren!").

Classe passive (*Le Petit Peuple*): Die Klasse der kleinen Leute, der Lohnarbeitskräfte, bleibt außerhalb der Gesetzmäßigkeit. Sie steht im Dienste der anderen Klassen und kann deshalb unberücksichtigt bleiben.

Als Gesamtproduktion der produktiven Klasse nimmt François Quesnay 5 Milliarden (5 M) Livres an.

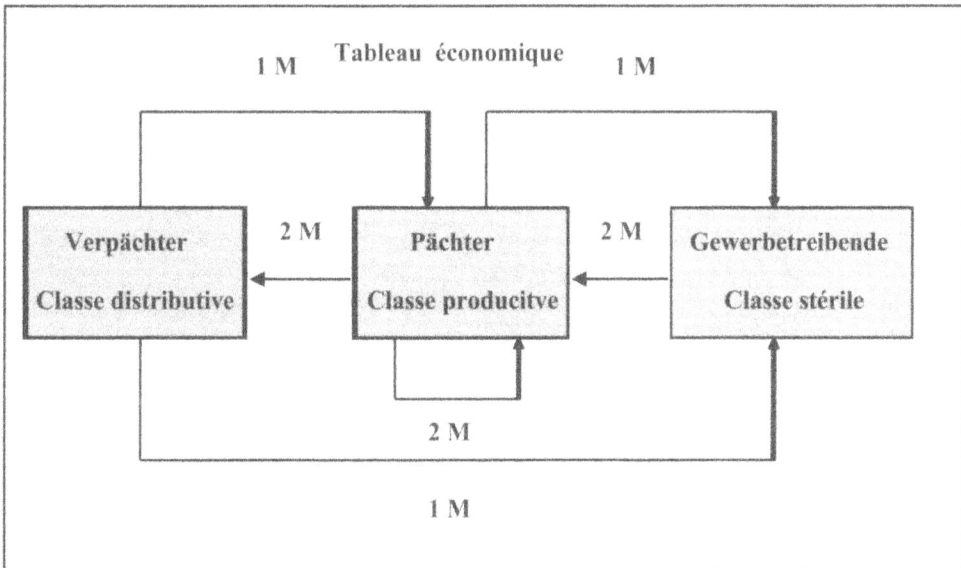

Abb. 13-2: Tableau Economique nach F. Quesnay

1. Zwei Milliarden Livres reserviert François Quesnay für den Eigenverbrauch und den Kostenersatz der Pächter, so dass in den eigentlichen Kreislauf nur drei Milliarden gelangen (In-sich-Strom: 2 M).
2. Eine Milliarde verwenden die Pächter zum Kauf gewerblicher Produkte bei der sterilen Klasse.
3. Zwei Milliarden müssen die Pächter als Pacht (Reinertrag = *produit net*) an die Verpächter abführen.
4. Für eine Milliarde kaufen die Verpächter landwirtschaftliche Produkte bei den Pächtern und für die zweite Milliarde gewerbliche Güter von der sterilen Klasse.
5. Für zwei Milliarden kauft die sterile Klasse Agrarprodukte bei der produktiven Klasse.

Das gesamte Jahresprodukt ist wieder bei den Pächtern angelangt: Der Kreislauf ist geschlossen.

Von Karl Marx (1818–1883) wurden diese Kreislaufüberlegungen wiederentdeckt und zu einer eigenen Theorie weiterentwickelt. Marx unterscheidet vier Sektoren:

Kapitalisten, Arbeiter, Produktions- und Konsumgüterindustrie und untersucht den Zirkulationsprozess des Kapitals in einer stationären Wirtschaft (*Einfache Reproduktion*, 20. Kap.) und einer wachsenden Wirtschaft (*Akkumulation und erweiterte Reproduktion*, 21. Kap.).

Die neueren Entwicklungen der Kreislaufanalyse und der Ausbau der volkswirtschaftlichen Gesamtrechnung wurden insbesondere durch die Arbeiten von John Maynard Keynes (1883–1946) initiiert (In seinem 1936 in London erschienenen Hauptwerk: *The General Theory of Employment, Interest and Money*).

John Maynard Keynes kritisierte angesichts der Weltwirtschaftskrise der dreißiger Jahre, die von anhaltender Unterbeschäftigung gekennzeichnet war, das klassische Theoriegebäude und lieferte in seiner Einkommenstheorie der Beschäftigung einen Erklärungsansatz für die Herbeiführung der Vollbeschäftigung durch die staatliche Wirtschaftspolitik. Dabei korrigierte John Maynard Keynes vor allem die klassischen Vorstellungen der geringen Bedeutung geldwirtschaftlicher Vorgänge (‚Geldschleier‘) und führte neben dem Gütermarkt auch den Geldmarkt in die Kreislaufanalyse ein. (Frenkel/John: 17 f.)

Obwohl inzwischen die Hypothesen der Keynesschen Theorie revidiert oder modifiziert wurden, muss die ihnen zugrunde liegende kreislaufanalytische Konzeption als Ausgangspunkt moderner makroökonomischer ex-post-Analysen (Betrachtung realisierter Größen) gesehen werden (Gutzeit 1988: 29 ff.).

Die in der Bundesrepublik Deutschland praktizierte volkswirtschaftliche Gesamtrechnung umfasst den gesamten volkswirtschaftlichen Kreislauf und erlaubt eine Untersuchung im Nachhinein (ex-post-Analyse). Gemessen wird der Wert der im Inland hergestellten Waren und Dienstleistungen (Wertschöpfung), soweit diese nicht als Vorleistungen für die Produktion anderer Waren und Dienstleistungen verwendet werden. Das BIP wird in jeweiligen Preisen und preisbereinigt (Deflationierung mit jährlich wechselnden Vorjahrespreisen und Verkettung) errechnet. Auf Vorjahrespreisbasis wird die ‚reale‘ Wirtschaftsentwicklung im Zeitablauf frei von Preiseinflüssen dargestellt. Die Veränderungsrate des preisbereinigten BIP dient als Messgröße für das Wirtschaftswachstum der Volkswirtschaften. Das BIP ist damit die wichtigste Größe der Volkswirtschaftlichen Gesamtrechnungen und gehört zu den Indikatoren des Verbreitungsstandards des Internationalen Währungsfonds (IWF).

Dabei wird die Leistung der Volkswirtschaft jeweils an einer anderen Stelle des gesamtwirtschaftlichen Kreislaufs ermittelt und gibt Auskunft darüber, wie die Leistung entstanden, verwendet und verteilt worden ist.

- In seiner Entstehung   – bei der Produktion   (Entstehungsrechnung)
- in seiner Verteilung   – als Einkommen   (Verteilungsrechnung)
- in seiner Verwendung   – als Konsum und Investition   (Verwendungsrechnung)

Tab. 13-1: Bruttoinlandsprodukt – Entstehung, Verteilung, Verwendung

Bruttoinlandsprodukt

Entstehung	Verteilung	Verwendung
Landwirtschaft	Konsumausgaben der privaten Haushalte und Organisationen ohne Erwerbscharakter	Arbeitnehmerentgelt / Unternehmenseinkommen / Vermögenseinkommen → Volkseinkommen
Produzierendes Gewerbe		
Baugewerbe		
Handel und Verkehr =	Konsumausgaben des Staates =	+ Produktions- und Importabgaben
Finanzierung und Vermietung	Investitionen	+ Abschreibungen
Dienstleister	Außenbeitrag	– Saldo der Primäreinkommen aus der übrigen Welt

Das Ergebnis aller drei Rechnungsarten ist das Bruttoinlandsprodukt zu jeweiligen Preisen. Es stellt die Summe der mit Preisen bewerteten Güter- und Dienstleistungsproduktion einer Periode in einer Volkswirtschaft dar (Blum: 190 f.). In der Entstehungsrechnung (Produktionsansatz) wird das BIP ermittelt, indem die Wertschöpfung aller Produzenten als Differenz zwischen dem Wert der produzierten Waren und Dienstleistungen (Produktionswert) und dem Vorleistungsverbrauch berechnet wird und dann die Gütersteuern (wie Tabak-, Mineralöl- oder Mehrwertsteuer) hinzugefügt und die Gütersubventionen abgezogen werden.

Eine andere Möglichkeit, das BIP zu errechnen, setzt an der Nachfrageseite an. Im Rahmen der Verwendungsrechnung (Ausgabenansatz) werden die Ausgaben für die Endverwendung von Waren und Dienstleistungen ermittelt, und zwar private und staatliche Konsumausgaben, Investitionen sowie der Außenbeitrag (Exportüberschuss = Exporte minus Importe). Die Größenordnung zeigt folgende Übersicht beispielhaft für 2007 und 2009 in jeweiligen Preisen in Milliarden Euro:

Tab. 13-2: Bruttoinlandsprodukt 2007–2009

Bruttoinlandsprodukt in jeweiligen Preisen Mrd. Euro

	2007	2009
Private Konsumausgaben	1375,39	1410,81
+ Konsumausgaben des Staates	435,57	473,54
+ Bruttoinvestitionen (einschließlich Vorratsänderungen)	455,53	429,86
+ Außenbeitrag (Exporte ./. Importe)	171,70	113,13
Bruttoinlandsprodukt	**2428,20**	**2409,10**

Die Berechnung des BIP über die Verteilungsseite ist in Deutschland wegen fehlender Ba-
sisdaten über die Unternehmens- und Vermögenseinkommen nicht möglich. Die Verteilungsrechnung ermittelt die im Rahmen der Produktionstätigkeit entstandenen und geleisteten Einkommen: Arbeitnehmerentgelt der Inländer, Unternehmens- und Vermögenseinkommen, Produktions- und Importabgaben an den Staat, Subventionen des Staates, Abschreibungen, Primäreinkommen aus der bzw. an die übrige(n) Welt.

In den Volkswirtschaftlichen Gesamtrechnungen ergibt sich das Unternehmens- und Vermögenseinkommen als Restgröße.

13.2   Entstehungsrechnung

13.2.1   Anteil der Wirtschaftsbereiche am BIP

Im Mittelpunkt der Entstehungsrechnung steht die Berechnung der Bruttowertschöpfung. Sie
ergibt sich aus der Summe der Einzelbeiträge der Wirtschaftsbereiche:

* primärer Sektor – Land- und Forstwirtschaft, Fischerei,
* sekundärer Sektor – Produzierendes Gewerbe,
* tertiärer Sektor – Handel, Verkehr, Finanzierung, Vermietung und Unternehmensdienst-
  leister sowie öffentliche und private Dienstleister.

In der folgenden Tabelle wird ein Vergleich über den Anteil der Beiträge dieser drei Wirtschaftsbereiche zur Bruttowertschöpfung in der Bundesrepublik Deutschland von 1991 und
2008 dargestellt. Dabei unterscheidet sich die Aufteilung dieser Wirtschaftsbereiche zu den
vorher genannten, da durch die 1991 erfolgte Umstellung der VGR eine zum Teil andere
Aufteilung der Bereiche bestand.

Tab. 13-3: Wirtschaftsbereiche am BIP – Vergleich 1991 und 2008

Anteil der Wirtschaftsbereiche am BIP absolut und in % 1991 und 2008 im Vergleich

Wirtschaftsbereiche	1991 Ges. 1.534,6 Euro in %	2008 Ges. 2.423,0 Euro in %
Land -und Forstw., Fischerei	1,4	0,90
Öffentl . und priv. Dienstleister	20,8	22,08
Prod. Gewerbe ohne Baugewerbe	30,6	25,58
Baugewerbe	6,0	4,25
Finanzierung, Vermietung u. Unter- nehmensdienstl.	23,3	29,44
Handel, Gastgewerbe, Verkehr	17,9	17,75
	100	**100**

Bei der Entstehungsrechnung wird die Wertschöpfung an den Orten der Produktion (Entstehung) gemessen. Dabei liegt die Hauptschwierigkeit darin, dass Güter nicht doppelt gezählt werden dürfen, die erzeugt und im gleichen Jahr in höherwertige Güter eingegangen sind (z. B. Kohle und Eisenerz in Stahl, Ziegelsteine im Haus).

Passiert ein Gut mehrere Produktionsstufen, so darf nur der Wert der in jeder Stufe dem bereits vorhandenen Gut neu hinzugefügt wurde, erfasst werden. Der Wert der Grundprodukte (Vorleistungen) ist im Endprodukt enthalten.

Produktionsstufen

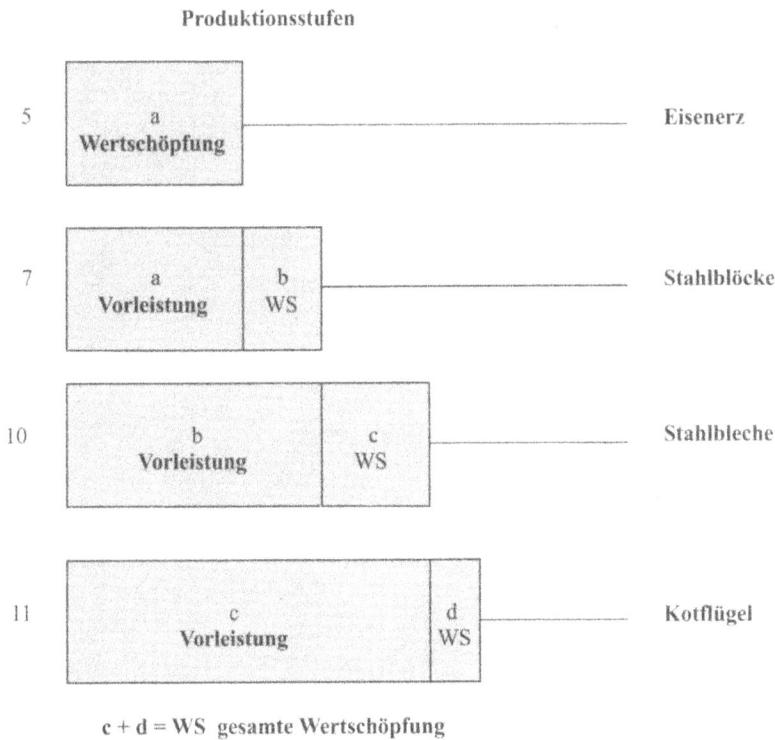

c + d = WS gesamte Wertschöpfung

Abb. 13-3: Produktionsstufen

13.2.2   Berechnung des BIP und des Volkseinkommens

Um die Brutto-Produktionswerte der gesamten Volkswirtschaft zu ermitteln, teilt das Statistische Bundesamt die Wirtschaft in Bereiche ein.

Für jeden Bereich wird ein Produktionskonto geführt, das mit dem G + V-Konto in einem Unternehmen vergleichbar ist.

Das Bruttoinlandsprodukt beinhaltet die Brutto-Wertschöpfung der Güterproduktion durch die im Inland eingesetzten Produktionsfaktoren, und zwar unter Verrechnung der an das Ausland abgeflossenen und den vom Ausland empfangenen Gütern.

Im Bruttoinlandsprodukt sind die Abschreibungen, die die Wertminderung der Produktionsmittel (z. B. Maschinen, Fuhrpark) durch die ständige Abnutzung darstellen und die als Ersatzinvestitionen wieder in die Produktion zurückfließen, enthalten. Da man aber nur den Wert erfassen will, der einer Volkswirtschaft neu zugewachsen ist, zieht man vom Bruttoinlandsprodukt zu jeweiligen Preisen die Abschreibungen ab und erhält das Nettoinlandsprodukt zu jeweiligen Preisen. Das Nettoinlandsprodukt zu jeweiligen Preisen ist der Geldwert aller neu geschaffenen Güter einer Volkswirtschaft in einem bestimmten Rechnungsjahr ohne Abschreibungen. Es zeigt die tatsächliche Produktionsleistung eines Wirtschaftszeitraumes an.

Häufig wird von Veränderungen des BIP gesprochen. Meistens beziehen sich diese Aussagen auf das Bruttoinlandsprodukt, da die Höhe der Abschreibungen in kurzen Zeitabständen nicht so schnell ermittelt werden kann.

G + V-Konto (Zahlen in GE)

Vorleistung-Materialkosten	40	Erlöse aus Produk- Verkauf tionswert	190
Wertschöpfung { Löhne	30		
Gehälter	60		
Zinsen	15		
Miete	15		
Gewinn	30		
	190		190

Abb. 13-4: G + V-Konto

Im Nettoinlandsprodukt zu jeweiligen Preisen sind noch Teile enthalten, die nicht als Kosten der Produktionsfaktoren (Faktorkosten) anzusehen sind. Sie sind Bestandteil der Wertschöpfung und damit des Volkseinkommens. Hierzu zählen die Indirekten Steuern und die Subventionen. Indirekte Steuern sind Steuerwerte, die im Marktpreis der Güter enthalten sind (z. B. Mehrwert-, Mineralöl-, Tabak-, Getränkesteuer). Diese Steuern erhöhen den Marktpreis der Güter über das bei ihrer Produktion entstandene Einkommen. Es ergibt sich also ein geringeres Einkommen, als das durch den Marktpreis ermittelte. Um das tatsächliche Einkommen zu erhalten, müssen diese Steuern vom Nettoinlandsprodukt zu Marktpreisen subtrahiert werden.

Außerdem werden manche Unternehmen staatlich unterstützt. Diese Subventionen lassen mehr Einkommen entstehen, als durch die verminderten Marktpreise ermittelt wird. Die Subventionen sind daher als Faktorkosten anzusehen und müssen den Güterpreisen zugerechnet werden. Nach Verrechnung dieser Werte staatlicher Einflussnahme (./. indirekte Steuern + Subventionen) ergibt sich das Nettoinlandsprodukt zu Faktorkosten. Dieses Nettoinlandsprodukt entspricht dem Einkommen für die verwendeten Produktionskosten, die man in ihrer Gesamtheit als Volkseinkommen bezeichnet.

Nettoinlandsprodukt = Volkseinkommen

Diese Gleichung lässt erkennen, dass alle Einkommen als Gegenwert für die Bereitstellung von Produktionsfaktoren an dem volkswirtschaftlichen Produktionsprozess angesehen werden (Wertschöpfung = Faktoreinkommen).

Wir berechnen aus dem jeweils letzten „Statistischen Jahrbuch" das Bruttoinlandsprodukt und Volkseinkommen (2008 in jeweiligen Preisen).

Tab. 13-4: Bruttowertschöpfung – Volkseinkommen

Bruttowertschöpfung, BIP, Nationaleinkommen, Volkseinkommen
In jeweiligen Preisen (Mrd. Euro)

	2008
Bruttowertschöpfung	**2239,24**
+ Nettogütersteuern – Subventionen	256,56
Bruttoinlandsprodukt	**2495,80**
./. Einkommen an das Ausland	
+ Einkommen aus dem Ausland	41,19
Bruttonationaleinkommen	**2536,99**
./. Volkswirtschaftliche Abschreibungen	367,56
Nettonationaleinkommen	**2169,43**
+ Steuern	
./. Subventionen	282,59
Volkseinkommen	**1886,04**

Quelle: Statistisches Jahrbuch 2009

Das Bruttoinlandsprodukt ist die Summe der jährlichen Produktion materieller und Immaterieller Güter einer Volkswirtschaft. Wir unterscheiden das Bruttoinlandsprodukt zu jeweiligen und zu Preisen des Vorjahres.

Beispiel:
Die Dienstleistung einer Schnellreinigung hat sich seit 1985 um das Dreifache verteuert. Der Wert, demzufolge auch der Beitrag zum BIP für diese Dienstleistung, war 1985, 1995 und 2005 genauso hoch wie er 2005 sein wird. Wird nun für diese gleich gebliebene Reinigungsleistung dreimal soviel wie 2005 gefordert, so erscheint zu jeweiligen Preisen ein verdreifachter Beitrag zum BIP. Denn steigende Marktpreise blähen nur die Rechengröße BIP, nicht aber die Gütergröße BIP auf.

In der folgenden Übersicht werden (ausschnittweise) die BIP von 181 Ländern aus dem Jahre 2007 dargestellt.

Tab. 13-5: BIP 2007 in 181 Ländern

BIP 2007 Mio. Intern. $

Rang	Land	Gesamt	Land	Pro Kopf
	Welt	**64.903.260**		
	EU	**14.712.370**		
1	Vereinigte Staaten	13.843.825	Katar	80.870
2	China	6.991.036	Luxemburg	80.457
3	Japan	4.289.809	Norwegen	53.037
4	Indien	2.988.867	Brunei	51.005
5	**Deutschland**	**2.809.693**	Singapur	49.714
6	Vereinigtes Königreich	2.137.421	USA	43.845
7	Russland	2.087.815	Irland	43.144
8	Frankreich	2.046.899	Hongkong	41.994
9	Brasilien	1.835.642	Schweiz	41.128
10	Italien	1.786.642	Kuwait	39.751
20	Niederlande	639.512	Belgien	35.273
21	Polen	620.868	Großbritannien	35.134
22	Saudi Arabien	564.561	**Deutschland**	**34.181**
23	Argentinien	523.739	Japan	33.577
24	Thailand	519.362	Frankreich	33.188
30	Schweden	334.641	Zypern	27.428
40	Tschechien	248.902	Portugal	21.701
42	Rumänien	245.540	Slowakei	20.251
44	Portugal	230.549	Ungarn	19.027
100	Estland	28.317	China	5.292
151	Sierra Leone	3.971	Ghana	1.426
181	Sao Tome u. Principe	256	Simbabwe	188

13.3 Verteilungsrechnung

13.3.1 Ziele und Kriterien

Das Einkommen einer Volkswirtschaft fließt aus der Produktion in die Haushalte. Jeder, der an dem Produktionsergebnis während einer Wirtschaftsperiode mitgewirkt hat, hat einen Anspruch auf Beteiligung an diesem Ergebnis. Den Anspruch erhält das einzelne Wirtschaftssubjekt meist in Form von Geld; aber vereinzelt kommen auch Entlohnungen in Sachgütern vor.

Ganz allgemein lässt sich Einkommen als ein Anspruch auf einen Teil des BIP einer Volkswirtschaft definieren. Allerdings kann das Problem einer ‚gerechten' Verteilung von der Ökonomie nicht gelöst werden, da es sich um eine wertbehaftete, nicht naturwissenschaftlich begründete Zielvorstellung handelt. Gleichwohl hat die Ökonomie den Anspruch, für dieses Knappheitsproblem, Lösungsvorschläge anzubieten.

Die Markteinkommen der Haushalte setzen sich zusammen aus den Einkünften aus nicht selbständiger und selbständiger Erwerbstätigkeit, den Vermögenseinkünften aus Kapitalvermögen und Immobilienbesitz, den privaten Transfers und Renten sowie dem Mietwert selbst genutzten Wohneigentums. Addiert man zu den Markteinkommen der Haushalte die Rente aus der gesetzlichen Rentenversicherung, die Pensionen und die staatlichen Transfers und zieht die Summe aus geleisteter Einkommenssteuer und Pflichtbeiträgen zur Sozialversicherung ab, erhält man das Haushaltnettoeinkommen. (Jahresgutachten 2007/2008, S. 455 f.)

Während Ziele wie Preisniveaustabilität, Vollbeschäftigung und Zahlungsbilanzgleichgewicht verhältnismäßig eindeutig zu quantifizieren sind und somit Möglichkeiten für die Zielformulierung und Maßstäbe für die Wirkungsanalyse bieten, gibt es für den Bereich der Verteilungsziele keine einheitliche Zielvorstellung.

Das hat seinen Grund zunächst in der Unbestimmtheit des Begriffs „Verteilung". Selbst wenn man ihn auf die Verteilung von Einkommen begrenzt, zu der nur die Fragen der Vermögensverteilung ergänzend hinzutreten, so kann dieses Einkommen doch auf vielerlei Weise verteilt werden. (Bombach 1969, S. 814 und derselbe 1959, S.96)

In der Marktwirtschaft erfolgt die Einkommensverteilung über die Faktormärkte von Arbeit, Boden und Kapital. Bezieht man die Einkommensverteilung auf die Produktionsfaktoren, stellt sich der Verteilungsprozess als Spiegelbild des Produktionsprozesses dar. Das Schaubild verdeutlicht die Zusammenhänge zwischen Produktion und Einkommensverteilung.

Tab. 13-6: BIP = Volkseinkommen

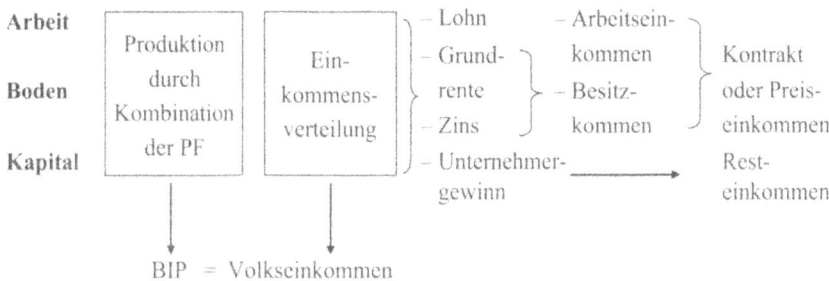

Anfang des 19. Jahrhunderts entsprach die Einkommensverteilung dem Klassenaufbau der Gesellschaft der Grundbesitzer, Arbeiter und Kapitalisten.

Heute sind an die Stelle der Klassengegensätze die Forderungen organisierter Interessenverbände getreten: Arbeitgeberverbände, Gewerkschaften, Landwirte, Sozialhilfeempfänger kämpfen um einen größeren Anteil des ‚Kuchens' Bruttoinlandsprodukt. Verteilungsprinzipien sind:

* Leistungsprinzip,
* Bedarfsprinzip.

Das reine Leistungsprinzip führt zur Benachteiligung der Menschen, die nicht oder weniger leistungsfähig sind. Es steht im Gegensatz zur Idee des sozialen Ausgleichs.

Das reine Bedarfsprinzip lässt den Leistungswillen und damit das Wachstum einer Volkswirtschaft erlahmen.

In der Bundesrepublik Deutschland erfolgt die Primärverteilung – das ist die Einkommens-
verteilung aufgrund des Marktprozesses grundsätzlich nach dem Leistungsprinzip. In der
Sekundärverteilung werden durch den Staat Ergebnisse der Primärverteilung korrigiert.
Hierbei dominiert das Bedarfsprinzip. Bestimmte Personengruppen erhalten Kindergeld,
Wohngeld, – Leistungen nach dem Bundesausbildungsförderungsgesetz, Leistungen der
Sozialversicherung, Kriegsopferentschädigung usw. Diese Zahlungen werden aus den Steu-
ern und Sozialabgaben finanziert.

Vom reinen Leistungsprinzip aufgrund der Primärverteilung kann aber nicht uneingeschränkt
gesprochen werden.

Es gibt Einkommen, die – unabhängig von der Leistung – durch Vermögen erzielt werden.
Im Jahre 2002 besaßen 10 % der Bevölkerung 60 % des Nettogesamtvermögens – 1 % ver-
fügten über 21 % des Nettogesamtvermögens. (Jahresgutachten 2007/2008, S. 476) Man
kann sich nur schwer vorstellen, dass solche Vermögen allein durch Leistung ihrer Eigentümer angehäuft worden sind. Das reine Leistungsprinzip wird darüber hinaus durch die un-
gleichen Chancen beim Erwerb von Bildung durchbrochen.

Der Amerikaner M. O. Lorenz hat eine Darstellungsform der persönlichen Einkommensverteilung in einem Land entwickelt. Zu diesem Zweck stellt man den %-igen Anteil der Haushalte den %-igen Einkommen gegenüber.

Tab. 13-7: Verteilung der monatlichen Haushaltsnettoeinkommen

Verteilung der monatlichen Haushaltsnettoeinkommen in Deutschland 2005

Monatliches Netto-Haushaltseinkommen	Gruppenmitte	Haushalte %
unter 900 Euro	450 Euro	14,6
900 bis 1500 Euro	1.200 Euro	23,9
1500 bis 2600 Euro	2.050 Euro	31,4
2600 bis 4500 Euro	3.550 Euro	18,9
Mehr als 4500 Euro	10.200 Euro*	11,3

Tab. 13-8: Berechnete Daten zur Erstellung der Lorenzkurve

Gruppenmitte mj	Anteil der Haushalte	x-Koordinate uj	Beitrag von j Mrd, €)	y-Koordinate vj
450	14,6 %	0,146	2,6	0,024
1200	23,9 %	0,385	11,6	0,125
2050	31,4 %	0,699	25,1	0,354
3550	18,9 %	0,888	26,2	0,592
9940	11,3 %	1,000	44,0	1,000

Durchschnittsnettoeinkommen pro Haushalt   2900 Euro
Gesamte Haushalte   39 Mill.
Gesamtes Einkommen aller Haushalte   109,1 Mrd. Euro

Quelle: B. Rüger, Institut für Statistik, Sozial- und Wirtschaftsstatistik 2006/07

Von der Lorenzkurve kann man für jeden Einkommensbezieher (von der untersten Gruppe an gerechnet) ablesen, wie hoch sein Anteil am Volkseinkommen ist.

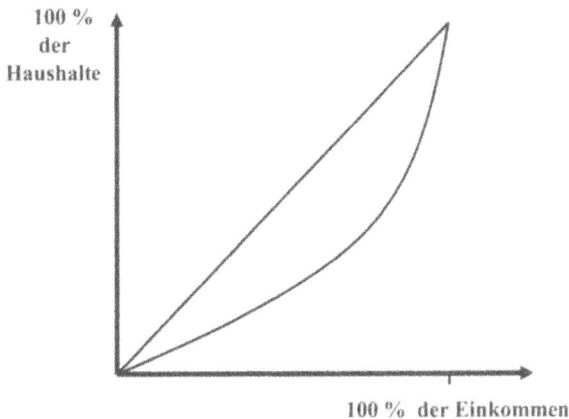

Abb. 13-5: Lorenzkurve

Würden alle Einkommensbezieher ein gleich hohes Einkommen erhalten, würde die Einkommensverteilung der Diagonalen entsprechen. Die Lorenzkurve ist umso dickbauchiger, je ungleichmäßiger die Einkommensverteilung in einem Land ist.

Die Entwicklung der persönlichen Einkommensverteilung in der Bundesrepublik Deutschland lässt sich nur schätzen. Eine Analyse erlaubt nur die Einkommensteuer-Statistik. Sie enthält aber nur die der Steuerbehörde bekannten Einkommen.

Eine methodische Schwierigkeit ergibt sich dadurch, dass nicht nur der veränderte Verlauf der Lorenz-Kurve in bestimmten Zeitabständen untersucht werden soll, sondern es interessiert der spezifisch finanzpolitische Einfluss auf den Kurvenverlauf. Die Ausgangskurve müsste sich also auf eine Einkommenskonzeption beziehen, in der der Staat so weit wie möglich unberücksichtigt bleibt und dann mit dem Kurvenverlauf verglichen werden, wie er sich nach der finanzwirtschaftlichen Staatstätigkeit ergibt. Ein bloßer Vergleich zwischen einer Lorenz-Kurve, die das persönlich verfügbare Einkommen im Jahr X widerspiegelt und einer zweiten Lorenz-Kurve, die den gleichen Sachverhalt im Jahre Y ausdrückt, würde nicht ausreichen. Der Wert der Untersuchung wird also u. a. bestimmt durch die statistisch möglichen Abgrenzungen des Einkommens vor und nach der finanzwirtschaftlichen Staatstätigkeit.

Weiterhin gibt eine Veränderung des Kurvenverlaufs keine Auskunft darüber, ob sie durch eine Beeinflussung der Primär- und/oder der Sekundärverteilung erfolgte. Personelle und funktionelle Verteilung sind nicht unabhängig voneinander und werden durch die Finanzpolitik beeinflusst.

Für die Durchführung einer Erfassung ist zu klären, wie die Einkommen aufgeteilt werden, außerdem der Zeitraum, der der Messung zugrunde liegen soll. Manche Untersuchungen beschäftigen sich mit dem Pro-Kopf-Einkommen der Gesamtbevölkerung oder dem Einkommen der Erwerbspersonen oder der Aufteilung der Einkommen auf Familien oder Haushalte. Die Einkommensarten können dann weiter nach der Höhe des Einkommens der Bezugspersonen (z. B. Jahreseinkommen in ‚Größenklassen‘), oder auch nach anderen Merkmalen des Einkommensempfängers, wie Beruf, Alter, Geschlecht, Art und Größe des Wohnsitzes, Berufsausbildung usw., kombiniert werden. Diese Kombinationen ermöglichen dann, die Bestimmungsgründe der untersuchten Einkommensverteilung zu analysieren.

Die Überlegung der Zuordnung der Einkommen wirft jedoch einige Fragen auf. So muss z. B. die Einbeziehung von Einkommensbestandteilen, wie unverteilte Gewinne, Naturaleinkommen (z. B. in der Landwirtschaft), Eigenleistungen (z. B. Hausarbeit der Ehefrau oder des Ehemannes), unrealisierte Kapitalgewinne, Transfereinkommen usw. geklärt werden.

Der Anteil einer Einkommensart oder einer Personengruppe lässt sich nicht ohne Nachteile für andere erhöhen. Höhere Gewinne erfordern niedrigere Löhne und Gehälter oder niedrigere Mieten und Zinsen. Forderungen der Arbeitnehmer nach mehr Lohn und Gehalt können die Unternehmer nur erfüllen, wenn sie selber auf ein Stück des Gewinns bzw. des Anteils an der Wertschöpfung verzichten.

Umsatzranglisten der Unternehmen sind werbewirksam und deshalb zahlreich. Die Tabellen beantworten lediglich die Frage, wer seinen Kunden das meiste verkauft hat. Die volkswirtschaftliche Bedeutung (Rang) eines Unternehmens ist damit allerdings nur unvollkommen zu erfassen. Wie viel ein Unternehmen nämlich zum Wohlstand eines Landes beiträgt, zeigt ein anderer Maßstab weit besser als der Umsatz – die Wertschöpfung (Löhne, Steuern, Zinsen, Dividenden und einbehaltene Gewinne).

Gefragt wird:

- Welches Einkommen haben die Unternehmen den Mitarbeitern gezahlt;
- wie hoch ist der Beitrag, den sie dem Staat in Form von Steuern überwiesen haben;
- was erhielten die Kapitalgeber – entweder als Kreditgeber oder als Eigentümer;
- welcher Teil des Jahresüberschusses verblieb im Unternehmen (für Investitionszwecke)?

In einer solchen Wertschöpfungsrangliste sind die Unternehmen höher zu bewerten, die am meisten für die Menschen erwirtschafteten, die ihm ihre Arbeitskraft oder ihr Kapital zur Verfügung gestellt haben und jene, die die höchsten Steuern zahlen. Unternehmen mit Spitzenumsätzen finden sich zwar in den meisten Fällen auch in der Wertschöpfungstabelle auf vorderen Plätzen wieder, aber das muss nicht so sein.

Keiner gibt gerne etwas her, auf das er einen Anspruch zu haben meint. So ergibt sich aus den verschiedenen Ansprüchen an die Wertschöpfung ein Verteilungskonflikt.

Tab. 13-9: Die 100 umsatzstärksten Industrieunternehmen im (in der Rangordnung) Vergleich – 2009 und 2005 (ausschnittweise).

Rang 2009	Rang 2005	Unternehmen und Branche	Umsatz in Mio €	Gewinn in Mio €	Beschäftigte
1	2	Volkswagen AG, Automobil	108.897	4.120	329.305
2	1	Daimler AG, Automobil	99.399	3.985	272.382
3	3	Siemens AG, Mischkonzern	72.488	3.086	398.200
4	5	EON, Energie	68.731	7.204	87.815
5	6	Metro AG, Handel	64.337	825	242.378
6	8	Deutsche Post AG	63.512	1.389	475.100
7	4	Deutsche Telekom	62.516	569	241.426
8	9	BASF, Chemie	57.951	4.065	95.175
9	7	BMW, Automobil	56.018	3.126	107.539
10	10	Thyssen-Krupp[1], Mischkonzern	51.723	2.102	191.350
30	32	MAN, Nutzfahrzeuge	15.508	1.216	55.086
40	49	Fresenius SE, Pharma	11.358	410	114.181
61	64	Merck KGaA	7.057	3.500	30.968
70	70	Südzucker[2], Nahrungsmittel	5.780	20	18.642
80	84	Verbundnetz Gas	4.234	130	591
87	95	Rheinmetall	4.005	145	19.185
97		B. Braun Melsungen[3], Pharma	3.573	202	35.096
98	94	SCA Hygiene Products	3.572	–	9.661
99		Cognis[3], Chemie	3.518	–120	7.585
100		Dachser, Logistik	3.500	–	17.100

Quelle: Thomson Datastream, Planet Retail, Süddeutsche Zeitung

Anmerkungen: [1]Geschäftsjahr endet am 30. September, [2]Geschäftsjahr endet am 28. Februar, [3]gehörte 2005 noch nicht oder unter dieser Firmenbezeichnung zu den 100 umsatzgrößten Unternehmen

13.3.2   Arten der Einkommensverteilung

a) Arbeitseinkommen
Lohn- und Gewinnquote

Will man die Verteilung des Volkseinkommens in einer Volkswirtschaft untersuchen, dann sollten die am Wirtschaftsprozess beteiligten Personen nach bestimmten Merkmalen in Gruppen eingeteilt werden. Solche Gruppierungen der Erwerbspersonen werden nach der

- funktionellen Einkommensverteilung – nach der Herkunft des Einkommens aus Leistungen der Produktionsfaktoren,
- personellen Einkommensverteilung – nach der Höhe des Einkommens in Einkommensklassen,
- funktionalen Einkommensverteilung – nach dem Status ihrer Tätigkeit hinsichtlich selbständiger und unselbständiger Beschäftigung,
- regionalen Einkommensverteilung – nach ihrem regionalen Wohnsitz,
- sektoralen Einkommensverteilung – nach dem Beschäftigungszweig ihrer Tätigkeit, vorgenommen.

Daneben gibt es Gruppeneinteilungen nach der Zahl der Familienangehörigen im Haushalt, nach dem Alter, dem Gehalt usw. (Molitor: 244 ff.)

Bei der funktionalen Einkommensverteilung werden zwei Einkommenstypen unterschieden:

* Einkommen aus unselbständiger Arbeit (Löhne, Gehälter, Ausbildungsbeihilfen und die Arbeitgeberbeiträge zur Sozialversicherung).
* Einkommen aus Unternehmertätigkeit und Vermögen ('Unternehmerlöhne' sowie das Entgelt für das in eigene oder fremde Unternehmungen eingesetzte Sach- oder Geldkapital und die Einkommen von Landwirten, selbständigen Handwerkern, freiberuflich Tätigen und Wohnungsvermietern). Davon fließt etwa 2/3 der Einkommen in die Haushalte der Unselbständigen – also in die Gruppe der Einkommen aus unselbständiger Arbeit.

Es zeigt sich, dass der Anteil der nicht selbständigen Erwerbstätigkeit kontinuierlich sinkt. Dennoch bleibt die nicht selbständige Erwerbstätigkeit die dominierende Einkunftsart. Im Jahre 1991 stammten im Durchschnitt noch über 70 % der Einkommen aus nicht selbständiger Erwerbstätigkeit, im Jahre 2005 nur noch knapp 60 %. Dieser Rückgang von 10 Prozentpunkten korrespondiert mit den Zuwächsen der Anteile der Sozialversicherungsrenten, der staatlichen Transfers, des Mietwerts selbst genutzten Wohneigentums und der selbständigen Erwerbstätigkeit.

Lohn- und Gewinnquote orientieren sich beide an der funktionellen Verteilung. Die Lohnquote gibt den Anteil der Löhne und Gehälter am Volkseinkommen wieder. Das Verhältnis des Anteils der Gewinne am Volkseinkommen wird durch die Gewinnquote angegeben.

Y = Volkseinkommen

L = Einkommen aus unselbständiger Arbeit (Summe der Löhne und Gehälter)

G = Einkommen aus selbständiger Arbeit und Vermögen

Die Lohnquote ist nicht mit dem Einkommen der Arbeitnehmer völlig gleichzusetzen, da die Unselbständigen, insbesondere solche mit gehobenem Einkommen, zum Teil auch Erträge aus Vermögen beziehen.

$$\text{Lohnquote} = \frac{L \cdot 100}{Y}$$

Da beide Einkommensteile das Gesamteinkommen der Volkswirtschaft innerhalb einer Periode angeben, müssen Lohn- und Gewinnquote zusammen den Wert von 100 % ergeben.

Als Bruttolohnquote wird die Beziehung der Bruttoeinkommen aus unselbständiger Arbeit zum Volkseinkommen bezeichnet. Zieht man von dem Bruttoeinkommen die gezahlte Lohnsteuer und die Beiträge zur Sozialversicherung ab, so erhält man das Nettoeinkommen, das – in Beziehung zum Volkseinkommen gesetzt – die Nettolohnquote ergibt. Sie ist schon um einiges aussagefähiger als die Bruttolohnquote, denn die Arbeitnehmer interessiert das verfügbare Einkommen und dessen Entwicklung. Über die Einkommensentwicklung bietet die Nettolohnquote jedoch auch keinen genauen Aufschluss, denn sie erfasst nicht den Wandel in der Beschäftigungsstruktur der Wirtschaft. Wie wichtig Letzteres für die Beurteilung der Einkommensverteilungsverhältnisse in der zeitlichen Entwicklung ist, zeigen z. B. folgende Zahlen:

Tab. 13-10: Lohn- und Gewinnquote – 2000 bis 2008

Jahr	2000	2001	2002	2003	2 004	2005	2006	2007	2008
Lohnquote in %	72,2	71,8	71,6	70,8	68,2	66,8	65,6	64,7	63,7
Gewinnquote in %	27,8	28,2	28,4	29,2	31,8	33,2	34.4	35,3	36,3

Ricardo und Marx glaubten, aus den Gesetzmäßigkeiten der Marktwirtschaft ablesen zu können, dass aller Vorteil aus dem technischen Fortschritt allein den Selbständigen und den Beziehern von Kapital- und Bodeneinkommen zufallen müsse, und der Arbeiter auf die Dauer nichts davon habe, ja sogar verelende. Tatsächlich ist die Entwicklung anders verlaufen.

Gründe für eine Verbesserung der Verteilung zugunsten der zahlenmäßigen Mehrheit der Lohnbezieher sind auf der einen Seite die stärkere Verhandlungsposition der Gewerkschaften auf den Arbeitsmärkten, auf der anderen Seite die internationale Konkurrenz auf den Gütermärkten.

Vom Standpunkt der Verteilungsgerechtigkeit und Chancengleichheit aus gesehen ist eine gleichmäßigere Einkommensverteilung zu begrüßen. Andererseits ist zu berücksichtigen, dass Beschäftigungsgrad und Wachstum des BIP in einer Marktwirtschaft zu einem wesentlichen Teil von der Gewinnhöhe abhängen. Somit sind einer Verteilungsverbesserung Grenzen gesetzt.

Theorieansätze zur Ermittlung des gerechten Lohns

Die Arbeitnehmer als Anbieter von Arbeitskraft erhalten ein vertraglich festgelegtes Entgelt (Einkommen, Lohn) zur Durchführung des Produktionsprozesses. Der Unternehmer erhält für die Gestaltung und Leitung der in seiner Unternehmung ablaufenden Produktionsprozesse (dispositive Leistung) Einkommen (Gewinn). Arbeitskräfte werden eingestellt, Sachgüter und Dienstleistungen werden gekauft sowie Grund und Boden genutzt.

Der Mensch strebt bei seiner Arbeit nach Selbstentfaltung und Selbstverwirklichung. Daher wird der Arbeitslohn nicht nur als Ergebnis der Marktpreisbildung gesehen. Hier wird deutlich, dass weniger der Arbeitslohn in Geldform (Geldlohn = Nominallohn) das eigentliche Einkommen darstellt. Vielmehr ist es der güterwirtschaftliche Anspruch auf das Nettoinlandsprodukt (Reallohn).

Die Frage nach der Gütermenge, die jedem persönlich zusteht, ist auch immer eine Frage nach dem gerechten Lohn gewesen. Wenn man Gleichheit oder Ungleichheit der Einkommensverteilung beurteilen will, ist die Frage wichtig:

> *Warum verdient jener so viel mehr, und warum verdienen andere so viel weniger?*

Wie wir aus eigener Erfahrung wissen, ist das, was wir als gerecht empfinden, eine subjektive Größe. Die Wirtschaftswissenschaft kann hierauf keine Antwort geben.

Der Lohn wird als gerecht empfunden, wenn er dem produktiven Beitrag des Lohnempfängers möglichst genau entspricht. Diesen Beitrag zu messen bereitet aber Schwierigkeiten, denn der Wert der Arbeitsleistung hängt von verschiedenen Einflussgrößen ab; insbesondere von der Nützlichkeit der Arbeit innerhalb der Gesellschaft. Die gesellschaftliche Wertschätzung kann jedoch in ihrer Subjektivität zu Ungerechtigkeiten in der Lohnfindung führen.

Von den zahlreichen Vorschlägen über den ‚gerechten Lohn‘ seien einige Theorieansätze vorgestellt:

a) Die Existenzminimumtheorie (David Ricardo)

Arbeit ist eine Ware und entsprechend der klassischen Preistheorie oszilliert der Marktlohn, der sich aus Angebot und Nachfrage ergibt, um den natürlichen Lohn, der den Produktionskosten (d. i. das Existenzminimum) der Arbeit entspricht.

Ist der Marktlohn vorübergehend höher als der natürliche Lohn, ergibt sich durch früheres Heiraten eine größere Kinderzahl, damit ein erhöhtes Arbeitsangebot und ein Absinken des Marktlohnes evtl. bis unter den natürlichen Lohn. Das Ergebnis ist eine Verelendung der Arbeiterklasse, eine geringere Kinderzahl und ein Ansteigen des Marktlohnes.

b) Die Ausbeutungstheorie (Karl Marx)

Karl Marx hat in die klassische Lehre vom Existenzminimum die Mehrwerttheorie eingebaut und kommt dadurch zu einem der klassischen Anschauung entgegengesetzten Ergebnis – nämlich der Lohn ist nicht das Ergebnis eines Gleichgewichts von Arbeitsangebot und einer Arbeitsnachfrage, sondern durch Ausbeutung entsteht ein Lohnungleichgewicht zu Ungunsten der Arbeiter.

Nach Karl Marx muss der Arbeiter seine Arbeitskraft an die Besitzer der Produktionsmittel als Ware verkaufen. Als Marktpreis wird ihm der Tauschwert der Arbeit (= Existenzminimum) vergütet, jedoch lässt ihn der Unternehmer länger arbeiten als zur Reproduktion der Arbeitskraft (= Existenzminimum) erforderlich wäre, so dass der Gebrauchswert der Arbeit entsprechend höher ist und als Mehrwert, in die Tasche der Unternehmer fließt. (Marx: „Das ist der Kasus, der den Kapitalisten lachen macht.")

c) Die Kaufkrafttheorie (John Atkinson Hobson, Fritz Tarnow u. a.)

Sie stellt in gewisser Hinsicht eine Neufassung der Unterkonsumtionstheorie dar und ist lange die gewerkschaftliche Lohntheorie gewesen. Ihre Bedeutung ist auch heute noch darin zu sehen, dass sie vor allem den Lohn als Nachfragefaktor (Konsumfaktor) herausstellt.

Eine zunächst durchgeführte Nominallohnerhöhung würde zur Vergrößerung des BIP führen und damit also auch zu einer Reallohnsteigerung. Begründung für die aus der Nominallohnsteigerung sich ergebenden Vergrößerung des BIP:

- Ansteigen der Arbeitsfreude (= Erhöhung des Lastgrades);
- Unternehmer werden gezwungen, Arbeit durch Maschinen zu ersetzen;
- Verschiebung des Konsums von Gütern der Einzelfertigung zu Gütern der Massenfertigung, wodurch der gleiche Faktoreinsatz ein mengenmäßig größeres BIP bewirkt.

d) Die Machttheorie des Lohnes (Colin Webb, Edward Bernstein, Mikhail von Tugan-Baranowski)

Die Lohnhöhe wird außer von der Produktivität der Arbeit durch die Machtverteilung innerhalb der sozialen Klassen bestimmt. Eine Lohnsteigerung verkleinert den Profit des Unternehmers, dem eine Überwälzung durch höhere Produktionspreise in dem Fall nicht gelingt, in dem ihm die Macht der Arbeiter in organisierter Form gegenübertritt.

Lohnbildungsprozesse

Zur Bestimmung des Gleichgewichtslohnsatzes fragen wir zunächst, wie viel Arbeitszeit eine Person bzw. ein Haushalt anbieten wird, wenn der Lohnsatz pro Stunde variiert. Die maximale Arbeitszeit pro Tag wird durch die Mindestfreizeit festgelegt, welche für Grundbedürfnisse erforderlich ist und deshalb von den 24 Stunden, die jeder Tag hat, subtrahiert werden muss.

Um überhaupt existieren zu können, benötigt der Arbeiter ein bestimmtes Mindesteinkommen. Dadurch ergibt sich der Mindestlohnsatz, der ermöglicht, dass der Arbeiter leben kann. Ist der Stundenlohn geringer, so ist auf Dauer mit dem maximal erzielbaren Haushaltseinkommen ein Überleben nicht möglich, es kann keine Arbeit mehr angeboten werden.

Um den Gleichgewichtslohnsatz ableiten zu können, muss dem vorhandenen Arbeitsangebot der Haushalte die Arbeitsnachfrage der Unternehmen gegenübergestellt werden. Für diese Nachfrage nach Arbeit ist charakteristisch, dass die Unternehmen nur so lange Produktionsfaktoren nachfragen und einsetzen werden, wie sie die damit hergestellten Produkte am Absatzmarkt auch verkaufen können.

Aus diesem Grund ist die Faktornachfrage eine – aus dem Absatzmarkt – abgeleitete Nachfrage. Letztlich lohnt es sich für die Unternehmen, so lange zusätzliche Arbeiter nachzufragen, wie der dadurch erzielbare Mehrerlös die zusätzlichen Lohnkosten übertrifft (oder zumindest noch deckt). (Barling/Luzius: 145 ff.)

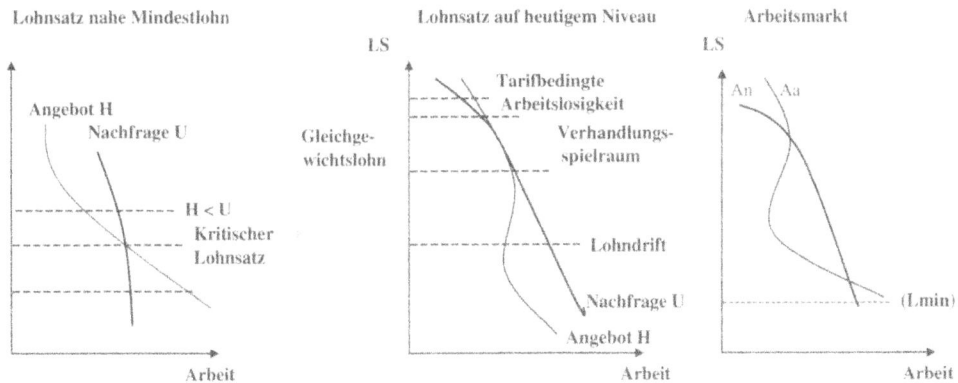

Abb. 13-6: Lohnbildung bei geringem und hohem Lohnniveau am Arbeitsmarkt

1. Bei relativ niedrigem Lohnniveau existiert ein Gleichgewicht nur bei einem bestimmten kritischen Lohnsatz. Bei Abweichungen von diesem Gleichgewichtslohn führen Marktkräfte nicht mehr zum alten Gleichgewicht von Angebot und Nachfrage zurück.
    a) Ist der Lohnsatz größer als der kritische Lohnsatz, liegt ein Nachfrageüberschuss vor. Der Lohnsatz steigt aufgrund der um die Arbeitskräfte rivalisierenden Nachfrage nach Arbeit tendenziell noch an.

b) Ist der Lohnsatz unter dem kritischen Lohnsatz, übersteigt das Angebot an Arbeit die vorhandene Nachfrage. Dies drückt den Lohnsatz weiter nach unten. Durch diese Wirkung nimmt zwar die Nachfrage nach Arbeit zu, aber nicht annähernd so stark wie das Arbeitsangebot, das bei weiter sinkenden Lohnsätzen anomal reagiert und ständig größer wird.

Der Prozess ist erst beendet, wenn der Lohnsatz so weit gesunken ist, bis er den Mindestlohnsatz erreicht hat. Würde er noch niedriger, so könnte kein Haushalt mehr existieren. Es würde keine Arbeit mehr angeboten.

Die geschilderten Zusammenhänge spielten in der Realität zu Beginn der industriellen Revolution eine bedeutende Rolle. Der Lohnsatz war damals zeitweise kaum höher als der Mindestlohn. Karl Marx nannte das dauernd vorhandene Heer an Arbeitslosen die „Industrielle Reservearmee", die das Lohnniveau beständig auf das Existenzminimum drücke. Ferdinand Lasalle nannte diese Situation „Ehernes Lohngesetz".

2. Die Lohnbildung auf dem heutigen, relativ hohen Niveau ist dagegen von völlig anderen Problemen gekennzeichnet. Gewerkschaften und Arbeitgeberverbände schließen Tarifverträge ab, wobei der Lohnsatz innerhalb gewisser Grenzen variieren kann, ohne dass Angebot und Nachfrage aus dem Gleichgewicht geraten. Der Tariflohnsatz gilt als Mindestlohnsatz, der nicht unterschritten werden darf.

a) Liegt der Tariflohnsatz unter dem Gleichgewichtslohnbereich, bleibt das Arbeitsangebot hinter der Nachfrage zurück. Die Unternehmer sind bei Konkurrenz um die relativ knappen Arbeitskräfte zu übertariflicher Bezahlung bereit. Es kommt zum sog. „Lohndrift" oder zur übertariflichen Bezahlung, d. h. der effektiv gezahlte Lohnsatz übersteigt den ausgehandelten Tariflohnsatz.

b) Erreicht der Tariflohnsatz eine Höhe, die nicht mehr einem Gleichgewichtslohnsatz entspricht, geht die Nachfrage nach Arbeitskräften stärker zurück als das Angebot. Da der Tariflohn aber nicht unterschritten werden darf, reagieren die Arbeitgeber mit Entlassungen. Es kommt zu ‚tarifbedingter Arbeitslosigkeit'. Im Gegensatz zum Lohn nahe dem Existenzminimum ist die Ursache für Arbeitslosigkeit jetzt ein zu hoher Lohnsatz.

Zwischen beiden Bereichen des Tariflohnsatzes, in denen es zu notwendigen Anpassungen kommt, existiert ein tarifpolitischer Verhandlungsspielraum. Welcher Lohnsatz innerhalb dieses Spielraums letztlich realisiert wird, hängt ab von der Verhandlungsmacht und dem Verhandlungsgeschick der Tarifpartner, wobei externe Einflussfaktoren – wie z. B. die konjunkturelle Lage – eine besondere Rolle spielen.

Bisher wurde modellhaft vereinfacht angenommen, dass es nur einen einzigen Arbeitsmarkt gibt, auf dem sich der universell geltende (Gleichgewichts-) Lohnsatz bildet.

Die Wirklichkeit sieht jedoch anders aus, als es das vereinfachende Modell ausdrückt. Tatsächlich gibt es vielfältige Arten von Arbeit (Berufe) und entsprechend viele Märkte, auf denen jeweils ein anderer Produktionsfaktor Arbeit angeboten und nachgefragt wird. Für jede Art von Arbeit bildet sich Im Prinzip ein eigener Lohnsatz.

Tab. 13-11: Lohnbildung – Modellbetrachtung und reale Lohnbildung

Lohnbildung	
Modellbetrachtung	**Reale Lohnentwicklung**
– ein Arbeitsmarkt	– Unterschiedliche Arbeitsmärkte
– Gleiche Attraktivität aller Berufe	– Unterschiedliche Attraktivität
– Gleiche Begabung	– teils keine wettbewerbl. Arbeits-
– Selbststeuerung auf dem Arbeits-	märkte
markt	

Die regionale und berufliche Mobilität der Arbeiter ist begrenzt. Soziologische und psychologische Bindungen an Orte und Personen und vielleicht auch die Scheu vor Umgewöhnungsbelastungen gehören zu den natürlichen Hemmnissen der regionalen und beruflichen Mobilität.

Hinzu kommen institutionelle Hemmnisse wie Zugangsbeschränkungen (Numerus clausus, Vorschriften der Handwerksordnungen etc.) und gesetzlicher oder vertraglicher Entlassungsschutz.

Monetäre Aspekte sind für den fehlenden Ausgleich von regionalen und beruflichen Lohnsatzunterschieden verantwortlich (z. B. Umzugskosten).

Ein hohes soziales Ansehen mancher Tätigkeiten erhöht das Arbeitsangebot, der Lohn müsste *ceteris paribus* niedriger sein. Ferner wird die Lohnhöhe bestimmt durch

1. Berufliche Attraktivitätsunterschiede
   * soziale Berufsgeltung
   * physische und psychische Arbeitsbelastung (z. B. bei besonders gefährlicher, schmutziger oder risikoreicher Arbeit),
   * Ausbildungszeit (z. B. Akademiker oder spezialisierte Facharbeiter im Vergleich zu ungelernten Arbeitern);
   * Berufsausübungszeit (z. B. bei einem Fotomodell im Vergleich zu einem Postbeamten).
2. Berufsspezifische Begabungsunterschiede
   * erb- und milieubedingt
   * aufgrund schablonisierter sozialer Vorurteile
3. Besondere Arbeitsmarkteinflüsse von Tarifvertragsverbänden (z. B. Mindestlöhne)

Allerdings sind in der Wirklichkeit nicht nur die Berufe verschieden, sondern die Arbeiter sind auch unterschiedlich für die einzelnen Berufe geeignet (Heterogenität der Arbeiter).

Tatsächlich bereitet schon die objektive Bewertung von Arbeitsleistungen erhebliche Schwierigkeiten. Die Lohneinstufung erfolgt bis heute oft nach schablonisierten sozialen Vorurteilen, die an Kriterien wie Geschlecht, Alter, Rasse und dergleichen anknüpfen.

Lohnsatzunterschiede erklären sich durch den Einfluss von Verbandsbildungen auf der Nachfrage- und Angebotsseite. Dadurch wird der Wettbewerb auf Absatzmärkten durch Gewerkschaften und Arbeitgeberverbände eingeschränkt. Die in Tarifverträgen vereinbarten Lohnsätze sind für die in Verbänden zusammengeschlossenen Arbeitnehmer und Arbeitgeber rechtlich bindende Mindestlöhne.

Sie wirken darüber hinaus faktisch als Mindestlöhne für alle Arbeitnehmer. Arbeitgeber, die an nicht tarifgebundene Arbeitnehmer niedrigere Löhne zu zahlen versuchen, würden die Arbeitnehmer veranlassen, einer Gewerkschaft beizutreten.

Neben den in der Regel tariflich abgesicherten Löhnen der unselbständig tätigen Arbeits-kräfte gehört auch der Unternehmerlohn zum Arbeitseinkommen. Er stellt das Entgelt für dispositive Arbeit, für planmäßige Überlegungen, Nutzung konjunktureller Chancen, neue Erfindungen, Leitung, Verwaltung und Personalauswahl dar.

Der Unternehmerlohn ist jedoch nicht mit dem Unternehmereinkommen gleichzusetzen. Dieses besteht vielmehr aus einem Bündel verschiedener Einkommensarten. Das Unterneh-mereinkommen ergibt sich aus dem Erlös einer Wirtschaftsperiode (ein Jahr) nach Abzug aller Zahlungen für Produktionsfaktoren, die die Unternehmer von anderen Wirtschaftssub-jekten (Haushalten) gekauft oder gemietet haben.

Der Unternehmergewinn oder -verlust ist kein Preis für einen besonderen Produktionsfaktor. Viel-mehr fällt der Unternehmergewinn im volkswirtschaftlichen Produktionsprozess als Restgröße an.

Ebenso sind die zur Erhaltung des Realkapitalstocks der Unternehmen erforderlichen Reinves-titionen (in Höhe der Abschreibungen) vom Erlös abzuziehen. Vom Unternehmereinkommen gelangt man zum Unternehmergewinn indem man bei jedem Unternehmen alle Einkommen subtrahiert, die der jeweilige Unternehmer aufgrund der ihm gehörenden Produktionsfaktoren erzielt. Weil sie praktisch nicht von der Restgröße, dem eigentlichen Unternehmergewinn zu trennen sind, werden sie als „kalkulatorische" Einkommen bezeichnet.

Dazu gehört zunächst der kalkulatorische Unternehmerlohn. Das ist jener Lohn, den der Unter-nehmer üblicherweise erzielen könnte, wenn er in einem fremden statt in dem eigenen Unter-nehmen arbeiten würde. Da er dort seinen Lohn auch bei Verlusten erhielte, in der eigenen Unternehmung das Verlustrisiko aber selbst trägt, gebührt ihm zusätzlich eine Risikoprämie, wenn er in der eigenen Unternehmung tätig ist (Bartling/Luzius, a. a. O., S.159 ff.).

Über den kalkulatorischen Unternehmerlohn hinaus zählen hierzu:

* ein Entgelt für produktive Leistung des Eigenkapitals (Kapitalzins) und des Grundstücks (Grundrente),
* eine Entschädigung für die Unternehmerrisiken (Risikoprämie) und
* der Unternehmergewinn im engeren Sinne.

Da es sowohl erwünschte Gewinne, die im Rahmen einer Marktwirtschaft geradezu notwen-dig sind, als auch unerwünschte Gewinne gibt, taucht die Frage auf, ob die unerwünschten Gewinne den Unternehmen nicht durch eine Steuer entzogen werden können. Praktisch ist es allerdings kaum möglich, die erwünschten von den unerwünschten Gewinnen zu trennen. Bei den sich am Ende einer Wirtschaftsperiode ergebenden Gewinnen ist zunächst ‚Euro' gleich

‚Euro'. Außerdem darf nicht übersehen werden, dass die ‚unerwünschten' Gewinne nicht anders als die ‚erwünschten' Gewinne für das Wirtschaftswachstum förderlich sind, soweit sie die Investitionen begünstigen.

Tab. 13-12: Erlös einer Wirtschaftsperiode

Erlös einer Wirtschaftsperiode
– Kosten für fremde Produktionsfaktoren
   (einschließlich Abschreibungen für reale Kapitaleinbußen)
= **Unternehmereinkommen**
– Kalk. Unternehmerlohn
– Kalk. Risikoprämie
– Kalk. Grundrente
– Kalk. Zins
= **Unternehmergewinn**

Der Unternehmergewinn kann entstehen durch Marktvorteile (z. B. Einführung neuer Fertigungsverfahren), aufgrund von Spekulationen und durch Ausnutzung von Marktmacht. Eine genaue Abgrenzung der Teile des Unternehmereinkommens ist nicht immer möglich, da deren Höhe vom wirtschaftlichen Erfolg der Unternehmung abhängt und als Gesamtbetrag restbestimmt (residual bestimmt) ist. Es verbleibt dann nur ein Restbetrag, wenn aus dem Ertrag einer Unternehmung alle anderen Produktionselemente bereits mit Einkommen anteilig abgefunden sind. Eine Aufspaltung des aus mehreren Einkommensarten gebündelten Unternehmereinkommens ist notwendig, wenn die unterschiedlichen Unternehmerfunktionen von verschiedenen Personen übernommen werden. In Aktiengesellschaften übernimmt der Aktionär nur einen Teil der Unternehmerfunktion, wie die Übernahme ökonomischer Risiken (Lieferungs-, Markt-, Preis-, Kapitalrisiken), bei Mitentscheidungen in Hauptversammlungen und bei der Kapitalbeschaffung. Alle übrigen Funktionen werden von Angestellten (Managern), die am Gewinn beteiligt sind (Tantiemen), wahrgenommen.

Leistungsfähigkeit und Leistungsbereitschaft

Die menschliche Arbeitsleistung wird durch eine Vielzahl von Bedingungen beeinflusst, die einmal in der Person des arbeitenden Menschen selbst begründet sind (subjektive Bedingungen). Zum anderen sind die äußeren Bedingungen (z. B. der Arbeitsplatz) mitentscheidend für die menschliche Arbeitsleistung (objektive Bedingungen).

Die Leistungsfähigkeit wird beeinflusst durch

a) Subjektive Bedingungen

Zu den subjektiven (im Menschen selbst begründeten) Bedingungen zählen die Leistungsfähigkeit und die Leistungsbereitschaft

Die Leistungsfähigkeit eines Menschen ist abhängig von:

- Ausbildung
- Erfahrung
- körperlichem und psychischem Gesundheitszustand

Entsprechend der Ausbildung unterscheidet man:

* Gelernte Arbeit
  Die Arbeit wird erst nach einer geregelten Ausbildungszeit, z. B. einer gewerblichen oder
  aufmännischen Ausbildung oder einem Studium, ausgeführt.
* Angelernte Arbeit
  Die erforderlichen Kenntnisse können in einer kürzeren Ausbildungszeit erworben wer-
  den. Diese Ausbildung reicht von einer Kurzausbildung von einigen Wochen und kann
  bis zu zwei Jahre dauern.
* Ungelernte Arbeit
  Es handelt sich um Tätigkeiten, die keine Ausbildung erfordern, z. B. einfache Transport-
  arbeiten.

Selbst bei bester Ausbildung und Erfahrung kommt es zu keiner Arbeitsleistung, wenn nicht
die erforderliche Leistungsbereitschaft (Motivation), also das Wollen, vorhanden ist. Mögliche Motive sind Einkommen, Arbeitsplatzsicherheit, Arbeitsplatzgestaltung, Karriere, Anerkennung durch Mitarbeiter und Vorgesetzte. Dabei dürfen Statussymbole nicht unterschätzt werden, wie z. B. ein eigenes Büro bzw. ein bevorzugter Arbeitsplatz (Besondere
Ausstattung des Büros, besonderer Medien usw.).

b) Objektive Bedingungen

Neben den subjektiven Bedingungen sind die objektiven Bedingungen eine wichtige Ein-
flussgröße zur Beeinflussung des Arbeitsergebnisses, z. B.:

* die Arbeitsplatzgestaltung,
* Arbeitszeitregelung,
* Arbeitsablaufgestaltung und
* die Arbeitsteilung.

Vordringlich beschäftigt sich die Arbeitswissenschaft seit den Arbeiten von Frederic Winslow
Taylor (1856–1915) (Arbeitszeitstudien) und Frank Bunker Gilbreth (1868–1924) (Bewe-
gungsstudien) mit diesen Fragen. Frederick Winslow Taylor suchte der Betriebsführung eine
wissenschaftliche Grundlage zu geben. Er wollte die sparsamsten Arbeitsbewegungen und die
zweckmäßigste Gestaltung der Arbeitsmittel herausfinden, um zu einer Leistungssteigerung des
Arbeiters zu kommen. Er sah dabei höhere Löhne als Motiv für gesteigerte Arbeitsleistung an.
Letztlich wurden die Methoden von den Arbeitern abgelehnt, denn Frederick Winslow Taylor
ging von dem besten Arbeiter aus und ließ wesentliche psychische und soziale Wirkungen der
Arbeitssituation außer acht. Der Mensch muss als soziales Wesen betrachtet werden, das in
Gruppen lebt. Arbeitsmoral und Gruppennorm sind mitentscheidend für die Arbeitsleistung.
Diese Einflüsse hatte Frederick Winslow Taylor bei der Entwicklung seiner Methoden übersehen. In Deutschland hat sich insbesondere der ‚Verband für Arbeitsgestaltung, Betriebsorgani-
sation und Unternehmensentwicklung eV' – REFA (früher Reichsausschuss für Arbeitsstudien)
der Untersuchung der objektiven Arbeits-Bedingungen angenommen.

Bei der Arbeitsplatzgestaltung geht es um die bestmögliche Gestaltung des Arbeitsraumes
und der Betriebsmittel, mit denen ein Arbeitsplatz ausgestattet ist, z. B. Stühle, Computer,

Messgeräte, Bedienungsinstrumentarium. Bei der Gestaltung des Arbeitsraumes sind besonders die Faktoren Licht, Lüftung, Temperatur, Farbe und Lärm von Bedeutung. Eine schlechte Beleuchtung kann zu Kopfschmerzen führen und damit verbunden ist ein Absinken der Arbeitsleistung. Das Klima in Arbeitsräumen ist von der Temperatur und der Luftfeuchtigkeit abhängig.

Die farbliche Gestaltung von Arbeitsräumen spricht mehr die psychologische Seite des Menschen an. Allgemein ist es so, dass bestimmte Farben auf die meisten Menschen beruhigend, geistig anregend usw. wirken. Kalte und dunkle Farben werden in der Regel abgelehnt, weil sie bedrohlich und verdüsternd wirken. Maßnahmen zur Minderung des Lärms sind die Verwendung von schallschluckenden Isolierungen, Teppichen oder Ohrschützern (z. B. an Prüfständen für Motoren).

Die Auswahl der Betriebsmittel, mit denen ein Arbeitsplatz ausgerüstet wird, muss sich u. a. an Körpermaßen und Muskelkraft der sie bedienenden Menschen orientieren. Die Hebekraft des Armes nimmt z. B. um so mehr ab und wird anstrengender, je weiter der Arm ausgestreckt wird. Besondere Bedeutung haben die sicherheitstechnischen Vorschriften bei der Gestaltung von Arbeitsplätzen.

Nicht zuletzt spielen bei der Arbeitsplatzgestaltung auch andere Faktoren eine wesentliche Rolle. Wie in der Gesamtgesellschaft, so gibt es auch im Unternehmen Statussymbole, die den Status dokumentieren sollen und die soziale Einschätzung eines Menschen erleichtern.

So lächerlich solche Statuskämpfe erscheinen mögen, so wichtig werden sie oft von den Betroffenen genommen. Jede betriebliche Organisation tut gut, diesem Bedürfnis des Menschen nach Rangdifferenzierung Rechnung zu tragen.

Die Arbeitszeit ist gesetzlich geregelt in der Arbeitszeitordnung (AZO). Für Jugendliche unter 18 Jahren gilt jedoch das Jugendarbeitsschutzgesetz.

Ein wichtiger Bereich der Arbeitszeitregelung ist die Pausenregelung. Untersuchungen haben ergeben, dass jeder Mensch einem bestimmten Arbeitsrhythmus unterliegt. Der Ermüdung kann durch Pausen begegnet werden. E ist günstiger, mehrere kurze Pausen – anstatt einer langen Pause – einzulegen.

Ziel der Arbeitsablaufgestaltung ist die bestmögliche Gestaltung des Arbeitsablaufes. Die Arbeit wird in Stufen (dies gilt insbesondere für Fertigungsabläufe) zerlegt, diese wiederum in Arbeitsgriffe und schließlich in Griffelemente. Anschließend an diese Analyse werden dann die einzelnen Arbeitsgänge neu gestaltet, um eine bestmögliche Organisation der Arbeit, mit einem minimalen Zeitverbrauch zu erreichen.

Innerbetrieblich bedeutet die Arbeitsteilung eine Aufspaltung eines Produktionsabschnittes in selbständige Teilabschnitte. Der einzelne Arbeiter stellt dann nicht mehr ein Produkt eigenverantwortlich her, sondern vollzieht nur noch Teilverrichtungen bei der Herstellung eines Gutes. Diese Form der Innerbetrieblichen Arbeitsteilung nennt man auch Arbeitszerlegung.

In seinem Buch *Eine Untersuchung über Natur und Wesen des Volkswohlstandes* schildert Adam Smith die Vorteile der Arbeitszerlegung am Stecknadelbeispiel.

Er stellt fest, dass ein ungelernter Arbeiter mit äußerstem Fleiß am Tage vielleicht eine Stecknadel oder zwei produzieren kann. Würde man aber den Gesamtprozess der Stecknadelherstellung in mehrere unselbständige Teilprozesse zergliedern und diese Teilverrichtungen von zehn Arbeitern verrichten lassen, so würde sich eine Tagesleistung von insgesamt 48 000 Stecknadeln erzielen lassen. Damit würde der einzelne Arbeiter 800 Stück am Tage produzieren.

Von Henry Ford wurde die Arbeitsteilung in der industriellen Produktion verwirklicht. Er errichtete in der Autoindustrie ein Fließband nach dem Vorbild der in den siebziger Jahren des 19. Jahrhunderts eingeführten Arbeitsmethode in den Schlachthöfen von Chicago.

Voraussetzung für das Fließband ist die Zerlegung der Arbeit in einzelne Teilverrichtungen. Generell ist die Bedeutung der Arbeitsteilung im Zusammenhang mit den volkswirtschaftlichen Produktionsfaktoren zu sehen.

Methoden zur Erfassung der Arbeitsleistung

Die Probleme, einen gerechten Lohn zu finden, werden nicht leichter, wenn soziale Gesichtspunkte berücksichtigt werden. Bei einer bedürfnisgerechten Entlohnung müssen neben den objektiven Leistungskomponenten das Lebensalter und der Familienstand des Arbeitnehmers berücksichtigt werden. Ein solcher Soziallohn soll es dem Lohnempfänger ermöglichen, seine Verpflichtungen gegenüber seiner Familie zu erfüllen. Die gerechte Lohnfindung wird sich sowohl an der Leistungsgerechtigkeit als auch an der Bedürfnisgerechtigkeit orientieren.

Die Arbeitsbewertung geht von zwei Grundsätzen aus:

* Anforderungsgerechtigkeit und
* Leistungsgerechtigkeit.

Anforderungsgerechtigkeit bedeutet: Die Entlohnung soll der körperlichen und geistigen Situation des Menschen gerecht werden.

Leistungsgerechtigkeit meint: Die Entlohnung soll dem tatsächlichen Arbeitsergebnis entsprechen.

Der Schwierigkeitsgrad einer Arbeit bildet demnach den Maßstab für die Bewertung. Darüber hinaus muss aber die tatsächliche Leistung des Einzelnen berücksichtigt werden. Der Satz: „Wenn zwei das gleiche tun, so ist es dennoch nicht dasselbe" gilt auch hier.

Man unterscheidet zwei Methoden der Arbeitsbewertung:

1. Die *summarische Methode*. Diese Methode bewertet die Arbeitsverrichtung als ganzes.
2. Die *analytische* Methode. Diese Methode gliedert die Arbeitsverrichtungen in einzelne Anforderungsarten auf.
   a) Summarische Methoden
      * Rangfolgeverfahren:
        Alle in einem Betrieb vorkommenden Arbeitsverrichtungen werden nach dem Schwierigkeitsgrad geordnet. Auf diese Weise entsteht eine Rangfolge aller Arbeiten. Dieses Verfahren lässt sich sehr leicht durchführen. Es eignet sich aber wenig, wenn komplizierte Verhältnisse erfasst werden sollen.

- Katalogverfahren

  Man nennt dieses Verfahren auch Lohngruppenverfahren. Hierbei werden Stufen mit unterschiedlichem Schwierigkeitsgrad gebildet (Lohngruppen). Die einzelnen Arbeitsverrichtungen werden entsprechend dem Schwierigkeitsgrad einer der Lohngruppen zugeordnet. Einem auf diese Weise entstandenen Lohngruppenkatalog fügt man Beispiele bei. Auch dieses Verfahren ist leicht anzuwenden, versagt aber, wenn es besonders darum geht, besondere Verhältnisse eines Betriebes zu berücksichtigen.

b) Analytische Methoden

- Rangreihenverfahren

  Dieses Verfahren nimmt eine Einordnung der Arbeitsverrichtungen der einfachsten bis zur schwierigsten Stufe vor. Der Unterschied zum Rangfolgeverfahren besteht darin, dass hier für jede Anforderungsart eine getrennte Stufenfolge entwickelt wird. Man reiht die zu einer Verrichtung erforderliche physische und psychische Belastung, die erforderlichen Fachkenntnisse, die Geschicklichkeit, die Verantwortung usw. getrennt ein und kommt damit zu einer differenzierten Bewertung.

- Stufen-Wertzahlverfahren

  Für jede Anforderungsart wird bei einer bestimmten Arbeitsverrichtung eine Wertzahlreihe (Punkttabelle) festgelegt. Auf diese Weise entsteht ein Arbeitsbewertungsbogen. Die einzelnen Wertzahlen werden addiert, und die sich daraus ergebende Summe der Wertzahlen ermöglicht die Zuordnung zu einer Lohngruppe.

Letztlich sind alle Verfahren der Arbeitsbewertung nur schematische Lösungsversuche, die Bestimmung der Lohnhöhe gerechter zu gestalten. Für jeden einzelnen Betrieb sind sie nicht generell anwendbar, sie müssen vielmehr den besonderen betrieblichen Verhältnissen angepasst werden.

Der Gedanke einer gerechten Entlohnung wird nicht unbedingt in der wirtschaftlichen Wirklichkeit befolgt. Es wird bei der Entlohnung der Arbeit auch auf den Lebensbedarf des Arbeitenden Rücksicht genommen, auf sein Lebensalter, sein Geschlecht, seinen Familienstand und seine Zugehörigkeitsdauer zum Betrieb.

b) Kapitaleinkommen

Wenn private Haushalte bei Banken, Sparkassen oder anderen Kreditinstituten um einen Kredit für die Anschaffung einer Wohnungseinrichtung oder eines Pkw's nachsuchen, oder wenn größere Unternehmungen Anleihen ausgeben, um Investitionen durchführen zu können, so wird in der Regel für den Zeitraum der Überlassung des Geldkapitals ein Kapital- oder Darlehenszins vereinbart.

Wer Geldkapital als Verfügungsrecht über sachliche Produktionsmöglichkeiten braucht, muss dieses – sofern er kein eigenes gebildet hat – gegen Entgelt erwerben. Er hat für dessen Nutzung einen Preis (Zins) zu entrichten. In der volkswirtschaftlichen Literatur wird, im Anschluss an Gustav Cassel (1866–1945), der Darlehenszins als Entgelt für das Warten auf eine Bedürfnisbefriedigung erklärt oder als Entgelt für zeitweiligen Konsumverzicht. Würde nämlich der Besitzer von Geldkapital dieses nicht an Kreditnehmer ausleihen, so könnte er unmittelbar Konsumgüter erwerben.

Jedoch wird der Verzicht erst dann wirtschaftlich wirksam, wenn das Geldkapital für Produzenten bereitsteht. Sie können dann dauerhafte Produktionsmittel herstellen (Häuser, Fabriken, Eisenbahnen), um den Ertrag der Arbeit zu steigern. Die durch den Kapitalbildungsprozess erreichte Ertragssteigerung ermöglicht dem Kapitalgeber, den vereinbarten Kapitalzins zu zahlen.

Die Verbindung von Geldkapital, Darlehenszins und Realkapitalbildung und dessen Nutzung verdeutlicht die gesamtwirtschaftlichen Funktionen des Zinses. Denn Zinsänderungen können die Spartätigkeit anregen und so die Realkapitalbildung verstärken. Zum anderen erfüllt der Zins eine notwendige Lenkungs- und Auslesefunktion. Er zeigt an, in welchen Verwendungsrichtungen das Geldkapital eine hohe Produktivität erwarten lässt. Gleichzeitig werden die Kreditsuchenden veranlasst, durch einen Vergleich zwischen Zinssatz und voraussichtlicher Nutzung der Kapitalverwendung ihre Kreditnachfrage zu überprüfen.

Gleichgewichtszinssatz

Zinseinkommen ist das Entgelt, für die zeitweilige Überlassung von Geldkapital. Es wird bestimmt durch die Höhe des zur Verfügung gestellten und nachgefragten Kapitals und dessen Preis, den Zinssatz. Für die Erklärung des jeweils realisierten Zinssatzes und die Bildung eines Gleichgewichtszinssatzes gibt es mehrere Theorien, die immer nur einen Teil der für den Zinssatz bedeutsamen Faktoren einschließen. Es fehlt ein allumfassender Ansatz. Im Folgenden sei auf die Kredittheorie des Zinses eingegangen, die an Hand von Kreditangebot und Kreditnachfrage zeigt, welcher Gleichgewichtszins sich einspielt. (Bartling/Luzius: 155)

Die Kreditnachfrage setzt sich aus Kreditwünschen für drei Verwendungszwecke zusammen:

a) Kredite für Investitionen, die von privaten Unternehmen und vom Staat nachgesucht werden. Hier ist die Nachfrage maßgeblich davon bestimmt, welcher zusätzliche Wert (Grenzprodukt) mit den neuen Investitionen ermöglicht wird. Dabei wird in der Regel die Menge der Investitionen, die bei einem gegebenen Zinssatz für die Unternehmen gewinnbringend sind, bei einem niedrigeren Zinssatz größer sein als bei einem höheren Zinssatz. Das bedeutet (graphisch) eine so genannte normal verlaufende Nachfragekurve. Bei steigendem Zinssatz (als Ursache) geht die Kreditnachfrage für Investitionszwecke (als Wirkung) ceteris paribus zurück – und analog umgekehrt.

b) Kredite für Konsumzwecke, für die als Nachfrager private und staatliche Haushalte in Frage kommen. Konkret ist bei Privaten z. B. an Teilzahlungskredite und Kredite für Wohnungs- oder Hauskauf zu denken. Auch hier verringert sich bei steigendem Zinssatz in der Regel die Nachfrage ceteris paribus (und umgekehrt).

c) Kredite für Kassenbestandserhöhungen, die von allen am Wirtschaftsprozess beteiligten Wirtschaftseinheiten nachgefragt werden können. Schließlich benötigen alle zumindest soviel Bargeld in ihrer Kasse, dass sie ihre täglichen Käufe tätigen können (Transaktionskasse). Außerdem ist etwas Geld für unvorhergesehene Dringlichkeitsfälle zweckmäßig (Vorsichtskasse).

Darüber hinaus kann weiteres Geldkapital gehalten werden, um Wertpapiere oder andere lohnende Objekte jeweils in günstigen Augenblicken kaufen zu können (Spekulations-kasse). Bei niedrigem Zinsniveau kann das Geldkapital nicht sehr ertragreich angelegt werden. Man verliert nicht viel, wenn man es, untätig in der Kasse behält. Deshalb nimmt auch diese Kreditnachfrage ab, wenn der Zinssatz *ceteris paribus* ansteigt (und umge-kehrt).

Ähnlich wie die Kreditnachfrage lässt sich auch das Kreditangebot differenziert betrachten. Es kann aus zwei Quellen stammen:

a) Ersparnisse der privaten Wirtschaftseinheiten (und auch des Staates, soweit bei diesem ein Überschuss der Einnahmen über den staatlichen Konsum verbleiben sollte). Die pri-vaten Ersparnisse sind von der Zinshöhe abhängig. Mit steigendem Zinssatz steigt *ceteris paribus* die Ersparnis (und umgekehrt). Der starke Einfluss von Änderungen des privat verfügbaren Einkommens auf die Höhe der Ersparnisse – der empirisch zu beobach-ten ist – lässt sich dabei als Verschiebung der gesamten Kreditangebotskurve aus Er-sparnissen berücksichtigen (mit steigendem Einkommen verschiebt sich die Kurve cete-ris paribus nach rechts).

b) Erhöhung der Geldmenge durch das Bankensystem, wobei der Schaffung von Zentral-bankgeld – in der Europäischen Zentralbank – maßgebliche Bedeutung zukommt. Die EZB kann durch bewusste Änderungen der Geldmenge das Kreditangebot beeinflussen.

Gehen wir jetzt gleich dazu über, das Zusammenspiel von Angebot und Nachfrage am Kre-ditmarkt zu betrachten.

Die Marktkräfte drängen zum Gleichgewichtszinssatz, bei dem Kreditangebot und Kredit-nachfrage gleich groß werden (stabiles Gleichgewicht). Jedoch kann die Zentralnotenbank durch ihren Einfluss auf das Kreditangebot auch den Zinssatz (und die Gleichgewichtskre-ditmenge) gezielt steuern. Führt doch bei gegebener Kreditnachfrage

* eine Senkung des Kreditangebots zu einer Erhöhung des Gleichgewichtszinssatzes (bei gleichzeitiger Abnahme der Gleichgewichtskreditmenge), während

* eine Steigerung des Kreditangebots eine Verringerung des Gleichgewichtszinssatzes (und eine Zunahme der Gleichgewichtskreditmenge) zur Folge hat.

Zinssatzunterschiede

Bisher wurde für den volkswirtschaftlichen Kreditmarkt das Zinsniveau als einheitlicher (Durchschnitts-) Zinssatz abgeleitet. Tatsächlich findet sich in der Wirklichkeit – ähnlich wie bei den Produktionsfaktoren Arbeit und Boden – eine Vielzahl von Teilmärkten, auf denen die jeweils speziellen Angebots- und Nachfragebedingungen zu unterschiedlichen Zinssätzen führen. Erscheinungsformen des Zinses sind der Sparzins (für Bankeinlagen mit gesetzlicher Kündigungsfrist), Zinsen für festverzinsliche Wertpapiere (eines bestimm-ten Typs), Kapitalertragsausschüttungen bei den verschiedenen Unternehmensformen (Dividenden bei Aktiengesellschaften, Gewinnanteile bei Kommanditgesellschaften oder für stille Unternehmensbeteiligungen u. a.), Kontokorrentkreditzinsen (für Kontoüberzie-hungen in laufender Rechnung) und Zinsen bei Abzahlungsgeschäften. (Bartling/Luzius: 158)

Die Kreditgeschäfte unterscheiden sich vor allem in Bezug auf

* die *Laufzeit der Kredite*. Die Nachfrage bei langfristigen Krediten reagiert meist elastischer auf Zinssatzänderungen als bei kurzfristigen Krediten. Andererseits steigen auf der Angebotsseite die Liquiditätsverluste der Verleiher mit zunehmender Laufzeit der Kredite an. Insgesamt ist der Kapitalmarktzins (damit sind längerfristige Kredite gemeint) in der Regel höher als der Geldmarktzins (für Kreditlaufzeiten von einem Tag bis zu zwei Jahren).
* das *Rückzahlungsrisiko*, das der Gläubiger gegenüber dem Schuldner eingeht. In der Praxis gibt es eine Vielzahl von Sicherheitsleistungen, z. B. Bürgschaften, Wertpapiere, Haus- und Grundbesitzbeleihungen (als Hypotheken) oder auch nur die Verpflichtung des Schuldners, alle Geldgeschäfte ausschließlich über ein bestimmtes Bankinstitut abzuwickeln. Je höher das Rückzahlungsrisiko ist, desto höher ist in der Regel der Zinssatz.
* das *Inflationsrisiko* für den Gläubiger. Der Verleiher kann für den zur Verfügung gestellten Geldbetrag nach Ablauf der Kreditzeit – wegen inflationärer Preisniveausteigerungen – nur noch geringere Gütermengen kaufen als zuvor. Je höher die erwartete Inflationsrate ist, desto höher ist in der Regel der Zinssatz.
* die *Bearbeitungskosten* der Kredite,
* das *Gewinnerzielungsstreben* der die Kreditgeschäfte abwickelnden Unternehmen.

Angesichts dieser vielfältigen Faktoren, die bei jedem Kreditgeschäft eine Rolle spielen, kann die in der Praxis zu beobachtende Fülle unterschiedlicher Zinssätze kaum verwundern. Die Zinsen sind auf den verschiedenen Teilmärkten voneinander abhängig. Steigt z. B. der Zins für langfristige Kredite an, so werden bisherige Anbieter kurzfristiger Kredite teilweise bereit sein, ihr Geldkapital langfristiger auszuleihen, was *ceteris paribus* der Tendenz Zinssteigerungen für langfristige Kredite entgegenwirkt und zugleich den Zinssatz für kurzfristige Kredite anhebt.

Insgesamt besteht auf dem Kreditmarkt die Tendenz zu einem Gleichgewicht, wobei für jede Kreditart (mit der ihr eigenen Kombination von Kreditlaufzeit, Rückzahlungsrisiko und institutioneller Abwicklung) das Angebot gleich der Nachfrage ist.

c) Bodeneinkommen

Das Einkommen des Produktionsfaktors Boden ist das Produkt aus Pachtsatz und Bodenmenge (Bodeneinkommen).

Die Besonderheit des Faktors Boden (Natur) besteht darin, dass er insgesamt unvermehrbar ist und sich allenfalls unter sehr hohem Aufwand (z. B. durch Trockenlegung von Sümpfen) geringfügig verändern lässt. Unabhängig vom Pachtsatz wird stets eine gleich große Bodenmenge angeboten. Welcher Pachtsatz sich am Bodenmarkt einstellt und welches Pachteinkommen sich ergibt, wird in diesem Fall nur von der Bodennachfrage bestimmt.

Bodenmarkt zur Kolonialzeit
Pachtsatz

Bodenangebot

Bodennachfrage

Bodenmenge

Bodenmarkt heute
Pachtsatz

Boden-
nachfrage   Bodenangebot

Gleich-
gewichts-
lohnsatz

Bodenmenge

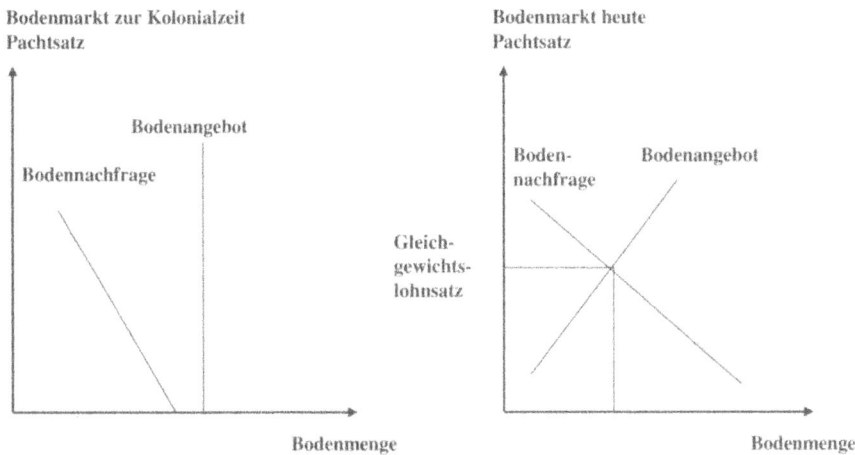

Abb. 13-7: Preis(Zins)-bildung am Bodenmarkt

Zur Kolonisationszeit war die gesamte Bodennachfrage kleiner als das vorhandene Bodenangebot. Wer Boden brauchte, konnte ihn haben, ohne dafür einen Preis zu zahlen. Der Boden war in manchen Gebieten ein freies Gut.

In der Folgezeit wuchs die Nachfrage nach Boden – vor allem aufgrund der starken Bevölke-
rungszunahme so an, dass der Boden überall zu einem knappen Gut wurde und der Durch-
schnittspachtsatz ständig anstieg.

Das Bodeneigentum ist nicht gleichmäßig über alle Haushalte gestreut. Es gibt unterschiedli-
che Pachtsätze für den Produktionsfaktor Boden, und zwar analog zu den Überlegungen für
Lohnsatzunterschiede. Das volkswirtschaftliche Bodenangebot setzt sich aus den verschiede-
nen Bodenflächen mit vorgegebener Lage und Größe (Quantität und Qualität) zusammen.
Hinzu kommt die Vielfalt der Nachfrage nach Boden – als Anbauboden (z. B. für Weinbau,
Getreideanbau oder als Weideland), als Abbauboden (Gewinnung von Kohle, Mineralien,
Erdöl usw.) und als Standort (z. B. für Güterproduktion, als Wohn- oder Erholungsgebiet).

Die Pachtsätze für einzelne Grundstücke erklären sich also aus ihrer Verschiedenheit in
Lage, Größe und Qualität sowie aus der Verschiedenheit in der Struktur der Nachfrage.

Im Zentrum großer Städte wie Berlin, München, Hamburg oder Köln müssen Pächter von
Geschäftsräumen oder Ladenlokalen und Mieter von Wohnungen häufig monatliche Mieten
aufwenden, die ein Vielfaches der Preise ausmachen, die in Vororten oder gar in ländlichen
Gebieten zu zahlen sind.

Der Unterschied ist eine Folge der relativen Seltenheit des städtischen Bodens in begünstig-
ter Lage und der wachsenden Nachfrage. Der Grundstückseigentümer erhält als Pacht und
Miete eine so genannte Grundrente als regelmäßig wiederkehrendes Einkommen, und zwar
einmal, weil der Boden generell knapp ist (absolute Grundrente) und zum anderen aufgrund
der besonderen Beschaffenheit und Lage des Grundstücks und deren besonderer Knappheit.
Die Differenz zwischen dem Einkommen, das solche begehrten Grundstücke im Vergleich

zu jenen abwerfen, die weniger begehrt sind, wird auch als Differentialrente bezeichnet (Differential als Qualitätsrente).

Werfen knappe Böden verschiedener Fruchtbarkeit bei gleicher Größe und gleicher Arbeits- und Kapitalaufwendung verschiedene Erträge ab, spricht man von einer Qualitäts- bzw. Intensitätsrente. Die Differentialrente wird zur Lagerente, wenn je nach Standort der Böden unterschiedlich hohe Transportkosten zu den Absatzmärkten anfallen.

13.3.3 Einkommensverteilung als wirtschafts- und kulturpolitisches Problem

Die ‚gerechte' Einkommensverteilung ist eines der wichtigsten Probleme der Wirtschafts- und Kulturpolitik, die die Gesellschaft zu lösen hat, wenn sie vor schwerwiegenden Konflikten bewahrt werden soll.

Der Notwendigkeit einer genaueren Begründung sieht man sich oft enthoben, wenn von einer „Umverteilung von Reich zu Arm" die Rede ist. Die Frage nach dem ‚Warum' wird zumeist zu Äußerungen wie „Weil es gerecht ist", „Weil die Reichen nicht soviel brauchen" oder „Weil ich das für richtig halte", führen, die lediglich die moralische Wünschbarkeit einer Umverteilung zum Ausdruck bringen. Ungeklärt bleibt dabei die Frage, wie viel vom Staatshaushalt umverteilt werden muss, damit die einzelnen Gesellschaftsmitglieder chancengleich am wirtschaftlichen, sozialen und kulturellen Leben teilnehmen können. Insofern ist es nicht verwunderlich, dass die „ethisch-sozialpolitische" Forderung für eine Verteilung und ‚gerechte Umverteilung' eine lange Geschichte hat. Auch heutige Forderungen dieser Art verzichten in der Regel auf weitergehende Begründungen. Es heißt z. B., eine Steuerreform solle die Lasten so verteilen, dass eine ausgewogenere Einkommensverteilung bewirkt wird; oder

> „die Marktwirtschaft gewährleistet von sich aus keine gerechte Einkommens- und Vermögensverteilung" (Neumark: 187).

Das Argument, dass eine Umverteilung der Einkommen eine unerwünscht niedrige volkswirtschaftliche Konsumquote bzw. hohe Sparquote beeinflussen könne (Keynes 1967: 27 ff.), ist von geringerer Bedeutung für die Forderung nach einer gerechten Verteilung. Die These geht davon aus, dass das Ziel der Vollbeschäftigung durch eine zu hohe Sparquote gefährdet werden kann. Die mit zunehmendem Einkommen wachsende Sparneigung führt zu einem konjunkturpolitisch unerwünschten Zurückbleiben des privaten Verbrauchs. Da jedoch die Konsumgüternachfrage ausreichen muss, um die Vollbeschäftigung zu gewährleisten, schlägt Keynes für bestimmte konjunkturpolitische Situationen eine Umverteilung der Einkommen zugunsten der niedrigen Einkommensklassen vor.

Unbestritten dürfte sein, dass zwischen verteilungs- und konjunkturpolitischen Zielen Konflikte auftreten können. Hingewiesen sei darüber hinaus noch kurz auf einige spezielle Argumente zur Rechtfertigung des Verteilungszieles. In der Wachstumstheorie wird zunehmend auf die Bedeutung des ‚human capital' für das Wachstum einer Volkswirtschaft hingewiesen. Die Erhöhung dieses immateriellen Kapitalbestandes z. B. in Form des Ausbildungs- und Gesundheitszustandes der Bevölkerung, erlaubt insbesondere dann – so lautet die These – überproportionale Produktivitätsfortschritte, wenn die Angehörigen niedriger Einkommen von dieser Erhöhung profitieren. Earl R. Rolph (1969: 339) stellt in diesem Zusammenhang folgende Umverteilungsregel auf: „Umverteilung ist solange zu bejahen, wie die Produktivität bestimmter Bevölkerungsgruppen gesteigert werden kann".

Keiner gibt gerne etwas her, auf das er einen Anspruch zu haben meint, so ergibt sich aus den verschiedenen Ansprüchen an die Wertschöpfung ein Beurteilungskonflikt.

Mit ordnungspolitischen Argumenten lässt sich nicht ohne weiteres eine Aussage zur Wünschbarkeit einer Umverteilung ableiten. Es soll lediglich auf den Zusammenhang zwischen marktwirtschaftlicher Ordnung und Einkommensverteilung aufmerksam gemacht werden (Colm 1927: 40 f.). Einerseits ist argumentiert worden, dass eine übersteigerte sozialpolitische Tätigkeit des Staates das

„marktwirtschaftliche Prinzip der Verteilung nach der kaufkräftigen Nachfrage" (Colm 1927: 40) gefährden könne, und andererseits ist nicht von der Hand zu weisen, dass „der Pauperismus eine Gefährdung des marktwirtschaftlichen Ablaufs darstellt" (Colm: 4o).

Es ergibt sich hier möglicherweise ein Zielkonflikt zwischen dem ordnungspolitischen Ziel und dem realisierten Verteilungszustand oder den Zielen der Verteilungspolitik.

Der Staat kann bei der Verteilungspolitik sowohl die Primär- als auch die Sekundärverteilung der Einkommen beeinflussen.

Die Relevanz staatlicher Maßnahmen mit dem Ziel der Einkommensumverteilung wird deutlich, wenn man sich vor Augen führt, dass fast jeder dritte Euro des Volkseinkommens in Form von Steuern dem Staat zufließt. Dass der fiskalische Griff nach dem privaten Einkommen zwangsläufig in das Bewusstsein der Bevölkerung rückt und zu der Frage führt, wer eigentlich die Staatstätigkeit finanziert und somit Einkommenseinbußen erleidet, ist allzu verständlich. Ebenso einsichtig ist es, dass die Steuerzahler versuchen werden, sich der Besteuerung zu entziehen.

13.4   Verwendungsrechnung

13.4.1   Verwendungsarten

Die Verwendungsrechnung ermittelt, wie das Bruttoinlandsprodukt verwendet wird und umfasst den privaten und staatlichen Konsum, die Bruttoanlageinvestitionen, die Vorratsveränderungen sowie den Außenbeitrag.

Die Höhe des Bruttoinlandsprodukts bei der Verwendungsrechnung muss dem Bruttoinlandsprodukt bei der Entstehungsrechnung entsprechen. Je mehr der Konsum für die physischen Bedürfnisse abnimmt und seine existenzielle Bedrohung an Bedeutung verliert, desto mehr tritt das von der jeweiligen Gesellschaftsschicht bestimmte Existenzminimum in den

Vordergrund (jeder Haushalt hat mindestens ein Fernsehgerät, einen Kühlschrank etc., man leistet sich eine Urlaubsreise im Sommer). Es steigen die Ansprüche an den tertiären Sektor.

Tab. 13-13: Inlandsproduktberechnung 2008

Verwendungsrechnung 2008

	in Mrd. Euro	%
Private Konsumausgaben	1409,71	56,48
Konsumausgaben d. Staates	451,77	18,10
Bruttoanlageinvestitionen	474,71	19,02
Vorratsveränderungen u. Nettozugang zu Wertsachen	3,92	0,16
Inländische Verwendung v. Gütern	2340,11	93,76
Außenbeitrag (Export – Import)	155,69	6,24
Bruttoinlandsprodukt	**2495,80**	**100,00**

Quelle: Statistisches Bundesamt 2009, Jahresgutachten 2008/2009

Heute wird ein großer Teil der Einkommen für persönliche Dienstleistungen sowie für die Wartung und Reparatur langlebiger Gebrauchsgüter ausgegeben. Auch der Zuwachs an Freizeit und Freizeitbeschäftigung bedingt einen ständig wachsenden Bedarf an Dienstleistungen. Der Bedarf ist ebenso vielfältig wie wandelbar.

Es hat in der volkswirtschaftlichen Theorie nicht an Versuchen gefehlt Bedarfsstrukturen zu konstruieren. Als erster fasste Ernst Engel im Jahre 1857 statistisches Material aus dem Königreich Sachsen zu einem Gesetz zusammen (Blum: 118).

Danach ‚nehmen die Ausgaben für Nahrungsmittel bei steigenden Einkommen, prozentual weniger stark zu als die Gesamtausgaben des Haushalts'. Zu ähnlichen Aussagen kommt Gustav Schwabe für den Bereich der Wohnungsausgaben. Nach Haushaltsuntersuchungen auf breiter Basis werden in Anlehnung an Engels drei Haushaltstypen unterschieden:

1. *pre-Engel-type – Arme Haushalte.* Die Nahrungsausgaben steigen mit zunehmendem Einkommen absolut und relativ.
2. *Engel-type – Auskömmliche Haushalte* (normale Haushalte) Die Nahrungsausgaben steigen mit zunehmedem Einkommen absolut, sinken aber prozentual.
3. *post-Engel-type – Wohlhabende Haushalte.* Die Nahrungsausgaben stagnieren mit zunehmendem Einkommen, sinken also prozentual.

Die Nahrungsausgaben sinken mit zunehmendem Einkommen absolut und relativ. Das Engelsche Gesetz gilt somit für die Randgruppen nur begrenzt.

John Maynard Keynes versuchte in seiner Konsumfunktion die Gesetzmäßigkeit des Konsums vom Einkommen und seiner Änderung her zu ergründen.

James Stemble Duesenberry (1949) ist der Meinung, dass jegliche Einkommensnivellierung die Konsumquote senke, weil Entscheidungen über den Verbrauch von den einzelnen Haushalten interdependent getroffen würden. Der Konsum hänge nicht nur von dem Einkommensniveau der Haushalte, sondern auch von dessen Position in der Einkommenspyramide ab.

Milton Friedmann (1955) postuliert in seiner Konsumtheorie, dass vorübergehende Einkommensänderungen keine Wirkung auf das Konsumniveau hätten und ein Verhalten erst durch eine permanente Änderung erfolgen würde (Blum: 206).

13.4.2   Konflikt zwischen Konsum und Investition

Die in einer Volkswirtschaft verfügbaren Produktionsfaktoren können sowohl zur Herstellung von Konsumgütern als auch von Investitionsgütern eingesetzt werden. Ist es Ziel der Wirtschaftspolitik, nur soviel Investitionsgüter zu produzieren, die für den Ersatz der verschlissenen Anlagen notwendig sind, stagniert die Volkswirtschaft. Erst wenn auch Erweiterungsinvestitionen – sowie Rationalisierungsinvestitionen – durchgeführt werden, haben wir es mit einer wachsenden Volkswirtschaft zu tun. Steigt das Interesse an einer wachsenden Volkswirtschaft, wird man auf gegenwärtigen Konsum verzichten müssen, um über Produktionsfaktoren für die Investitionsgüterherstellung verfügen zu können. Dieser Verzicht wird zudem mit wachsenden Konsummöglichkeiten in der Zukunft belohnt.

Als privater Konsum werden alle Waren- und Dienstleistungskäufe von privaten Haushalten und privaten Organisationen ohne Erwerbscharakter – Kirchen, Parteien, Gewerkschaften, Vereine usw. – für Konsumzwecke bezeichnet.

Zum Staatskonsum zählen alle Aufwendungen des Staates für Verwaltungsleistungen, die der Allgemeinheit ohne spezielles Entgelt (z. B. innere und äußere Sicherheit, Rechtswesen, Bildungssystem) zur Verfügung gestellt werden. Sachleistungen der Sozialversicherung werden hierbei mitgerechnet.

Jedes neue Budget bedeutet eine indirekte Festlegung des Staatskonsums. Dies führt insbesondere dann zu Diskussionen, wenn einzelne Aufgaben in öffentliche oder private Hand gelangen sollen (‚Private‘ Schulen, ‚Öffentliche‘ Verkehrsunternehmen usw.).

Folgende Probleme sind dabei zu berücksichtigen:

* Lassen sich Kriterien finden, nach denen in einem System einzelne Aufgaben eher privat oder eher öffentlich erfüllt werden sollten?
* Welche Aussagen kann man über die Entwicklung des Staatsanteils machen?

In der Auseinandersetzung über die Rolle des Staates haben sich in den USA zwei Lager gebildet: stellvertretend seien Milton Friedman und John Kenneth Galbraith genannt. Beide haben gemeinsam, dass sie die Aufgaben nur in einer Richtung der Skala ‚öffentlich-privat‘ zu verschieben suchen: Milton Friedman in Richtung auf ‚privat‘, John Kenneth Galbraith in Richtung auf ‚öffentlich‘. Friedman legt zwei Listen vor. Die erste fasst einige wichtige Funktionen für eine öffentliche Regelung zusammen (Friedman 1971: 59 ff.):

* für Ruhe und Ordnung sorgen;
* Eigentumsrechte definieren;
* ein Instrument schaffen, mit dem sich Eigentumsrechte und andere Gesetze im Spiel der Wirtschaftskräfte ändern lassen;
* Kontroversen über die Auslegung der Gesetze entscheiden;
* die Einhaltung von Verträgen erzwingen;

*   den Wettbewerb fördern;
*   ein monetäres System schaffen;
*   sich für die Bekämpfung technischer Monopole und die Beseitigung ihrer Folgewirkungen einsetzen, wenn dies angebracht erscheint;
*   die private Wohlfahrt und die Familie bei der Fürsorge Hilfsbedürftiger, unterstützen.

Zu dieser unvollständigen Liste wären z. B. sicherlich weitere Bereiche der Rechts- und Außenpolitik usw. zu zählen. Ihr stellt Milton Friedman beispielhaft Aufgaben gegenüber, die nach seiner Auffassung keinen öffentlichen Charakter haben. Seine Beobachtungen in den USA könnten sicherlich auch für andere Länder der westlichen Welt gelten:

*   Förderung einzelner Wirtschaftszweige, z. B. Landwirtschaft, Ölindustrie;
*   einzelne regulierende Vorschriften, z. B. im Transport- und Bankwesen, bei Radio und Fernsehen;
*   Verbot der Postbeförderung mit Gewinn, Lizenzen;
*   Festsetzung von „Preisen", z. B. Mieten, Löhne (einschl. Mindestlöhne und Zinssätze);
*   Wohnungsbauförderung;
*   „Die heutige Sozialpolitik", insbesondere die Sozialversicherung;
*   Wehrpflicht (nicht Grundausbildung, Freiwilligenheer);
*   Nationalparks.

Für John Kenneth Galbraith (265 ff.) ist die Versorgung mit privat erzeugten Gütern ausreichend, wenn sie sich in der Zunahme von Bruttoinlandsprodukt, Einzelhandelsumsätzen, persönlichen Einkommen und Arbeitsproduktivität ausdrückt. Der Reichhaltigkeit und Perfektion dieses Angebots stellt er die „Armseligkeit öffentlicher Einrichtungen" (am Beispiel der USA) gegenüber:

*   alte und überfüllte Schulen,
*   schlecht bezahlte und an Personalmangel leidende Polizei,
*   unzureichende Parks und Spielplätze,
*   Schmutz auf Straßen und unbebauten Grundstücken,
*   unzureichend ausgestattete und unterbesetzte Gesundheitsbehörden,
*   verstopfte Zugänge zur Innenstadt,
*   überlastete städtische Verkehrsmittel,
*   Verschmutzung von Wasser und Luft.

Galbraiths Auffassung kann man einige Argumente entgegenhalten:

Die Bedeutung einer Behörde wird in der Regel an der Zahl der beschäftigten Staatsdiener und an der Höhe ihres Budgets gemessen. Schon deshalb steigen teilweise die Staatsausgaben, ohne dass eine entsprechende Leistung eingetreten wäre. Öffentliche Dienste werden häufig ohne oder gegen ein zu geringes Entgelt angeboten. Bürger beanspruchen sie deshalb nicht mit der gebotenen Zurückhaltung, vielleicht sogar im Übermaß, weil sie ihnen zu billig erscheinen. Schon daher kann der Eindruck entstehen, es herrsche Knappheit bei der Versorgung mit Gütern des Kollektivbedarfs.

In Unternehmungen muss beim Einsatz von Produktionsfaktoren auf Wirtschaftlichkeit, Rentabilität und Produktivität geachtet werden. Geschieht das nicht, läuft die Unternehmung

Gefahr, Verluste zu machen oder – schlimmstenfalls – in Konkurs zu gehen. Behörden kennen den Druck des Marktes nicht. Produktionsfaktoren müssen deshalb nicht mit maximaler Effizienz eingesetzt werden.

Die staatlichen Ausgaben sind im Durchschnitt der letzten Jahre schneller als die privaten gewachsen.

13.4.3 Konflikt zwischen privaten und staatlichen Aktivitäten

Ein Konflikt entsteht, ob es sich um privatwirtschaftliche oder öffentliche Aktivitäten handeln soll. Es ist zu klären, welche Aktivität, etwa aus technischen Gründen, öffentlich sein muss. Dass sie in jedem Fall öffentlich sein kann, beweist die Existenz planwirtschaftlicher Systeme. Auch dort ist allerdings zu klären, welche Aktivität den privaten Haushalten obliegen soll. Dieser Problematik ist die Theorie der öffentlichen Güter (*public goods*) gewidmet, die von Richard Abel Musgrave entwickelt wurde. Er geht von der Existenz eines gemischten Wirtschaftssystems aus, in dem es also einen privaten Marktsektor und einen öffentlichen Bereich gibt. Es ist zu prüfen, aus welchen Gründen der Privatsektor nicht zum Zuge kommen kann und folglich öffentliche Aktivität angezeigt ist.

Ein erster Grund kann in Marktunvollkommenheiten liegen, d. h. grundsätzlich wird ein Bedürfnis zunächst privat befriedigt, aber die Art und Weise ruft Einwände hervor. So wird z. B. ein „natürliches" Monopol in privater Hand als volkswirtschaftlich negativ angesehen. Man kann es hoch besteuern oder in eigener Regie übernehmen (finanzpolitische Maßnahmen) oder auch verbieten (wettbewerbspolitische Maßnahme).

Auch die externen Effekte privater Produktion können öffentliche Aktivität bewirken. Sie können unerwünscht (soziale Kosten) sein, wie die Verschmutzung der Gewässer bei der chemischen Industrie, und z. B. Verbote hervorrufen. Doch können auch soziale Gewinne (*external benefits*) der Grund sein, dass die öffentliche Hand aktiv wird, z. B. wenn Eisenbahnen privatwirtschaftlich nicht rentabel sind, aus öffentlicher Sicht aber große positive Nebenwirkungen haben. Verteidigung wird öffentlich angeboten werden müssen. Ein privates Angebot würde in der Regel nicht zustande kommen, da jeder Nachfrager befürchten müsste, keinen mitfinanzierenden ‚Mit-Konsumenten' zu finden. Das Gut ‚Verteidigung' leidet also unter mangelnder Teilbarkeit und wird daher als öffentliches Gut angeboten werden.

Wenn beispielsweise die Bewohner eines Wohnhauses in ein Fußballstadion sehen können, wird der Veranstalter der Spiele wahrscheinlich darauf verzichten, wegen der wenigen Bewohner und ihrer Besucher eine teure zusätzliche Sichtblende anbringen zu lassen. Das Gut ‚ein Fußballspiel sehen' ist also zwar prinzipiell teilbar, aber die Aufteilung erfolgt nicht immer.

Aus der Sicht des ‚weiterblickenden wohlmeinenden Landesvaters' bzw. aus der Sicht der vom Volk gewählten Regierung gibt es Bedürfnisse, die das Individuum zunächst nicht oder nur unvollkommen empfindet, deren Erfüllung ihm aber zugute käme und die es vielleicht auch ‚empfinden' würde, wenn man ihm die positiven Konsequenzen der Befriedigung erklärte. Die Einführung des Volksschulzwanges wäre seinerzeit vielleicht nicht von einer Mehrheit des

Volkes getragen worden. Diesen Bereich der öffentlichen Bedürfnisbefriedigung versieht man häufig in Anlehnung an Richard Abel Musgrave mit dem Etikett ‚meritorisch'. Es ist in diesem Zusammenhang mit verdienstvoll (verdienstvoller Eingriff des Staates) gleichzusetzen. Er rechtfertigt diesen ‚undemokratischen' Eingriff des Staates mit drei Argumenten:

- Bei meritorischen Gütern kann das Ausschlussprinzip (Ausschluss der Konsumenten) nur auf Teile des Nutzens, nicht jedoch auf den Gesamtnutzen angewendet werden. So hat z. B. eine Schutzimpfung einen unmittelbaren Nutzen für den Patienten, aber auch einen mittelbaren Vorteil für die gesamte Bevölkerung, ebenso die Bildungsausgaben.
- Unter gewissen Bedingungen mag es legitim sein, dass eine mit überlegener Einsicht ausgestattete Gruppe (informierte Gruppe) ihre Entscheidung anderen weniger gut unterrichteten und gebildeten Gruppen aufzwingt. So sind z. B. für einen Gebildeten die Vorzüge eines guten Bilddungssystems einsichtiger als für den Ungebildeten.
- Die so genannte Konsumentensouveränität kann durch Werbemethoden manipuliert worden sein.

13.4.4   Messung des Staatsanteils

Die Messung des Staatsanteils ist scheinbar einfach. Man setzt den öffentlichen Sektor zur Gesamtheit (öffentlicher und privater Sektor) in Relation. Sobald man jedoch versucht, diese Relation zu quantifizieren, etwa in Form eines Bruches, einer Prozentzahl usw., tauchen Schwierigkeiten auf:

- Öffentliche Tätigkeiten bestehen teils aus finanziellen Maßnahmen (Mrd. € für Straßenbau), teils aus bloßen Anordnungen (Lohnfortzahlung des Arbeitgebers im Krankheitsfall). Solche unterschiedlichen ‚ausgabenintensiven' Maßnahmen sind kaum addierbar; die geringfügigen Personal- und Sachkosten bei der Gesetzgebung über die Lohnfortzahlung sagen nichts über die „Bedeutung" dieser sozialpolitischen Aufgabe aus. Hingegen ist die Straßenbau-Summe ein guter Indikator für die Erfüllung der verkehrspolitischen Aufgaben und kann z. B. zu den Verteidigungs- oder Sozialausgaben in Beziehung gesetzt werden.
- Öffentliche Maßnahmen beeinflussen die private Aktivität, wie das Beispiel der Lohnfortzahlung zeigt. Durch die Lohnfortzahlung im Krankheitsfall wird zweifellos die Arbeitsproduktivität, die Ertragslage der Unternehmen und das Einkommen der Arbeitnehmer beeinflusst. In einer Analyse staatlichen Handelns müssten also beispielsweise auch die vielfältigen Auswirkungen des Erbrechts, von Bauvorschriften, Importverboten, Straßen- und Umweltvorschriften usw. berücksichtigt werden.
  Für die Analyse des Staatsanteils bedeutet dies, dass nicht von einer starken Aufteilung auszugehen ist, sondern dass die gegenseitige Beeinflussung umschrieben werden muss.
- Der Staat kann sich im Wege der Anordnung Ausgaben ersparen, indem er mit Hilfe von Verwaltungsrichtlinien und gesetzlichen Regelungen unentgeltliche Leistungen von seinen Bürgern verlangt. Zu diesem so genannten „versteckten öffentlichen Bedarf" gehört unter anderem der Militärdienst, sofern er mit einem Einkommensausfall für den Wehrpflichtigen verbunden ist, die Tätigkeit als Schöffe oder Geschworener sowie die Mitwirkung der Steuerzahler bei der Ermittlung und steuerlichen Veranlagung des Einkommens und Vermögens.

Bundeshaushalt 2009 – Einzelübersicht - Ausgaben

		Mrd. Euro	Veränderung zu 2008
01	Bundespräsident u. Bundespräsidialamt	27, 03	+ 11, 0
02	Deutscher Bundestag	667, 29	+ 5, 5
03	Bundesrat	21, 28	- 1, 9
04	Bundeskanzlerin u. Bundeskanzleramt	1.793, 10	+ 2, 5
05	Auswärtiges Amt	2.930, 59	+ 2, 5
06	Bundesministerium des Innern	5598, 43	+ 10, 5
07	Bundesministerium der Justiz	500, 45	+ 6, 8
08	Bundesministerium der Finanzen	4.866, 85	+ 4, 7
09	Bundesministerium f. Wirtschaft u. Technologie	6.371, 38	+ 2, 9
10	Bundesministerium für Ernährung, Landwirtschaft und Verbraucherschutz	5.289, 76	+ 0, 2
11	Bundesministerium für Arbeit und Soziales	123.522, 48	- 0, 4
12	Bundesministerium für Verkehr, Bau und Stadtentwicklung	25.594, 75	+ 4, 9
14	Bundesministerium für Verteidigung	31.093, 00	+ 5, 6
15	Bundesministerium für Gesundheit	4.450, 49	+ 53, 5
16	Bundesministerium für Umwelt, Naturschutz und Reaktorsicherheit	1.324, 15	+ 56, 3
17	Bundesministerium für Familie, Senioren, Frauen und Jugend	6.147, 23	- 1, 0
19	Bundesverfassungsgericht	22, 93	+ 6, 2
20	Bundesrechnungshof	116, 64	+ 4, 9
23	Bundesministerium für wirtschaftliche Zusammenarbeit und Entwicklung	5.772, 00	+ 12, 4
30	Bundesministerium für Bildung und Forschung	10.060,28	+ 7, 8
32	Bundesschuld	42.450, 43	- 1, 1
60	Allgemeine Finanzverwaltung	9.758, 80	- 10, 2
	Insgesamt	**288, 400**	**+ 1, 8**

Quelle: Phoenix: Bundeshaushalt 2009 (Entwurf) – Internet 6.1.2010; Differenzen durch Rundung möglich.

Abb. 13-8: Bundeshaushalt 2009

■ Selbst die Abgrenzung dessen, was ‚der Staat‘ bzw. ‚die öffentliche Hand‘ umfassen soll, ist schwierig zu treffen. Neben den Haushalten des Bundes, der Länder und der Gemeinden gibt es auch solche der sog. Parafisci (Sozialversicherung), die je nach Abgrenzung zum Staatsanteil gezählt werden müssen. Sofern man nämlich nur die so genannten Gebietskörperschaften (in der Bundesrepublik Deutschland: Bund, Länder, Gemeinden) heranzieht, könnte die Entwicklung der Staatstätigkeit, etwa der letzten 60–70 Jahre, ein falsches Bild ergeben. Gerade in dieser Zeit haben sich zwischen die Bereiche der privaten Haushalte und Unternehmen als dem „Privatsektor" und der Gebietskörperschaften als dem „öffentlichen Sektor" der Volkswirtschaft eine Fülle von Institutionen geschoben, die teils mehr zum einen, teils mehr zum anderen Sektor tendieren.

In der Literatur behilft man sich – je nach Untersuchungsziel – mit verschiedenen Maßgrößen, wie z. B. dem Wachstum und der Struktur der Staatsausgaben und der Höhe der

Abzüge aus der privaten Wirtschaft (staatliche Käufe). Diese Zahlen werden meist in ihrer absoluten und relativen Entwicklung (z. B. in % des BIP oder pro Kopf) analysiert.

13.4.5   Gesetz wachsender Staatstätigkeit

„Geschichtliche (zeitliche) und räumliche, verschiedene Länder umfassende Vergleiche zeigen, dass bei fortschreitenden Culturvölkern regelmäßig eine Ausdehnung der Staatstätig-keiten und der gesamten öffentlichen, durch die Selbstverwaltungskörper neben dem Staate ausgeführten Tätigkeiten erfolgt" (Wagner 1892: 893).

Dies schrieb Ende des 19. Jahrhunderts Adolph Wagner und formulierte das nach ihm be-nannte, oft zitierte „Gesetz wachsender Staatstätigkeit" – „Volkswirtschaftliches Gesetz der wachsenden Ausdehnung der öffentlichen und speziell der Staatstätigkeiten" (Wagner: 895).

Wirft man einen Blick auf – heute vorhandene – Statistiken, so scheint sich das ‚Gesetz' empirisch zu bestätigen. Als Beispiel mag die langfristige Zunahme des Anteils der Staats-ausgaben am Volkseinkommen in verschiedenen Ländern dienen. Neben oder an Stelle der hier gewählten Bezugsgrößen können noch andere treten; doch bleibt auch dann die Grund-tendenz erkennbar, dass nämlich die öffentliche Hand ihren Anteil an der gesamtwirtschaftli-chen Tätigkeit ausgedehnt hat. Die Entwicklung der staatlichen Aktivitäten ist das Ergebnis politischer Entscheidungen. Sie bringen vielerlei Einflüsse zum Ausdruck – wirtschaftliche Verhältnisse, gesellschaftliche Zeitströmungen, politische Machtströmungen und der jeweils bestehende institutionelle Rahmen. (Brümmerhoff: 205)

Vor einer Analyse von Volumen und Struktur der Staatstätigkeit muss gefragt werden, wel-chem Zweck die Untersuchung dienen soll. Davon hängt es ab, welche Bezugsgrößen und in welcher Abgrenzung sie sinnvoll bzw. zweckmäßig sind. Die steigende Pro-Kopf-Zahl, um die Inflationsrate bereinigt, sagt aus, dass die öffentliche Hand, auf die Summe der Staats-bürger bezogen, mehr Aktivität entfaltet hat als zuvor.

Dieser Tatbestand kann zu weiteren Untersuchungen über die Struktur dieser zusätzlichen Aktivität anregen, z. B. über die Frage

- Ordnungspolitischer Aussagen (Welche Forderungen für den privatwirtschaftlichen Sektor ergeben sich bei einem Staatsanteil von 40 %, 60 %, usw.?),
- konjunkturpolitischer Aussagen (Wie verändert sich das Instrumentarium und die Er-folgswahrscheinlichkeit der Konjunkturpolitik bei steigendem Staatsanteil?),
- verteilungspolitischer Aussagen (Wie verändert sich die Verteilung der persönlichen Einkommen oder das Verhältnis von Arbeitnehmer- zu Nicht-Arbeitnehmereinkommen bei wachsendem Staatsanteil?).

Ein wachsender Staatsanteil könnte möglicherweise auf eine besondere Struktur der öffentli-chen Ausgaben zurückzuführen sein. Wenn die Staatsausgaben z. B. vorwiegend aus Perso-nalausgaben bestünden und diese Kosten, verglichen mit anderen Kostenarten z. B. für In-vestitionen, besonders gestiegen wären, würde dies zu einer Erhöhung des Staatsanteils füh-ren. Es ist aber auch denkbar, dass ihre Zunahme im Vergleich zu den Gesamtausgaben die verbleibenden Finanzmittel für Investitionen einengt und damit auch den konjunkturpolitischen Handlungsspielraum. (Eine Übersicht über die Entwicklung der Staatsquote in der Bundesrepublik Deutschland seit 1970 siehe im Kapitel ‚Finanz- und Budgetpolitik‘.)

Wirft man daher zunächst einen Blick auf die Entwicklung von privaten und öffentlichen Personal- und Investitionsausgaben am Beispiel der Bundesrepublik Deutschland, so scheint eine solche Tendenz tatsächlich zu bestehen.

a) Ursachen zunehmender Staatstätigkeit

Erste Erklärungsansätze finden sich bereits bei Adolph Wagner, der im „Fortschritt von Cultur und Volkswirtschaft“, d. h. aufgrund zunehmender Industrialisierung und Arbeitsteilung bei steigendem Volkseinkommen, einen Bestimmungsfaktor der relativen Expansion der öffentlichen Ausgaben sah. Zu einer detaillierten Erklärung kommt Adolph Wagner an Hand der von ihm vorgenommenen Einteilung der Staatstätigkeiten in ‚Rechts- und Machtzwecke‘ einerseits und ‚Cultur- und Wohlfahrtszwecke‘ andererseits. Im Bereich Rechts- und Machtfunktion des Staates (Justiz, Polizei, Militär, Diplomatischer Dienst usw.) sah er neue Aufgaben auf den Staat zukommen. Aus der „weiter-gehenden nationalen und internationalen Arbeitsteilung“, dem „System der freien Concurrenz“ und der „größeren Bevölkerung und Volksdichtigkeit“ resultieren „immer compliziertere Verkehrs- und Rechtsverhältnisse“. Die „vermehrte Reibung“ führt dazu, dass die „repressive und präventive Thätigkeit des Staates zur Verwirklichung des Rechtszweckes anwächst.“ (Wagner: 855)

In den zweiten Tätigkeitsbereich des Staates fallen die Ausgaben für die Sachgüterproduktion, das Gesundheitswesen, die soziale Fürsorge, Unterricht und Bildung usw. Auch hier sprach Wagner von einer festzustellenden Ausdehnung der Staatstätigkeit.

„… der Staat fortschreitender culturfähiger Völker, so namentlich der modernen, hört immer mehr auf, einseitig Rechtsstaat, im Sinne der möglichst alleinigen Verwirklichung des Rechts- und Machtzweckes, zu sein und wird immer mehr Cultur- und Wohlfahrtsstaat, in dem Sinne, dass gerade seine Leistungen auf dem Gebiet des Cultur- und Wohlfahrtszweckes sich beständig mehr ausdehnen und einen reicheren und mannigfaltigeren Inhalt gewinnen“ (Wagner: 899).

Auch in neuerer Zeit wird ständig die Entwicklung der Staatstätigkeit überprüft. Günter Schmölders, Horst Claus Recktenwald, John Kenneth Galbraith, Milton Friedman, Arnold Brecht, Alan T. Timm, Jack Peacock und Herbert Wiseman u. a. liefern Erklärungsversuche für zunehmende Staatstätigkeit.

Günter Schmölders (187–196) und Horst Claus Recktenwald (577 ff.) kommen zu ähnlichen Ergebnissen hinsichtlich der wachsenden Staatstätigkeit. Beide begründen wachsende Staatstätigkeit mit Geldentwertung, Technischer Entwicklung, Atomenergie und Weltraumtechnik, Bevölkerungs- und Siedlungsdichte, ‚Versorgungsstaatdenken‘, ‚Gefälligkeitsstaat‘, Vollbeschäftigungs-, Wachstums- und Strukturpolitik, Kriegs-, Rüstungsausgaben und Kriegsfolgelasten ‚Beharrungsvermögen‘ der Exekutive, Ausgabefreudigkeit der Parlamente, ökonomisch-technische Faktoren und soziale Umwälzungen.

Arnold Brecht (1932) hob in seinem „Gesetz der progressiven Parallelität von Ausgaben und Bevölkerungsmassierung“ die räumliche Konzentration der Bevölkerung hervor. Diesem „Ge-

setz" zufolge müssten die Gemeindeausgaben pro Kopf mit zunehmender Agglomeration über-
durchschnittlich steigen. Während dieser Tatbestand besonders für den Finanzausgleich und die
Regionalpolitik bedeutsam ist und heute als hauptsächliche Folgerung aus dem ‚Brechtschen
Gesetz' verwendet wird, trägt eine andere Folgerung zur Staatsanteilsdiskussion bei: Zuneh-
mende regionale ‚Bevölkerungsmassierung' führt zu zusätzlichen öffentlichen Lasten. Wenn
die regionale Konzentration nicht gleichzeitig auch zu einer mindestens gleich hohen Steige-
rung des BIP in dieser Region führt, steigt der (regionalisierte) Staatsanteil. Im internationalen
Vergleich ist dann in einem Land mit hohem Agglomerationsgrad, ausgedrückt als Anteil der
Bevölkerung in Ballungsräumen, ein höherer Staatsanteil zu vermuten. Der Nachweis des
Brechtschen Gesetzes ist bisher nicht überzeugend gelungen. Die Tatsache, dass sehr kleine
Gemeinden geringere Pro-Kopf-Ausgaben aufweisen (Stat. Jahrbuch Deutscher Gemeinden:
307 f.) genügt allein nicht. Entsprechend höhere Ausgaben der in der Nähe liegenden Groß-
städte können ja daher rühren, dass sog. zentralörtliche Funktionen für die umliegenden kleineren Orte erfüllt werden (Verwaltung, Kultur usw.). Diese anteiligen Kosten (Ausgaben) müssten eigentlich den kleineren Orten zugerechnet werden.

Alan T. Peacock und Jack Wiseman (XXI) haben in ihrer Untersuchung über die Entwicklung der öffentlichen Ausgaben in England eine relative Zunahme in % des Bruttoinlandsprodukts von 9 % im Jahre 1890 auf 37 % im Jahre 1955 festgestellt. Dieses Wachstum ist,
wie auch in anderen Ländern, nicht kontinuierlich verlaufen, sondern weist periodische
Sprünge auf, die oft in Kriegszeiten liegen. Nach solchen Erhöhungen der Staatsausgaben
kam es in der Regel nicht zu einem Absinken auf das Ausgangsniveau, ja nicht einmal auf
das Niveau das bei Fortschreiben des Vorkriegszuwachses zu erwarten gewesen wäre. Dieser
sog. Niveauverschiebungseffekt (*displacement effect*) wird auf einfache finanzsoziologische
Art erklärt. „Regierungen geben gern mehr aus, ... Bürger zahlen nicht gern mehr Steuern,
und Regierungen sind darauf angewiesen, den Wünschen ihrer Bürger einige Aufmerksamkeit zu widmen". Hieraus wird dann gefolgert, dass in normalen Zeiten (*settled times*) eine
unveränderte Steuerlast gewünscht wird, so dass ein überproportionaler Ausgabenanstieg
verhindert wird. Lediglich in Krisenzeiten (*times of crisis*) lässt sich der Steuerwiderstand
der Bevölkerung abbauen und damit die Steuerquote erhöhen. Das neu erreichte Niveau, an
das sich die Steuerzahler allmählich gewöhnen, bleibt nach Auffassung der Autoren bestehen, bis sich der beschriebene Prozess wiederholt. Dieser offenbar als langfristig unterstellte, in sich noch nicht eben überraschende Tatbestand wird dann aber nur in einer Hinsicht in die Theorie einbezogen: Nur in Krisenzeiten lässt sich der angesprochene Steuerwiderstand überwinden, und der Staatsanteil erhöht sich über die Erhöhung der Steuerquote.
Man kann sich jedoch fragen, ob nicht der andere Faktor, dass Angewiesensein der Regierungen auf Bürger, zu einer längerfristigen Hypothese benutzt werden könnte.

Herbert Timm (234) erklärt in seiner „nachträglichen Voraussage der relativen Ausdehnung
der nicht kriegsbedingten Staatsausgaben" den zunehmenden Anteil der Staatsausgaben am
Volkseinkommen,

> „mit der Existenz und der Überwindung mehrerer zeitlicher Verzögerungen (*lags*) sowie der mit diesen *lags* ver-
> bundenen Intensivierung und Akkumulation von Bedürfnissen".

Die erste Verzögerung resultiert daraus, dass es einer bestimmten Zeit bedurfte, bis „das Bedürfnis nach besserer Erziehung und Ausbildung der Kinder, nach besserer Förderung und Sicherung der Gesundheit, nach besserer Vorsorge für das Alter und die Unglücksfälle des Lebens" (Timm: 234) bewusst wurde. Erst nach der Befriedigung elementarer Bedürfnisse (Nahrung, Kleidung, Wohnung), d. h. von einer bestimmten Höhe des individuellen Einkommens an, nach einer Verzögerung, die Timm als „natürlichen lag" bezeichnet, steigt die Einkommenselastizität der Nachfrage nach öffentlichen Leistungen.

Ein sog. „systembedingter lag" ergibt sich dadurch, dass eine gewisse Zeit vorübergeht, bevor in einem kapitalistischen System durch die Erhöhung der Gewinne die Investitionen wachsen und darin anschließend das Masseneinkommen. Ehe also nicht eine genügend große Anzahl der Einwohner den „natürlichen lag" überwunden hat, kommt es nicht zu der zu erklärenden relativ steigenden Ausgabetätigkeit des Staates. Da diese Erhöhung der Masseneinkommen in einem kapitalistischen System von der Entwicklung der privaten Investitionen bestimmt wird, kann daher von „systembedingten lag" gesprochen werden. Zu einer dritten Verzögerung („institutioneller lag") kommt es dadurch, dass

„auch bei fortgeschrittener Demokratisierung der politischen Willensbildung ... der Weg von den genügend intensiv und von einer genügenden Zahl der Mitglieder des Gemeinwesens empfundenen Bedürfnissen bis zur Befriedigung durch den Staat Zeit in Anspruch nimmt" (Timm: 235).

Mit der Intensität der Bedürfnisse muss auch die Bereitschaft einhergehen, die neuen Staatsleistungen auf eine Weise zu finanzieren, dass der Nettoeffekt von Leistungsempfang und Finanzierungsbeitrag für die breite Masse positiv ist. Und

„die Bereitschaft zu dieser Redistribution hinkte sowohl hinter der Entwicklung zum Verfassungsstaat als auch hinter der Einkommensexpansion her" (Timm: 236).

b) Möglichkeiten staatlicher Einflussnahme

Die Möglichkeiten staatlichen Einflusses auf die Verwendung des Sozialprodukts hängen in erster Linie von der augenblicklich herrschenden Wirtschaftslage ab (Konsum- und Investitionsförderung in einer Rezession; Konsum- und Investitionseinschränkung bei überhitzter Konjunktur). Auch weiterreichende Überlegungen (Wachstum, privater oder staatlicher Konsum) spielen eine Rolle. Die folgende Übersicht zeigt, welche Instrumente unter anderem eingesetzt werden können.

Tab. 13-14: Staatlicher Einfluss auf die Verwendung des BIP

Möglichkeiten staatlicher Einflussnahme auf die Verwendung des BIP	
CH	Konsum Abgabenpolitik (Steuern, Sozialversicherungsbeiträge) Geld- und Kreditpolitik (Zinssätze, Teilzahlungsgeschäfte) Vermögenspolitik
+ Cst	Maßhalte- und Konsumförderungsappelle Einnahmenpolitik (Steuern, Gebühren, Zölle, Staatsanleihen) Ausgabenpolitik
+ In	Investitionen Steuerpolitik (Abschreibungsmöglichkeiten) Investitionsförderung (Prämien)
+ (X – M)	Außenbeitrag Zollpolitik Währungspolitik (Auf- und Abwertung) Internationale Handelspolitik
$= Y_m^n$	**Verwendung des gesamten Volkseinkommens**

Literatur zum 13. Kapitel

Bartling, H. und Luzius, F.: Grundzüge der Volkswirtschaftslehre, Einführung in die Wirtschaftstheorie und Wirtschaftspolitik, 15. Auflage, Verlag Vahlen, München 2004.

Blum, U.: Volkswirtschaftslehre: Studienhandbuch, Oldenbourg, München [u. a.] 2000.

Brecht, A.: Internationaler Vergleich der öffentlichen Ausgaben, Leipzig und Berlin 1932.

Brümmerhoff, D.: Volkswirtschaftliche Gesamtrechnungen, 7. Auflage, München – Wien 2002.

Coase, R., The Institutional Structure of Production, American Economic Review, Vol. 82, No. 4.

Frenkel, M. und John, K. D.: Volkswirtschaftliche Gesamtrechnung, 6. Auflage., Verlag Vahlen, München 2006

Friedman, M.: Kapitalismus und Freiheit, Stuttgart 1971.

Galbraith, J. K.: Gesellschaft im Überfluss, München 1959.

Gutzeit, W.: Volkswirtschaftslehre II: Methoden der Wirtschaftswissenschaften, Wirtschaftskreislauf, Volkswirtschaftliche Gesamtrechnung, Verlag Heckner, Wolfenbüttel 1990.

Jahresgutachten 2007/2008: Das Erreichte nicht verspielen, Sachverständigenrat zur Begutachtung der Wirtschaftlichen Entwicklung, Statistisches Bundesamt, Wiesbaden 2007.

Jahresgutachten 2008/2009: „Die Finanzkrise meistern – Wachstumskräfte stärken.", Statistisches Bundesamt, Wiesbaden 2008.

Keynes, J. M.: The General Theory of Employment, Interest and Money, London 1967.

Leijornhufoud, A.: Über Keynes und den Keynesianismus, Köln 1973.

Marx, K.: Zur Kritik der Politischen Ökonomie, Berlin 1859

Marx, K.; Otani, T.: Gesamtausgabe/ Abt. 2, „Das Kapital" und Vorarbeiten Bd. 11. Manuskripte zum zweiten Buch des „Kapitals" 1868 bis 1881 / Karl Marx, Apparat / bearb. von Teinosuke Otani, Akad.-Verlag, Berlin 2008.

Marx, K.: Das kommunistische Manifest, Berlin 1848

Meadows, D. L. et al.: Die Grenzen des Wachstums: Bericht des „Club of Rome" zur Lage der Menschheit. Rowohlt, Reinbek b. Hamburg 1973.

Neumark, F.: Grundsätze gerechter und ökonomisch rationaler Steuerpolitik, Tübingen 1970.

Oncken, A.: Die Maxime Laissez faire et laisser passer, ihr Ursprung, ihr Werden. Ein Beitrag zur Geschichte der Freihandelslehre, Bern 1886.

Peacock, A. T. und Wiseman, J.: The Growth of Public Expenditure in the United Kingdom, Princeton 1961.

Quesnay, F. : Oeuvres economiques et philosophiques, 1756.

Recktenwald, H.: Staatsausgaben in säkularer Sicht, in: H.Haller u. a. (Hrsgb.), Theorie und Praxis des finanzpolitischen Interventionismus, Fritz Neumark zum 70. Geburtstag, Tübingen 1970.

Reich, Ch. A. R.: The new Property, in: The Yale Law Journal, Vol. 73.

Schelle, G.: Oeuvres de Turgot, Paris 1914.

Schmölders, G.: Finanzpolitik, 3. Auflage, Berlin 1970.

Schneider, E.: Einführung in die Wirtschaftstheorie, Tübingen 1962.

Statistisches Jahrbuch 2008.

Statistisches Jahrbuch deutscher Gemeinden, 58 Jg., 1971.

Timm, H.: Das Gesetz der wachsenden Staatsausgaben, in: Finanzarchiv, N.F. Bd. 21, 1961.

Statistisches Bundesamt: Volkswirtschaftliche Gesamtrechnungen: Inlandsproduktsberechnung, Detaillierte Jahresergebnisse. Fachserie 18, Reihe 1.4. Statistisches Bundesamt, Wiesbaden 2008. http://www-ec.destatis.de/csp/shop/sfg/sfghome.csp

Weiser, G.: Zur Relativierung des Einkommens als Indikator einer Verteilungspolitik, in: G. Weiser, Grundsätze der Verteilungspolitik, in: Soziale Sicherheit, Hrsg. Külp und W. Schreiber, Köln 1971.

14 Bruttoinlandsprodukt – Indikator für Lebensqualität und kulturelle Entwicklung (*Walter Gutzeit*)

Die Ausführungen zum BIP geben noch keine eindeutige Antwort auf die Frage, wie sich wirtschaftliches Ergebnis und kulturelle Entwicklung eines Landes gegenseitig beeinflussen. Nicht alle tatsächlien und vermeintlichen ökonomischen Aktivitäten werden erfasst, so dass selbst die Aussagefähigkeit über die ökonomische Effizienz eingeschränkt ist. Da eine kulturelle Effizienz, soweit sie denn messbar ist, nicht mit der ökonomischen Effizienz identisch sein muss, gilt es Unterschiede und Gemeinsamkeiten herauszuarbeiten. Insbesondere seit Mitte der sechziger Jahre des vorigen Jahrhunderts hat die Kritik an der BIP-Berechnung zugenommen. Es wird auf eine Reihe wesentlicher Mängel hingewiesen, die die Aussagekraft des BIP als Indikator des wirtschaftlichen Wohlstands einer Nation beträchtlich einengen. Gewisse wohlstands- und kulturrelevante Vorgänge werden überhaupt nicht berücksichtigt. Bestimmte Transaktionen werden zwar erfasst, aber in einer der Logik und Systematik der volkswirtschaftlichen Gesamtrechnung unzureichenden oder dieser sogar widersprechenden Weise (Haslinger, S. 216 f., Frenkel/John S. 161).

14.1 Konzepte zur Berechnung des BIP

Die verwendeten Definitionen und Konzepte zur Berechnung des BIP sind im ‚Europäischen System Volkswirtschaftlicher Gesamtrechnungen' festgelegt. Die praktische Umsetzung in Deutschland wird in den Sonderbänden („Inlandsprodukt nach ESVG 1995 – Methoden und Grundlagen – ‚Neufassung nach Revision 2005', S. 23 und „Methoden der Preis- und Volumenmessung" der Fachserie 18 Volkswirtschaftliche Gesamtrechnungen") im Detail dargestellt. Umfassende Revisionen der Volkswirtschaftlichen Gesamtrechnungen, bei denen die Ergebnisse und Methoden grundlegend überarbeitet werden, finden etwa alle fünf Jahre statt. Sie gewährleisten, dass die veröffentlichten Daten international vergleichbar sind, und sie sind durch europäische Rechtsakte zwingend vorgeschrieben. Die Ziele sind dabei neue Konzepte, Definitionen, Klassifikationen und Ähnliches einzuführen; neue, bislang nicht verwendete statistische Berechnungsgrundlagen in das Rechensystem einzubauen und neue Berechnungsmethoden anzuwenden.

Im Rahmen der VGR-Revision 2005 wurden insbesondere zwei konzeptionelle Neuerungen vorgenommen, die beide eine Folge verbindlicher europäischer Rechtsvorschriften sind:

* Die Einführung der Vorjahrespreisbasis an Stelle der bisher üblichen Festpreisbasis bei der Deflationierung: Die ‚realen‘ Ergebnisse werden stets in Preisen des jeweiligen Vorjahres ausgedrückt und nicht mehr in Preisen eines festen Basisjahres.
* Die neu geregelte Verbuchung von Bankdienstleistungen, die nun als „Finanzservice-leistung, indirekte Messung (FISIM)" auf die einzelnen Verwendungszwecke (Vorleistungen, Konsum, Exporte, Importe) aufgeteilt werden. Die ersten vorläufigen Ergebnisse einer VGR werden mehrmals überarbeitet, um neu verfügbare statistische Informationen einzuarbeiten. Sie können von den endgültigen Ergebnissen, die jeweils nach rund vier Jahren veröffentlicht werden, abweichen. Daneben werden noch so genannte große Revisionen durchgeführt, die unter anderem der Einführung neuer Konzepte und Definitionen sowie der Einbeziehung von Ergebnissen aus unregelmäßigen oder neuen Erhebungen dienen. Im mehrjährigen Vergleich weichen die ersten vorläufigen Ergebnisse vom endgültigen Wert um rund einen halben Prozentpunkt nach oben oder unten ab. Bei einigen Teilaggregaten des BIP ist der durchschnittliche Revisionsbedarf deutlich größer.

14.2   Aussagewert wirtschaftlicher und kultureller Effizienz

14.2.1   Aussagewert wirtschaftlicher Effizienz

Für die Beurteilung wirtschaftlicher Entwicklungen sind die Beschäftigten- und Arbeitslosenzahlen, Produktivitätsziffern und andere ausgewählte Konjunkturindikatoren von Bedeutung. Veränderungen der Kennzahlen allein sagen nichts aus über die zugrunde liegenden Ursachen, die diese Veränderungen bewirkt haben. Sie gewinnen daher erst an Aussagewert durch ihre Einbettung in ein theoretisches Modell, das Beziehungszusammenhänge zwischen verschiedenen Messgrößen klarlegt.

Arbeitsproduktivität
Sie stellt das Verhältnis von Bruttoinlandsprodukt zu den Erwerbstätigen dar. Sie gibt an, welchen Beitrag ein Erwerbstätiger durchschnittlich zum Bruttoinlandsprodukt leistet. Die Entwicklung der Arbeitsproduktivität hängt vor allem auch von der Entwicklung des Anlagevermögens (insbes. der Ausrüstungen) und vom technischen Fortschritt in einer Volkswirtschaft ab. So kann eine Zunahme der Arbeitsproduktivität ihre Ursache in einer Erhöhung des eingesetzten Kapitals, einer verbesserten Ausbildung der Arbeitskräfte oder leistungsfähigeren Maschinen infolge technischer Neuerungen haben. Vor allem in Ländern mit großem Bevölkerungswachstum sind die bloßen Wachstumsraten des BIP wenig aussagefähig.

Deshalb wird auch in den meisten Staaten die Entwicklung des BIP pro Kopf der Einwohner ausgewiesen. Nicht zuletzt ist die Arbeitsproduktivität auch von der Zahl der Erwerbspersonen abhängig.

Erwerbstätige sind alle im Inland selbständig oder unselbständig (= abhängig) beschäftigten Personen, unabhängig von der geleisteten Arbeitszeit (daher auch Kurzarbeiter und Teilzeitbeschäftigte). Den selbständig Beschäftigten werden auch die mithelfenden Familienangehörigen zugerechnet. Da nach dem Inlandsprinzip gerechnet wird, fallen vor allem auch die im Inland beschäftigten Ausländer unter die Erwerbstätigen.[9]

Als erwerbslos gilt im Sinne der durch die EU konkretisierten ILO-Abgrenzung jede Person im Alter von 15 bis 74 Jahren, die in diesem Zeitraum nicht erwerbstätig war, aber in den letzten vier Wochen vor der Befragung aktiv nach einer Tätigkeit gesucht hat. Auf den zeitlichen Umfang der gesuchten Tätigkeit kommt es nicht an. Eine neue Arbeit muss innerhalb von zwei Wochen aufgenommen werden können. Die Einschaltung einer Agentur für Arbeit oder eines kommunalen Trägers in die Suchbemühungen ist nicht erforderlich.

Die Zahl der Erwerbspersonen nahm im Jahresdurchschnitt 2007 im Vergleich zum Vorjahr um 12 000 Personen auf 43,27 Millionen Personen zu. Im Jahresdurchschnitt 2007 betrug die Zahl der bei der ‚Bundesagentur für Arbeit und aktive Arbeitsmarktpolitik' registrierten Arbeitslosen nach Definition des Sozialgesetzbuches (SGB) 3,78 Millionen, ging in den folgenden Monaten weiter zurück, nahm seit der Finanzkrise von 2008 jedoch wieder zu.

Die Definition der Zahl der registrierten Arbeitslosen nach dem SGB unterscheidet sich von der Abgrenzung der Erwerbslosigkeit nach ILO-Kriterien. So fordert das SGB eine Meldung bei einer Agentur für Arbeit oder kommunalen Trägern sowie die Suche nach einer Beschäftigung von mindestens 15 Wochenstunden, um als arbeitslos erfasst zu werden. Beide Voraussetzungen sind keine notwendige Bedingung für Erwerbslosigkeit nach dem ILO-Konzept. Daher sind in der ILO-Arbeitsmarktstatistik auch Personen als erwerbslos erfasst, die nach Definition des SGB nicht arbeitslos sind.

Andererseits kann nach dem SGB trotz registrierter Arbeitslosigkeit eine Erwerbstätigkeit mit einem Umfang unter 15 Stunden als Hinzuverdienstmöglichkeit ausgeübt werden. Nach den ILO-Kriterien hingegen schließt jede Erwerbstätigkeit die Möglichkeit aus, als erwerbslos erfasst zu werden. Somit sind in der Statistik der Bundesagentur für Arbeit Arbeitslose enthalten, die die ILO-Arbeitsmarktstatistik nicht als erwerbslos zählt (Statistisches Bundesamt 2008: 27).

- Arbeitslose: Das sind alle bei den Arbeitsämtern als arbeitslos registrierten Personen.
- „Stille Reserve": Sie umfasst Personen, die zwar nicht als arbeitslos gemeldet sind, aber Arbeitsplätze annehmen würden, wenn es geeignete Stellen gäbe. Die „Stille Reserve" ist eine unsichere Schätzgröße. Einen wesentlichen Anteil davon bilden Frauen, die in

---

[9] Erwerbstätig im Sinne dieser ILO-Definition ist jede Person im erwerbsfähigen Alter, die in einem einwöchigen Berichtszeitraum mindestens eine Stunde lang gegen Entgelt oder im Rahmen einer selbstständigen oder mithelfenden Tätigkeit gearbeitet hat. Auch wer sich in einem formalen Arbeitsverhältnis befindet, das er im Berichtszeitraum nur vorübergehend nicht ausgeübt hat, gilt als erwerbstätig.

Krisenzeiten ihr Angebot an Arbeitskraft zurückziehen. Ferner zählen dazu Arbeitslose, die kein Anrecht auf Arbeitslosenunterstützung haben.

Erwerbstätige, Arbeitslose und „Stille Reserve" ergeben zusammen das Erwerbspersonen-potential einer Volkswirtschaft. Als Arbeitslosenquote wird der Anteil der Arbeitslosen an den abhängigen Erwerbspersonen (= abhängige Erwerbstätige und Arbeitslose) bezeichnet.

Für die Beurteilung der Lage auf dem Arbeitsmarkt sind auch noch die jeweiligen Zahlen der Kurzarbeiter und der offenen Stellen bedeutsam. Als Kurzarbeiter werden alle Perso-nen erfasst, die einen Anspruch auf Kurzarbeitergeld besitzen. Die Konzepte, die der Mes-sung der Arbeitslosen, der Stillen Reserve und der offenen Stellen zugrunde gelegt wer-den, wurden vielfach kritisiert. Gewünscht wird eine Gliederung vor allem in freiwillige und unfreiwillige Arbeitslosigkeit. Unter die freiwillige Arbeitslosigkeit fallen insbeson-dere die „friktionelle Arbeitslosigkeit", d. i. die Zeit der Arbeitslosigkeit, die zwischen Arbeitsplatzkündigung und Neuaufnahme der Arbeit auftritt. Als strukturelle Arbeitslosig-keit bezeichnet man, wenn einzelne Berufe im Zuge technischer oder sonstiger Verände-rungen nicht mehr oder in geringerem Maße benötigt werden, wie z. B. Bergwerksarbeiter infolge von Umschichtung von Kohle auf andere Energieträger oder Schriftsetzer infolge neuer Setzverfahren. Winterarbeitslosigkeit im Baugewerbe zählt zur „saisonalen Arbeits-losigkeit". Diese Formen der freiwilligen Arbeitslosigkeit erfordern „nur" Maßnahmen zur kurzfristigen Überbrückung sozialer Härten, während sich unfreiwillige Arbeitslosigkeit längerfristig nur durch gezielte Eingriffe beseitigen lässt. Sie hat ihre Ursache in Funk-tionsmängeln der Preismechanismen.

Schwierigkeiten ergeben sich neben der Ermittlung der „Stillen Reserve" auch bei der Inter-pretation der offenen Stellen. Es darf nämlich nicht übersehen werden, dass Unternehmen solche Stellen auch ohne Absicht auf Besetzung anmelden können. Hinzu kommt, dass die Zahl der offenen Stellen nichts über die Qualität der Arbeitsplätze aussagt. Die zu besetzen-den Stellen können z. B. Qualifikationen erfordern, die nicht oder in nicht ausreichendem Maße bei den Arbeitssuchenden vorhanden sind oder ungenügende Arbeitsbedingungen und Bezahlung aufweisen (Jahresgutachten 2007/2008: 344 ff.).

Kapitalproduktivität
Die Kapitalproduktivität gibt an, wie viel eine Kapitaleinheit im Durchschnitt zur Herstel-lung eines bestimmten Bruttoinlandsprodukts beiträgt.

$$\text{Kapitalproduktivität} = \frac{\text{Bruttoinlandsprodukt}}{\text{Bruttoanlagevermögen}}$$

Kapitalkoeffizient
Aus ihm lässt sich ablesen, wie viel Kapitaleinheiten erforderlich waren, um eine Einheit des Bruttoinlandsprodukts herzustellen.

Kapitalintensität
Sie stellt das Verhältnis des Kapitalstocks zu den im Inland Erwerbstätigen dar und zeigt den ‚Kapitaleinsatz pro Erwerbstätigen' an.

In der Wirtschaftstheorie wird häufig ein Zusammenhang zwischen dem insgesamt eingesetzten Kapital K und der eingesetzten Arbeit A und dem Output gemessen durch das Nettoinlandsprodukt zu jeweiligen Preisen Y hergestellt: Diesen Zusammenhang bezeichnet man
als die gesamtwirtschaftliche Produktionsfunktion: $Y = F (K,A)$, wobei wir der Einfachheit
halber von technologischen Änderungen absehen wollen.

$$\frac{Y}{A} = f \frac{K}{A}$$

Man erhält (im Falle des Vorliegens einer linear-homogenen Produktionsfunktion) eine Beziehung zwischen dem Output pro Kopf und der Kapitalintensität.

Kapitalstock
Von Bedeutung für die Beurteilung der jeweiligen Konjunkturlage und die künftig zu erwartende Investitionstätigkeit ist auch der Auslastungsgrad des Produktionspotentials (= Kapitalstock).

Unterstellt man für ein bestimmtes Jahr (z. B. für 2009) Vollauslastung bei der Erstellung
des Bruttoinlandsprodukts, dann bedeutet eine Zunahme des Kapitalstocks, der höher liegt
als das Wachstum des Bruttoinlandsprodukte, bei gleich bleibendem Arbeitseinsatz eine
Unterauslastung des Produktionspotentials.

14.2.2   Aussagewert kultureller Effizienz

Die Leistungsfähigkeit einer Gesellschaft korreliert mit dem Grad ihrer kulturellen Entwicklung.

Wenn Kultur diejenigen Zustände, Prozesse, Institutionen, Konventionen und Normen beschreibt, die im Zusammenleben von Menschen im Kollektiv sichtbar und wirksam werden,
dann sind dies Sprache, Sitten, Werte, Normen, Mentalität, Traditionen, Bräuche.

Grundlegendes Kennzeichen all dieser Kulturphänomene ist die Herstellung kalkulierbarer
Erwartungshaltungen über soziales Handeln. Dies hat zur Folge, dass Transaktionskosten im
gesellschaftlichen Zusammenleben minimiert werden. In einer Handlungssituation steht der
Einzelne nicht vor einer komplett neuen Aufgabe und muss Informationen situationsspezifisch verarbeiten und Folgen abschätzen. Konventionen, von denen der Handelnde ausgehen
kann, dass sie auch die anderen Personen in der Handlungssituation kennen und befolgen,
bauen Unsicherheit ab.

So schaffen beispielsweise sprachliche Konventionen und gemeinsam geteilte Vorstellungen
von bestimmten Interaktionssituationen die Erwartungssicherheit. Eine Person, die sich mit
einem Stadtplan in der Hand auf der Straße einer anderen Person nähert, wird die Situation
richtig deuten (und die Befragte erwartet eine Frage nach dem Weg und keinen Überfall),
und dass die Frage nach dem Weg zum Rathaus inhaltlich verstanden und beantwortet werden kann. Kalendarische Konventionen verbunden mit Sittenvorstellungen bewirken, dass
auf die Einladung „Geschäftsessen um Neun" alle Personen ähnlich gekleidet zum gleichen
Zeitpunkt erscheinen. In beiden Fällen muss nicht situationsspezifisch ausgehandelt werden,

welche Verkehrs- (oder Gebärden-) Sprache verwendet wird, nach welchen kalendarischen Systemen Zeitpunkte bestimmt oder nach welchen Normen und Konventionen welche Körperbekleidung ausgewählt werden sollen. Diese Senkung von Transaktionskosten ist die Funktion solcher Kulturphänomene.

Vertrauen wird erst geschaffen, wenn soziales Handeln erwartbar ist. Jede Person innerhalb der Kultur weiß, dass die handlungsleitenden Konventionen und Normen, die sie bewusst oder unbewusst akzeptiert, auch die jeweils andere Person in einer Situation folgt. Andernfalls müsste die Person in jeder Situation versuchen zu antizipieren, wie sich die jeweils andere verhalten wird, was soziales Handeln erschwert, Vertrauen abbaut und die (Transaktions-) Kosten erhöht.

Eine leistungsfähige Gesellschaft ist dadurch charakterisiert, dass in einer vertrauensvollen Atmosphäre soziales Handeln stattfindet, das sich aufgrund geteilter kultureller Vorstellungen einer breiten Legitimität erfreut. Auch wirtschaftliche Produktion und Handel wird dadurch erleichtert. Mithin ist die Leistungsfähigkeit einer Gesellschaft – durch sinkende Transaktionskosten, bedingt durch soziales Handelns in einer Gesellschaft – umso höher, desto vertrauensvoller die beteiligten Personen miteinander ‚handeln‘. Je kulturhomogener eine Gesellschaft ist, desto weniger Energie muss in sozialen Handlungssituationen aufgewendet werden. Daher werden Interaktionen hier für alle erwartbarer und Norm abweichendes Verhalten ist kleiner als in einer kulturheterogeneren Gesellschaft.

In einer multikulturellen Gesellschaft, in der mehrere Kulturen ko-existieren, ist die Erwartbarkeit sozialen Handelns niedriger. Dass Mitmenschen in Handlungssituationen erkennbar antizipierende Entscheidungen treffen, ist geringer und verringert das allgemeine Vertrauensgefühl. Damit werden die Transaktionskosten steigen, da die Unterschiede in Sprache, Mentalität, Sitten, Werten bei den Interaktionen der Kultursysteme mit mehr Aufwand verbunden sind. Der Italiener, der von einem Inder gefragt wird, ob dieser die Uhrzeit wüsste, kann zur Verneinung nicht einfach den Kopf schütteln, da dieser das als Bejahung interpretieren würde. Die Abwesenheit einer dominanten Kultur würde das Außerkraftsetzen jeglicher allgemeinverbindlicher Symbolik bedeuten, also weder deutsche Straßenschilder noch Rechtsverkehr, denn nur so können gleichberechtigte Kulturen in jeder Situation mittels eines herrschaftsfreien Dialogs einen Kompromiss aushandeln. Ob nun diese Gleichberechtigung oder eher die Leistungsfähigkeit von einer Gesellschaft bevorzugt werden, lässt sich hieraus nicht ableiten.

Zwischen Gleichberechtigung aller möglichen kulturellen Vorstellungen und Leistungsfähigkeit besteht also ein gesellschaftlicher Zielkonflikt. Zugunsten intra-kultureller Vielfalt kann natürlich auf Vertrauen und Leistungsfähigkeit verzichtet werden.

14.3   Kritik an der Inlandsproduktberechnung

14.3.1   Unzureichendes statistisches Material

Da jede Erhebung von Daten Kosten verursacht, muss vor allem aus Ersparnisgründen auf statistisches Ausgangsmaterial, das eigens auf die Fragestellungen und Erfordernisse der volkswirtschaftlichen Gesamtrechnung zugeschnitten ist (sog. Primärstatistiken), weitgehend verzichtet werden.

Das BIP ist das Ergebnis der Auswertung zahlreicher Statistiken, die z. B. bei der Steuererhebung, bei der Notenbank, bei Unternehmungen, den Sozialversicherungszweigen usw. anfallen. Selten werden solche Statistiken ausschließlich für Zwecke der volkswirtschaftlichen Gesamtrechnung erstellt (Sekundärstatistiken) und müssen erst an deren Belange angepasst werden.

Für einige Stromgrößen gibt es keine oder nur spärliche statistische Unterlagen, beispielsweise für Abschreibungen, die betriebliche Nutzung eigener Gebäude und den Eigenverbrauch von selbst erzeugten Produkten. Nicht einmal der Umfang des privaten Verbrauchs lässt sich exakt feststellen: Zwar müssen die Einzelhandelsbetriebe eine Umsatzsteuerstatistik führen; aber in dieser Statistik wird nicht aufgeführt, ob der Käufer Endverbraucher war oder die Güter für seine Unternehmung erworben hat. Auch der Großhandel verkauft einen Teil seiner Produkte auf dem „grauen Markt" an private Haushalte. Diese Verkäufe werden in der Großhandelsstatistik auch nicht gesondert aufgeführt. Häufig sind nur Schätzungen möglich. Hierbei schleichen sich erste Fehler ein.

Unzureichende Erfassung staatlicher und privater Leistungen
Staatliche und private Leistungen werden nicht oder nur teilweise erfasst. Staatliche Leistungen werden in der Regel nicht über den Markt abgegeben. Sie werden nahezu ausschließlich ohne unmittelbare Gegenleistung den Konsumenten zur Verfügung gestellt. Die staatlichen Leistungen lassen sich nicht direkt bewerten, sondern indirekt über die Kosten, die zu ihrer Erstellung aufgewendet werden müssen. Diese Inputbewertung anstatt der ‚richtigen' Outputbewertung wird jedoch als unbefriedigend empfunden. Hohe Ausgaben, beispielsweise für das Bildungswesen, stellen nicht notwendig einen verlässlichen Indikator für ‚gute Bildungsmöglichkeiten' dar. Nicht jedem lernfähigen und lernwilligen Bürger wird eine entsprechende Ausbildung zuteil. Gleichermaßen lässt der Wert der Inputs in das Rechtswesen nur bedingt Aussagen über den Wert des Outputs zu (z. B., dass jeder Staatsbürger sein Recht finden kann).

Sämtliche Leistungen des Staates werden als Endprodukte behandelt. Wenn aber bestimmte staatliche Leistungen Vorleistungscharakter haben, wird das BIP überbewertet (z. B. Wasseraufbereitung und Wasser für städtisches Schwimmbad). Schwierig ist es, geeignete Abgrenzungskriterien zur Trennung von Vorleistungen und Endprodukten zu finden. Die so genannten *regrettable necessities* sollten nicht in das BIP aufgenommen werden. Dabei handelt es sich um Ausgaben, die zur Herstellung und Aufrechterhaltung der Bedingungen für die Funktionsfähigkeit des gesellschaftlichen Zusammenlebens aufgewendet werden müssen. Diese Aufwendungen, müssen als „notwendiges Übel" eben als „regrettable necessities" –

von jeder entwickelten Gesellschaft getragen werden (Ausgaben für Landesverteidigung, für Polizeidienste, Straßenerhaltung usw.). Wenn es keinen Krieg oder kein Kriegsrisiko gibt, besteht auch kein Bedarf nach Verteidigungsausgaben und niemand wird ohne solche schlechter gestellt. Dagegen wird durch die Existenz bewaffneter Armeen möglicherweise das Kriegsrisiko wesentlich herabgemindert, und eine gut ausgebildete Armee wird im Konfliktfall ein Land wirksamer verteidigen können (Frenkel/John S. 162).

Die für den Eigenbedarf erbrachte Produktion in privaten Haushalten wird nicht erfasst. Damit wird das BIP zu gering ausgewiesen. Insbesondere gilt das für Länder mit einem hohen Grad an Eigenversorgung der Haushalte. Internationale Vergleiche werden so erschwert. Andererseits wird das BIP früherer Jahre zu niedrig ausgewiesen. Heute übernehmen Dienstleistungsunternehmen zahlreiche Tätigkeiten gegen Entgelt. Früher wurden sie statistisch nicht erfasst, da sie in den Haushalten selbst erledigt wurden. Hierzu zählen z. B. die Produktion von Konserven, Waschen und Reinigungen.

Freizeitarbeit wird nicht erfasst (z. B. das Ergebnis der Gartenarbeit oder eines Modellflugzeuges, das ich für den privaten Gebrauch gebastelt habe).

Produktqualität, Auslastungsgrade der Produktionsfaktoren und Wettbewerbssituationen werden nicht berücksichtigt.

Nichterfassung von ‚Social costs‘ und ‚Social benefits‘

„Soziale Kosten" sind Schäden, die durch Konsum oder Produktion direkt oder indirekt dritten Personen entstehen, ohne dass diese dem Verbraucher in Rechnung gestellt würden: z. B. die Verschmutzung von Land, Luft und Gewässern und die dadurch verursachten gesundheitlichen Schäden sowie die Zerstörung von Erholungsgebieten.

„Soziale Erträge" stellen Vorteile dar, die direkt oder indirekt dritten Personen kostenlos durch den Konsum oder die Produktion eines anderen Wirtschaftssubjektes zugute kommen,

- z. B. Qualitätsverbesserung des Honigs, die dem Imker durch die Anlage eines Blumengartens auf dem Nachbargrundstück erwächst,
- die Schaffung kultureller Werte,
- die Errichtung von Nationalparks.

Fehlende Berücksichtigung der Einkommensverteilung

Die Einkommensverteilung geht bisher indirekt in die Berechnung des BIP ein. Sie beeinflusst die Zusammensetzung der Gütermengen und die Preise der einzelnen Güter.

In einer Wirtschaft mit wenigen Beziehern hoher und ansonsten überwiegend niedriger Einkommen ist die Zusammensetzung der Gütermengen und Preise anders als in einer Wirtschaft, in der das Gesamteinkommen relativ gleichmäßig verteilt ist. Wenn sich das BIP erhöht, wird man die Wohlstandsentwicklung unterschiedlich beurteilen, und zwar in bezug auf die Veränderung der Einkommensverteilung. Veränderungen der Einkommensverteilung werden bisher nur indirekt – über geänderte Preis- und Mengenstrukturen – nicht aber direkt durch das BIP erfasst (F. Haslinger: 216 f.).

14.3.2   Schattenwirtschaft und illegale Geschäfte

Es gibt keine internationale Definition für das Schlagwort Schattenwirtschaft und sie wird auch mit Schwarzarbeit gleichgesetzt. Ein anderes mal sind Verkauf und Reparatur ohne Rechnungen oder Eigenleistung am Bau in den Begriff einbezogen und sogar illegale, d. h. strafbare Aktivitäten, werden erfasst. Explizite Zuschläge für Untererfassungen werden vor allem in den Bereichen vorgenommen, für die kurzfristig keine umfassenden statistischen Informationen vorliegen. Auch für Eigenleistungen am Hausbau oder für Trinkgelder werden Sonderrechnungen durchgeführt. Derartige Zuschläge werden regelmäßig bei großen Revisionen überprüft und, falls erforderlich, an neue Erkenntnisse angepasst.

Nach den Regeln des Europäischen Systems Volkswirtschaftlicher Gesamtrechnungen (ESVG) 1995 fallen schattenwirtschaftliche Aktivitäten unter den Produktionsbegriff und sind somit in das BIP einzubeziehen. Es sind also auch solche Produktionstätigkeiten im BIP zu erfassen, die illegal ausgeübt werden oder den Steuer-, Sozialversicherungs-, Statistik- oder anderen Behörden verborgen bleiben. Selbstverrichtete Hausarbeit zählt nach internationalen Konventionen in den Volkswirtschaftlichen Gesamtrechnungen (VGR) nicht zur Produktion.

Allerdings sind schattenwirtschaftliche Aktivitäten anders als ‚reguläre' Wirtschaftstätigkeiten statistisch schwieriger zu erfassen. In diesem Zusammenhang bedient sich das Statistische Bundesamt verschiedener Instrumente, um ein möglichst vollständiges BIP zu ermitteln.

Eine implizite Erfassung der schattenwirtschaftlichen Aktivitäten erfolgt vielfach durch die Berechnungsmethode selbst. So wird die landwirtschaftliche Produktion anhand der angebauten Flächen und den jeweiligen Durchschnittserträgen ermittelt. Ebenso werden die Wohnungsmieten anhand des Bestandes an Wohnungen untergliedert nach Größe und anderen Merkmalen – sowie den jeweiligen Quadratmetermieten – errechnet. Ob und inwieweit die so berechneten und in die Größe des BIP eingehenden Einnahmen steuerlich deklariert werden, entzieht sich der Kenntnis der amtlichen Statistik, ist aber für die vollständige Erfassung derartiger Produktionstätigkeiten ohne Belang.

Die immer wiederkehrende Behauptung, das deutsche BIP würde die Schattenwirtschaft nicht erfassen, ist also falsch. Das Statistische Bundesamt nimmt eine eigenständige, getrennte Schätzung der Schattenwirtschaft in seinen VGR aus folgenden Gründen nicht vor.

* Vorrangiges Ziel für Gesamtrechner ist es, das wirtschaftliche Geschehen nach den Konzepten des ESVG 1995 möglichst vollständig abzubilden. Für die Vollständigkeit des BIP ist die Frage, ob eine Wirtschaftstätigkeit steuerlich erfasst wird oder nicht, ob sie legal oder illegal ist oder sonst im Verborgenen stattfindet, irrelevant.

* Zwischen 100.000 und 500.000 Menschen arbeiten nach Schätzungen von Handwerkskammern, Baugewerbeverbänden und anderen Stellen in der Bunudesrepublik illegal. Der volkswirtschaftliche Schaden durch illegale Beschäftigung und Schwarzarbeit wird auf fünf bis 10 % Prozent des Bruttoinlandsprodukts – rund 100 bis 200 Milliarden Euro pro Jahr, geschätzt. Der Präsident der Bundesagentur für Arbeit, forderte angesichts dieser Tatsache ‚mehr Ehrlichkeit auf dem Arbeitsmarkt'. Illegale Beschäftigung vernichte legale Arbeitsplätze und verhindere die Schaffung neuer Beschäftigungsmöglichkeiten.

Von der illegalen Beschäftigung besonders betroffen seien Hotel- und Gaststättenbetriebe, das Reinigungsgewerbe, Transport- und Taxiunternehmen sowie das Baugewerbe, soweit es den ‚Ausländerverleih' angehe. Die Bußgelder schwanken zwischen 50 000 und 100 000 Euro. Die Dunkelziffer übersteige das erkannte Ausmaß der illegalen Beschäftigung um ein Vielfaches.

Als Beispiel führt die Bundes-Agentur für Arbeit an, dass die illegale Arbeitnehmerüberlassung deshalb besonders attraktiv sei, weil der Auftraggeber für legal beschäftigtes Stammpersonal bis zu 60 Euro je Arbeitskraft und Stunde berechnen müsse. Er bediene sich statt dessen eines illegalen Verleihers, der 25 bis 35 Euro pro Kraft und Stunde verlange, wovon der Leih-Arbeitnehmer 15 bis 20 Euro erhalte, im Extremfall sogar nur fünf bis acht Euro.

Bei der Berechnung der Wertschöpfung werden unterschiedslos die Marktpreise (in der VGR als ‚jeweilige Preise' bezeichnet) von Produkten addiert, bei denen – in den Augen vieler Menschen – der soziale Nutzen mitunter erheblich geringer ist als der Marktpreis vermuten lässt. Für die Erfassung im BIP ist es unbedeutend, ob in einer Unternehmung Kriegsspielzeug, Alkohol, Tabakwaren, Nahrungsmittel, Arzneimittel, Fertighäuser oder Produkte für den Umweltschutz hergestellt worden.

Die Zunahme der Reparaturen aufgrund von Verkehrsunfällen, die unsere Lebensqualität eher beeinträchtigen und Aufwendungen zum Schutz vor Umweltbelästigungen, vermehren das BIP.

Mehr Geld für die öffentliche Verwaltung und Verteidigung erhöht das BIP aufgrund der begrifflichen Definition. Das BIP täuscht hier eine Wohlstandsmehrung vor, wenn die Verwaltung aufgebläht und die Rüstung übertrieben wird. Die Notwendigkeit und Effektivität staatlicher Ausgaben lässt sich schwer messen und beurteilen.

14.4   Mögliche Ursachen der Mängel

Viele der angeführten Kritikpunkte sind keineswegs neu.

- Die Weltwirtschaftskrise der dreißiger Jahre ließ in den westlichen Staaten das Ziel der Vollbeschäftigung zum obersten Ziel jeder staatlichen Wirtschaftspolitik werden. Das Ziel, eine solche zu erleben, führte in den marktwirtschaftlich organisierten Industriestaaten zu hohen Wachstumsraten des BIP bei Vollbeschäftigung. Das wirtschaftspolitische Ziel der Vollbeschäftigung galt als erreicht.
- In den sechziger Jahren des vorigen Jahrhunderts galt es vordringlich, Umweltprobleme zu lösen. Die selbstreinigenden Kräfte der Gewässer und der Luft vermochten die rapid steigende Belastung durch Schadstoffe nicht mehr zu bewältigen. Bedrohungen der menschlichen Gesundheit und erhebliche, teilweise sogar nicht wieder gutzumachende Schäden an der Umwelt, sind die Folge. Besorgniserregend sind die durch die Studien des Club of Rome in Aussicht gestellten Zukunftsperspektiven. Die Menschheit würde einer Katastrophe zusteuern, wenn das Wachstum der Bevölkerung und das BIP weiterhin unvermindert voranschreiten (F. W. Forrester).

* Die weltweite Finanzkrise im Jahre 2008 und die anschließende ‚reale' Wirtschaftskrise haben die Forderung nach Schutz der Umwelt zugunsten der Geldwert- und Arbeitsplatzsicherheit verdrängt.

Schließlich stellt sich die Frage, wem der steigende wirtschaftliche Wohlstand letztendlich zugute kommt und auf wessen Kosten er geht.

Die Beschränkung von Daten auf vornehmlich ökonomische Sachverhalte birgt eine besondere Gefahr in sich. Sie besteht darin, dass nur noch jene Bereiche des menschlichen Lebens als bedeutsam erachtet werden, die sich möglichst exakt in Geldwerten ausdrücken und erfassen lassen.

„Durch die zu starke Konzentration auf das Messbare erkennt man nur einen Ausschnitt der gesellschaftlichen Szene. Eine Parallele lässt sich zu dem Betrunkenen ziehen, der seinen Schlüssel in einer dunklen Straße verliert und darauf besteht, diesen auf dem Boden unter der Straßenlaterne zu suchen, da dies der einzige beleuchtete Platz ist" (J. P. Cot und J. P. Mounier: 43).

In den entwickelten Wohlstandgesellschaften wird der materielle Wohlstand zum Teil mit Schäden an der physischen und der psychischen Gesundheit und mit dem Abbau politischer Rechte und der Zunahme sozialer Zwänge breiterer Bevölkerungsschichten erkauft.

Es gibt ‚Inseln der Armut' inmitten von Wohlstand. Die Ausbeutung und Armut in Entwicklungs- und Schwellenländern in Asien, Afrika und Lateinamerika stellt eine ständige Herausforderung unseres sozialen Gewissens dar. Pigou (1920) vertrat bereits vor dem zweiten Weltkrieg den Standpunkt, solange keine gegenteiligen Anhaltspunkte vorlägen, spräche die Wahrscheinlichkeit dafür, dass wirtschaftlicher und totaler Wohlstand sich in gleicher Richtung entwickelten. Pigou ist der Meinung, dass dies besonders wahrscheinlich ist, wenn die nichtwirtschaftlichen Effekte gering sind.

Es ist zu vermuten, dass die vernachlässigten Effekte nicht unerheblich sind. Wesentliche Veränderungen innerhalb der Gesellschaft werden überhaupt nicht erfasst. Die Gesellschaft sollte über die Entwicklung des materiellen und über die Entwicklung des immateriellen Wohlstandes bzw. der ‚Qualität des Lebens' Bescheid wissen.

Die Einschränkung der Information bleibt solange unproblematisch, solange deren Proportionen zu den erfassten Größen im Zeitverlauf annähernd gleich bleiben. Sobald das nicht mehr der Fall ist, erscheint es sinnvoll, auch über deren Entwicklung möglichst genaue Informationen zu besitzen.

14.5   Vorschläge zur Messung von Wohlstand und Lebensqualität

14.5.1   Persönliche Zufriedenheit als Symbiose von Wirtschaft und Kultur

Es fragt sich, ob Brutto-/Nettoinlandsprodukt, Nationaleinkommen, Pro-Kopf-Einkommen ausschließliche Indikatoren für ökonomisches und kulturelles ‚Wohlbefinden' sein können und damit die Voraussetzungen für geistige Freiheit, Kreativität und Selbstverwirklichung als mögliches persönliches und kollektives Entwicklungsziel menschlicher Gesellschaft schaffen.

Es ist sowohl geistig, materiell und kulturell zu beklagen, dass im Zuge von Wirtschaftskrisen – je nach Land – seit Jahrzehnten nahezu alle arbeitsmarkt-, bildungs-, und integrationspolitischen Bemühungen sich auf sozialpolitische Aktivitäten reduzieren.

Mit dem BIP als Indikator für Wohlstand wird nahezu ausschließlich die in Geld gemessene wirtschaftliche Entwicklung eines Landes beschrieben. Kulturelle und gesellschaftliche Faktoren, die dem Wunsch von jedem einzelnen nach mehr Lebensqualität entsprechen, bleiben weitgehend unberücksichtigt. Allerdings haben die Menschen unterschiedliche Vorstellungen von dem, was Lebensqualität ausmacht. Die Bewertung ist abhängig vom Lebensalter, von den Lebensumständen und Erfahrungen eines Menschen. Die meisten Definitionen stellen die persönliche Zufriedenheit ins Zentrum. Lebensqualität hat vier Dimensionen:

*   körperlich
*   geistig
*   seelisch
*   materiell

Da jedoch eine Theorie menschlichen Wohlbefindens nicht existiert, ist es schwierig, eine in allen Punkten einheitliche Auffassung über den Inhalt des Begriffs „Lebensqualität" zu erreichen. Internationale Organisationen (z. B. UNO, OECD) haben die Aufgabe übernommen, ein jeweils einheitliches, für alle Mitgliedsstaaten verbindliches Ziel- und Indikatorensystem zu erarbeiten (Haslinger: 239 f.).

Ziel der Vorschläge ist es, das BIP als Indikator für Wohlstand und zum Indikator für die Qualität des Lebens in einer Gesellschaft auszugestalten (William D. Nordhaus u. James Tobin, 1973; Paul A. Samuelson, 1970); *The Economist*, 1972; OECD, 1973; Eleanor B. Sheldon u. Wilibert E. Moore, Eds., 1968).

Dabei wurden nicht nur wirtschaftliche Faktoren bei der Messung von Wohlstand und Lebensqualität berücksichtigt. Von Wiliam D. Nordhaus und James Tobin (1973) wurde ein Maßstab entwickelt, in den auch außerökonomische Faktoren wie Bevölkerungsentwicklung und begrenzte Rohstoffvorräte eingehen: *Measure of Economic Welfare* (MEV). Samuelson (1970) subtrahiert vom Wert des Bruttoinlandsprodukts Werte für die Umweltverschmutzung, Verteidigungsausgaben usw. und addiert Werte für Freizeit und Hausfrauenarbeit und nennt diesen korrigierten Maßstab *Net Economic Welfare* (NEW).

Die Bewertungsprobleme, die einer Ausgestaltung des BIP-Begriffs als Wohlstandsmaß entgegenstehen, waren Anlass für die Entstehung der „Sozialen-Indikatoren-Bewegung". Dabei wird versucht, von einer eindimensionalen geldlichen Bewertung zu einer mehrdimensionalen Bewertung in ‚natürlichen' Einheiten überzugehen. Die Frage, zu welchen Problembereichen soziale Indikatoren benötigt werden, ist letztlich auf eine inhaltliche Bestimmung des Begriffes *Qualität des Lebens* gerichtet. Der Begriff *Qualität des Lebens* ist umfassender als ein materiell bestimmter wirtschaftlicher Wohlstandsbegriff.

14.5.2 Vorschläge von Nordhaus und Tobin

Der Index für nachhaltigen wirtschaftlichen Wohlstand (*Index of Sustainable Economic Welfare* – ISEW) ist ein wirtschaftlicher Indikator mit dem Ziel, das Bruttoinlandsprodukt (BIP) zu ergänzen oder zu ersetzen. Der ISEW wurde später zum *Genuine Progress Indicator* (GPI) weiterentwickelt.

Anstatt einfach alle getätigten Ausgaben zusammenzufassen, wie bei der Erstellung des BIP, integriert der ISEW zusätzliche Faktoren und Indikatoren des privaten Verbrauchs (preisbereinigt in realen Größen) mit dem Ziel, BIP-Aussagen über den Gesamtwohlstand (meist subtraktiv) zu korrigieren. Hierzu zählen:

- nicht erfasste Hausarbeit,
- öffentliche Ausgaben des Gesundheitswesens,
- Bildungsausgaben,
- Kosten durch Luftverschmutzung und allgemeine Umweltverschmutzung,
- Einkommensverteilung (je ungleicher die Verteilung, desto geringer die Steigerung des Gesamtwohlstandes),
- Rückgang von Ressourcen,
- Kosten der Globalen Erwärmung.

Berechnungen des ISEW zeigen, dass in Ländern mit ungebremstem wirtschaftlichem Wachstum häufig der ISEW stagnierte oder sogar rückläufig wurde. Diese Entwicklung zeigt an, dass das realisierte Wachstum nicht nachhaltig ist und Reichtum zunehmend ungleich verteilt wird.

Der Index basiert auf den Ideen von William Nordhaus und James Tobin und ihrem *Measure of Economic Welfare* (MEW). Er wurde im Jahre 1989 von Herman E. Daly and John B. Cobb eingeführt. Später fügten Herman E. Daly und John B. Cobb weitere Faktoren zu ihrer Definition des ISEW hinzu, was zur Entwicklung des GPI führte. Nordhaus und James Tobin stellen den offiziellen Berechnungen des Sozialprodukt das Maß für den wirtschaftlichen Wohlstand (MEW = *Measure of Economic Welfare*) gegenüber.

Zur Berechnung des „Maßes für den wirtschaftlichen Wohlstand" werden eine Anzahl von „Mängel" in der BIP-Berechnung korrigiert.

a) Zur Vermeidung von Doppelzählungen wird eine Neuklassifizierung von Zwischen- und
    Endprodukten vorgenommen, indem

    aa) die nicht wohlstandswirksamen regrettable necessities – Nordhaus und Tobln be-
        zeichnen diese als „instrumentelle Ausgaben" – im MEW nicht berücksichtigt wer-
        den,

    ab) öffentliche und private Aufwendungen für Ausbildung und Gesundheit als Brutto-
        investitionen im Humankapital erfasst werden, und schließlich

    ac) dauerhafte Konsumgüter nicht mehr als Endprodukte, sondern als Kapitalgüter be-
        griffen werden. Dadurch wird vermieden, dass eine Verkürzung der Lebensdauer
        dieser Güter zu einer Erhöhung des MEW führt.

b) Unterstellte Werte für

    ba) Freizeit,

    bb) Eigenproduktion der Haushalte und

    bc) Kapitaldienste dauerhafter Konsumgüter finden einen positiven Niederschlag im
        MEW.

c) Schließlich erfolgt eine Korrektur um die Kosten, welche die Nachteile des Lebens in
    Städten verursachen, hervorgerufen durch Luftverschmutzung, Lärm, Unfälle usw.

Neben einem aktuellen MEW wird noch ein Maß für die langfristig mögliche Wohlstandsentwicklung errechnet. Dieses Maß entspricht im Wesentlichen dem langfristigen Wachstum – durch technischen Fortschritt.

Bruttoinlandsprodukt und MEW
Bruttoinlandsprodukt
./. Abschreibungen
= Nettoinlandsprocukt
./. Vorleistungen
+ Nicht in der VGR enthaltene Vorgänge
+ Freizeit
+ Nichtmarkt-Aktivitäten
./. Nachteile der Urbanisation
+ Leistungen durch öffentliche und
Private Kapitalgüter
./. Zusätzliche Abschreibungen
./. Wachstumserfordernisse
+ MEW-Investitionen
= Aktuelles MEW
Bevölkerung in Mio
= Aktuelles MEW pro Kopf

Quelle: W. D. Nordhaus und J. Tobin, Is Growth Obsolete?, op, cit, S. 518.

Abb. 14-1: Measure of Economic Welfare (MEW)

Eine Reihe unterstellter Bewertungen sind notwendig, um das MEW überhaupt berechnen zu
können. So sind Wertansätze für die Nutzungsleistungen öffentlicher und privater Kapitalgüter, für Freizeit, die Nichtmarktaktivitäten der privaten Haushalte sowie für die Kosten der
Urbanisierung erforderlich. Besonders problematisch ist die Bewertung der Freizeit. Neben

den Bewertungsproblemen sind Abgrenzungsprobleme von Endprodukten und Vorleistungen *regrettable necessities* äußerst schwierig und nicht ohne Willkür zu lösen. Nordhaus und Tobin werten z. B. die Ausgaben für Landesverteidigung oder 50 % der Ausgaben zur Entwicklung der Atomenergie als *regrettable necessities*.

14.5.3 Vorschläge von Thomas Juster

Nach Thomas Juster (1973) muss die Einkommensrechnung durch eine wesentlich erweiterte Vermögensrechnung ergänzt werden.

Die Vermögensrechnung sollte nach zwei Gesichtspunkten untergliedert werden.

* Nach den Eigentumsverhältnissen und
* nach der Art der Vermögensbestandteile.

Gliederung nach den Eigentumsverhältnissen in:
* Unternehmensvermögen,
* Haushaltsvermögen,
* Gemeinschafts- oder Staatsvermögen.

Gliederung nach Vermögenstypen in:
a) Reproduzierbares materielles Vermögen,
b) Reproduzierbares immaterielles Vermögen,
c) Humankapital,
d) Natürliches Vermögen,
e) Sozialpolitisches Vermögen.

Die Gliederung nach der Art der Vermögenstypen beinhaltet eine Anzahl wesentlicher Neuerungen und Erweiterungen nicht nur der Vermögensrechnung, sondern auch der Einkommensrechnung.

Zu a)   Dem reproduzierbaren materiellen Vermögen werden insbesondere alle Bauten und Ausrüstungen zugerechnet. Neben den bereits bisher schon ausgewiesenen Unternehmensvermögen müssten die entsprechenden Vermögen der Haushalte (d. h. die Bestände an dauerhaften Konsumgütern) und des Staates (d. h. vor allem die Bestände an öffentlichen Gütern und Infrastruktureinrichtungen) erfasst werden, was bislang nicht der Fall ist. Gleichermaßen müssten die der Nutzung dieser Güter (pro Periode) entsprechenden Leistungs- und Einkommensströme erfasst und ausgewiesen werden.

Zu b)   Unter reproduzierbarem immateriellem Vermögen versteht Juster den Bestand des nicht an bestimmte Personen gebundenen Wissens, insbesondere das durch die Forschungs- und Entwicklungsausgaben des Staates und privater Unternehmen „produzierte" Wissen einer Gesellschaft. Ausgaben für Forschung und Entwicklung werden gegenwärtig nur im Rahmen der Einkommensberechnung berücksichtigt. Korrekterweise müssen diese Ausgaben daher als Investitionen angesehen und in der Vermögensrechnung ebenfalls berücksichtigt werden.

Zu c)   Unter Humankapital versteht man den Bestand der an bestimmte Personen gebundenen nutzbaren Fähigkeiten und Erfahrungen. Aufwendungen der Haushalte für Ausbildung und Gesundheit werden gegenwärtig als Konsumausgaben in der Einkommensrechnung erfasst. Da sie jedoch künftig erwartende Einkommen beeinflussen, sollten sie als Investitionen (Brutto) von Humankapital angesehen werden. Der Bestand an menschlichem Kapital wird bisher nicht ermittelt, doch finden die Erträge einer verbesserten Bildung – in Form höherer Einkommen – in der Einkommensrechnung ihren Niederschlag.

Zu d)   Natürliches Vermögen. Darunter fallen alle natürlichen Ressourcen (z. B. die Bestände an Bodenschätzen, Wäldern, Gewässer, klimatische Bedingungen usw.).

Zu e)   Sozialpolitisches Vermögen. Dem sozialpolitischen Vermögen soll der Bestand an persönlicher und nationaler Sicherheit, der Bestand an Freiheit, Privatsphäre usw. zugerechnet werden.

Neben den beschriebenen Ergänzungen und Erweiterungen der Vermögens- und Einkommensrechnung schlägt Thomas Juster eine Reihe zusätzlicher Änderungen in der Einkommensrechnung vor:

* die Leistungen des Staates sollten zu ihrem Outputwert und nicht zu Kosten der Erstellung dieser Leistungen ausgewiesen werden,
* die für nichtmarktmäßige Aktivitäten der Haushalte aufgewandte ebenso wie
* die Umwelterträge und -verluste sowie
* die Qualitätsänderungen der Endprodukte sollten erfasst werden.

Beispiel:
Für den privaten und staatlichen Konsum werden Güter im Werte von 200 Euro und Investitionsgüter im Werte von 80 Euro geschaffen. Die Abschreibungen des materiellen Vermögens betragen 20 Euro. Die Differenz aus indirekten Steuern und Subventionen sei gleich null. Es ergibt sich für das Nettoinlandsprodukt zu jeweiligen Preisen ein Wert von 260 Euro.
Würde diese Güterproduktion mit der Zerstörung von Wäldern, der Verschmutzung von Luft und Gewässern, der Ausbeutung von Rohstoffen im Werte von insgesamt 80 Euro, – der Beeinträchtigung der Gesundheit der Menschen im Werte von 25 Euro sowie einem Verlust an politischen Freiheiten im Werte von 15 Euro erkauft, dann mindern diese negativen Effekte der Produktion – es handelt sich um Abschreibungen (= Wertminderungen) des Humankapitals, des natürlich und des sozialpolitischen Vermögens – das Nettoinlandsprodukt zu jeweiligen Preisen um 120 Euro.
Es ergibt sich ein modifiziertes, wohlstandsorientiertes Nettoinlandsprodukt im Werte von 140 Euro.

Eine Zunahme des materiellen Wohlstands ist nur dann zu befürworten, wenn die damit verbundenen langfristigen, nichtmateriellen negativen Wohlstandswirkungen wertmäßig geringer sind. Entscheidendes Hindernis für diese Rechnung sind Bewertungsprobleme. Für eine ganze Anzahl von Vorgängen erscheint es unmöglich, eine Bewertung in Geld vorzunehmen. Die Bewertung von Freiheit, Privatsphäre, persönlicher Sicherheit in Geldeinheiten dürfte kaum möglich sein.

Nach Arthur Melvin Okun „ist es schwer zu begreifen, wie irgendjemand ernstlich glauben kann, das Bruttosozialprodukt könne in einen aussagekräftigen Indikator des totalen gesellschaftlichen Wohlstands umgewandelt werden. Offensichtlich kann eine Unzahl von Dingen eine Nation besser stellen, ohne dass sich ihr reales Bruttosozialprodukt, wie es gegenwärtig gemessen wird, erhöht".

Tab. 14-1: Wohlstandsorientiertes Nettoinlandsprodukt

Netto-Produktionswert	Güter des staatlichen und privaten Konsums	**200**
(ohne Vorleistungen)	+ Investitionsgüter	80
	BIP zu Marktpreisen	280
	./. Abschreibungen	20
Materielles Netto-Inlandsprodukt zu Marktpreisen		**260**
	./. Wertminderungen des Human Capitals	
	– durch Zerstörung von Wäldern, Luft und Gewässer	80
	– Beeinträchtigung der Gesundheit	25
	– Verlust an politischen Freiheiten	15
Wohlstandsorientiertes Nettoinlandsprodukt zu MP		**140**

14.5.4   Vorschläge der Soziale-Indikatoren-Bewegung

a) Erstellung und Anforderungen an soziale Indikatoren

Soziale Indikatoren sollen über den gegenwärtigen Stand eines bestimmten Ausschnittes des gesellschaftlichen Lebens und über Fortschritt oder Rückschritt vergangener oder zukünftiger Trends – auf der Grundlage bestimmter normativer Kriterien – Auskunft geben.

Es geht um die Frage, ob unsere gesellschaftlichen Bedingungen ein ‚gutes' Leben ermöglichen. Was bei uns selbstverständlich zum Leben gehört, ist in den Entwicklungsländern oft nicht zu bekommen. Große soziale Ungleichheiten führen über kurz oder lang zu Konflikten, zu Hass und Gewalt.

Soziale Indikatoren sollen

a)   über soziale Tatbestände informieren, die für die Qualität des Lebens von Bedeutung sind (monetäre und nichtmonetäre Messgrößen),

b)   regelmäßig – in Stichprobenverfahren – veröffentlicht werden,

c)   die Ergebnisse sozialer Leistungen (= Outputs) direkt erfassen und nicht nur indirekt – über die Inputs – die zu deren Erstellung notwendig waren,

d)   so entwickelt werden, dass intertemporale und internationale Wohlstandsvergleiche ohne größeren Aufwand durchgeführt werden können.

Die hier aufgestellten Anforderungen für die praktische Nutzanwendung sozialer Indikatoren lassen noch sehr viel Spielraum für die Ausgestaltung im Einzelfall. Problematisch ist vor allem, ob Indikatoren aggregiert oder disaggregiert ausgewiesen werden sollten. Sollen ‚objektive' oder auch ‚subjektive' Indikatoren über den jeweiligen Stand der Lebensqualität in einer Gesellschaft informieren? Ferner wird diskutiert, ob neben rein ‚deskriptiven' Indikatoren auch ‚normative' Indikatoren Verwendung finden sollten.

Durch Verfeinerung und Verbesserung der Erhebungsmethoden kann eine ständige Erhöhung der Zuverlässigkeit subjektiver Indikatoren erzielt werden. Ob subjektive oder objektive Indikatoren ‚bessere' Messgrößen darstellen, kann nur für ein jeweils bestimmtes Indikatorensystem und im Hinblick auf bestimmte Fragestellungen beurteilt werden.

Jan Drewnowski schlägt die Konstruktion eines Lebensniveauindex (Level of Living Index) vor, der als ein Maß für die Lebensqualität einer Gesellschaft anzusehen ist. (Hasslinger: 235). Zu dieser Maßzahl kommt er wie folgt:

die quantitativ erfassten Leistungen der einzelnen Wohlstandsmessgrößen

- Ernährung,
- Kleidung,
- Wohnverhältnisse,
- Gesundheit,
- Erziehung,
- Freizeit,
- Sicherheit,
- Umwelt

werden durch eigene Indikatoren – für Bekleidung: durch die innerhalb eines Jahres pro Kopf der Bevölkerung verkauften qm verarbeitetem Stoff, und die Zahl der pro Kopf verkauften Paar Schuhe sowie durch die Qualität der Bekleidung – quantitativ erfasst.

Die Indikatoren jeder Wohlstandskomponente werden zu einem Index zusammengefasst. Für die einzelnen Indikatoren werden Mindest- und Höchststandards vorgegeben. Beispielsweise wird für Schuhe eine Maßskala dadurch festgelegt, indem der Nullpunkt für null Paar Schuhe pro Kopf der Bevölkerung pro Jahr und einhundert Punkte gleich drei Paar Schuhe pro Kopf (pro Jahr) gesetzt werden. Über sechs Paar Schuhe pro Kopf pro Jahr (= 200 Punkte) erhöhen den Indikatorwert nicht mehr. Es wird angenommen, dass dies nicht mehr zum Wohlstand beitragen würde.

b) Indikatorensystem des ‚Economist'

In Kanada lebt's sich am schönsten, in der Bundesrepublik Deutschland ist das Dasein weniger attraktiv. Das ist das Ergebnis einer Untersuchung der englischen Wochenschrift *The Economist* über die allgemeinen Lebensbedingungen in 14 Ländern. Ausgewertet wurden statistisch erfasste nichtwirtschaftliche und wirtschaftliche Faktoren, die als so genannte Sozialindikatoren etwas über die „Qualität des Lebens" in jedem der untersuchten Länder aussagen sollen. (*The Economist*, Jan. 1972: 4)

Mit Hilfe von 15 statistischen Kennziffern oder *Social Indicators* filterten die Autoren 14 Länder mit dem Ziel, das jeweilige ‚gesellschaftliche Klima' zu messen. Zur Berechnung der einzelnen Indikatoren werden sozialpolitische, demographische, geographische und rein ökonomische Daten wie etwa die Bevölkerungsdichte je Quadratkilometer, die Selbstmordrate je 100 000 Einwohner oder der Anteil der Wohnungen mit Bad am gesamten Wohnungsbestand herangezogen.

Tab. 14-2: Lebensqualität im Ländervergleich in 14 Ländern

Weltrangliste des schönen Lebens
Studie über Lebensqualität in 14 Ländern (1972)

1.	Kanada	+	301
2.	Schweden	+	281
3.	USA	+	256
4.	Australien	+	198
5.	Großbritannien	+	74
6.	Schweiz	+	4
7.	Japan	./.	32
8.	Frankreich	./.	60
9.	Niederlande	./.	94
10.	CSSR	./.	116
11.	Italien	./.	129
12.	Spanien	./.	150
13.	Deutschland	./.	169
14.	Belgien	./.	269

Beispiel:

Verkehrstote
1967 belief sich die Zahl der Verkehrstoten im Durchschnitt der 14 untersuchten Länder auf 22, in der Bundesrepublik Deutschland auf 29 je 100 000 Einwohner. Die Bundesrepublik Deutschland liegt mithin bei der Anzahl der Verkehrstoten um 31 Prozent über dem Durchschnitt. Da die Zahl der Verkehrstoten ein negativer Indikator ist, erhält die Bundesrepublik Deutschland in diesem Feld 31 Minuspunkte. Länderweise aufsummiert ergeben diese Indikatoren eine Art „sozialen Gesamtindikator", dessen Wert im Grenzfall = 0 sein kann, dann nämlich, wenn ein Land die negativen durch die positiven Indikatoren kompensiert.

Ein Sonderfall ist der Indikator Scheidungen. Hier konnten sich die Autoren nicht entschließen, ihn eindeutig als Merkmal einer aufgeklärten Gesellschaft – also positiv – zu bewerten. Sie ermittelten deshalb drei alternative Rangordnungen, wobei einmal der Indikator für die Scheidungshäufigkeit negativ, zum anderen überhaupt nicht und zum dritten positiv bewertet wurde. Spanien und Italien erhielten eine geschätzte Ziffer von ± 100 für Scheidungen.

Die Rangfolge der *Quality of Life* – Liga, gemessen am sozialen Gesamtindikator des *Economist*, wird von Kanada angeführt; Schweden ist zweiter, England nimmt den 5. Platz ein, während die Bundesrepublik Deutschland an vorletzter Stelle liegt. Pluspunkte konnten nur in der überdurchschnittlichen Arztversorgung, der unterdurchschnittlichen Mordquote und der überdurchschnittlichen Versorgung mit Fernsehgeräten, Autos und überregionalen Zeitungen notiert werden.

Tab. 14-3: Sozialindikatoren

Woraus besteht die „Qualität des Lebens": Sozialindikatoren
Statistische Kennziffern des sozialen Gesamtindikators

1)   – Bevölkerungsdichte
2)   + Frühehen
3)   – Arzt pro Einwohner
4)   – Selbstmordquote
5)   – Mordquote
6)   – Verkehrstote
7)   – Kindersterblichkeit
8)   + Studenten
9)   + Anteil der Wohnungen mit eigenem Bad
10)   + Fernsehger äte je Einwohner
11)   + Telefone je Einwohner
12)   + Auflagen überregionaler Zeitungen
13)   + Autos je Einwohner
14)   + Wirtschaftswachstum
15)   ± Scheidungen je Einwohner

Quelle: The Economist 1972

Tab. 14-4: Sozialindikatoren im Ländervergleich

Sozialindikatoren im Ländervergleich

Land	1	2	3	4	5	6	7	8	9	10	11	12	13	14	15
1 Australien	93	29	-10	-10	-1	-27	11	5	85	-9	5	11	45	-27	6±
2 Belgien	-121	11	-11	-11	42	-16	-9	-48	-56	-12	-32	-20	-4	-4	28±
3 Kanada	99	29	35	35	-15	-22	-4	78	51	23	53	-37	48	-34	37±
4 CSSR	21	51	-77	-77	21	22	-15	-21	-38	-12	-56	-13	-77	45	59±
5 Frankreich	36	-4	-15	-15	35	-24	17	0	-47	-15	-44	-23	15	16	14±
6 BRD	66	-7	-60	-60	5	-31	-17	-42	-3	10	-26	1	1	-13	14±
7 Niederl.	-120	-26	55	55	63	-13	31	8	-51	-6	-13	-8	14	-7	33±
8 Italien	-24	-22	56	56	28	2	-51	-41	-47	-28	-43	-26	-18	23	100±
9 Japan	-94	-77	-3	-3	-1	21	23	13	11	-10	-17	46	-67	150	4±
10 Spanien	55	-53	69	69	36	47	-49	-58	-56	-2	-57	-52	-70	25	100±
11 Schweden	87	-33	-60	-60	35	34	34	1	14	27	89	58	33	-27	55±
12 Schweiz	-6	-11	-27	-27	42	-11	22	-50	29	-22	54	13	0	-38	2±
13 Großbrit.	-59	29	31	31	49	32	6	-38	45	19	-11	47	0	-62	5±
14 USA	85	33	21	21	-39	5	-21	-41	79	66	67	3	107	-47	201±

In einer weiteren Studie (2005) des *The Economist* von 111 Ländern – Bewertung nach Arbeitsmarkt, Gesundheit, Klima, politischer Stabilität – stellt sich die Rangliste über Lebensqualität wie folgt dar:

Irland belegt den ersten Platz, und verbindet moderne Werte wie ein hohes Bruttoinlandsprodukt, niedrige Arbeitslosigkeit und politische Freiheiten mit traditionellen Werten wie stabile Familienverhältnisse und Leben in der Gemeinschaft, hieß es zur Begründung. Österreich liegt mit Platz 20 der 111 Bewertungen an vorderer Front. Schweden mit einer weitaus höheren Arbeitslosenquote als Österreich wurde auf Platz 5 platziert.

Luxemburg, als Land mit einem der weltweit höchsten Pro-Kopf-Einkommen, schaffte es hingegen nur auf Platz vier. Zwei südeuropäische Länder schafften es nur knapp unter die besten Zehn.

Italien liegt auf dem achten und Spanien auf dem zehnten Rang. Finnland, vor kurzem zum wettbewerbfähigsten Land Europas gekrönt, besetzt den 13. Platz.

Frankreich, bekannt für sein *Savoir vivre*, erreichte nur Platz 25. Das Leben in Deutschland ist nicht viel attraktiver (Platz 26).

Noch drei Ränge schlechter schneidet Großbritannien ab. Mit dieser Platzierung ist das Land das Schlusslicht in der EU-15. Dort sei das Pro-Kopf-Einkommen zwar hoch, gleichzeitig aber auch der soziale Rückhalt gering, hieß es zur Begründung. Reichtum ist kein Garant für ein als angenehm empfundenes Leben. Die USA, das Land mit dem zweithöchsten Pro-Kopf-Einkommen auf der Welt, landete nur auf Platz 13. Auch China gelang es nicht, mit seinem wirtschaftlichen Aufschwung zu punkten (Platz 60). Noch schlechter wird das aufstrebende Russland bewertet (Platz 105). Das Schlusslicht in der aktuellen Auswertung bildet Zimbabwe (Platz 111).

Um die Lebensqualität in den Ländern zu bewerten, orientierte sich der ‚Economist' vor allem am Pro-Kopf-Einkommen. Allerdings belegen Studien, dass selbst hohe Einkommenszuwächse nicht zu einem deutlich besseren Leben führen. Daher berücksichtigte das britische Magazin auch andere Faktoren wie Sicherheit, politische Stabilität und die Gleichberechtigung von Mann und Frau. Zudem spielten in dem Ranking auch individuelle Faktoren wie Gesundheit, Scheidungsraten und Arbeitslosigkeit eine Rolle.

c) Indikatorensystem der OECD
In einer sehr differenzierten Studie der OECD werden zunächst 8 Hauptzielbereiche (*main goal areas*) gebildet (OECD, Leipert: 274 ff.):

* Gesundheit,
* Entwicklung der Persönlichkeit durch Bildung,
* Arbeit und Qualität des Arbeitslebens,
* Zeiteinteilung und Freizeit,
* Physische Umwelt,
* Verfügung über Güter und Dienstleistungen,
* Persönliche Sicherheit und Rechtspflege,
* Gesellschaftliche Chancen und Beteiligung.

Am Beispiel der Hauptzielbereiche,Gesundheit' und ,Entwicklung der Persönlichkeit durch Bildung' soll die Studie exemplarisch vorgestellt werden.

A   Gesundheit

A-1 Die Wahrscheinlichkeit eines gesunden Lebens durch alle Stadien des Lebenszyklus.

A-2 Die Auswirkungen von Beeinträchtigungen der Gesundheit auf die Individuen.

> A-2-a Die Qualität der medizinischen Versorgung – gemessen an der Verminderung von Schmerzen und der Wiederherstellung funktioneller Fähigkeiten.
>
> A-2-b Allgemeine Verfügbarkeit der medizinischen Versorgung.
>
> A-2-c Die Fähigkeit der chronisch Kranken und der dauernd Behinderten, sich effektiver am gesellschaftlichen Leben zu beteiligen.

B   Entwicklung der Persönlichkeit durch Bildung

b-1 Erwerb des Grundwissen, der Fertigkeit und der Werte, die für die individuelle Entwicklung und ein erfolgreiches Leben aller Kinder in der Gesellschaft notwendig sind.

> b-1-a Der Umfang, indem Kinder aus ökonomisch und sozial benachteiligten Familien die grundlegenden Leistungsvoraussetzungen erreichen.
>
> b-1-b Der Umfang, indem sich physisch und psychisch Behinderten eine Erziehung für ihren individuellen Lernprozess und für eine effektive Teilnahme am kulturellen (gesellschaftlichen) Leben erfahren.
>
> b-1-c Der Anteil der anderen Kinder, die die grundsätzlichen Leistungsvoraussetzungen erreichen.

b-2 Chancen zur Fortführung der Selbstentwicklung und die Neigung des einzelnen, davon Gebrauch zu machen.

b-3 Die Erhaltung der Kenntnisse und Fertigkeiten und Flexibilität aller Individuen, die notwendig sind, um ihr ökonomisches Potential auszuschöpfen und sie befähigen, sich selbst falls sie es wünschen, in den Wirtschaftsprozess einzugliedern.

b-4 Die Zufriedenheit mit dem Bildungsprozess für solche, die sich in der Ausbildung befinden.

d) Human Development Index

This is a list of countries by Human Development Index as included in the United Nations Development Program's Human Development Report 2007/2008, compiled on the basis of 2005 data and published in Brasília, Brazil, on November 27, 2007. It covers 175 U.N. member countries (out of 192), along with: Hong Kong (SAR of China) and PA-governed territories. 17 U.N. member countries are not included due to lack of data. The average HDI of regions of the World and groups of countries are also included for comparison.

The Human Development Index (HDI) is a comparative measure of life expectancy, literacy, education and standards of living for countries worldwide. It is a standard means of measuring well-being, especially child welfare. It is used to distinguish whether the country is a developed, a developing or an under-developed country, and also to measure the impact of economic policies on quality of life. The index was developed in 1990 by Pakistani economist Mahbub ul Haq and Indian economist Amarty Sen.

Der Index umfasst folgende Bereiche:

*   die Lebenserwartung bei Geburt,

*   den Umfang der Ausbildung und

*   das Pro-Kopf-Einkommen.

Countries fall into three broad categories based on their HDI: high, medium and low human development.

List of countries
▲ = *increase*   ▬ = *steady*   ▼ = *decrease.*

Similar HDI values in the current list do not lead to ranking ties, since the HDI rank is actually determined using HDI values to the sixth decimal point.

Tab. 14-5: Human Development Index (HDI)

Rank 2005	Rank 2004	Country	HDI 2005
1	▲ (1)	Iceland	0.968
2	▼ (1)	Norway	0.968
3	▬ (0)	Australia	0.962
4	▲ (2)	Canada	0.961
5	▼ (1)	Ireland	0.959
6	▼ (1)	Sweden	0.956
7	▲ (2)	Switzerland	0.955
8	▼ (1)	Japan	0.953
9	▲ (1)	Netherland	0.953
10	▲ (6)	France	0.952
......			
21	▲ (1)	Hong Kong	0.937
22	**▼ (1)**	**Germany**	**0.935**
23	▬ (0)	Israel	0.932
24	▬ (0)	Greece	0.926
25	▬ (0)	Singapore	0.922
26	▬ (0)	South Korea	0.921
27	▬ (0)	Slovenia	0.917
28	▬ (1)	Cyprus	0.903
29	▼ (1)	Portugal	0.897
30	▲ (4)	Brunei	0.894
.....			
50	▼ (3)	Seychelles	0.843
....			
60	▬ (0)	Romania	0.813
....			
67	▼ (2)	Russia	0.802
68	▲ (5)	Albania	0.801
69	▼ (3)	FYR Maced.	0.801
70	▼ (1)	Brazil	0.800

The number in brackets represents the number of ranks the country has climbed since the 2004 survey.

14.5.5   Umweltökonomische Gesamtrechnung

Aufgrund der Probleme und der Bedeutung der Umwelt hat das Statistische Bundesamt Mitte der 80-er Jahre beim Aufbau von so genannten Satelliten-Systemen zu den Volkswirtschaftlichen Gesamtrechnungen auch die Umwelt als Teilgebiet mit einbezogen. Im Bereich der Umwelt lag dabei der Schwerpunkt auf Umweltschutzleistungen. Ende der 1980er Jahre beschloss das Statistische Bundesamt, das Teilsystem ‚Umwelt' zu einer umweltökonomischen Gesamtrechnung auszubauen. Beeinflusst wurde diese Entwicklung durch die Überlegungen auf der Umweltkonferenz der Vereinten Nationen (UNCED) in Rio de Janeiro 1992. In der Agenda 21 wurde die Forderung nach einer Umweltökonomischen Gesamtrechnung sowie die Erstellung von Indikatorensystemen für eine nachhaltige Entwicklung – *sustainable development* – verabschiedet. Ziel der Umweltökonomischen Gesamtrechnung ist es, statistische Informationen zu erfassen und den Nutzen zur Verfügung zu stellen. Das Statistische Bundesamt unterscheidet drei Berichtsmodule: Belastung, Zustand und Maßnahmen.

Tab. 14-6: Umweltökonomische Gesamtrechnung – Module

Module der Umweltökonomischen Gesamtrechnung		
Belastung	**Zustand**	**Instrumente**
↓	↓	↓
Erfassung der Belastungen	Erfassung des Naturvermögens	Maßnahmen zur Vermeidung und Sanierung von Belastungen

Darüber hinaus existieren noch Querschnittsmodule, in denen die Wechselwirkungen zwischen Umwelt und Ökonomie aufgezeigt werden. Natürliche Umwelt und Ökonomie stehen in einer wechselseitigen Beziehung. Einerseits werden im Bereich Umwelt Rohstoffe entnommen, um sie neben Arbeit und Kapital für die Produktion von Konsum- und Investitionsgütern einzusetzen. Darüber hinaus werden Flächen für die Landwirtschaft, die Industrie, für die Infrastruktur und für den privaten Bereich genutzt. Dabei nimmt die Umwelt Schadstoffe auf, um sie – zumindest teilweise – wieder abzubauen. Ein Rückschluss auf Veränderungen des Umweltzustandes ist in der Regel nicht direkt möglich. Negativen Auswirkungen auf den Menschen kann entgegen gewirkt werden durch Maßnahmen, die die Entstehung von Umweltbelastungen und Umweltveränderungen verhindern und die die belastete Umwelt sanieren.

Zur Beurteilung des Umweltzustands gibt es Konzepte. Eine Umsetzung ist jedoch bisher nicht erfolgt. Ebenso fehlt bislang eine systematische Erfassung und Darstellung von Naturvermögen. Wie bei den Umweltbelastungen ist für den Zustandsbereich eine monetäre Bewertung des Naturvermögens bisher nicht hinreichend gelungen (Statistisches Bundesamt 2005d und Frenkel/John: 170 ff.).

Literatur zum 14. Kapitel

Bundesagentur für Arbeit: Laufende Veröffentlichungen sowie die Homepage der Bundesagentur, www.bundesagentur.de.

Cot, J. P. und J. P. Mounier: Pour une Sociologiie et Politique, Paris 1974.

EUROSTAT: Europäisches System Volkswirtschaftlicher Gesamtrechnungen, ESVG 1995.

Forrester, F. W.: World Dynamics, Cambridge Mass., 1971.

Frenkel, M. und John, K. D.: Volkswirtschaftliche Gesamtrechnung, 6. Auflage, München 2006.

Haslinger, F.: Volkswirtschaftliche Gesamtrechnung, 7. Auflage, München – Wien 1995.

Juster, T. J.: A Framework for the Measurement of Economic and Social Performance, in: Moos, M. (Hrsg.): Measurement of Economic and Social Performance, New York 1973.

Nordhaus, W. D. und Tobin, J.: Is Growth Obsolete?, in: M. Moos (Hrsgb.), Measurement of Economic and Social Performance, New York 1973.

OECD: List of Social Concerns Common to Most OECD Countries, The OECD Social Indicator Development Programme, Vol. No.1, Paris 1973, In der Übersetzung von C. Leipert 1975.

O.V.: http://kommentare.zeit.de/user/gebe/beitrag/2008/06/12/wer-nicht-arbeitet-soll-auch-nicht-essen, v. 12.6.2008.

Samuelson, P. A. und Nordhaus W. D.: Volkswirtschaftlehre, Wien 1999.

Pigou, A. C.: The Study of Pbulic Finance, London 1928.

The Economist, Ausgaben 1972 und 2005.

OECD: Monatliche Veröffentlichungen.

Sheldon, E. u. Moore, W. E (eds.): Indicators of Social Change: Concepts and Measurements, New York 1968.

Okun, A.: Social Welfare has no Price to Tag, Survey of Current Business, Vol. 71, 1971.

Sonderband Inlandsprodukt nach ESVG 1995, Neufassung nach Revision 2005.

Sheldon, E. und Moore, W. E. (eds.): Indicators of Social Chance, Concepts and Measurement, New York 1968.

Statistisches Bundesamt: Volkswirtschaftliche Gesamtrechnungen 2007, Wiesbaden 2008.

Statistisches Bundesamt: Umfang und Effizienz der Umweltnutzung, Umweltnutzung und Wirtschaft, Wiesbaden 2008.

The Economist: More Green Grass, Jan. 1972, übersetzt in: Unternehmerbrief des Deutschen Industrieinstituts, Nr. 15, 13. April 1972 und The Economist 2005.

Umweltbundesamt Dessau – Roßlau 2008

United Nations Development Program's Human Development Report 2007/2008, Brasilia 2007.

Sechster Teil:
Ziele, Instrumente und Akteure der Wirtschafts- und Kulturpolitik

15 Allgemeine Wirtschafts- und Kulturpolitik (*Walter Gutzeit*)

15.1 Wirtschafts- und Kulturpolitik als Teilgebiete der allgemeinen Politik

Wirtschaftspolitik erstreckt sich auf die Durchführung von Maßnahmen, mit denen bestimmte ökonomische und soziale Ziele realisiert werden sollen (Donges/Freytag: 4). Eine exakte Definition der Kulturpolitik hängt vom jeweils zugrunde liegenden theoretischen Konzept von Kultur und Politik ab. In einem weiteren Verständnis umfasst Kulturpolitik jegliche Form gesellschaftlicher Beziehungen. In einem engeren Verständnis bezeichnet Kulturpolitik alles Handeln eines Staates im Bereich der Kunst (bildende Kunst, darstellende Kunst, Musik, Literatur).

Die Wirtschafts- und Kulturpolitik stellen Teilgebiete der allgemeinen Politik – bezogen auf das kulturelle und wirtschaftliche Geschehen – dar, und zwar national und international. Entsprechend sind die Teilbereiche Wirtschaft und Kultur mit der Politik verzahnt.

Während die Wirtschaftspolitik eine Führungsrolle bei politischen Entscheidungen übernimmt, ist der Einfluss der Kulturpolitik auf gesamtgesellschaftliche Entscheidungen noch gering, jedoch mit steigender Tendenz. Letzteres lässt sich vor allem dadurch erklären, dass Kultur als „weicher Standortfaktor" an Bedeutung gewinnt.

Wirtschafts- und Kulturpolitik erstrecken sich auf die Durchführung von Maßnahmen, mit denen bestimmte ökonomische und kulturelle Ziele verwirklicht werden sollen. Beide Politikbereiche streben an, diese Ziele effizient zu erreichen. Wirtschaftliches Handeln ist im Wesentlichen gewinnorientiert. Auf staatliches Handeln kann jedoch nicht verzichtet werden, wenn der private Wirtschaftsprozess nicht die gewünschten Resultate erzielt.

Die Notwendigkeit kulturellen Handelns durch den Staat ergibt sich aus der Tatsache, dass Kultur als ein öffentliches Gut ohne zwingende Gewinnerzielung anzusehen ist (Altmann: S.2 f.).

15.2 Ziele und Zielbeziehungen der Wirtschafts- und Kulturpolitik

Die Festlegung der konkreten wirtschafts- und kulturpolitischen Ziele erfolgt im Zuge der politischen Willensbildung. Das Zielsystem kann nicht objektiv ermittelt werden, sondern hängt von subjektiven, normativen Wertvorstellungen ab, die ethisch, ideologisch, teleologisch oder ontologisch begründet sein können.

Zwar liefert die Theorie Hinweise, was unter dem Aspekt von Ursache und Wirkung als richtig anzusehen ist, aber auch die Mittelauswahl und der Mitteleinsatz hinsichtlich Zeitpunkt und Dosierung sind subjektiv. In der politischen Praxis ist wirtschaftliches und kulturelles Handeln durch permanente Entscheidungsprozesse gekennzeichnet (Altmann: 2 f.).

15.2.1 Probleme der Zielformulierung

Normative und positive Aussagen

Gemeinsam ist den Aussagen mit normativem Charakter die Unmöglichkeit der Falsifizierbarkeit oder Verifizierbarkeit. Die Aussagen können abgelehnt oder akzeptiert werden, d. h. man kann überprüfen, ob sie mit der eigenen Norm übereinstimmen oder nicht.

Normative Setzungen in Aussagen werden gelegentlich als nichtwissenschaftlich bezeichnet. Die Vermeidung von Werturteilen bildet demnach wissenschaftstheoretisch bzw. erkenntnisphilosophisch eine bedeutsame methodische Anforderung (Max Webers *Postulat der Werturteilsfreiheit der Wissenschaft*). Ziele sind Wertungen und damit von der Wissenschaft hinzunehmen; Mittel dagegen haben instrumentellen Wert. Ziele mit unmittelbarem Wert sind nie Mittel für andere Ziele (Koch, Czogalla, Ehret: 8).

> **Beispiel:**
> Jeder leistet unterschiedlich viel (empirisch nachweisbar über Produktivität oder geleistete Arbeitsstunden). Daher soll jeder so viel verdienen, wie er leistet (aus der positiven Aussage abgeleitet und daher angeblich ebenfalls positiver Gehalt). Aber wie ist jetzt Leistung zu bewerten? Leistet jemand viel, der 8 Stunden unter Tage arbeitet oder leistet jemand mehr, der 10 Stunden in einem Büro sitzt oder eine Mutter/ein Vater, die/der sich um die Erziehung ihrer/seiner Kinder kümmert? Somit hat die Aussage „Jeder soll so viel verdienen, wie er leistet" immer noch einen normativen Gehalt, obwohl sie aus einer empirischen Aussage abgeleitet wurde.

Eine Aussage wird als normativ identifiziert, wenn sie

- eine mögliche Sachlage in positiver oder negativer Weise für das Handeln oder die Stellungnahme auszeichnet;
- eine Norm (Wert-Standard oder Verhaltensmaxime) als gültig voraussetzt, die ein entsprechendes Verhalten (Handlung oder Stellungnahme) fordert;
- eine entsprechende präskriptive Erwartung involviert.

Normative Sätze kann man in drei verschiedene Kategorien unterteilen:

1. **Wertbekenntnisse** (ich bin der Meinung, dass ..., dieses ... empfinde ich als ungerecht.)

> **Beispiel:**
> Ich halte die gegenwärtige Einkommensverteilung in der Bundesrepublik für ungerecht. Ich halte die gegenwärtig erhobenen Studiengebühren für ungerecht. Diese Sätze drücken die subjektive Bewertung des Autors aus. (ich halte...).

2. **Sollsätze** (ich bin der Meinung, dass ... sollte gerecht erfolgen.)

> **Beispiel:**
> In jeder Gesellschaft soll das Volkseinkommen gerecht verteilt werden!
> In jeder Gesellschaft soll Bildung für die Beteiligten kostenfrei erfolgen.

Mit Hilfe des Modalausdruckes soll (müssen, sollte etc. sind ebenso möglich) werden singuläre oder generelle Forderungen ohne subjektiven Bezug und ohne explizite Behauptung über die Geltung einer entsprechenden Norm zum Ausdruck gebracht.

3. **Werturteile** (ich bin der Meinung, dass ... ist ungerecht.)

> **Beispiel:**
> Die gegenwärtige Einkommensverteilung und die Erhebung von Studiengebühren in der Bundesrepublik ist ungerecht.

Dieser Satz enthält ein Wertprädikat und ist als Behauptung formuliert (wohingegen Wertbekenntnisse und Sollsätze keinen Behauptungscharakter haben, sondern eher Meinungsäußerungen. darstellen). Es ist eine ethisch wertende Aussage über die Einkommensverhältnisse in der Bundesrepublik.

Positive Aussagen:

Es sind Aussagen über das, was wir in der Realität vorfinden und erklärungsbedürftig ist. Eine Aussage über die Realität, die falsch oder richtig sein kann, und zwar in dem Sinne, dass sie die tatsächlichen Zusammenhänge wiedergibt oder nicht. Als völlig richtig (und damit bewiesen) kann sich eine positive Aussage grundsätzlich nicht erweisen, da immer in der Zukunft Ereignisse auftreten können, die sie widerlegen. Sie ist demnach nur vorläufig, nie aber endgültig bewiesen. Die Möglichkeit einer Widerlegung und der deshalb notwendigen Änderung und Verbesserung der Theorie besteht folglich immer.

> **Beispiel:**
> Die meisten Bürger der Bundesrepublik halten die personelle Einkommensverteilung in ihrem Land für ungerecht. Obwohl dieser Satz Wertprädikate enthält, ist er nicht normativ, da er eine prinzipiell erfahrungswissenschaftliche These formuliert.

Der Trugschluss:
Eine deduzierte Aussage kann nicht mehr enthalten als das, was die Aussage beinhaltet, aus
der sie gewonnen wurde. Da aber positive Aussagen keine normativen Implikationen enthalten (sollen), können aus ihnen auch keine normativen Schlüsse gezogen werden. Daran ändert die Problemwahl des Beobachters grundsätzlich nichts.

15.2.2   Zielebenen

1. **Oberziele als Erste Zielebene**
   Streng genommen hat nur das Oberziel – das Gemeinwohl als Maximierung der gesellschaftlichen Wohlfahrt und Lebensqualität – reinen Zielcharakter.

Oberziel der Kulturpolitik ist es, Orientierung zu geben und Sinn zu erschließen. Dabei müssen die Bedürfnisse des Einzelnen und seine kulturellen Erfordernisse stärker in den Blick
genommen werden.

Gesamtgrößen verlangen eine Gewichtung ihrer Komponenten, wobei die Gewichtung ein
Werturteil darstellt. Allerdings kann die Festsetzung von Regeln, die es ermöglichen, Gesamtgrößen zu ermitteln, als wertfrei angesehen werden (z. B. Ermittlung des Bruttoinlandsprodukts oder der Anteil der Hochschulabsolventen aus Arbeiterfamilien). Alle nachfolgenden Ziele in der Zielhierarchie haben zugleich auch eine Mittelfunktion.

2. **Gesellschaftliche Grundziele als Zweite Zielebene**
   Aus den Oberzielen können gesellschaftliche Grundziele der Freiheit, Gerechtigkeit, Sicherheit, Fortschritt, Kultur etc. abgeleitet werden.
   a) Freiheitsziel:
      Es handelt sich nicht um eine ‚absolute‘ Freiheit auf allen Gebieten, sondern um
      eine ‚relative‘ Freiheit mit der Rücksichtnahme auf die Freiheiten anderer.
   b) Gerechtigkeitsziel:
      Es umfasst die Gleichheit vor dem Gesetz und um gleiche Lebenschancen. Dabei
      wird in unserer Gesellschaft gefordert, dass bei gleicher Leistung ein gleicher Lohn
      gezahlt wird – Leistungsgerechtigkeit – allerdings bei gleichzeitigem sozialem Aus-
      gleich – Soziale Gerechtigkeit (Steuererleichterungen bei Familien).
   c) Sicherheitsziel:
      Erhaltung des äußeren und inneren Friedens. Dabei soll das Existenzrisiko für den
      Einzelnen minimiert werden. Eine totale Sicherheit durch Marktanteils-, Einkom-
      mens- und Arbeitsplatzgarantien würde im Konflikt mit einer freiheitlichen Wirt-
      schaftsordnung stehen. Günstiger ist die Zielformulierung marktkonforme Vollbe-
      schäftigungs- und Geldwertstabilitätspolitik sowie vorausschauende Forschungs-
      und Bildungspolitik.
   d) Fortschrittsziel:
      Ausgleich von Ökonomie und Ökologie. Nutzung der Erhöhung der Arbeitsproduk-
      tivität und Erhaltung der Standortqualität und Wettbewerbsfähigkeit.
   e) Kulturziel
      Chancengleichheit zur Teilnahme am kulturellen Leben.

3. **Wirtschafts- und kulturpolitische Ziele als Dritte Zielebene**
    Aus den gesellschaftlichen Grundzielen können wirtschafts- und kulturpolitische Ziele –
    der Stabilität, des Wachstums und der Beschäftigung, der Verteilung, der Ökologie, der
    Kulturförderung etc. – abgeleitet werden.

Stabilität:	Preisniveaustabilität,
Beschäftigung:	Vollbeschäftigung durch Auslastung der Produktionskapazitäten
Wachstum:	Angemessenes und stetiges Wachstum
Verteilung:	Entlohnung nach dem Leistungsprinzip bei sozialem Ausgleich.
Ökologie:	Schutz der Umwelt
Kultur:	Hinreichende Versorgung mit Kulturgütern

Im Rahmen der oben genannten Ziele sind aufgrund von Zielkonflikten Kompromisse notwendig:

* zwischen Preisniveaustabilität und Vollbeschäftigung (vgl. Phillipskurve und Phillips-Illusion),
* zwischen Preisniveaustabilität und Wachstumsziel,
* zwischen Verteilungsziel und Wachstumsziel (z. B. sinkende Lohnquote aufgrund steigender Gewinne),
* zwischen Preisniveaustabilität und Außenwirtschaftsgleichgewicht (z. B. wenn ein niedriges inländisches Inflationsniveau die Nachfrage des Auslands erhöht und damit einen Exportüberschuss bewirkt),
* zwischen Effizienz durch Wettbewerb und Ökologie,
* zwischen Kulturförderung und Sozialausgaben.

15.2.3   Vertikale und horizontale Zielbeziehungen

Die Vielzahl der Ziele erfordert eine Analyse der Zielbeziehungen.

Vertikale Zielbeziehungen:
Wirtschafts- und kulturpolitische Ziele können in einer Art Über- und Unterordnung – zueinander stehen – Zweck- Mittel- Beziehung. zwischen gesellschaftlichen und wirtschaftspolitischen Zielen.

Vollbeschäftigung als wirtschaftspolitisches Ziel und Mittel zum Erreichen des kulturpolitischen Ziels „Recht auf Bildung".

Horizontale Zielbeziehungen:
Hier geht man grundsätzlich von gleichrangigen Zielen aus.

Gleichwohl können unterschiedliche Ziele einander entsprechen, sich gegenseitig ausschließen oder unabhängig voneinander angestrebt werden.

Identität: Zwei Ziele entsprechen letztlich einander.

Steigendes Realeinkommen und Erhöhung des materiellen Lebensstandards.

Neutralität: Ziele sind unabhängig voneinander erreichbar, die Maßnahmen wirken nicht auf das jeweils andere Ziel. In der Realität ist dies wenig wahrscheinlich und nur bei Betrachtung weniger, isolierter Ziele möglich.

> *Die Verminderung der Schadstoffemission und die Abschaffung von Studiengebühren.*

Konflikt: **Unvereinbarkeit (Antinomie)**: Ziel 1 bedeutet die Negation von Ziel 2. Die Verfolgung eines Ziels schließt die Erreichung eines oder diverser anderer Ziele völlig aus.

> *Verminderung der Schadstoffemission und Aufhebung der Geschwindigkeitsbegrenzung*

Komplementarität (Harmonie):
Zwei Ziele werden durch *eine* Maßnahme gleichzeitig erreicht.

> *Die Verbesserung des Bildungsstandards wirkt auch positiv auf die Vollbeschäftigung.*

Konkurrenz: Ziele können nicht gleichzeitig erreicht werden, da jede Maßnahme das andere Ziel beeinträchtigt. Die Verfolgung eines Ziels hat negative Auswirkungen auf die Erreichung eines oder mehrerer anderer Ziele. Fortschritte bei der Annäherung an ein Ziel zwingen dazu, ein anderes Ziel aufzugeben. Die Zielkonflikte machen ein Abwägen erforderlich – Trade-Off.

> *Preisniveaustabilität vs. hoher Beschäftigungsgrad*

Mittel können Zielcharakter (Eigenwert) haben.

> *Ein ausgeglichenes Haushaltsbudget als Mittel zur Konsolidierung der Staatsfinanzen hat auch Zielcharakter für die Politik.*

Ziele können Mittelcharakter haben und nach übergeordneten Zielen hinterfragt werden (vertikale Zielbeziehungen).

Die wirtschaftspolitischen Ziele lassen sich als Mittel interpretieren, derer man sich bedient, um sich dem Ziel Wohlstand anzunähern, welches wiederum zur Erreichung der Ziele Freiheit, Gerechtigkeit, Sicherheit und Fortschritt dienen soll (Zweck-Mittel-Beziehung).

> *Das Ziel ist Vollbeschäftigung, aber auch Mittel zur Erreichung des Ziels Gerechtigkeit.*

Mittel können Nebenwirkungen auf andere Ziele haben.
Die Schaffung von Weiterbildungsmaßnahmen zur Senkung der Arbeitslosigkeit erhöhen die Ausgaben der Bundesanstalt für Arbeit und gefährden eventuell das Ziel des ausgeglichen Haushalts (Koch, Czogalla, Ehret: 18 f.).

15.3 Handlungsfelder der Wirtschafts- und Kulturpolitik

15.3.1 Handlungsfelder der Wirtschaftspolitik

Die Wirtschaftspolitik muss die ordnungstheoretischen Voraussetzungen zur Lösung des Knappheitsproblems umsetzen und lässt sich in die folgenden Handlungsfelder einteilen:

- Versuch der Konjunkturglättung
- Unternehmensgründungen
- Forschung und Entwicklung
- Allokationseffizienz und sozialer Ausgleich
- Staatliche Investitionslenkung
- Korrektur bei Marktversagen
- Bedarfs- vs. Leistungsgerechtigkeit

Ziel einer jeden Wirtschaftspolitik ist es – in marktwirtschaftlichen und zentralverwaltungswirtschaftlichen Systemen – Voraussetzungen für schwankungsfreie, wirtschaftliche Entwicklungen zu schaffen. Dies setzt voraus, dass der Staat lenkend in den Wirtschaftsprozess eingreift, und zwar durch Korrekturen bei Marktversagen und durch Hilfen (Subventionen) bei Schwierigkeiten. Weitestgehend wird jedoch eine Politik der Schwankungsglättung praktiziert, weil in der Realität keine absoluten, sondern in der Regel Wirtschaftswachstum, Vollbeschäftigung, Preisstabilität und Außenwirtschaftliches Gleichgewicht nur als relative Größen erzielt werden. In gleicher Weise ist es Aufgabe der Politik, Leistung und sozialen Ausgleich in ein angemessenes Verhältnis zu bringen.

15.3.2 Handlungsfelder der Kulturpolitik

Der öffentliche Kulturbetrieb legitimiert sich im Gegensatz zum kommerziellen grundsätzlich nicht durch gewinnorientierte Ziele, sondern durch künstlerische, ästhetische, kulturpädagogische bzw. sonstige inhaltliche Zielsetzungen.

Kulturpolitik lässt sich in folgende Handlungsfelder gliedern:

- Rechtliche Rahmensetzung für den gesamten Kulturbetrieb,
- Bildung einschließlich der Schulen und der Erwachsenenbildung,
- Kunst einschließlich des Schutzes und der Pflege von Kulturgütern,
- Wissenschaft einschließlich des Hochschulwesens und der Forschung,
- Religionspolitik einschließlich des Verhältnisses von Staat und Kirche,
- Medienpolitik einschließlich der Regelung von Presse und Rundfunk.

Ein zentrales Handlungsfeld der Kulturpolitik ist die Kulturförderung. Im traditionellen Verständnis der Kulturpolitik gehört hierzu die direkte Finanzierung öffentlicher Institutionen (z. B. Theater, Museen, Bibliotheken) und privater Kulturschaffender (z. B. Filmförderung, Kunstvereine). Die finanzielle Kulturförderung umfasst die Vergabe von Preisen und Stipendien. Auf der Ebene des Bundes sind die Auswirkungen auf die Kulturarbeit durch die Gesetzgebung größer als die Akzente, die die direkte Kulturförderung setzt. Die Förderung bzw. Beeinflussung der Kultur findet durch die Schaffung rechtlicher und sozialer Rahmenbedingungen (z. B. Steuerrecht, Medienrecht, Sozialpolitik) statt. Dadurch wird auch eine private Kulturförderung ermöglicht.

Die Auswärtige Kulturpolitik bezeichnet die aktive Verbreitung der jeweiligen Kultur eines Staates in der Welt. Betrieben wird diese vor allem durch die Einrichtung von Kulturinstituten (z. B. dem Goethe-Institut), in denen die Bewohner eines Landes die Kultur des Trägerlandes vor allem durch Sprachkurse und die Nutzung umfassender Bibliotheken nutzen können. Eine weitere Variante ist die Einrichtung weltweit empfangbarer Fernseh- und Radiosender.

In Deutschland gilt die Auswärtige Kultur- und Bildungspolitik als dritte Säule der Außenpolitik. Sie dient mittlerweile nicht mehr nur der Außendarstellung eines Landes, sondern gilt auch als Instrument der Vermittlung zwischen Nationen. Auswärtige Kultur- und Bildungspolitik unterstützt also auch den Austausch und den Dialog. In der Zusammenarbeit mit Entwicklungs- und Transformationsländern werden darüber hinaus Programme der Entwicklung und Professionalisierung, etwa für Journalisten, angeboten. Jedoch ist Auswärtige Kultur- und Bildungspolitik als reiner Kulturexport eines Landes stark umstritten. Ebenso ist die Prioritätensetzung bei der Auswahl der Förderwürdigkeit, so wie sie die staatlichen Institutionen und Kirchen betreiben, umstritten. Des weiteren wird von Betroffenen die Nichtberücksichtigung kultureller Minderheiten (Subkultur) bei der Stadtentwicklung und in den Öffentlich-rechtlichen Medien (Kulturauftrag) bemängelt.

Im Sinne der normativen Idee eines Kulturstaates Deutschland, kann Kultur als Instrument zu einer gesellschaftlichen Verständigung verstanden werden. Insofern ist Kultur nicht nur als die Summe der Werte oder kulturellen Güter (im Sinne eines kulturellen Erbes) zu begreifen, mit denen eine Gesellschaft ausgestattet ist, sondern als ein mitlaufender Prozess, bei dem zu jedem Wert der mögliche Gegenwert ermittelt wird. Nur mit dem Medium der Kultur kann sich eine Gesellschaft frei, d. h. ästhetisch reflektierend entwickeln.

Der Staat unterstützt Kunst und Kultur als so genannte meritorische Güter ausschließlich deshalb, weil er mit ihnen eine bestimmte Wirkung (Kulturauftrag) erreichen will, die die Bürgerinnen und Bürger zu üblichen ‚Marktpreisen‘ kaum nachfragen würden. Aus diesem Grund subventioniert die öffentliche Hand – also die Länder und Kommunen als Akteure der öffentlichen Kulturbetriebe – pro Besucher jedes verkaufte Ticket.

Kennzeichnend für das kulturpolitische Handlungsfeld in der Bundesrepublik Deutschland ist eine wachsende Diskrepanz zwischen ambitionierten Ansprüchen und einem Hang der Kulturpolitik, sich kommerziellen Erfordernissen des Erlebnismarktes anzupassen. Dabei stellt sich die Frage, ob vor allem die kommerziellen Medien-Produzenten darüber bestimmen, welche Bilder wir uns von unserer Gesellschaft und unserer Zukunft machen oder ob nicht auch der Staat und die Gesellschaft ein genuines Interesse an der Mitentscheidung über diese Zukunftsentwürfe haben.

15.4   Instrumente der Wirtschafts- und Kulturpolitik

15.4.1   Einsatz und Wirksamkeit

Wirtschafts- und kulturpolitische Instrumente – in gleicher Weise werden auch die Begriffe Mittel, Maßnahmen und Intervention verwendet – sind meist ein Bündel verschiedener Eingriffe (Maßnahmenpakete).

Dosierung und Zeitpunkt wirtschafts- und kulturpolitischer Instrumente werden von den Zielen und deren wechselseitigen Beziehungen bestimmt. Ein Instrument wirkt in der Regel gleichzeitig und/oder zeitverzögert (*time lag*) auf mehr als nur ein Ziel (Sekundärwirkung). Bei dem Einsatz und der Beurteilung über die Wirksamkeit müssen diese positiven und negativen Sekundärwirkungen von den Akteuren der praktischen Wirtschafts- und Kulturpolitik genauso in Betracht bezogen werden wie die politische Durchsetzbarkeit, die Wahrscheinlichkeit der Zielerfüllung sowie die Beachtung des Kosten-Nutzen-Verhältnisses.

Auch die Auswahl der Instrumente erfordert eine Wertung. Eine Trennung zwischen politisch bestimmbaren Zielen (als Werturteil) und wertfreien Mitteln ist nicht möglich (Koch, Czogalla, Ehret: 28).

15.4.2   Ordnungs-, Prozess- und Strukturpolitik

Ordnungspolitik

Ordnungspolitik legt die allgemeinen Spielregeln für die Betätigung der Akteure fest. Ordnungspolitik zielt darauf ab, Verhaltensregeln für die Privaten und den Staat zu entwickeln, unter Berücksichtigung der Interdependenz der ökonomischen und kulturellen Sachverhalte (Donges/Freytag: 222 ff.) Längerfristig werden Rahmenbedingungen für den Wirtschafts- und Kulturprozess in einer Wirtschaftsordnung eines Landes festgelegt, und zwar als

- **Rechtliche Ordnung**: Handelsgesetze, Bildungsgesetze
- **Institutionelle Ordnung**: Sozialversicherungssystem, Finanz- und Geldsystem, Kultusministerkonferenz usw.

Prozesspolitik

Prozesspolitik dient der Steuerung der wirtschaftlichen und kulturellen Aktivitäten, und zwar in Bezug auf einzelne Sektoren (Kultur, Landwirtschaft).

Prozesspolitik dient der direkten Unterstützung der Ordnungspolitik, indem sie auf kurzfristige Störungen Einfluss nimmt. Problematisch ist, dass das Wissen der politischen Akteure begrenzt ist und somit die Qualität der Entscheidungen beeinflusst. Die Einwirkung kann durch globale oder diskretionäre Maßnahmen erfolgen.

- **Globale Prozesspolitik:** Beeinflussung gesamtgesellschaftlicher Variablen (Geldmengensteuerung, Steuerung der Studienbewerber, etc.)

▪ **Diskretionäre Prozesspolitik:** Situationsbedingte Einwirkung auf bestimmte Institutionen oder Regionen. Vorteilhaft ist der Einsatz sofortiger Maßnahmen gegen Fehlentwicklungen. Aufgrund von Entscheidungs- und Wirkungsverzögerungen bei kurzfristigen Interventionen können allerdings bestehende Probleme vergrößert werden.

Strukturpolitik

Einflussnahme auf regionale oder sektorale Strukturen der Wirtschaft und Kultur (Förderung der Anpassungsflexibilität des Angebots, Angleichung regionaler Lohn-, Wohn- und Freizeit- und Kulturangebote).

15.5   Akteure der Wirtschafts- und Kulturpolitik

15.5.1   Formell und informell agierende Akteure und Institutionen

Akteure der Wirtschafts- und Kulturpolitik sind Inhaber formeller (mit gesetzlicher Legitimation) und materieller Entscheidungsgewalt (Macht). Es sind Personen und Institutionen, denen die Gesellschaft die Befugnis zuerkannt hat, wirtschafts- und kulturpolitische Entscheidungen zu treffen und die hierzu auch die Möglichkeit haben, diese umzusetzen. Die damit erlangte Handlungsmacht bedarf der Begrenzung und Kontrolle durch Anwendung des Prinzips der Gewaltenteilung und durch die Dezentralisierung der Kompetenzen im föderalistischen Staat.

Das Wirtschaftssystem der Bundesrepublik basiert auf dem Prinzip der dezentralen Planung der wirtschafts- und kulturpolitischen Aktivitäten. Dies erfordert die Koordination der Aktivitäten und Kooperation der verschiedenen Akteure der Wirtschafts- und Kulturpolitik. Man muss unterscheiden zwischen den Akteuren der Wirtschafts- und Kulturpolitik und Instanzen (diese sind Ausführungsorgane/Bürokratie wie z. B. das Bundeskartellamt, Kulturämter in den Kommunen).

Neben den formellen Akteuren existieren noch informelle Entscheidungsträger (Interessensgruppen, Verbände = „Inspiratoren"), die zwar materielle Entscheidungsgewalt haben, aber keine gesellschaftlich zuerkannte Befugnis auf die Politik haben. Akteure der Kulturpolitik sind nicht ausschließlich staatliche Institutionen, sondern auch private Institutionen wie Stiftungen, Vereine und Sponsoren. In Deutschland ist die Kulturpolitik in erster Linie Aufgabe der Bundesländer, die ihre Kulturpolitik in der Kultusministerkonferenz koordinieren. Weil die öffentlichen Kulturanbieter ständig auf der Suche nach neuen Publikumssegmenten sind, wird das Angebot immer weiter ausgedehnt. Sie glauben, sich nur durch steigende Besucherzahlen legitimieren zu können – weil hohe Besucherzahlen sie scheinbar vor der ständigen Finanzknappheit retten. Öffentliche Kulturbetriebe haben sich seit vielen Jahren immer mehr dem vorgeblichen Marktgeschmack angepasst. Durch diese Anpassung an den Marktgeschmack sind die öffentlich getragenen bzw. geförderten Kultureinrichtungen kritisch zu hinterfragen.

Kulturpolitik entscheidet über die inhaltliche Ausrichtung und setzt die normativen Ziele. Hier geht es in erster Linie um das Was? bzw. um das Wozu? aller aktivierenden Bemühungen der Kulturpolitik, also um Fragen, die nicht wissenschaftlich, sondern nur diskursiv gelöst werden können. Kulturpolitik hat die Aufgaben, die Ziele der Kulturpolitik bestmöglich umzusetzen, d. h. die kulturbetrieblichen Prozesse zu optimieren, und zwar im Sinne eines Controlling im Kulturbetrieb, das auf die spezifischen kulturellen Bedürfnisse abgestimmt ist. Dies gilt ebenso für den Aufbau und die Leitung einer zukunftsorientierten Kulturorganisation.

15.5.2   National und supranational agierende Akteure und Institutionen

Nationale Institutionen

Die Akteure wirtschaftlicher und kulturpolitischer Entscheidungen stützen sich sowohl auf nationale als auch auf internationale Institutionen. Das demokratische System der Bundesrepublik Deutschland stützt sich auf die Gewaltenteilung der

„Legislative" (Bundestag, Bundesrat, Landtage, Kommunalparlamente),
„Exekutive" (Bundesregierung, Länderregierungen, Kommunalbehörden).

Exekutive und Legislative in ihrer ggf. mehrstufigen Gliederung des staatlichen Aufbaus. Regierung und Parlament (auf Bundes-, Länder- und Gemeindeebene) und von Exekutive und Legislative beauftragte Verwaltungsorgane (Ministerien etc.).

„Judikative" (Bundesverfassungsgericht, Bundesgerichtshof, Oberlandes-, Land- und Amtsgerichte sowie Gerichte für besondere Sachgebiete – Arbeit, Soziales) Die Judikative kontrolliert die Exekutive und Legislative.

In demokratischen Systemen besteht das Problem der Aggregation individueller Präferenzen. Dies wird als *Arrow-Paradoxon* bezeichnet und zeigt folgendes Beispiel:

Rangskala
Bürger A: Kulturförderung – Vollbeschäftigung – Umweltschutz
Bürger B: Vollbeschäftigung – Umweltschutz – Kulturförderung
Bürger C: Umweltschutz – Kulturförderung – Vollbeschäftigung

Es ist unmöglich, aus diesen drei individuellen Rangskalen nach dem demokratischen Mehrheitsprinzip eine widerspruchsfreie kollektive Präferenzordnung zu ermitteln.

Internationale Institutionen

Internationale Institutionen, soweit ihnen rechtmäßig wirtschafts- und kulturpolitische Kompetenzen übertragen worden sind.

Vereinte Nationen (UNO), Internationaler Währungsfonds (IWF), Welthandelsorganisation (WTO), Europäische Union (EU), L'Organisation des Nations Unies pour l'éducation, la science et la culture (UNESCO), Gesellschaft für wirtschaftliche Zusammenarbeit (OECD), Europäische Zentralbank (EZB).

Im Zuge des Integrationsprozesses in die EU hat die Legislative (Bundestag, Bundesrat, Länderparlamente) viele Rechte und Kompetenzen an die EU abgegeben (analog bei der Exekutive und Judikative z. B. an die EU- Kommission und den Europäischen Gerichtshof). Auch der größte Teil der Kompetenzen der Bundesbank wurde der Europäischen Zentralbank übertragen.

15.5.3   Institutionen und Akteure mit Entscheidungs- und Informationsfunktion

Autonome Akteure mit öffentlich-rechtlicher Entscheidungsfunktion
Bundesversicherungsanstalten, Industrie- und Handels-, Handwerks- und Landwirtschaftskammern, Stiftungen

Weisungsgebundene Akteure mit öffentlich-rechtlicher Entscheidungsfunktion
Bundeskartellamt, Bundesagentur für Arbeit, Bundesumweltamt, Zentralbank

Akteure mit öffentlich-rechtlicher Informationsfunktion
Sachverständigenrat, wissenschaftliche Beiräte, Monopolkommission, Kulturbeiräte

Akteure mit privatrechtlicher Entscheidungs- und Informationsfunktion
Gewerkschaften, Unternehmensverbände

Aufgabe dieser Institutionen ist Kontaktaufnahme mit wirtschaftspolitischen Entscheidungsträgern und die Mobilisierung der Öffentlichkeit. Die Reaktionen der Interessengruppen auf wirtschaftspolitische Maßnahmen beeinflussen die angestrebte Wirkung. Aufgrund der Vielzahl der politischen Akteure kann es wegen sich entgegenstehender Interessen zu Konflikten kommen, die sich auf die Zielerreichung negativ auswirken, daher besteht die Notwendigkeit der Kompromissfindung (pragmatisches Gestalten).

Tab. 15-1: Akteure und Institutionen nationaler und supranationaler Wirtschafts- und Kulturpolitik

Akteure nationaler und supranationaler Wirtschafts- und Kulturpolitik
Akteure nationaler Wirtschafts- und Kulturpolitik
Legislative   Europa-Parlament, Bundestag, Landtage, Kommunalparlamente
Exekutive   Kommission der EU, Bundesregierung, Landesregierungen
Judikative   Europ.Gerichtshof, Bundesgerichte, Oberlandes-, Land- und Amtsgerichte
Akteure supranationaler Wirtschafts- und Kulturpolitik
EU, UNESCO, UNO, WELTBANK, WTO
Akteure mit öffentlich-rechtlicher Entscheidungs-und Informationsfunktion
Autonome Akteure mit Entscheidungsfunktion
Bundesversicherungsanstalten, Kammern
Weisungsgebundene Akteure mit Entscheidungsfunktion
Bundeskartellamt, Bundesamt für Umweltschutz
Akteure mit Informationsfunktion
Sachverständigenrat, Wissenschafts- und Kulturbeiräte
Akteure mit rechtlicher Entscheidungs- und Informationsfunktion
Verbände *(Gewerkschaften, Beamtenbund etc.)*

15.6   Probleme und Grenzen der Wirtschafts- und Kulturpolitik

Einzelne Ziele können aufgrund kaum beeinflussbarer Faktoren nur unzureichend realisiert werden. So ist beispielsweise das Ziel einer gerechten Einkommens- und Vermögensverteilung – soweit sie denn messbar ist – durch eine ungleiche Chancenverteilung – Intelligenz, Geschicklichkeit und Durchsetzung – nicht möglich. Auch können Zielkonflikte ursächlich sein, dass nicht alle Ziele hinreichend und/oder gleichzeitig erreicht werden können. Dies erfordert die Festlegung von Prioritäten – aber nach welchen Kriterien? Nutzenüberlegungen könnten als Grundlage dienen. Erfolgversprechender ist jedoch ein breiter Konsens in der Gesellschaft, wenn er denn erreicht werden kann. Erste Voraussetzung für eine erfolgreiche Wirtschafts- und Kulturpolitik ist ein fundiertes Theoriekonzept. Umstritten sind auch der Einsatz und die Auswahl der eingesetzten Instrumente. Die Globalisierung hat Auswirkungen auf die nationale Wirtschafts- und Kulturpolitik. Im Rahmen der Europäischen Integration wird der Handlungsspielraum für die nationalen Entscheidungsträger eingeschränkt – und wirkt sich durch das Subventionsverbot positiv aus. In vielen Politikbereichen wird bereits eine gemeinsame Wirtschafts- und Kulturpolitik – Agrar-, Geld-, Fischereipolitik, Kulturfonds u. a. – betrieben. Weitere Probleme ergeben sich aufgrund der hohen Staatsverschuldung und der damit verbundenen Begrenzungen durch die Konvergenzkriterien der Wirtschafts- und Währungsunion sowie durch Zins- und Tilgungsleistungen. Nicht zuletzt zeigt die Bürokratie, dass Maßnahmen nicht immer effizient umgesetzt werden (Koch, Czogalla, Ehret: 28 f.).

Literatur zum 15. Kapitel

Bonacker, T. und Reckwitz, A. (Hg.): Kulturen der Moderne, Soziologische Perspektiven der Gegenwart. Frankfurt 2007.

Donges, J. B. und Freytag, A.: Allgemeine Wirtschaftspolitik, Stuttgart 2001.

Franke, S. F.: Wirtschaftspolitik I und II, Universität Stuttgart, aktualisierte. Auflage, 2007.

Frey, B. S. und Kirchgässner, G.: Demokratische Wirtschaftspolitik, 3. Auflage., München 2002.

Fritsch, M. et al.: Marktversagen und Wirtschaftspolitik, 5. Auflage, München 2003.

Giersch, H.: Allgemeine Wirtschaftspolitik. Bd. II, Konjunktur- und Wachstumspolitik in der offenen Gesellschaft, Wiesbaden 1977.

Groys, B., Über das Neue, Versuch einer Kulturökonomie, München – Wien 2004.

Klump, R.: Wirtschaftspolitik. Instrumente, Ziele und Institutionen, München 2006.

Koch, W., A.,Czogalla, S.,, Ehret, C.: Grundlagen der Wirtschaftspolitik, 3. Auflage, Stuttgart 2008.

Loock, F. und Scheytt, O. (Hg.): Kulturmanagement & Kulturpolitik, Stuttgart 2007.

Luckenbach, H.: Theoretische Grundlagen der Wirtschaftspolitik. 2. Auflage, München 2000.

Schneider, W. (Hg.): Grundlagentexte zur Kulturpolitik, Hildesheim, 2007.

Streit, M. E.: Theorie der Wirtschaftspolitik, 5. Auflage, Düsseldorf 2000

Zembylas, T. (Hg.): Kunst und Politik. Aspekte einer Problematik, Innsbruck, 2000.

Siebter Teil:
Spezielle Wirtschafts- und Kulturpolitik

16 Geldpolitik
(*Helmut Bujard*)

16.1 Die Europäische Zentralbank

16.1.1 Der Weg zur gemeinsamen Zentralbank in Europa

Das Ziel der Errichtung einer Währungsunion wurde über zwei Wege erreicht. Auf der einen Seite stand der Versuch, die gemeinsame Währung über die Europaverträge zu erreichen. An dessen Anfang steht der Bericht des luxemburgischen Ministerpräsident Pierre Werner (1970), dem wegen der damaligen Währungsturbulenzen aber kein Erfolg beschieden war. Es folgte die Aufnahme des Ziels einer Währungszusammenarbeit in die Europaverträge (1986) und die Ausarbeitung eines Dreistufenplans (1989) durch den Präsidenten der EG-Kommission, Jacques Delors, dessen erste Stufe 1990 beschritten wurde, bevor in der Vertragsergänzung von Maastricht (1992) die Wirtschafts- und Währungsunion beschlossen wurde.

Zum anderen begann eine praktische währungspolitische Zusammenarbeit im Rahmen des Europäischen Wechselkursverbundes, der 1972 im Abkommen von Basel neben der Europäische Wirtschaftsgemeinschaft (EWG) geschaffen wurde und auch Nichtmitgliedstaaten offen stand. 1979 folgte das Europäische Währungssystem (EWS I), dem zwar alle Mitgliedsstaaten angehörten, die aber nicht alle und zu jeder Zeit an dem Kernstück, dem Wechselkursmechanismus, teilnahmen. Es endete mit der Einführung der Währungsunion.

Die schon erwähnte erste Stufe (1990) führte zur Freiheit des Kapitalverkehrs in der EWG. Die zweite (1994) begrenzte die Haushaltsdefizite des Staatssektors aller Mitgliedstaaten der EU auf 3 Prozent des Bruttoinlandproduktes und beschränkte die Macht der Mitgliedsstaaten, in dem die Zentralbanken unabhängig wurden und ihnen seither keinen Kredit mehr gewähren dürfen. Außerdem wurde das Europäische Währungsinstitut als Vorläufer der Europäischen Zentralbank (EZB) gegründet. Die dritte Stufe brachte am 1. Januar 1999 den Beginn der Währungsunion mit der Einführung des Euro als Buchgeld in 11 der damals 15 Mitgliedstaaten. Mit der Einführung der Euro-Noten und Euro-Münzen zum 1. Januar 2002 wurde die Gründung der Währungsunion abgeschlossen.

16.1.2   Die Beitrittsbedingungen

Jeder Staat, der Mitglied der Währungsunion werden (wollte) will, muss(te) die Konvergenzkriterien erfüllen. Zu Zeit gelten diese in der Formulierung des Vertrages über die „Arbeitsweise der Europäischen Union in der Fassung des Vertrages von Lissabon" (AEUV) (Art. 140) und dem diesem Vertrag beigefügten Protokoll über die Konvergenzkriterien. Dies sind im Einzelnen:

1. Die durchschnittliche jährliche Inflationsrate eines Staates darf nicht um mehr als eineinhalb Prozentpunkte über dem Durchschnitt der Inflationsrate der drei preisstabilsten Staaten der Europäischen Union liegen, wobei die Inflationsmessung von Eurostat (Statistisches Amt der Europäischen Union) an Hand der Harmonisierten Verbraucherpreisindizes (HVPI) vorgenommen wird.

2. Das Defizit des Staatssektors, also Gebietskörperschaften und Sozialversicherung eines Mitgliedsstaates, darf nicht mehr als drei Prozent des Bruttoinlandsprodukts betragen. (Diese Festlegung gilt für alle Mitglieder der EU, nicht nur für die Mitglieder der Wirtschafts- und Währungsunion.)

3. Die Währung des Beitrittskandidaten muss spannungsfrei mindestens zwei Jahre an dem Europäischen Wechselkurssystem II (EWS II) teilgenommen haben. Es folgte dem EWS I, schreibt aber keine Interventionsverpflichtungen vor.

4. Die langfristigen Zinsen eines Kandidatenstaates dürfen nicht mehr als 2 Prozentpunkte über dem Zinsdurchschnitt der drei inflationsstabilsten Mitgliedstaaten liegen.

Die Gründungsmitglieder Belgien, Deutschland, Irland, Spanien, Frankreich, Italien, Luxemburg, Niederlande, Österreich, Portugal und Finnland absolvierten das Konvergenzverfahren 1998. Dabei wurden in einigen Fällen durch „kreative" volkswirtschaftliche Buchführung die nationalen Werte geschönt. Im Fall der Staatsschuld hatten nur Frankreich und Luxemburg die geforderte Schwelle eingehalten.

Inzwischen haben Griechenland (2001), Slowenien (2007), Malta und Zypern (2008), die Slowakei (2009) sowie Estland (2011) die Verfahren bestanden und sind beigetreten, wobei griechische Angaben nach dem Beitritt als unkorrekt erkannt wurden.

So ist mit rund 320 Millionen Bürgern – gemessen an der Bevölkerungszahl – das drittgrößte Währungsgebiet der Welt entstanden nach China und Indien, aber vor den USA.

16.1.3   Die gesetzlichen Grundlagen

Die Währungspolitik ist in den Artikeln 127–144 des AEUV und den zugehörigen Protokollen geregelt. Drei Grundlagen seien besonders hervorgehoben.

„Das vorrangige Ziel des Europäischen Systems der Zentralbanken (ESZB) ist es, die Preisstabilität zu gewährleisten." (Art. 127 AEUV). Da dem ESZB nur ein Ziel vorgegeben ist, kann es eine effiziente Politik betreiben. Denn mit einem wirtschaftspolitischen Instrument kann man nur einem Ziel dienen (Tinbergen-Regel). Wäre die EZB beispielsweise der Preisstabilität und gleichen Lebensbedingungen in der EU verpflichtet, so würde beim Einsatz ihres Hauptinstrumentes, der Geldmenge, keines der beiden vollständig erreicht. Damit sind

die Verantwortlichkeiten klar, die EZB sorgt für das stabile Preisniveau und die Regionalpolitik für die gleichen Lebensbedingungen in der EU. So wird auch die Unabhängigkeit des
ESZB gestärkt, weil sie nicht unter den Druck der Regionalpolitiker geraten kann, die Geldmenge zur Unzeit auszudehnen.

Die Europäische Zentralbank ist unabhängig von den nationalen Regierungen und den Einrichtungen der Gemeinschaft (Art. 130 AEUV). Dies ist wesentlich, da unhabhängige Zentralbanken erfolgreichere Antiinflationspolitik betreiben, als von Regierungen abhängige.

Wie oben erwähnt, ist es weder der EZB noch den nationalen Zentralbanken gestattet, der
Öffentlichen Hand Kredite zu gewähren (Art. 123 AEUV). Damit wird eine inflationspoli-
tisch schädliche Kumpanei zwischen Regierungen und Zentralbanken unterbunden, die in
vielen Staaten Tradition hat. Die Staaten und ihre nach geordneten Körperschaften verlieren
dadurch ihre Privilegien in der Kreditaufnahme und werden wie die anderen Wirtschaftssubjekte auf die Kreditmärkte verwiesen.

In vielen Punkten entsprechen die Grundlagen der Europäischen Zentralbankpolitik den
soliden Vorgaben der Deutschen Bundesbank, mit dem Kreditverbot gehen sie deutlich über
diese hinaus.

16.1.4   Der institutionelle Aufbau

Das Europäische System der Zentralbanken (ESZB) setzt sich aus der EZB und den 27 nationalen Zentralbanken zusammen. Die EZB und die 16 (ab 2011: 17) nationalen Zentralbanken der Teilnehmer der Währungsunion bilden das Eurosystem. ESZB und Eurosystem
werden von drei Institutionen bestimmt. Die Tagesgeschäfte führt das sechsköpfige EZB-
Direktorium, an dessen Spitze der Präsident (Jean-Claude Trichet) steht. Ihm steht ein Vizepräsident zur Seite. Die Amtzeit für alle Mitglieder ist auf acht Jahre beschränkt und eine
Wiederbestellung aus Gründen ihrer Unabhängigkeit nicht möglich.

Die geldpolitischen Entscheidungen fällt der EZB-Rat. Ihm gehören die sechs Mitglieder des
Direktoriums und die 16 nationalen Zentralbankpräsidenten der Staaten an, die der Währungsunion beigetreten sind. Die Entscheidungen werden mit Mehrheit getroffen, sofern sie
sich nicht auf das Kapital der EZB und damit zusammenhängenden Fragen beziehen. In
diesen Fällen werden die Stimmen nach der Bevölkerungszahl und dem Bruttonationaleinkommen der Staaten gewichtet. Deutschland ist durch ein Direktoriumsmitglied (Jürgen
Stark) und den Präsidenten der Deutschen Bundesbank (Axel Weber) im EZB-Rat vertreten.

Der Erweiterte Rat schlägt die Brücke zwischen dem ESZB und dem Eurosystem. Mitglieder
sind der Präsident und der Vizepräsident der EZB und die 27 nationalen Zentralbankpräsidenten der EU. Er koordiniert die Geldpolitiken und überwacht die Währungskurse des EWS
II, erarbeitet gemeinsame Statistiken und bereitet die Beitritte neuer Kandidaten vor.

Direktorium

☐ ☐ ▦ ▦ ☐ ☐

Präsident   Vizepräsident

Präsidenten der teilnehmenden Zentralbanken

| BE | DE | IE | GR | ES | FR | IT | CY |

| LU | MT | NL | AT | PT | SI | SK | FI |

Europäischer Zentralbankrat

Präsidenten der nicht teilnehmenden Zentralbanken

| BG | CZ | DK | EE | LV | LT | HU | PL |

| RO | SE | UK |

Erweiterter Rat

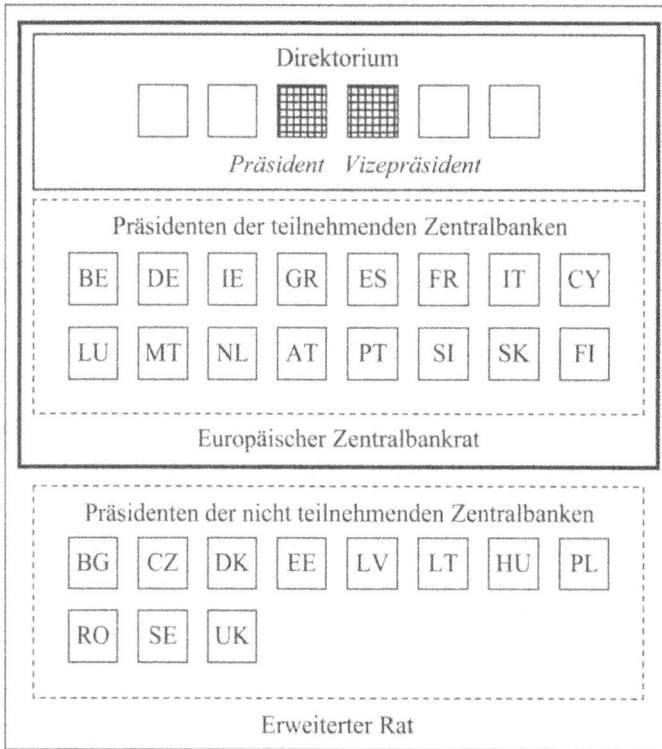

Abb. 16-1: Die Institutionen des Europäischen Systems der Zentralbanken

16.2   Die Strategie der Europäischen Zentralbank

16.2.1   Das Stabilitätsziel

Nachdem die EZB zu Beginn der Währungsunion Preisniveaustabilität definierte „als Anstieg des HVPI für das Euro-Währungsgebiet von unter 2 % gegenüber dem Vorjahr", konkretisierte sie das Ziel 2003 im Anschluss an die Überprüfung ihrer geldpolitischen Strategie dahingehend, dass dies mittelfristig gewährleistet werden muss. Darüber hinaus begrenzte sie die angestrebte Rate nach unten, um keinen deflatorischen Tendenzen Raum zu geben: Die Preissteigerungsrate sei mittelfristig unter, aber nahe 2 Prozent zu halten.

Da jede Inflation zu unerwünschten Umverteilungseffekten führt, die Steuerlast verstärkt, die Steuerungseffizienz einer Volkswirtschaft verschlechtert und Kosten treibt, liegt die Bedeutung des Kampfes gegen Inflation auf der Hand. Warum aber toleriert die EZB fast zwei Prozent Inflation? Sie begründet dies unter anderem mit einer Sicherheitsmarge zum Schutz gegen Deflation, mit Messfehlern beim Preisindex – insbesondere kann oft der technische Fortschritt nicht angemessen berücksichtigt werden – und mit Rigiditäten nach unten bei Preisen und Arbeitsentgelten.

16.2.2   Die wirtschaftliche Analyse

Die Basis für ihre Antiinflationspolitk verschafft sich die EZB auf zwei Wegen. Zum einen unterzieht sie die Volkswirtschaften des Eurogebietes einer umfassenden wirtschaftlichen Analyse und zum anderen einer monetären Analyse, um dann die Ergebnisse dieser beiden Methoden gegenüberzustellen (Zwei-Säulen-Ansatz).

Bei der ersten Säule, der wirtschaftlichen Analyse, wird wie bei jeder Konjunkturuntersuchung eine breite Palette von wirtschaftlichen und finanziellen Variablen, wie Produktion, Gesamtnachfrage, Staatseinnahmen und -ausgaben, Bildung und Kosten von Kapital, Angebots- und Nachfrageseite des Arbeitsmarkt, Preise und Kosten, Wechselkurse, Determinanten der Weltwirtschaft und die Zahlungsbilanz betrachtet, um deren Auswirkungen auf das preisliche Geschehen herauszuarbeiten. Dabei hat die EZB auch Modelle entwickelt, die ihr kurzfristige Prognosen für die Wirtschaft des Eurogebietes liefern. Es ist ja eines ihrer großen Probleme, dass sie langen Zeitreihen der einzelnen Staaten nicht einfach übernehmen und auf den Euroraum mit wechselnder Abgrenzung übertragen kann.

Außerdem erstellen die Experten der EZB gesamtwirtschaftliche Projektionen und sind bemüht, die jeweiligen konjunkturellen Schocks zu berücksichtigen. Auf diese Weise entsteht dann ein erstes Bild der vorliegenden Gefahren für die Preisstabilität der Staaten des Eurogebietes.

16.2.3   Die monetäre Analyse

Da sich zeigen lässt, dass es einen engen mittel- und langfristigen Zusammenhang zwischen der Geldmengenentwicklung und der Inflation gibt (vgl. S. 116), spielt die Geldmenge für die EZB eine herausragende Rolle. Zunächst steht die Geldmenge M_3 mit ihren Komponenten und Gegenposten auf dem Prüfstand und ihr Verhältnis zum Referenzwert.

Die EZB hat seit ihrem Bestehen zunächst jährlich und seit 2003 mittelfristig einen Referenzwert für die Geldmengenausdehnung publiziert, die mit der Gewährleistung der Preisstabilität vereinbar sei. Er beträgt 4,5 Prozent pro Jahr und wird als „ein Richtwert für die Untersuchung des Informationsgehalts der Geldmengenentwicklung" angesehen. Ein Beispiel der Anwendung ist die Messgröße der Geldlücke, die zeigte, um wie viel die tatsächliche Geldmenge in der Währungsunion von dem mittelfristigen, preisstabilen Referenzwert abweicht.

Die monetäre Analyse ist die Grundlage für die Beurteilung der Liquiditätslage und wird mit Hilfe von Geldnachfragemodellen und monetären Indikatorenmodellen durchgeführt, die Einblicke in die Geldlücke und Überschussliquidität gewähren.

Schließlich werden die Ergebnisse der beiden Analyseansätze gegenübergestellt und zu einer einheitlichen Gesamtbeurteilung zusammengefasst, die dann den Beschlüssen des EZB-Rates zugrunde liegt.

16.3   Die gemeinsame Geldpolitik

16.3.1   Die Offenmarktpolitik

Die Hauptrefinanzierungsgeschäfte

Als wichtigstes Instrument der Offenmarktpolitik steht der EZB das wöchentlich – mit der Laufzeit von einer Woche – durchgeführte Hauptrefinanzierungsgeschäft in einem allen berechtigten Kreditinstituten offenen Verfahren am Geldmarkt zur Verfügung, mit dem es diese mit Zentralbankgeld versorgt. Dabei gilt die Arbeitsteilung, dass die EZB die Geldpolitik festlegt und die nationalen Zentralbanken – als integrierte Teile des ESZB – diese in ihren Staaten umsetzen.

Die Kreditinstitute können sich also wöchentlich bei der EZB refinanzieren, indem sie einen Betrag an Zentralbankgeld beantragen, den sie entweder mit Wertpapieren unter Rückkaufvereinbarung oder gegen die Verpfändung von Wertpapieren absichern müssen. Die Zentralbank teilt dann die entsprechende Geldmenge über einen Mengen- oder Zinstender zu.

Beim Mengentender gibt sie einen Zins, den Festzinssatz, vor. Wenn die von den Kreditinstituten beantragte Summe den von der ZBK festgelegten Betrag beispielsweise um 10 Prozent überschreitet, teilt sie allen lediglich 90 Prozent zu. Im folgenden Beispiel ist der von der EZB festgelegte Zuteilungsbetrag 126 Mill. €. Dies sind 90 Prozent der von den Geschäftsbanken beantragten 140 Mill. €.

Tab. 16-1: Mengentender

Banken	Gebote	Zuteilungen
Bank A	20	18
Bank B	40	36
Bank C	80	72
	140	126

Demgegenüber ist der Zinstender ein Auktionsverfahren, bei dem die Geschäftsbanken anbieten, bei unterschiedlichen Zinssätzen möglicherweise unterschiedlich hohe Beträge zu übernehmen. Der niedrigste Zins ist in diesem Fall der Mindestbietungssatz.

Auch hier muss die Zentralbank eine Zuteilung vornehmen, wenn die nachgefragte Zentralbankgeldmenge größer ist als die, die sie refinanzieren will. Zunächst ordnet die EZB die nachgefragten Beträge nach den gebotenen Zinsen, beginnend mit dem höchsten, und berechnet die jedem Zinssatz zuzuordnenden Summen. In der letzten Spalte werden die Summen kumuliert. In dem Beispiel beträgt nun der von der EZB festgelegte Zuteilungsbetrag 215 Mill. €. Zum Zins von 2,08 können dann zunächst 155 Mill. € zugeteilt werden. Die restlichen 60 Mil. € müssen repartiert werden. Die Differenz zwischen 275 Mill. € und 155 Mill. € (letzte Spalte) beträgt 120 Mill. €. Da davon die Hälfte zugeteilt werden kann, erhält jede Bank 50 Prozent zu einem Zinssatz von 2,07. Dieser Zinssatz ist der „marginale Zinssatz.". Die repartierten Beträge stehen in Klammern.

Tab. 16-2: Zinstender

gebotene Zinssätze	Bank A	Bank B	Bank C	Summe	Gebote kumulativ
2,09	10	20	30	60	60
2,08	15	30	50	95	155
2,07	20 (10)	40 (20)	60 (30)	120 (60)	275
2,06	25	50	90	165	430

Der Zins, den die EZB erhebt, kann nach zwei Verfahren berechnet werden. Verlangt die EZB den gerade noch von den letzten Geboten erreichten Zinssatz, den marginalen Zins, für das Gesamtvolumen der Refinanzierung, so spricht man vom „holländischen" Verfahren; verlangt sie dagegen die tatsächlich gebotenen Zinsen entsprechend der Teilbeträge, so spricht man vom „amerikanischen" Verfahren.

Mit Hilfe der Hauptrefinanzierungsgeschäfte steuert die EZB über den Geldmarkt die Geldmarktsätze und die Liquidität der Währungsunion. Der Festzins oder Mindestbietungssatz oder Hauptrefinanzierungssatz wird dabei zu dem Richtwert, an dem sich die kurzfristigen Sätze wie der Tagesgeldsatz EONIA (euro overnight index average) oder die verschiedenen Einmonats- oder Mehrmonatssätze EURIBOR (euro interbank offered rate; Durchschnittszinssatz, zu dem ein erstklassiges Kreditinstitut bereit ist, einem anderen Kreditinstitut mit höchster Bonität Euro-Gelder zur Verfügung zu stellen) ausrichten (siehe Abb. 16-2.).

Die Vorgehensweise der Offenmarktpolitik ist sehr elegant, da sich die Hauptrefinanzierungsgeschäfte jede Woche automatisch auflösen und deshalb jeweils die gesamte Summe neu zur Entscheidung ansteht und je nach veränderter Lage zum Beispiel kurzfristig verdoppelt, halbiert oder konstant gehalten werden kann.

Die ständigen Fazilitäten

Während die Hauptrefinanzierungsgeschäfte von der EZB ausgehen, stellen die Fazilitäten zwei Dienstleistungen dar, die von den Geschäftsbanken in eigener Initiative genutzt werden können.

Die Geschäftsbanken haben generell die Möglichkeit, sich täglich bei der EZB unbegrenzt gegen Sicherheiten Zentralbankgeld für einen Tag zu beschaffen (Spitzenrefinanzierungsfazilität). In der Regel liegen die Kosten, der Spitzenrefinanzierungssatz, um einen Prozentpunkt höher als der Mindestbietungssatz. Beträgt beispielsweise der Spitzenrefinanzierungssatz 4 Prozent, so wird ein Kreditinstitut am Geldmarkt keinen Tagesgeltsatz von 4,2 akzeptieren, weil es ja den entsprechenden (unbegrenzten) Betrag für 4 Prozent von der Zentralbank bekommen kann. Daher begrenzt der Spitzenrefinanzierungssatz die Volatilität des Tagesgeldsatzes nach oben.

Die zweite Dienstleistung der EZB ist die Einlagenfazilität. Diese gestattet es den Geschäftsbanken unbegrenzt, überschüssiges Zentralbankgeld für einen Tag bei der EZB gegen den Einlagensatz anzulegen. Üblicherweise liegt der Einlagensatz ein Prozentpunkt unter dem Mindestbietungssatz. Auf diese Weise hat die Volatilität der Geldmarktsätze eine Untergrenze bekommen.

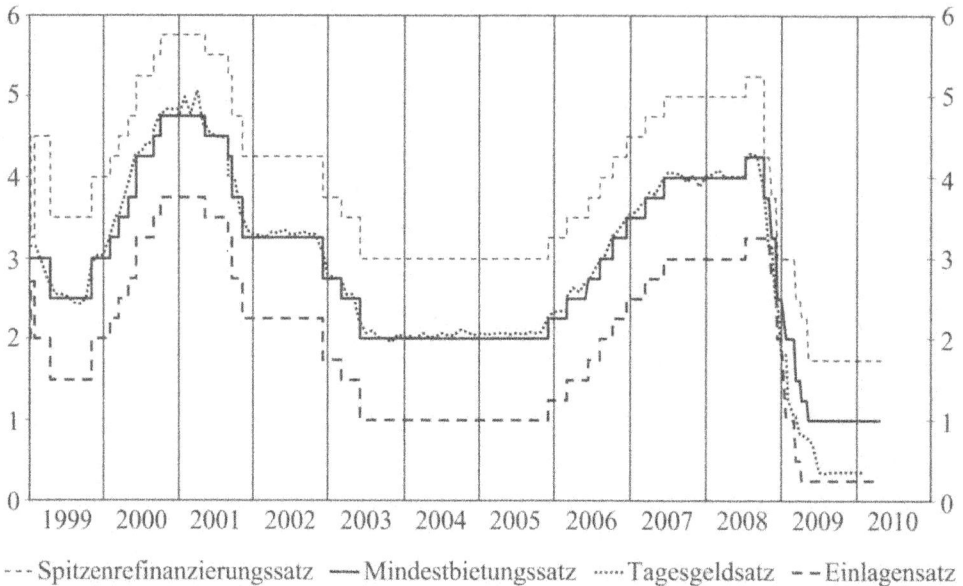

--- Spitzenrefinanzierungssatz — Mindestbietungssatz ····· Tagesgeldsatz – – Einlagensatz

Abb. 16-2: Zur Struktur des Geldmarktes, Geldmarktsätze in Prozent.

Mit dem Spitzenrefinanzierungssatz, dem Mindestbietungssatz und dem Einlagensatz hat die EZB dem Geldmarkt ein Stützsystem mit einer Spanne von gewöhnlich zwei Prozentpunkten vorgegeben. Den sich nach Angebot und Nachfrage bildenden Geldmarktsätzen ist damit ein stabilisierender Rahmen vorgegeben.

Die beschriebenen Transaktionen stellen nicht den vollständigen Instrumentenkasten für die Offenmarktpolitik dar. So werden zum Beispiel auch Refinanzierungsgeschäfte mit längerer Laufzeit abgeschlossen; außerdem sind Schnelltender möglich, die innerhalb einer Stunde einer begrenzten Zahl von Geschäftsbanken angeboten werden können, oder die Devisenmärkte können in die Geldmengensteuerung einbezogen werden. Die EZB kann Termineinlagen hereinnehmen und viele weitere Möglichkeiten für ihre Politik nutzen. So hat sie als Antwort auf die Finanzkrise die unbegrenzte Zuteilung bei den Refinanzierungsgeschäften zum Festzins, die Ausdehnung des Zeithorizonts bei den geldpolitischen Operationen, die Erweiterung des Sicherheitsrahmens der geldpolitischen Geschäfte, die Refinanzierung in US-Dollar und Schweizer Franken und schließlich den Aufkauf von auf Euro lautender gedeckter Schuldverschreibungen (Pfandbriefe) eingeführt.

16.3.2 Die Mindestreservepolitik

Die EZB verlangt für alle Einlagen bei den Kreditinstituten des Euro-Währungsgebietes (bis zu einer Laufzeit oder Kündigungsfrist von zwei Jahren) und auf Schuldverschreibungen der Kreditinstitute (mit vereinbarter Laufzeit von zwei Jahren) Pflichteinlagen auf ihren Girokonten, die als Mindestreserven bezeichnet werden, und von ihr zum (durchschnittlichen marginalen) Zinssatz der Hauptrefinanzierungsgeschäfte verzinst werden. Das Mindestreservesoll wird ermittelt, in dem die Einlagen und Schuldverschreibungen mit dem Mindestreservesatz multipliziert werden. Dieser beträgt seit 1999 zwei Prozent.

Das Kalenderjahr ist in zwölf Mindestreserveperioden eingeteilt, die nicht vollständig mit den Kalendermonaten übereinstimmen, da sie mit den Hauptrefinanzierungsgeschäften abgestimmt sind. Die Mindestreservepflicht muss nicht kalendertäglich, sondern im Durchschnitt einer Reserveperiode erfüllt werden, was den Geschäftsbanken einen gewissen Gestaltungsspielraum gewährt und zur Stabilisierung der Geldmarktentwicklung beiträgt.

Die Mindestreserve soll darüber hinaus einen gewissen strukturellen Bedarf der Geschäftsbanken an Zentralbankgeld erzeugen, der ihre Abhängigkeit von der Zentralbankgeldversorgung erhöht. Daneben kann die Zentralbank über die Veränderung des Mindestreservesatzes den Geldschöpfungsmultiplikator beeinflussen.

16.4 Die gemeinsame Wechselkurspolitik

16.4.1 Das politische Problem

Während die gemeinsame Geldpolitik auf Art. 127 des AEUV in der Fassung von Lissabon und dem Vertragsprotokoll über die Satzung des ESZB basiert, in dem die Festlegung und Ausführung der Geldpolitik zur grundlegenden Aufgabe der EZB ohne Einschränkung erklärt wird, ist die juristische Grundlage der Wechselkurspolitik der Art. 219 AEUV, der dem Rat der EU das Recht einräumt, einstimmig das Wechselkursregime und mit qualifizierter Mehrheit €-Leitkurse festzulegen. Zwar sollen diese Beschlüsse mit dem Ziel der Preisstabilität übereinstimmen, aber wenn sich eine Zentralbank nicht mehr an dem Ziel der Stabilität des Binnenwertes (Preisindex) einer Währung, sondern an dem seines Außenwertes (Wechselkurs) orientiert, muss es zu Zielkonflikten kommen. Soll mehr als ein Ziel erreicht werden, so gibt es drei Möglichkeiten.

1. Es besteht Zielkomplementarität: Die Verfolgung eines Ziels begünstigt die Erreichung des oder der anderen.
2. Es besteht Zielneutralität: Die Verfolgung eines Ziels hat keinen Einfluss auf den Zielerreichungsgrad des oder der anderen Ziele.
3. Es besteht ein Zielkonflikt: Die Verfolgung des einen Ziels steht der Erreichung des oder der anderen Ziele entgegen.

In währungspolitisch ruhigen Zeiten können die beiden ersten Möglichkeiten bestehen, aber in dem Moment, in dem es bei der Preisstabilität zur Frontstellung von Binnen- und Außenwert kommt, verliert eine Zentralbank ihre Unabhängigkeit, weil sie wegen der Interventionspflicht an den Devisenmärkten ihre geldpolitischen Ziele nicht mehr uneingeschränkt verfolgen kann.

Bisher hat der Rat (Eurogruppe der Wirtschafts- und Finanzminister der Eurozone) davon abgesehen, in die Wechselkurspolitik einzugreifen, so dass der EZB hier keine offene Flanke entstanden ist.

16.4.2   Das System fester Wechselkurse

Bezeichnet man die gesetzliche Basis einer Währung, die Verfassung ihres Geldwesens, als Währungsordnung, so gibt es in ihnen zwei grundlegende Regelungen für den Handel mit Währungen. Die eine ist das System fester Wechselkurse; die andere das System flexibler Wechselkurse.

Beim System fester Wechselkurse wird der Wechselkurs eines Landes (oder einer Währungsunion) prinzipiell stabil gehalten, in dem (mindestens) die Zentralbank des Landes (oder der Währungsunion) als zusätzlicher Anbieter oder Nachfrager an den Devisenmärkten auftritt.

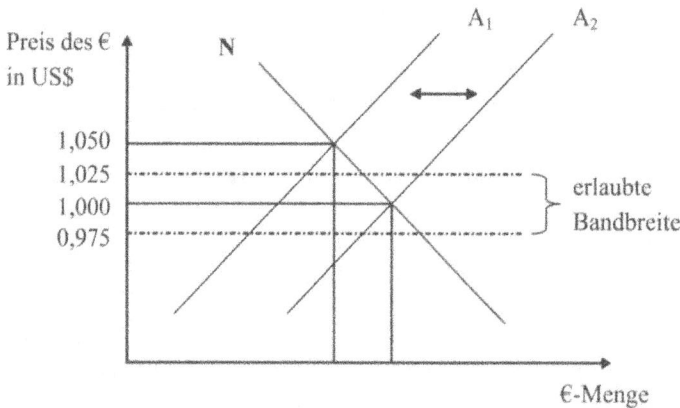

Abb. 16-3: Zum System fester Wechselkurse

Bricht der Kurs des Euro – wie in der Abbildung skizziert (A_1) – aus der Bandbreite aus, so erhöht die EZB das Angebot an Euro an den Devisenmärkten und der Kurs wird wieder sinken (A_2).

Zu den wirtschaftspolitischen Konsequenzen fester Wechselkurse gehört beispielsweise der weltweite Inflationsgleichschritt, weil jede Preiserhöhung auf den Weltmärkten über die festen Kurse in alle Länder übertragen wird. Daneben suggerieren feste Wechselkurse scheinbar eine sichere Kalkulationsgrundlage, die aber durch Auf- oder Abwertungen plötzlich zerstört werden kann. Außerdem werden stabile Wechselkurse mit schwankenden Währungsreserven erkauft. Das Wichtigste aber ist, dass die Zentralbank in kritischen Situationen weder die Geldmenge noch den Zins steuern kann.

Feste Wechselkurse waren bis in die siebziger Jahre des 20. Jahrhunderts die Regel. Der Wechselkurs eines Landes wurde in Gold und im Verhältnis zum US$ festgelegt, was damals dasselbe war, und die Zentralbank bemühte sich, den Wechselkurs in einer bestimmten Bandbreite (+/–2,5 vH) zu halten. Heute gibt es viele bilaterale Festkurssysteme (currency board), bei denen sich eine Währung an eine andere (zum Beispiel an den US$ oder den €) anhängt und damit die Souveränität ihrer Geldpolitik aufgibt.

16.4.3   Das System flexibler Wechselkurse

Bei dem System flexibler Wechselkurse ist die Höhe der Wechselkurse nicht durch währungspolitische Institutionen gebunden, sondern sie bilden sich frei nach Angebot und Nachfrage.

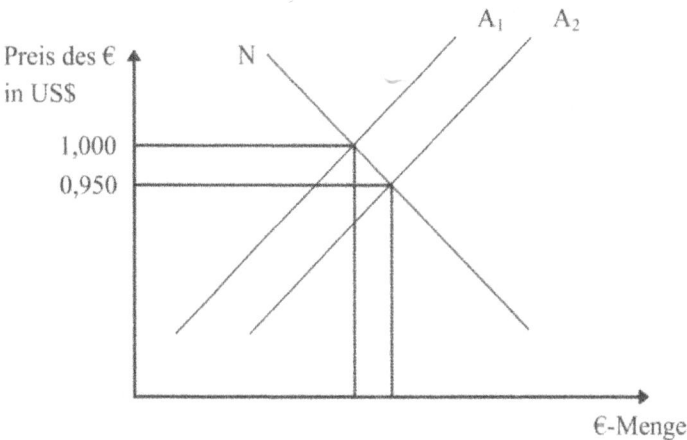

Abb. 16-4: Zum System flexibler Wechselkurse

Steigt das Angebot an €, so wird er billiger, das heißt, er wertet sich ab, sein Wechselkurs
sinkt.

Die wirtschaftspolitischen Konsequenzen flexibler Wechselkurse stellen sich günstiger dar.
Zum einen kann sich die Binnenwirtschaftspolitik in gewissen Grenzen von der übrigen Welt
abkoppeln, was ganz besonders für die Geldpolitik gilt. Zum anderen kann die mögliche sehr
starke Volatilität der Wechselkurse aber die Geldpolitik vor große Probleme stellen und die
Unsicherheit für die Wirtschaftssubjekte bei grenzüberschreitenden Transaktionen verstärken.

Die Europäische Wirtschafts- und Währungsunion hat flexible Wechselkurse. Der erste €-
Kurs in US$ betrug am Jahresbeginn 1999 1,18 US$, der Jahresdurchschnittskurs 1,06 US$.
In den nächsten drei Jahren wertete sich der Euro ab. Als der Kurs im September 2000 bis
auf 0,84 US$ abgesunken war, intervenierte die EZB zusammen mit den Zentralbanken der
USA, Japans, des UK und Kanadas in dem sie Devisen gegen € abgaben und damit die
€-Geldmenge verminderten. Im November desselben Jahres intervenierte die EZB nochmals,
aber nur alleine. Inzwischen hat der €-Kurs seinen Einstandskurs von 1999 längst hinter sich
gelassen und erreichte im Jahresdurchschnitt von 2008 1,47 US$. Die erfolgreiche Verteidi-
gung der Preisstabilität durch die EZB trug ihre Früchte.

16.4.4   Zum Einfluss der Wechselkurse auf die Außenwirtschaft

Die Ausfuhr eines Landes hängt von den inländischen und ausländischen Preisen, dem Einkommen im Ausland und von den Wechselkursen ab. Steigt c. p. der Mengenwechselkurs (Preis des € in US$) von 1 US$ auf 1,10 US$, so liegt eine Aufwertung des € vor: Das Ausland muss für 1 € 0,10 US$ mehr zahlen als bisher. Welche Auswirkungen hat das auf den Export? Bei der Ausfuhr eines Gutes aus dem Eurogebiet in die USA kostete diese in der Ausgangslage 1.000 € und in den USA 1.000 US$. Nach der Aufwertung sind die 1.000 US$ aber nur noch 909,09 € wert. Das heißt für den europäischen Exporteur, er muss sein Produkt in den USA zum Preis von 1.100 US$ verkaufen, um seinen ursprünglichen Preis in € wieder zu erreichen. Diese Preiserhöhung wird zu einem Rückgang der Exporte führen.

Die Einfuhr eines Landes wird von den inländischen und ausländischen Preisen, dem Einkommen im Inland und von den Wechselkursen bestimmt. Kommt es nun zu einer Aufwertung, stellt sich c. p. die Frage nach ihrer Auswirkung auf den Import. In der Ausgangslage wurde ein Produkt zum Preis von 1.000 US$ aus den USA importiert und für 1.000 € verkauft. Nach der Aufwertung sind die 1.000 € aber 1.100 US$ wert. Das bedeutet für den amerikanischen Exporteur, er kann seinen Preis absenken und seine Lieferungen in das Eurogebiet erhöhen.

Der sinkende Export und der steigende Import werden zu einer Verbesserung der Handelsbilanz führen. Aber nicht nur die Leistungsbilanz wird sich verbessern, sondern auch die Kapitalbilanz. Selbst bei konstantem inländischem Zins wird es zu Kapitalimport führen, da beispielsweise Ausländer bei Anlagen im Aufwertungsland höhere Zinsen in ihrer Währung erhalten als bisher.

16.5   Ergebnisse der gemeinsamen Geldpolitik

Nach zehn Jahren gemeinsamer Geldpolitik in der Europäischen Wirtschafts- und Währungsunion liegt es nahe, eine erste Beurteilung zu versuchen.

Zu den Vorteilen der Währungsunion zählt die Senkung der Transaktionskosten, das sind die Kosten der Marktnutzung und in diesem Zusammenhang alle Aufwendungen, die mit dem grenzüberschreitenden Handel zusammenhängen, wie Kosten des Wechselkursrisikos und der Transparenz. Da der Außenhandel (intra) zwischen den Mitgliedsstaaten zum Binnenhandel geworden ist und nur noch der Außenhandel über die Grenzen der Währungsunion echter Außenhandel (extra) geblieben ist, hat sich die Abhängigkeit von den Weltmärkten und von anderen Währungen etwa halbiert.

Sehr heilsam wirkte auch die Begrenzung des Haushaltsdefizits. Während sich die zukünftigen Mitgliedsstaaten im Zeitraum 1990 bis 1998 ein gewogenes Haushaltsdefizit von 4,2 Prozent des Bruttoinlandsproduktes leisteten, führten sie es in den Jahren 1999 bis 2008 auf 2,0 Prozent zurück. Aber als Reaktion auf die Finanz- und Wirtschaftskrise erhöhte es sich 2009 auf – 6,2 Prozent.

Auch ihre Hauptaufgabe – Gewährleistung der Preisstabilität – hat die gemeinsame Geldpolitik gut bewältigt. Während sich die Verbraucherpreise in Deutschland unter der Deutschen Bundesbank, der erfolgreichsten Zentralbank der Welt, in der zweiten Hälfte des 20. Jahrhunderts, zwischen 1991 und 1998 durchschnittlich um 2,3 Prozent erhöhten, stiegen sie unter der Verantwortung der EZB von 1999 bis 2009 lediglich um 2,0 Prozent. Im gleichen Zeitraum erreichte die Inflationsrate des privaten Konsums in den USA 2,5 Prozent und im UK 1,8 Prozent.

Die Weltdevisenmärkte bewertete diese europäische Erfolgsgeschichte mit einer durchschnittlichen Aufwertung des Euro im Zeitraum 1999 bis 2009 gegenüber den Währungen der 41 wirtschaftlich wichtigsten Staaten der Welt um 25,0 Prozent.

Dennoch bleibt festzuhalten, dass der Euro als Währung ohne Staat, oder genauer gesagt: als Währung von vielen Staaten, immer politisch gefährdet bleibt.

Literatur zum 16. Kapitel

Görgens, Egon; Ruckriegel, Karlheinz; Seitz, Franz (2008): Europäische Geldpolitik, 5. Auflage, Stuttgart.
Issing, Otmar (2008): Der Euro, Geburt – Erfolg – Zukunft, München.
Jarchow, Hans-Joachim (2003): Theorie und Politik des Geldes, 11. Auflage, Göttingen.

17 Finanzpolitik
(*Walter Gutzeit*)

17.1 Öffentliche Finanzwirtschaft

Die öffentliche Finanzwirtschaft umfasst neben der öffentlichen Haushaltspolitik auch vielfältige Verflechtungen zwischen den öffentlichen Haushalten. Grundlage für die öffentliche Finanzwirtschaft ist die Finanzverfassung, die den Ordnungsrahmen der staatlichen Finanzpolitik darstellt. Dabei regeln die Art. 104a–109 die finanzwirtschaftlichen Beziehungen zwischen Bund und Ländern – Art. 109 legt die Haushaltstrennung Bund/Länder sowie Grundsätze der Haushaltswirtschaft fest. Die Art. 110–115 enthalten Bestimmungen für das finanzwirtschaftliche Verhalten der Bundesorgane, insbesondere in Art. 115 die Kreditbeschaffung des Bundes.

Teilbereiche der Finanzpolitik sind die Steuerpolitik, die Ausgabenpolitik, die Subventionspolitik und die Schuldenpolitik.

Die „Finanzpolitik" umfasst alle Maßnahmen des Staates, die sich auf die Gestaltung und Erhebung öffentlicher Einnahmen (Steuern, Gebühren und Beiträge, Kredite), die Art der Höhe der öffentlichen Ausgaben sowie den Finanzausgleich richten. Ziel dieser Politik ist es, allgemeine oder spezielle gesellschaftspolitische Ziele zu erreichen und wirtschaftspolitische Entwicklungen zu beeinflussen.

Die „Steuerpolitik" beinhaltet alle Bestrebungen und Maßnahmen, die darauf gerichtet sind, mittels der Erhebung von Zwangsabgaben ohne spezielle Gegenleistung finanzwirtschaftliche sowie wirtschafts- und gesellschaftspolitische Ziele zu erreichen.

Die „Ausgabenpolitik" umfasst die Festlegung der im Haushaltsplan veranschlagten Staatsausgaben, um gesamtwirtschaftliche Ziele zu realisieren.

Die Gewährung staatlicher Finanzhilfen oder Steuervergünstigungen wird als *Subventionspolitik* bezeichnet. Ziele einer solchen Politik sind:

- einen notwendigen Strukturwandel zu erleichtern,
- gleichwertige Lebensverhältnisse herzustellen und
- regionale Disparitäten abzubauen.

„Schuldenpolitik" oder *Debt Managment* umfasst Entscheidungen, Handlungen und Maßnahmen des Staates durch Kreditaufnahme oder Tilgungen und Umschuldungen. Mit diesen Aktivitäten sollen gesamtwirtschaftliche Ziele realisiert werden.

Gleichwohl wird grundsätzlich zwischen Fiskalpolitik und Finanzpolitik unterschieden. Zur Fiskalpolitik sind alle staatlichen Maßnahmen zu rechnen, deren Ziel es ist, den Staatshaushalt in Einnahmen und Ausgaben auszugleichen. Fiskalpolitik ist also ‚kassenorientiert'.

Die Gestaltung der öffentlichen Haushalte unterliegt dabei vom Grundgesetz her der Verpflichtung, den Erfordernissen des gesamtwirtschaftlichen Gleichgewichts Rechnung zu tragen – GG Art. 109 (Koch, Czogalla, Ehret: 119).

17.2   Staatstätigkeit als Staatsausgaben- und -abgabenquote

17.2.1   Staatstätigkeit als Ausgabenquote

Messbar ist die zunehmende Staatstätigkeit an der sogen. Staatsquote. Hierunter versteht man den „Anteil der Staatsausgaben am BIP". Die Staatsquote beschreibt nicht den Teil der Wirtschaftsleistung, den der Staat für sich in Anspruch nimmt, sondern den Teil der über staatliche Aktivitäten (mit-) finanziert wird. Allerdings ist festzustellen, dass unterschiedliche Staatsquoten für dieselbe Periode ausgewiesen werden. Dies liegt an der unterschiedlichen Interpretation des Begriffs Staatsausgaben. Eine enge Abgrenzung erfasst nur die Ausgaben, die von den Gebietskörperschaften (Bund, Länder und Gemeinden) geleistet werden. Ferner können u. U. – weitere Auslegung – die Ausgaben der Sozialversicherungsträger hinzu gerechnet werden, wodurch sich natürlich eine höhere Staatsquote ergibt.

Die Staatsquote ist (in den meisten Fällen) definiert als das Verhältnis der Summe der Haushaltsausgaben von Bund, Ländern und Kommunen sowie der gesetzlichen Sozialsysteme (Parafisci) zum Bruttoinlandsprodukt (BIP) bzw. Brutosozialprodukt (BSP).

Allerdings sind alle Berechnungen stets umstritten. So legen manche Wirtschaftswissenschaftler auch das Volkseinkommen anstatt des BIP oder BSP als Maßstab an. Des Weiteren können auch die Staatseinnahmen anstatt der Staatsausgaben als Grundlagen für die Berechnungen genommen werden. Berücksichtigt man den Faktor der in Deutschland kontinuierlich zunehmenden Staatsverschuldung, so dürften jedoch die Staatsausgaben relevanter sein.

Man unterscheidet oft zwei Staatsquoten, eine im engeren Sinn und eine im weiteren Sinn.

Die Staatsquote i. e. S. (als Ausgabenquote) ist wie folgt definiert.

a)   Das Verhältnis der Summe der Haushaltsausgaben von Bund, Ländern und Kommunen zum BIP.

Die Staatsquote i. w. S. ist wie folgt definiert:

b)   Das Verhältnis der Haushaltsausgaben von Bund, Ländern und Kommunen + gesetzliche Sozialsysteme (Parafisci) zum BIP.

Die optimale Staatsquote kann die Wirtschaftswissenschaft nicht eindeutig definieren. Berechnungen berücksichtigen oft nur einen Faktor, obgleich auch viele andere Faktoren für eine gut funktionierende Politik und Wirtschaft von großer Wichtigkeit sind. Auch besteht die Frage, für welchen konkreten Zweck und in welchen Prioritäten eine Staatsquote optimal sein soll. Nachfolgend wird als ein entscheidender Faktor ein hohes Wirtschaftswachstum angesehen.

Offenbar ist eine gewisse Staatsquote für ein hohes Wirtschaftswachstum notwendig: Läge die Staatsquote bei 0 %, so ließe sich Marktversagen nicht mit Hilfe von Institutionen beseitigen, Sozialleistungen nicht leisten, Anarchie läge vor. Läge die Staatsquote hingegen bei 100 %, so wäre jedes ökonomische Handeln unterbunden, Despotie läge vor. Die Wahrheit liegt somit – wie so oft in der Realität – zwischen den vorgenannten Extrempolen. Wo der optimale Wert liegt, lässt sich empirisch untersuchen, aber nicht eindeutig bestimmen. Nach Berechnungen des Finanzwissenschaftlers Charles Blankart ist das kräftigste Wachstum bei etwa 35 % zu erzielen. Hierbei ist zu beachten, dass dieser Wert sich im Zeitverlauf durchaus ändern kann.

Als Quellen für die Staatsquote dient einerseits die volkswirtschaftliche Gesamtrechnung, andererseits die Finanzstatistik.

Tab. 17-1: Staatsquoten in ausgewählten Ländern – 2008

Japan	36,4 %
USA	38,6 %
Luxemburg	39,2 %
Irland	39,6 %
Spanien	39,7 %
Griechenland	43,2 %
Deutschland	**43,4 %**
Niederlande	45,1 %
UK	45,4 %
Portugal	46,3 %
Finnland	47,3 %
Österreich	48,4 %
Italien	48,4 %
Belgien	48,9 %
Dänemark	50,4 %
Schweden	51,2 %
Frankreich	52,5 %
Eurozone	**46,3 %**

Quelle: Finanzberichte, lfd.

Die Staatsquote ist in den vergangenen Jahren gesunken. In Deutschland wurde bis zur weltweiten Finanzkrise 2008/2009 von vielen Wirtschaftswissenschaftlern gefordert, die Staatsquote zu senken, damit sich mehr ökonomische Dynamik entfalten könne. Gewerkschaftsnahe Ökonomen fordern eine Orientierung an den skandinavischen Ländern, die zeitgleich mit einer hohen Staatsquote ein dynamischeres Wachstum aufwiesen.

Zu beachten ist, dass die verschiedenen Quoten immer in einem Gesamtzusammenhang zu sehen sind. In Deutschland ist beispielsweise die Steuerquote relativ niedrig, da die Sozialsysteme hier zum Großteil über Beiträge finanziert werden und in den skandinavischen Ländern eher über das Steuersystem.

Steigende Staatsquoten werden durch das wagnersche Gesetz (siehe Kapitel ‚Verwendungsrechnung') beschrieben.

Das „Popitzsche Gesetz" (Johannes Popitz) stellt einen Zusammenhang zwischen der Zunahme der Staatsquote im Zeitverlauf und der Zunahme des Anteils des Zentralstaats an den gesamten Staatsausgaben her.

Nur der Zentralstaat kann nach Johannes Popitz für Gleichheit innerhalb der Regionen des Staates sorgen. Auch sei nur der Zentralstaat im Krisenfall handlungsbefugt, was steuerliche Befugnisse anbelangt. Weitere Ursache für die Gültigkeit des Gesetzes ist – so bei Popitz und den allgemeinen Erkenntnissen der Bürokratietheorie – dass Beamte aus Karrieregründen einmal erlangte Befugnisse nicht mehr abtreten wollen. Bei der Überprüfung des Gesetzes stellen sich Probleme ein, insbesondere weil höhere Hierarchiestufen oft Entscheidungen treffen, die sich auch auf untergeordneter Ebene auswirken. Ein Nachteil der Staatsquoten ist, dass Ausgaben mit geringer „Budgetintensität" nicht ausreichend erfasst werden. Bürokratieüberwälzungskosten bleiben unberücksichtigt.

Öffentliche Unternehmen werden in unterschiedlicher Weise berücksichtigt. Dabei muss unterschieden werden zwischen Unternehmen, die privaten Unternehmen vergleichbar sind und nichtkommerziellen öffentlichen Einrichtungen. Öffentlichen Unternehmen können

* sich vollständig im Staatseigentum befinden und solche
* mit Mehr- oder Minderheitsbeteiligung.

Sie werden nur teilweise in die Staatsquote einbezogen. Die Deutsche Bundespost wurde bereits vor der Privatisierung nicht von der Staatsquote erfasst.

Andere Berechnungen erfassen aber auch Aktivitäten, die von privater Seite für den Staat durchgeführt werden.

17.2.2   Staatstätigkeit als Abgabenquote

Der Oberbegriff der Zahlungen, die an den Staat aufgrund öffentlich-rechtlicher Vorschriften zu leisten sind, heißt „Abgaben". Abgaben sind insbesondere *Steuern, Gebühren und Beiträge*. Steuern im Außenwirtschaftsverkehr heißen „Zölle". Steuern sind Zahlungen ohne direkt zurechenbare Gegenleistungen. „Gebühren" werden nur dann erhoben, wenn der Abgabepflichtige bestimmte staatliche Leistungen in Anspruch nimmt – z. B. Ausstellen eines Reisepasses. „Beiträge" werden zur Deckung der Kosten bestimmter öffentlicher Leistungen erhoben – z. B. Anliegerbeiträge für Straßenbau und Kanalisierung.

Die „Abgabenquote" – sie betrug in der Bundesrepublik Deutschland 41,7 % im Jahre 2009 (Deutsches Institut für Wirtschaftsforschung, Wochenbericht 4002) – drückt das *Verhältnis von Steuerzahlungen plus Sozialabgaben zur Wirtschaftsleistung (BIP)* aus. In Deutschland ist die Steuerquote relativ niedrig, da die Sozialsysteme hier zum Großteil über Beiträge finanziert werden, in den skandinavischen Ländern dagegen eher über das Steuersystem. Andererseits fehlen in der Staatsquote der USA die Aufwendungen für die soziale Vorsorge, da diese von den Bürgern zum größten Teil privat finanziert wird.

17.3   Funktionen des Staatshaushalts

Mit der Entwicklung der Wirtschaftssysteme ist ein Wandel der Aufgabenstellung des Staates einhergegangen. In der klassischen Marktwirtschaft – Laissez-faire-*Wirtschaft* – konzentrierte sich der Staat nur auf die Gesetzgebung, ohne den Wirtschaftsprozess durch aktive Handlungen zu beeinflussen. In der „Sozialen Marktwirtschaft" übernimmt der Staat zusätzliche absichernde und umverteilende Aufgaben (u. a. Sozialversicherungen, progressives Steuersystem, Subventionen). Erweitert werden diese Aufgaben im System durch allgemein wirkende globale Maßnahmen, die die Wirtschaftsentwicklung beeinflussen. Das Konzept der globalen Steuerung basiert auf der Vorstellung von staatlicher Planung der gesamtwirtschaftlichen Beziehungen und dem Festhalten am Wettbewerbsprinzip. Dabei kann der Staat auch punktuell interventionistisch eingreifen; und zwar durch Subventionierung bestimmter Branchen (Bergbau, Schiffbau…) und Marktordnungen im landwirtschaftlichen Bereich. Diese Ausweitung spiegelt sich in der Gestaltung und Handhabung des Staatshaushalts wider, der drei Funktionen zu erfüllen hat.

Die erste Funktion besteht darin, dass die zu erfüllenden Ausgaben durch entsprechende Einnahmen gedeckt werden – „Bedarfdeckungsfunktion".

Eine zweite Aufgabe besteht darin, soziale und ökonomische Ungleichgewichte auszugleichen – „Umverteilungsfunktion". Dies äußert sich z. B. in der Höherbesteuerung höherer Einkommen und Vermögen, in der Leistung von Subventionen, aber auch durch den Länder-Finanzausgleich und im Rahmen der regionalen und sektoralen Strukturpolitik.

Die dritte Funktion dient der „Konjunkturbeeinflussung". Sie leitet sich aus der Tatsache ab, dass die konjunkturellen Bewegungen zu unerwünschten Effekten führen können (z. B. Arbeitslosigkeit, Inflation). (Altmann: 259 ff.)

17.4   Haushalts-(Budget)Konzepte

Parallelpolitik
Einer der traditionellen Haushaltsgrundsätze besagt, der Haushalt sei in Einnahmen und Ausgaben auszugleichen. Es bedeutet, dass der Staat nicht mehr ausgeben kann, als er einnimmt. Dies hat jedoch aufgrund der unstetigen konjunkturellen Entwicklung unangenehme Konsequenzen. Etwa ¾ der Staatseinnahmen sind Steuern, die sich in der Regel parallel zum Konjunkturverlauf entwickeln. Im Abschwung müssten bei sinkenden Staatseinnahmen, die Staatsausgaben gekürzt werden. Dadurch würde die abschwächende Nachfrage noch mehr gedämpft. Eine solche Parallelpolitik würde die Konjunkturwellen verstärken – sie wäre

„prozyklisch". Sie wird in starkem Maße auf kommunaler Ebene betrieben, da gesamtwirtschaftliche Stabilität von den Gemeinden nicht als vorrangig angesehen wird.

Antizyklische Budgetpolitik und *deficit spending*

Aus nachfragetheoretischer Sicht sollte sich der Staat bei einer Krise antizyklisch verhalten und den Konjunkturbewegungen entgegenwirken. Er sollte im Konjunkturabschwung die sich abschwächende private Nachfrage durch kaufkraftstärkende Maßnahmen unterstützen oder durch zusätzliche staatliche Nachfrage ergänzen. Im Abschwung sinken tendenziell die Einnahmen, so dass eine staatliche Nachfrageverstärkung nur durch staatliche Verschuldung zu finanzieren ist – *deficit spending.*

Im Konjunkturaufschwung soll der Staat dann bei sich verstärkenden Steuereinnahmen für dosierten Schuldenabbau sorgen und evtl. Haushaltsüberschüsse stilllegen. Das Stabilitätsgesetz sieht hierfür die Konjunkturausgleichsrücklage bei der Bundesbank vor. Sie ist einem Sparkonto vergleichbar – in guten Zeiten wird aufgefüllt und in schlechten Zeiten wird abgehoben. Dies ist das Grundprinzip der antizyklischen Finanzpolitik.

Built-in-flexibility

Bei der Budgetpolitik *mit eingebauten Stabilisatoren* wird ein Ausgleich durch zahlreiche Einzelpositionen herbeigeführt (z. B. Arbeitslosenversicherung, progressive Steuern, Finanzhilfen an bestimmte Branchen).

Formula-flexibility

Im Rahmen einer *formelgesteuerten Budgetpolitik* wird gesetzlich vorgeschrieben, in welchen Fällen und in welchem Umfang bestimmte Maßnahmen zu ergreifen sind.

Konjunkturneutraler Haushalt

Das Konzept wurde vom Sachverständigenrat propagiert. Es handelt sich um die Schätzung enes fiktive Haushalts, von dem unter der Voraussetzung eines gegebenen Produktionspotentials weder kontraktive noch expansive Impulse ausgehen. *Einnahmen, Ausgaben und Schulden müssen danach mit derselben Wachstumsrate wachsen wie das als Basis angenommene Produktionspotential.* Das Konzept des konjunkturneutralen Haushalts ist vor allem für mittelfristige Ausgabenschätzungen von Bedeutung. Es muss dabei berücksichtigt werden, dass es sich primär um ein Konzept zur Messung konjunkturneutraler Wirkungen handelt. Bestimmte wirtschafts- und konjunkturpolitische Handlungsweisen werden nicht vorgegeben bzw. empfohlen.

Zero-Base-Budgeting und Sunset Legislation

Vereinfachend sollen – in den USA entwickeltes Konzept – in einem Haushaltsentwurf nicht die Werte aus der Vergangenheit fortgeschrieben werden, sondern man beginnt praktisch bei ‚Null'. *Jede Haushaltsposition wird als neu betrachtet* und daraufhin untersucht, ob sie für den zu erstellenden Haushalt unbedingt erforderlich ist. Erstmals wurde *Zero-Base-Budgeting* von dem damaligen Gouverneur im Staate Georgia, von Jimmy Carter, eingeführt. Mittlerweile haben einige andere US-Staaten sowie einige Entwicklungs- und Schwellenländer (z. B. Indien) dieses Prinzip übernommen.

Der Begriff („Sunsetlegistation – Sonnenuntergang") leitet sich daraus ab, dass – vor allem *ausgabenwirksame Gesetze* – zeitlich befristet werden, so dass bei Erreichen des ,Verfall-datums' *(Sunset)* das Gesetz seine Gültigkeit verliert, sofern nicht eine Verlängerung beschlossen wurde. Dadurch soll die Transparenz von Maßnahmen verbessert werden. Damit sind jedoch ständig Legitimations- und Kontrollprobleme verbunden.

Performance Budgeting

In den USA wurde zwischen 1913 und 1934 mit dem *Performance Budgeting* experimentiert. Nach diesem Konzept werden *wirtschaftspolitische Ziele in adäquate Handlungen* („Aktionen") ,übersetzt', die sich wiederum als Bedarf an Haushaltmitteln konkretisieren. Dabei handelt es sich mehr um *Kostenarten* (z. B. Ausbau der Fernstraße XS) als um Kostenstellen (Straßenbaubehörde). Grundlage für derartige Ansätze sollte eine „Kosten-Nutzen-Analyse" sein. Dabei entstehen jedoch methodische Probleme, die insbesondere bei öffentlichen Investitionen bestehen.

Planning-Programming-Budgeting-System (PPBS)

Dieses System ist ein „Regelkreis" – ausgehend von Planvorgaben – bei dem eine Programmierung der dafür erforderlichen Handlungen erfolgt. Dem Regelkreis werden entsprechende Haushaltmittel zugewiesen. *Bei der Durchführung erfolgt durch einen Soll-Ist-Vergleich eine Korrektur der vorangehenden Phasen* (für die nächste Haushaltsperiode). Letztendlich ist dies nichts anderes als eine Anwendung der Phasen des rationalen Entscheidungsprozesses *(Planung-Entscheidung-Durchführung-Kontrolle)* auf den Staatshaushalt.

17.5   Öffentliche Güter und Steuern

Wie bereits im Kapitel „Verwendungsrechnung" dargestellt, hängt der Einfluss staatlicher Aktivitäten auf die gesamtwirtschaftliche Entwicklung vom Staatsverständnis und von der bestehenden gesamtwirtschaftlichen Organisation (Wirtschaftssystem) ab. Die Versorgung mit öffentlichen Gütern ist unter fiskalischen Aspekten ein zentraler Punkt für die Erhebung von allgemeinen Steuern.

Bund, Länder und Gemeinden haben im Jahre 2008 561 Milliarden Euro Steuern eingenommen. Im Vergleich zum Vorjahr sind dies 23 Mrd. Euro mehr! 2008 war die größte Einnahme – wie schon in den Vorjahren – die Umsatzsteuer mit fast 176 Milliarden Euro (+6 Mrd. Euro im Vergleich zum Vorjahr). An zweiter Stelle steht die Lohnsteuer mit rund 142 Milliarden Euro (Vorjahr: rund 132 Mrd. Euro). Die Lohnsteuer ist allerdings keine eigenständige Steuer, sondern nur eine besondere Erhebungsform der Einkommensteuer.

Es folgt an dritter Stelle die Gewerbesteuer mit 41 Mrd. Euro, gegenüber 40 Mrd. im Vorjahr. Da es sich bei der Gewerbesteuer um eine Veranlagungssteuer handelt, die erst mit Abgabe der Steuererklärung 2008 festgesetzt wird, hat die Wirtschaftskrise 2009 noch keine Auswirkungen auf die Gemeinden gehabt.

**Steuereinnahmen 2009 von Bund, Ländern und Gemeinden
in Mill. Euro – Gesamte Steuereinnahmen 524 001 Millionen Euro**

	Steuerarten	Euro		Steuerarten	Euro
1.	Umsatz-, Mehrwertsteuer	**176 991**	16.	Zölle	**3 604**
2.	Lohnsteuer	**135 165**	17.	Branntweinsteuer	**2 101**
3.	Energiesteuer	**39 822**	18.	Rennwett- u.Lotteriesteuer	**1 511**
4.	Gewerbesteuer	**32 421**	19.	Kaffeesteuer	**997**
5.	Einkommenssteuer	**26 430**	20.	Biersteuer	**730**
6.	Tabaksteuer	**13 366**	21.	Sonst. Gemeindesteuern[2]	**671**
7.	Kapitalertragssteuer	**12 474**	22.	Schaumweinsteuer	**446**
8.	Abgeltungssteuer[1]	**12 442**	23.	Feuerschutzsteuer	**324**
9.	Solidaritätszuschlag	**11 927**	24.	Vergnügungssteuer	**260**
10.	Grundsteuer	**10 936**	25.	Zwischenerzeugnissteuer	**26**
11.	Versicherungssteuer	**10 548**	26.	Jagd- und Fischereisteuer	**23**
12.	Körperschaftssteuer	**7 173**	27.	Vermögenssteuer	**7**
13.	Stromsteuer	**6 278**	28.	Pauschale Einfuhrabgaben	**3**
14.	Erbschaftssteuer	**· 4 550**	29.	Alkopopsteuer	**2**
15.	Kfz-Steuer	**4 398**	30.	Grunderwerbssteuer	**0**

Zuzüglich weitere nicht aufgeschlüsselte Steuern in Höhe von 2 Mio. Euro.
1) Bis 2008 Zinsabschlag – ab 2009 Abgeltungssteuer auf Zins- und Veräußerungserträge.
2) Hundesteuer, Jagd- und Fischereisteuer u.a.

Quelle: BMF-I A6; 26.5.201

Abb. 17-1: Steuereinnahmen 2009 von Bund, Ländern und Germeinden

Die sieben wichtigsten Steuerarten mit rund 463 Milliarden Euro (Vorjahr: 443 Mrd. Euro) an Einnahmen, ergeben einem Anteil von rund 83 % (Vorjahr: 83 %) der gesamten Steuereinnahmen.

17.6   Staatshaushalt und Staatsfinanzierung

17.6.1   Haushaltsstruktur

Die Einnahmen des Bundes bestehen zum größten Teil aus Steuern (rund 80 %, der im Haushalt veranschlagten Einnahmen) und zu knapp 10 % aus sonstigen Einnahmen. Unter anderem ist der Bund mittelbar und unmittelbar an rund 450 Unternehmen mit mehr als 25 % des Kapitals beteiligt (1982 waren es noch etwa 1000 Unternehmen). Hinzu kommen Gewinnübertragungen an den Bund durch die Bundesbank, Verkäufe von Besitz und Beteiligungen sowie Zinseinnahmen und Gebühren. Eine verbleibende Finanzierungslücke muss durch Kredite geschlossen werden. Bis auf wenige Ausnahmen gibt es keine Zweckbindung für bestimmte Einnahmen (Non-Affektations-Prinzip), sondern alle Einnahmen fließen in einen ‚Topf'.

Hinsichtlich der Struktur des (Bundes)Haushalts wird kritisiert, dass wichtige Bereiche – z. B. der Erblastentilgungsfonds oder das Bundeseisenbahnvermögen in Sonderhaushalten geführt werden. Durch diese Flucht aus dem Budget in ‚Schattenhaushalte' liefert das Budget nur begrenzte Informationen über die finanzielle Situation des Bundes. Die in den Kommunen vorgenommene Trennung zwischen Verwaltungs- und Investitionshaushalt findet beim Bund nicht statt.

Ungeachtet seiner Gesetzeskraft hat der Haushaltsplan jedoch nach außen keine Vollzugsverbindlichkeit, d. h. niemand kann aus geplanten Ausgaben einen Anspruch auf tatsächliche Leistungen ableiten. Intern werden jedoch im Haushaltsplan verbindliche Ausgaben-Obergrenzen festgelegt, die nur in Ausnahmefällen überschritten werden können. In manchen Fällen ist es notwendig, den ‚normalen' Haushalt während des Haushaltsjahres zu korrigieren. Man unterscheidet dabei den Ergänzungshaushalt, bei dem es sich um Änderungen vor Verabschiedung des Haushalts durch das Parlament handelt, und den Nachtragshaushalt, der bei Änderungen nach parlamentarischer Verabschiedung erforderlich wird.

17.6.2   Neben- und Schattenhaushalte

Nach Art. 110 GG müssen alle Einnahmen und Ausgaben in den Haushaltsplan eingestellt werden. Damit soll verhindert werden, dass haushaltswirksame Aktivitäten außerhalb des Haushalts abgewickelt werden können. Zwar soll der Haushalt auch klar und wahr sein, dennoch zeigt sich in der politischen Praxis, dass die Grundsätze nicht immer in reiner Form verwirklicht werden. Einige Aktivitäten werden als Sondervermögen (Sonderrechnungen) neben dem Haushalt abgewickelt.

Einige dieser Sonderrechnungen sind durch die deutsche Wiedervereinigung entstanden, so

- der Fonds ‚Deutsche Einheit';
- der Kreditabwicklungsfonds, der die Verbindlichkeiten der Ex-DDR abwickelt;
- der Erblastentilgungsfonds, der innerhalb von 3o Jahren abgetragen werden soll;
- der Entschädigungsfonds, der für die Zahlungen an Alteigentümer in Immobilien im ehemaligen DDR-Gebiet vorgesehen ist;
- der Ausgleichsfonds ‚Steinkohleersatz';
- das ERP-Sondervermögen, in dem die Kreditanstalt für Wiederaufbau (KfW) in Frankfurt die Mittel des ehemaligen Marshallplans verwaltet;
- das Bundeseisenbahnvermögen (ist 1994 eingerichtet worden), um die Altschulden der Bundesbahn und der Reichsbahn zu übernehmen. Damit wurde die Umwandlung der Bundesbahn in eine Aktiengesellschaft ermöglicht.

Die Bildung von Sondervermögen für bestimmte Teilaufgaben spricht für eine größere Flexibilität bei der Haushaltsgestaltung und -abwicklung. Gleichwohl geht diese Flucht aus dem Budget mit einer Einschränkung der Transparenz einher. Dabei erstreckt sich die parlamentarische Kontrolle in Bezug auf die Nebenhaushalte nur auf das Endergebnis. Der Saldo der Sondervermögen wird netto in den Gesamthaushalt eingestellt. Das Zustandekommen dieses Saldos geht nicht aus dem Haushalt hervor. Das Bruttovermögen solcher Sondervermögen bleibt im Haushaltsplan unklar. Zweitens werden die Sondervermögen, die zum großen Teil kreditfinanziert werden, nicht bei der Bestimmung des Art. 115 GG mitgezählt. Dieser Artikel schreibt vor, dass die Kreditaufnahme nicht höher sein darf als die Summe der öffentlichen Investitionen.

Bedeutsam war die Existenz von Schattenhaushalten auch in Bezug auf die Aufnahmekriterien für den Beitritt zur Europäischen Währungsunion. Die jährliche Verschuldung sollte höchstens 3 % des BIP sowie ein staatlicher Schuldenstand von nicht mehr als 60 % des BIP betragen. Für einzelne Staaten war es dabei sicherlich interessant, bestimmte Positionen aus dem öffentlichen Sektor auszuklammern und Nebenhaushalten zuzuführen bzw. bestimmte Institutionen zu privatisieren. (Altmann: 265 ff.)

17.6.3   Budget- und Stabilitätsgesetz

Die stabilisierungspolitisch ausgerichtete Wirtschaftspolitik in der Bundesrepublik Deutschland war lange Zeit einseitig der Verantwortung der geldpolitischen Maßnahmen der Bundesbank anvertraut.

Gemäß § 3 des Gesetzes über die Deutsche Bundesbank von 1957 hat diese Institution „die Währung zu sichern“, und durch § 12 ist sie verpflichtet, „die allgemeine Wirtschaftspolitik der Bundesregierung zu unterstützen“.

In der unmittelbaren Nachkriegszeit konnte die Bundesbank die ihr gestellte Aufgabe der Währungssicherung leicht erfüllen, da durch die herrschende *Devisenbewirtschaftung* die außenwirtschaftliche Flanke gesichert war. Die Einführung der DM-Konvertibilität (freie Verfügbarkeit der Währung) im Jahre 1958 schwächte die Wirkungsmöglichkeiten der Geldpolitik erheblich ab. Eine Politik der Geldverknappung mit hohen Zinssätzen hat z. B. zur Folge, dass ausländisches Geld angelockt und damit eine solche Politik zumindest teilweise unterlaufen wird, insbesondere dann, wenn die internationalen Wirtschaftsverpflichtungen zunehmen.

1963 erfolgte eine Neuorientierung durch die gesetzlichen Grundlagen zur Schaffung eines Sachverständigenrates, der mit der Aufgabe betraut wurde, durch Jahresgutachten ‚die gesamtwirtschaftliche Lage und deren absehbare Entwicklung in der Bundesrepublik Deutschland darzustellen‘. Dabei soll dieses Gremium untersuchen, wie im Rahmen der marktwirtschaftlichen Ordnung gleichzeitig Stabilität des Preisniveaus, hoher Beschäftigungsstand und außenwirtschaftliches Gleichgewicht bei stetigem und angemessenem Wachstum und die Bildung und gerechte Verteilung von Einkommen und Vermögen gewährleistet werden können.

1967 wurde das „Gesetz zur Förderung der Stabilität und des Wachstums der Wirtschaft“ verabschiedet.

Dieses Gesetz ist ‚keynesianisch‘ geprägt. Ein großer Block des Bundeshaushalts – sowohl auf der Einnahme- als auch auf der Ausgabenseite – steht für finanzpolitische Zielsetzungen kurzfristig nicht zur Disposition. Viele Tatbestände, von denen Staatseinnahmen und -ausgaben abhängen, sind gesetzlich geregelt, so dass eine geänderte Politik das Gesetzgebungsverfahren zu durchlaufen hätte. Dies macht es jedoch dem Staat unmöglich, flexibel auf konjunkturelle Veränderungen reagieren zu können. Das Stabilitätsgesetz sieht daher eine Reihe finanzpolitischer Maßnahmen vor, die von der Bundesregierung durch Rechtsverordnungen ergriffen werden können – allerdings in den meisten Fällen nur mit Zustimmung des Bundesrats.

Tab. 17-2: Maßnahmen nach dem Stabilitätsgesetz

Stabilitätsgesetz

Bei Hochkonjunktur	Bei Abschwächung der Konjunktur
– Stilllegung von Mitteln aus der Konjunkturausgleichsrücklage	– Entnahme von Mitteln aus der Konjunkturausgleichsrücklage
– zusätzliche Tilgung von Schulden	– zusätzliche öffentliche Ausgaben ggf. über
– Beschränkung der Kreditaufnahmen	Kredite finanziert (deficit spending)
– Streckung oder Zurückstellung von Investitionen	– Beschleunigung geeigneter Investitionen (Beschäftigungs und Investitionsprogramme)
– Verstärkung der Offenmarktgeschäfte	– Verstärkung von Finanzhilfen vom Bund an
– Erhöhung der Einkommen- bzw. Körperschaftssteuer maximal 1 Jahr bis maximal 10 %	Länder und von Ländern an Gemeinden
	– Herabsetzung der Einkommen- bzw. Körperschaftsteuer maximal 1 Jahr um bis maximal 10 %
– Beschränkung der Abschreibungsmöglichkeiten	– Einführung von Investitionszulagen
– Anpassung der Vorauszahlung auf Einkommen oder Gewerbesteuer nach unten	– Nachträgliche Anpassung der Einkommen- oder Gewerbesteuer

Auf die Einnahmeseite beziehen sich Vorschriften, die die Kreditaufnahme der öffentlichen Hände betreffen. Die Bundesregierung kann dabei einen Schuldendeckel auflegen, indem die Kreditaufnahme der staatlichen Gebietskörperschaften bis auf 80 % des Durchschnitts der letzten 5 Haushaltsjahre limitiert werden kann.

Dieser Schuldendeckel wirkt sich auch auf der Ausgabenseite aus, wenn geplante Ausgaben nicht mehr finanziert werden können.

17.6.4 Haushalt der Europäischen Union

Der EU-Haushalt ist in verschiedener Weise mit den nationalen Finanzwirtschaften verknüpft. Für das Budget der EU stellt sich wie für die nationalen Haushalte die Frage, wer die Finanzmittel für die Aufgabenerfüllung aufbringt. Die EU wird aus Einnahmen finanziert, die nach bestimmten Kriterien auf die Mitgliedstaaten verteilt werden.

Der Haushalt der EU ist ein Ausgabenhaushalt, d. h. die Ausgaben werden veranschlagt, bevor die zu deren Finanzierung notwendigen Einnahmen berechnet werden. Er ist stets vorab in Einnahmen und Ausgaben auszugleichen. Seit 1970 ist der EU-Haushalt in 30 Politikbereiche gegliedert, die wiederum in rund 200 Tätigkeiten – *activity based budgeting* – unterteilt sind. Bei den Ausgaben bildet der Politikbereich ‚Nachhaltige Entwicklung‘ mit 58 Mrd. Euro im Jahre 2008 den größten Posten. Zur Kategorie ‚Natürliche Ressourcen‘ gehören die Agrarausgaben mit 40,9 Mrd. Euro. Im Allgemeinen tritt die EU als Ko-Finanzierer bei den für die Mitgliedstaaten bereitgestellten Mittel auf.

Das Finanzierungssystem der EU ist seit 1970 sukzessive in ein Eigenmittelsystem umgewandelt worden, und zwar in Form

- von Agrarabschöpfungen und Zuckerabgaben,
- von Zöllen,
- Mehrwertsteuer – Eigenmittel,
- Bruttonationaleinkommen – Eigenmittel.

Agrarabschöpfungen, Zölle und Zuckerabgaben

Sie werden beim Import aus Drittstaaten an den Außengrenzen der EU erhoben. Zuckerabgaben werden von den Zuckerproduzenten entrichtet und dienen der Finanzierung der Ausfuhrerstattung für Zucker.

Mehrwertsteuer (MWSt) – Eigenmittel

Die Mehrwertsteuer-Eigenmittel ergeben sich dadurch, dass ein bestimmter Prozentsatz auf die harmonisierte MWSt-Bemessungsgrundlagen für Mitgliedstaaten angewendet wird. Der Prozentsatz, der auf diese Bemessungsgrundlagen angewandt wird, darf 50 % Bruttonationaleinkommens als Höchstwert nicht übersteigen.

Bruttonnationaleinkommen (BNE) – Eigenmittel

Sie ergeben sich, indem das Bruttonationaleinkommen jedes Mitgliedslandes mit einem EU-einheitlichen Eigenmittelsatz multipliziert wird. Sie dienen der Restfinanzierung und müssen nur dann abgeführt werden, wenn die Ausgaben durch die anderen Einnahmearten nicht gedeckt werden. Die BNE-Eigenmittel gehen zulasten der nationalen Steueraufkommen der Mitgliedstaaten.

Zur Finanzierung des EU-Haushalts 2008 mit einem Volumen von 120,3 Mrd. Euro tragen die Agrarzölle knapp 2 %, die übrigen Zölle 13,7 %, die MWSt-Eigenmittel 16 % bei, während die restlichen Mittel in Höhe von 67 % durch die BNE-Eigenmittel aufgebracht werden (Finanzbericht 2008; EU-Kommission, Gesamtberichte über die Tätigkeit der EU 2008).

17.7   Instrumente der Finanzpolitik

Beim Instrumenteneinsatz ist zwischen haushalts-, steuer-, ausgaben- und schuldenpolitischen Instrumenten zu unterscheiden.

17.7.1   Haushaltspolitische Instrumente

Im Vordergrund der haushaltspolitischen Entscheidung steht zunächst die Festlegung des Haushaltsvolumens. Die Erhöhung des BIP kann zu einem gewollten größeren Umfang der Staatstätigkeit sein. Durch einzelne Ausgabenkategorien (innere und äußere Sicherheit, Bildung, Wirtschaftsförderung etc.) kann die Haushaltsstruktur beeinflusst werden. Verändern sich die politischen Prioritäten – geringe Ausgaben für äußere Sicherheit, erhöhte Ausgaben für Hochschulen – kommt es bei gleich bleibender Bilanzsumme zu Umschichtungen im Haushalt. Ein wichtiger Bereich der Haushaltspolitik sind die durchzuführenden staatlichen Investitionen.

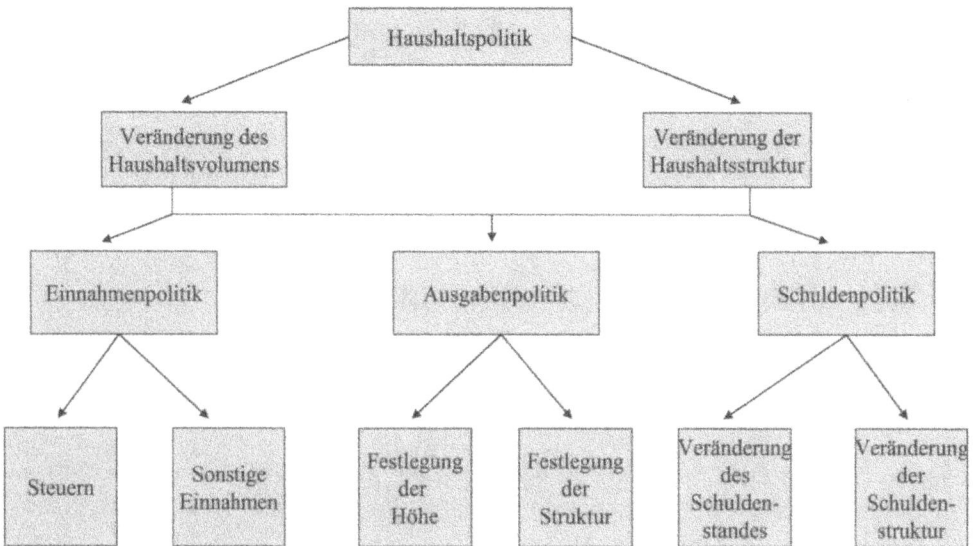

Abb. 17-2: Instrumente der Haushaltspolitik

Beim Vollzug des Haushaltsplanes hat die Bundesregierung grundsätzlich die Aufgabe, den Beschluss des Gesetzgebers zu erfüllen – Bindung der Exekutive an die Legislative. Haushaltsüberschreitungen bedürfen einer besonderen Legitimation. Weiterhin ist das Instrument der Haushaltssperre, mit dem der Finanzminister die Möglichkeit hat, das Tätigen von Ausgaben von seiner Einwilligung abhängig zu machen. Die staatliche Rechnungsführung unterliegt der staatlichen Kontrolle durch Rechnungshöfe – für den Bund der Bundesrechnungshof und für die Länder die Landesrechnungshöfe. Die Umsetzung der Kritik sowie Empfehlungen sind unzureichend und Sanktionsmöglichkeiten gibt es nicht. (Koch, Czogalla, Ehret S. 162 f.)

Seit einigen Jahren gibt es ermutigende Versuche, die öffentliche Haushaltswirtschaft stärker auf eine Outputorientierung hin durch ein *New Public Management* auszurichten (Schedler, Proeller).

17.7.2   Steuerpolitische Instrumente

Zunächst kann der Einsatz der steuerpolitischen Instrumente darin bestehen, eine neue Steuer einzuführen bzw. eine bestehende abzuschaffen. Davon wurde im Laufe der Geschichte immer wieder Gebrauch gemacht. Im Zuge des europäischen Integrationsprozesses wurden in Deutschland mehrere Steuern abgeschafft, und zwar die Börsenumsatzsteuer und die Wechselsteuer 1991, die Salzsteuer, die Teesteuer, die Zuckersteuer und die Leuchtmittelsteuer 1993.

Wichtige steuerpolitische Aktionsparameter sind:

- der Steuertarif – gibt das Ausmaß der steuerlichen Belastung an;
- die Steuersätze;

* die Gewährung von Freibeträgen, Ausnahmeregelungen und Steuervergünstigungsmöglichkeiten;
* die Bemessungsgrundlage.

Bei der Erreichung wirtschafts- und finanzpolitischer Ziele sind die Wirkungen des Steuereinsatzes zu berücksichtigen, da mit Steuerabwehrwirkungen zu rechnen ist – Steuerüberwälzungen, Steuerhinterziehung, Rückzug in/auf Steueroasen.

17.7.3   Ausgabenpolitische Instrumente

Zu den ausgabenpolitischen Instrumenten gehören die verschiedenen Kategorien staatlicher Ausgaben – Konsum- und Investitionsausgaben, Transformations- und Transferausgaben – und zwar hinsichtlich der Struktur und im Niveau.

Die entscheidende Frage ist, welche Ausgaben getätigt werden sollen und welche Ziele mit den Ausgaben angestrebt werden. Zu den strukturpolitisch wichtigen Instrumenten gehören die Subventionen. Alle Subventionen müssen (sollten) auf ihre Notwendigkeit überprüft werden. Es gibt keine eindeutige Methode, den Erfolg staatlicher Ausgabenpolitik – speziell der Subventionspolitik – festzustellen. Entsprechend dem Zweck und der Gestaltung der einzelnen Hilfen müssen unterschiedliche Kontrollen angewendet werden.

Staatliche Investitionen stellen eine „Manövriermasse" dar und können problemlos zeitlich verschoben werden. Hauptinvestoren sind die Gemeinden.

17.7.4   Schuldenpolitische Instrumente

Bei dieser Politik des *Debt Management* kann zwischen Schuldenniveau- und Schuldenstrukturpolitik unterschieden werden.

* Schuldenniveaupolitik,
* Schuldenstrukturpolitik (die Veränderung der Laufzeitenstruktur, die Veränderung der Gläubigerstruktur, die Veränderung der Zinsstruktur, die Neuaufnahme von Schuldarten).

Durch die Kreditaufnahme sollen finanzielle Mittel für zusätzliche Staatsausgaben verfügbar gemacht werden.

Da sich Zinssteigerungen auf den Finanzmärkten auswirken, sind die Investitionen in Bezug auf den Zinssatz elastisch. Dies kann zu einem Rückgang der privaten Investitionen führen und wird als *crowding-out-Effekt* bezeichnet.

17.7.5   Finanzausgleichspolitische Instrumente

Im föderalistischen Staat ist der Finanzausgleich von besonderer Bedeutung. Darunter wird die Gesamtheit der finanzwirtschaftlichen Beziehungen zwischen allen staatlichen Körperschaften verstanden. Prinzipiell sollen die staatlichen Leistungen für jeden Bürger in gleicher Weise zur Verfügung stehen. Diese Leistungen stellt der Staat – in der Bundesrepublik Deutschland durch

Bund, Länder und Gemeinden – zur Verfügung. Die Aufgabenverteilung orientiert sich am Solidaritätsprinzip (Art. 23 GG), d. h. im föderativen System werden die Verpflichtungen zwischen Bund, Ländern und Gemeinden aufgeteilt. Eine nächst höhere Instanz soll Aufgaben nur dann übernehmen, wenn die jeweils untere Instanz hierzu nicht hinreichend in der Lage ist. Dieses Grundprinzip der Dezentralisierung findet dort seine Grenzen, wo eine sinnvolle und effiziente Aufgabenerfüllung auf unterer Ebene nicht möglich ist. Da die einzelnen Bundesländer und Gemeinden über unterschiedliche Steueraufkommen verfügen, ist seit 1955 zum Ausgleich ein System des aktiven Finanzausgleichs geschaffen worden.

Dabei wird zwischen passivem und aktivem sowie zwischen vertikalem und horizontalem Finanzausgleich unterschieden. Im Rahmen des passiven Finanzausgleichs kann es zu Verschiebungen kommen, z. B. dann, wenn die Ausgaben auf andere staatliche Institutionen übertragen werden. So erfolgte beispielsweise mit dem HARTZ IV-Gesetz eine Zusammenlegung von Arbeitslosenhilfe (Zuständigkeit des Bundes) und Sozialhilfe (Zuständigkeit der Gemeinden) zum Arbeitslosengeld II für Langzeitarbeitslose und erwerbsfähige Sozialhilfeempfänger ab 2005.

Für den aktiven Finanzausgleich gelten derzeit folgende Regelungen. Die Anteile der Einkommen- und Körperschaftsteueraufkommen sind grundgesetzlich geregelt. Allerdings kann im Rahmen der Revisionsklausel – Art. 106, Abs. 4 GG – bei strukturellen Veränderungen eine andere Aufteilung beantragt werden. Im Jahre 2006 wurden mit der Föderalismusreform I eine ‚Bereinigung von Zuständigkeiten‘ bei der Aufgabenverteilung im Grundgesetz vorgenommen. Ziel dieser Reform war die Erhöhung der Transparenz sowie eine Neuregelung der Beteiligungsrechte durch die Legislative. Darüber hinaus wurde 2007 eine Föderalismuskommission II eingesetzt. Der aktive Finanzausgleich zwischen Bund und Ländern soll den veränderten Rahmenbedingungen – insbesondere für die Wachstums- und Beschäftigungspolitik – angepasst werden. (Koch, Czogalla, Ehret: 173 f.)

Beim vertikalen Finanzausgleich ist geregelt, welche Steuern dem Bund und welche Steuern den Ländern und Gemeinden zufallen sollen. Nach Art. 106 GG werden die Erträge der verschiedenen Steuern (Ertragskompetenz) auf Bund, Länder und Gemeinden verteilt (vertikale Steuerverteilung). Innerhalb des vertikalen Finanzausgleichs wird zwischen Trenn- und Verbundsystem unterteilt. Beim Trenn- oder Zuweisungssystem werden den einzelnen Gebietskörperschaften die Steuern ungeteilt zugewiesen, während sie beim Verbundsystem nach bestimmten Schlüsseln aufgeteilt werden.

Beim horizontalen Finanzausgleich geht es um die Verteilung der den Gliedstaaten zustehenden Einnahmen untereinander.

Bundessteuern sind die Verbrauchssteuern – mit Ausnahme der Biersteuer, die den Ländern zufließt – Kapitalertragssteuer, Tabak-, Energie und Stromsteuer sowie die Branntweinsteuer; die Zölle fließen der EU zu. Allgemeine Ländersteuern sind u. a. neben der Biersteuer, Erbschaft-, Grunderwerb-, KfZ-Steuer; Gemeindesteuern sind die Grundsteuer und örtliche Steuern wie Hunde- und Getränkesteuer. Einige wichtige Steuern werden aufgeteilt: die Lohn- und Einkommensteuer – zwischen Bund, Ländern und Gemeinden; die Körperschaftssteuer und Mehrwertsteuer zwischen Bund und Ländern. Die Gewerbesteuer fließt den Gemeinden zu, doch werden Bund und Länder mit einem geringen Anteil beteiligt.

Bundesländer in ihrer Fläche, der Bevölkerungs- und Wirtschaftsstruktur und Finanzkraft unterscheiden sich zum Teil erheblich voneinander. Gleichwohl hat sich die Wirtschafts- und Finanzkraft der einzelnen Bundesländer seit Bestehen der Bundesrepublik Deutschland unterschiedlich entwickelt. Die größte finanzielle Belastung haben die Stadt-Bundesländer. Diese Unterschiede werden durch die Verteilung der Steuereinnahmen vom Bund auf die Länder und auf die Länder untereinander noch nicht in angemessener Weise ausgeglichen. Der horizontale Finanzausgleich stellt eine Ausgleichsregelung unter den Ländern dar, die eine Korrektur dieser Steuerverteilung darstellt, bei der die finanzstarken die finanzschwachen Länder unterstützen. Bei diesem Finanzausgleich wird jedoch der Finanzbedarf nicht berücksichtigt. Das Verteilungssystem wird ergänzt durch Ausgleichszahlungen zwischen den einzelnen Ländern – gemäß Art. 107 Abs. 2 GG (sekundärer horizontaler Finanzausgleich). Grundlage für die Berechnung ist der Finanzbedarf pro Einwohner, der in allen Ländern möglichst gleich sein soll. Eine zu starke Nivellierung kann sich jedoch leistungshemmend auf finanzstarke ‚Geber-Länder' auswirken (Koch, Czogalla, Ehret: 173 f.).

Die vertikalen und horizontalen Ausgleichszahlungen werden jährlich neu berechnet und mit dem jeweiligen „Gesetz über den Finanzausgleich" beschlossen und dies führt zu einem ständigem Machtkampf zwischen Bund, Ländern und Gemeinden. Seit der Wiedervereinigung hat sich das Geber-Nehmer-Verhältnis zwischen den Bundesländern stark verschoben und zu einer Neuordnung der Ausgleichszahlungen geführt. (Altmann: 303 ff.)

17.8   Beurteilung der Finanzpolitik

Die Entscheidungsträger in der Bundesrepublik Deutschland – trotz der Pflichten und Vollmachten des Stabilitätsgesetzes – waren nicht in der Lage, Vollbeschäftigung zu erreichen. Für das Versagen der Beschäftigungspolitik sind vor allem drei Gründe maßgeblich gewesen:

* die Fehleinschätzung der Finanzpolitik,
* eine Schwäche der parlamentarischen Demokratie und
* zunehmende staatliche Regulierungen.

Das Missverständnis über die Voraussetzungen der Finanzpolitik liegt darin, dass eine Beschäftigungspolitik betrieben worden ist, die eine bestimmte Ursache der Arbeitslosigkeit unterstellt. Die gesamtwirtschaftliche Nachfrage reiche nicht aus, sämtliche Güter vom Markt zu nehmen. Eine Erhöhung der Staatsausgaben führe zu einer Erhöhung des BIP und zu mehr Beschäftigung. Der Nachfrageausfall sollte durch Beschäftigungsprogramme ausgeglichen werden. Der Begriff ‚Beschäftigungsprogramm' ist jedoch für die breite Öffentlichkeit irreführend, weil er zusätzliche Beschäftigung impliziert, die nicht eintreten muss bzw. deren Ergebnis nur schwer messbar sind. Durch staatliche, kreditfinanzierte Ausgabenerhöhungen und daraus folgenden zusätzlichen Zinsbelastungen wurden privaten Investoren Mittel für die Schaffung neuer Arbeitsplätze entzogen. Die Zinsen müssen von den Steuerzahlern aufgebracht werden und die dafür keine Gegenleistung erhalten. So wurden durch die Finanzpolitik Arbeitsplätze vernichtet. Darüber hinaus haben staatliche Stellen eine Politik über Subventionen an kränkelnde Unternehmen und Branchen betrieben, die auf Dauer weitere Arbeitslosigkeit nach sich zog. Gemeinsame Ursache dieser Politik ist eine Schwäche der parlamentarischen Demokratie. Staatliche Erhaltungssubventionen schaffen eine Art Staatsgarantie für das Überleben großer Unternehmen oder für als ‚lebensnotwendig' erklärte Branchen. Mit Unterstützungen (Subventionen) in diesen Bereichen, werden jedoch nur selten die ökonomischen Ursachen für Arbeitslosigkeit beseitigt. Betroffen sind auch hier die Steuerzahler sowie mittelständische Unternehmen, die dem Wettbewerbsdruck staatlich geförderter Unternehmen ausgesetzt sind.

Die Politik misstraute den Marktkräften und versuchte die Defizite mit staatlichen Regulierungen auszugleichen. Wachsende Arbeitslosigkeit wurde als Folge eines Marktversagens angesehen.

Für die Bundesrepublik Deutschland gilt heute – anders als in den 50-er und 60-er Jahren – dass

* zahlreiche bürokratische Hemmnisse bestehen,
* der Einsatz von Arbeitskräften an sozialstaatliche Vorschriften gebunden ist.

Mit den in letzten Jahrzehnten durchgeführten Maßnahmen konnte – im Gegensatz zum Ziel der Vollbeschäftigung – die anhaltende Arbeitslosigkeit nicht beseitigt werden. Zurückzuführen ist dieses Ergebnis auf einem ordnungspolitischen Missverständnis. Ein hoher Beschäftigungsstand könne nicht durch freie Entscheidung auf den Arbeitsmarktseiten, sondern könne nur durch den Staat erreicht werden. Dem Staat müssten deshalb Mittel in die Hand gegeben werden, die Beschäftigung zu sichern, und zwar

* bei der Arbeitsvermittlung und Beratung,
* durch Auflagen an die Arbeitgeber, bestimmte Berufs-, Alters- und Sozialgruppen zu bestimmten Konditionen zu beschäftigen.

Da die eingesetzten staatlichen Instrumente nicht den gewünschten Erfolg gebracht haben, fordert die Literatur marktkonforme Maßnahmen zur Sicherung der Beschäftigung einzusetzen. Ansatzpunkt einer solchen Politik ist die Erkenntnis, dass Arbeitsmarktlösungen nicht gesamtwirtschaftlich, sondern nur lokal- bzw. regional möglich sind. Anbieter und Nachfrager auf allen Arbeitsmärkten neigen dazu, sich über den Lohn – und weiterer Arbeits-Bedingungen – zu verständigen. Eine systemkonforme Beschäftigungspolitik sollte folgende Maßstäbe beachten:

* Der Arbeitsmarkt besteht aus einer Vielzahl einzelner Arbeitsmärkte. Beschäftigungsprobleme sind vor allem mikro-ökonomischer Natur. Es zeigt sich, dass für Anbieter von Arbeit am Angebotsort keine Nachfrage besteht oder bei vorhandenem Angebot und vorhandener Nachfrage ein Angebotsüberschuss – sprich Arbeitslosigkeit – auftritt. Solche Erscheinungen legen die Frage nahe, warum ein erfolgloser Arbeitsanbieter nicht den Ort oder den Beruf wechselt oder warum ein Angebotsüberschuss nicht durch Lohnanpassungen beseitigt wird.
* Zwischen den einzelnen Arbeitsmärkten gibt es räumliche und substitutive Beziehungen. Vollbeschäftigung setzt räumliche und berufliche Mobilität voraus.
* Der Arbeitsmarkt tendiert zur Vollbeschäftigung, wenn das Marktgeschehen nicht durch staatliche Eingriffe behindert wird.

Hinsichtlich der Steuer-, Ausgaben und Schuldenpolitik ergeben sich Probleme und Einschränkungen. Ein generelles Problem besteht darin, dass in der praktischen Finanzpolitik nicht durchweg erkennbar ist, welche Ziele verfolgt werden und mit welcher Priorität. Hinzu kommt, dass teilweise Einzelziele verfolgt werden, die nicht immer kompatibel sind. Ein weitaus schwierigeres Problem besteht in der Notwendigkeit der Koordination der öffentlichen Finanzwirtschaften auf den verschiedenen staatlichen Ebenen.

Die Steuerpolitik wird begrenzt durch das Verhalten der Wirtschaftssubjekte. Es kann sein, dass Unternehmen und Haushalte auf steuerliche Anreize nicht oder nicht in dem erwünschten Umfang reagieren. Bei steuerlichen Maßnahmen ist mit *time-lags* zu rechnen. Ebenso ist die Schattenwirtschaft möglicherweise auf Belastungsgrenzen zurückzuführen.

Eine dauerhafte Kontrolle der Effizienz und der Notwendigkeit staatlicher Ausgaben wird von den staatlichen Organen nicht hinreichend durchgeführt. Andere dafür geeignete Budgetkonzepte wurden bisher nicht berücksichtigt. Öffentliche Institutionen wissen in der Regel nur sehr ungenau, wie groß die Nachfrage nach staatlichen Leistungen bzw. öffentlichen Gütern ist.

Die Frage nach den Grenzen der Staatsverschuldung ist sowohl rechtlich als auch ökonomisch zu untersuchen. Problematisch ist die Staatsverschuldung, wenn sie wesentlich schneller als das BIP und das Steueraufkommen ansteigt (Koch, Czogalla, Ehret: 176 f.).

Literatur zum 17. Kapitel

Altmann. J.: Wirtschaftspolitik, 8. Auflage, Stuttgart 2007.

Donges, J. B. und Freytag, A.: Allgemeine Wirtschaftspolitik, Stuttgart 2001.

EU-Kommission: Gesamtberichte über die Tätigkeit der EU 2008.

Finanzberichte (jährlich): hrsg. v. Bundesminister der Finanzen.

Görgens, E. und Ruckriegel, K.: Makroökonomik, 10. Auflage, Stuttgart 2007.

Koch, A. S., Czogalla, C. und Ehret, M.: Grundlagen der Wirtschaftspolitik, 3. Auflage Stuttgart 2008.

Kronberger, R.: Ergänzungen zur Aktuellen Unterlage – Öffentliche Finanzen in Österreich – Wie wirtschaftet der Staat?, 2004, in: Aktuelle Unterlagen, Wirtschaft und Gesellschaft, Wien Nr. 49/2005.

Schedler, B. K. und Proeller, I.: New Public Management, 3. Auflage, Bern u. a. 2006.

18 Außenwirtschaftspolitik (*Walter Gutzeit*)

18.1 Handelspolitik

18.1.1 Politik der Internationalen Beziehungen

Zur Außenwirtschaftspolitik zählen nicht nur die unmittelbar handelsbezogenen Regelungen und direkt handelswirksamen Maßnahmen (z. B. Zolltarife, Handelsabkommen etc.), sondern auch alle anderen Aspekte, die indirekt mit dem Außenhandel verknüpft sind (Technologietransfer, Steuerpolitik etc.). Eine sachliche Abgrenzung von „Handelspolitik" und Außenwirtschaftspolitik ist schwierig, denn es gibt kaum einen Bereich der Wirtschaftspolitik, der keine außenwirtschaftlichen Implikationen hat.

In der Politik der internationalen Wirtschaftsbeziehungen sind Regelbindungen zwischen Nationalstaaten erforderlich, und zwar

* die Wahlfreiheit des Konsumenten und damit die Chance, seinen Nutzen zu steigern, soll auch auf den Tausch mit Ausländern ausgedehnt sein;
* die internationale Arbeitsteilung soll möglichst ungehindert ihre wohlstandssteigernde Funktion ausüben können;
* die Stabilisierung in den Außenwirtschaftsbeziehungen soll den internationalen economic warfare verhindern (Altmann: 464 f.).

18.1.2 Freihandel

a) Ziele

Ordnungspolitisch
Die Entscheidungsfreiheit der Einzelwirtschaften umfasst das Recht, dort kaufen bzw. verkaufen zu können, wo es ihnen zur Nutzen- bzw. Gewinnmaximierung vorteilhaft erscheint – unabhängig von Hautfarbe, Religion und Staatsangehörigkeit.

Wettbewerbspolitisch
Freihandel erhöht den Wettbewerbsgrad und erhöht damit die Produktivität in Herstellung und Produktqualität. Importe nützen den heimischen Abnehmern nicht nur direkt, sondern auch indirekt, indem sie die inländischen Produzenten vergleichbarer Güter unter Druck setzen, während eine staatliche Exportsubvention den Wettbewerbsgrad im Binnenangebot senkt.

Wohlstandsmehrung

Freihandel lässt die Vorteile der internationalen Arbeitsteilung über Spezialisierung und Massenproduktion nutzen und führt zu wechselseitigen Wohlstandszuwächsen in den beteiligten Ländern.

Dass Freihandel eine ‚Utopie' wäre, ist ein ideologisches Vorurteil mit Selbstrechtfertigungsfunktion für die politischen Akteure.

Aus betriebswirtschaftlicher Sicht liegt das Interesse der Unternehmen am Export in der Umsatz- und Gewinnerzielung sowie in der Verringerung der Fixkosten bei größerer Auslastung der Kapazitäten. Hinzu kommen Überlegungen zur Risikostreuung durch Verteilung des Verkaufs auf verschiedene Märkte.

Gesamtwirtschaftlich erfolgt eine Risikominderung des Exports durch eine Vergrößerung der Angebotspalette. Im Gegensatz dazu soll Spezialisierung zu kostengünstigerer Produktion und niedrigeren Preisen führen. Die erwartete Reaktion von größerer Nachfrage bei sinkenden Preisen tritt jedoch nicht immer ein. Bei unelastischer Exportnachfrage wird der Preiseffekt nicht durch einen Mengeneffekt kompensiert, so dass die Exporterlöse bei fallenden Preisen sinken können.

Ein spezieller Aspekt ist die so genannte *passive* „Veredelung", wobei Güter zur Be- und Verarbeitung ins kostengünstigere Ausland exportiert und als veredelte Produkte wieder importiert werden.

b) Reale Außenwirtschaftstheorie
Arbeitsteilung mit absolutem Kostenvorteil

Adam Smith hat theoretisch nachgewiesen, dass Außenhandel mit internationaler Arbeitsteilung zu mehr Wohlstand führt.

Tab. 18-1: Absoluter Kostenvorteil nach A. Smith

	England	Portugal	(ohne Außenhandel)
Tuch (100 m)	9 Std.	13 Std.	
Wein (100 l)	12 Std.	10 Std.	
	21 Std.	23 Std.	
Tuch (200 m)	18 Std.	–	(mit Außenhandel)
Wein (200 l)	–	20 Std.	
	–3 Std.	–3 Std.	

Adam Smith sah den Vorteil des Außenhandels in unterschiedlichen Produktionskosten. Beispielhaft sei dies an unserem 2-Länder/2-Güter-Modell dargestellt. Beide Länder produzieren jeweils Wein und Tuch. Da England Tuch billiger (geringerer Aufwand an Stunden) und Portugal Wein billiger produziert, liegt es nahe, dass sich jedes Land auf ein Produkt arbeitsteilig konzentriert.

Daneben gibt es weitere Begründungen für internationalen Handel, und zwar die Nichtverfügbarkeit von Gütern im Inland und Käuferpräferenzen.

Bei der *Nichtverfügbarkeit von Gütern* steht die Befriedigung der Nachfrage nach Produktions- und Konsumgütern im Vordergrund. Ein Land importiert Güter, wenn sie im eigenen Land nicht oder nicht hinreichend verfügbar sind. Es gibt mehrer Gründe für die Nichtverfügbarkeit der Güter:

* natürliche Voraussetzungen (geologisch, klimatisch),
* mangelnde Produktionstechnologie,
* unzureichende Qualifikation des Humankapitals,
* Produktionsengpässe im Inland.

Dabei muss zwischen temporären und dauerhaften Engpässen unterschieden werden. Klimatische und andere natürliche Bedingungen bilden dauerhafte Engpässe und können nicht immer substituiert werden. Andere Restriktionen lassen sich durch Innovationen, Finanzhilfen und Qualifizierungen reduzieren bzw. beseitigen.

Würde die Nichtverfügbarkeit von Gütern ausschließlicher Grund für Handelsbeziehungen sein, so gäbe es aus Sicht eines Landes einige Güter nur als Import- und andere Güter, die exportiert werden könnten. Diese Situation wird im internationalen Handel jedoch durch Produktdifferenzierungen – falls möglich (Bananen wachsen nicht in Dänemark) relativiert. Güter werden aus Gründen echter oder vermeintlicher Qualitätsvorteile oder aus persönlicher Präferenz zum Lieferland gekauft. Diese Verhaltensweisen werden nicht notwendigerweise von Preisüberlegungen beeinflusst und nehmen mit steigendem Wohlstand zu.

Nach dem Freihandelsargument ist es sinnvoll, Güter in dem Land mit den günstigsten Produktionskosten zu kaufen. Einige Länder sind anderen Ländern gegenüber ‚überlegen‘, da sie in bestimmten Wirtschaftszweigen günstiger produzieren und am Weltmarkt anbieten können.

Die Ursachen von Kosten- und Preisvorteilen lassen vor allem auf unterschiedliche Produktionsverfahren und die Ausstattung mit Produktionsfaktoren zurückführen. Dabei unterscheiden sich die Länder in den Produktionsverfahren – natürliche Unterschiede (Abbautiefen, Bodenqualität), technologische Bedingungen und Vorteile der Massenproduktion (*economies of scale*).

Internationaler Handel kann jedoch auch lohnenswert sein, wenn sie sich in der Ausstattung der Produktionsfaktoren unterscheiden. Ein Land wird die Güter exportieren (importieren), bei dessen Produktion der relativ reichlich (knapp) vorhandene Produktionsfaktor besonders intensiv genutzt wird – „Heckscher-Ohlin-Theorem".

Beispiel:
Im Zwei-Länder-Modell:
Land A ist reich an Kapital und arm an Arbeitskräften.
Land B ist reich an Arbeitskräften und arm an Kapital.

Im Land A wird Kapital relativ zum Faktor Arbeit billig sein; im Land B wird Arbeit im Verhältnis zum Faktor Kapital billig sein. Folglich unterscheiden sich die Faktorpreise in ihren Proportionen (Zins und Lohn). Das führt dazu, dass kapitalreiche Länder kapitalintensive Güter exportieren und arbeitsreiche Güter importieren. Umgekehrt werden arbeitsreiche Länder arbeitsintensive Güter exportieren und kapitalintensive Güter importieren.

In der Realität können solche Güterströme zwischen Industrie- und Entwicklungsländern beobachtet werden. Industrieländer exportieren in Entwicklungsländer fast ausschließlich kapitalintensive Güter und importieren aus diesen Ländern arbeitsintensive Güter.

Für die Handelsbeziehungen zwischen Industrienationen lassen sich diese Erkenntnisse nicht ohne weiteres übertragen – „Leontief-Paradoxon". Möglich sind solche Entwicklungen durch Protektionismus oder weil die Produktionsfaktoren nicht homogen sind. Aufgrund einer solchen Faktordifferenzierung waren die USA in der Lage, überwiegend arbeitsintensive Güter zu importieren und überwiegend kapitalintensive Güter zu importieren. Allerdings waren die arbeitsintensiven Güter von hoch qualifizierten Arbeitskräften erstellt worden. (Altmann: 467 ff., 507 ff.)

Die Überlegungen machen deutlich, dass es unterschiedliche Begründungen für internationalen Handel gibt.

Arbeitsteilung mit relativem (komparativem) Kostenvorteil

Gleichwohl stellt sich die Frage, wie sich Außenhandel für jene Länder entwickeln kann, die absolut bei allen Gütern Kosten- und Preisvorteile haben. Wie Ricardo nachgewiesen hat, lohnt sich Internationaler Handel auch für solche Länder, wenn die Kostenüberlegenheit bei den einzelnen Gütern unterschiedlich groß ist, d. h. die Kostenvorteile sind relativ ‚komparativ'. Spezialisierung und gegenseitiger Austausch ermöglichen beiden Ländern, ihre Produktionsfaktoren optimal auszunutzen.

Tab. 18-2: Relativer (komparativer) Kostenvorteil nach D. Ricardo

	England	Portugal	(ohne Außenhandel)
Tuch (100 m)	13 Std.	11 Std.	
Wein (100 l)	14 Std.	10 Std.	
	27 Std.	21 Std.	
Tuch (200 m)	26 Std.	–	(mit Außenhandel)
Wein (200 l)	–	20 Std.	
	–1 Std.	–1 Std.	

Der Außenhandel ermöglicht den beteiligten Ländern eine Ausweitung der Produktionskapazitäten – effektiver Ressourceneinsatz – und vergrößert damit die Konsummöglichkeiten – Steigerung des Wohlstands. Verstärkter Wettbewerb durch Freihandel fördert die Innovation und erweitert das Produktangebot.

c) Monetäre Außenwirtschaftstheorie

Im Mittelpunkt der modernen Außenwirtschaftstheorie steht die Wechselkurstheorie. Sie erklärt den Stand und die Entwicklung von Wechselkursen. Deutlich sichtbar wird der Wechselkursmechanismus in einem System flexibler Wechselkurse.

Der Wechselkurs als Ergebnis des Verhältnisses von Devisenangebot und Devisennachfrage kann von mehreren Faktoren beeinflusst werden:

- vom Außenhandel,
- vom Preismechanismus,
- von Kurs- und Arbitragespekulationen,
- von Interventionen der Notenbank,
- von Direktinvestitionen,
- von politisch/wirtschaftlichen Ereignissen,
- von psychologischen Faktoren.

Preismechanismus

Der Einfluss des Preismechanismus auf die Entwicklung des Wechselkurses kann am Ex- und Import zwischen den USA und der Bundesrepublik Deutschland beispielhaft dargestellt werden. Sind die Güter in den USA aufgrund einer höheren Inflationsrate teurer, werden deutsche Exporte steigen und Importe zurückgehen. Der Wechselkurs des Euro wird steigen, weil amerikanische Importeure mehr Euro nachfragen, d. h. der Euro wird auf- und der Dollar abgewertet. Im weiteren Verlauf werden die deutschen Produkte teurer und die Güterströme verlagern sich in die umgekehrte Richtung. Der Wechselkurs passt sich dieser Entwicklung an.

Zinsmechanismus

Ebenso wird der Wechselkurs durch den Zinsmechanismus beeinflusst. Wenn das amerikanische Zinsniveau niedriger als das deutsche Zinsniveau ist, werden amerikanische Anleger ihr Kapital in der Bundesrepublik Deutschland anlegen, d. h. der Kapitalimport steigt. Deutsche Kapitalexporte und die Nachfrage nach Dollar gehen folglich zurück. Es steigt der Wechselkurs des Euro – der Euro wird aufgewertet. Dadurch verringert sich der Zinsvorteil, was tendenziell eine Abnahme der Kapitalimporte und eine Zunahme der Kapitalexporte zur Folge hat.

Kursarbitrage

Kursunterschiede an verschiedenen Orten zum selben Zeitpunkt sind nur in sehr geringen Grenzen möglich.

Beispiel:

In Frankfurt werden Dollars gegen Euros günstig gekauft und um danach wieder in Tokio mit Gewinn gegen Euro verkauft zu werden. Eine Flut solcher Geschäfte würde dazu führen, dass sich die Euro/Dollar-Kurse in Frankfurt und Tokio wieder soweit annähern, dass sich diese Kursarbitrage nicht mehr lohnte.

Spekulationsarbitrage

Spekulanten werden durch Preis- und Kursdifferenzen auf demselben Markt motiviert, Gewinne zu erzielen. Die Marktteilnehmer kaufen oder verkaufen Devisen, um aus den erwarteten Wechselkursänderungen Gewinne zu erzielen.

Gekoppelte Spekulations- und Arbitragegeschäfte

Spekulationsgeschäfte sind häufig mit Arbitragegeschäften gekoppelt. Sie werden häufig auf dem Kassa- und dem Terminmarkt getätigt. Auf dem Kassamarkt sind die Käufe und Verkäufe von Devisen innerhalb von 2 Werktagen abzuwickeln. Termingeschäfte mit Laufzeiten von 30, 60 oder 90 Tagen als Käufe und Verkäufe von Devisen sind auf die Zukunft gerichtet. Auf dem Terminmarkt werden Geschäfte abgeschlossen, bei denen die Konditionen heute festgelegt werden, der Umtausch erst später per Termin erfolgt.

Beispiel:
Ein Zinsarbitrageur legt sein Geld heute in amerikanischen Wertpapieren an und kann gleichzeitig die am Fälligkeitstag erwarteten US-Dollar zum heutigen Terminkurs verkaufen. Dadurch vermeidet er das Wechselkursrisiko.

Direktinvestitionen
Durch Veränderungen der Direktinvestitionen, die sich in der Regel an der Rendite orientieren, werden die Wechselkurse beeinflusst.

Interventionen der Notenbank(en)
Bewusste Devisenan- und -verkäufe durch die Notenbank haben zum Ziel den Wechselkurs zu beeinflussen.

Politische, wirtschaftliche und psychologische Krisen
Aktuelle und erwartete politische/wirtschaftliche Krisen sowie Nachrichten über wichtige Daten können unmittelbar oder psychologisch bedingt zu Wechselkursänderungen führen.

18.1.3   Protektionismus

a) Kontingente
Das schärfste Restriktionsinstrument ist die periodische Kontingentierung des grenzüberschreitenden Verkehrs bestimmter Waren. Sie kann in einer Beschränkung nach der Höchstgrenze (Mengenkontingent) oder nach dem maximalen Einfuhr- bzw. Ausfuhrwert bestehen (Wertkontingent).

Hauptsächlich wird das Kontingentinstrument zur Beschränkung von Einfuhren angewandt.

Kontingente sind Importzöllen überlegen: sie wirken auch da, wo eine niedrige Preiselastizität der Nachfrage Inländer Importgüter auch dann kaufen lässt, wenn sie durch Zölle verteuert sind. Auch können gegebene Zölle, was ihre Wirkung im Zeitverlauf betrifft, von den ausländischen Anbietern möglicherweise durch eine vorteilhaftere Kostengestaltung unterlaufen werden.

Einfuhrkontingente schirmen heimische Anbieter vor ausländischen Wettbewerb ab und erhöhen im Ausmaß der Angebotsmengenreduktion den Inlandsabsatzpreis von Importen.

Inländischen Importeuren erhalten aufgrund ihrer monopolartigen Stellung eine ‚Kontingentenrente‘.

Die Anwendung von Kontingenten (wie von Zöllen) erhöht den Beschäftigungsgrad der Politiker. Auch die Bundesrepublik Deutschland verzichtet nicht auf dieses ‚marktinkonforme‘ Instrument (z. B. bei Textilien, Feinkeramik, Steinkohle).

„Ausfuhrkontingente" finden selten Anwendung. Sieht man von Entwicklungsländern ab, so ist hier das Verhalten Japans aufschlussreich, das sich für bestimmte Ausfuhren in bestimmte

Länder, zur Vermeidung höherer Reaktionen der ausländischen Politiker, wiederholt zu einer Selbstbeschränkung in der betreffenden Exportmenge (z. B. bei Autos) bereit fand.

b) Zollpolitik

Zölle sind staatlich erhobene Abgaben auf den grenzüberschreitenden Warenverkehr eines Landes – bzw. Zollgebietes – wobei die Inlandspreise von den Weltmarktpreisen ‚abgekoppelt' werden.

Zölle gehören zu den ältesten staatlichen Eingriffen in die Wirtschaft, und zwar als Mittel der Einnahmebeschaffung (Ausfuhr-, Durchfuhr- und Einfuhrzölle). Man unterscheidet Zölle nach der Bemessungsgrundlage – Wert- oder Stückzoll. Beim Wertzoll wird ein Prozentsatz auf den Preis erhoben und beim Stückzoll wird ein fester Geldbetrag pro Mengeneinheit erhoben. Werden alle Länder gleich behandelt, spricht man von Meistbegünstigung oder ungleich, dann werden Länder anderen gegenüber bevorzugt (Präferenzzölle sowie Strafzölle oder Retorsionszölle)

Finanzzölle

Im modernen Steuerstaat sind Finanzzölle ein Anachronismus. Die Zollerhebung auf Tabakwaren, Alkoholika und Duftwässer z. B., die Inländer bei der Rückreise aus dem Ausland mitbringen (und oft lediglich re-importieren), würde eher lächerlich wirken, wenn sie nicht dem Reisenden Zeitverlust und Belästigung brächte. Hinzu kämen Kosten durch die Zollbürokratie, die das faktische Einnahmevolumen überschreiten.

Unter den politischen Motiven der Zollerhebung steht heute die Verteuerung von Einfuhrgütern im Vordergrund, um heimische Produktionen vor ausländischer Konkurrenz zu schützen.

Zollargumente

Erziehungszollargument und Beschäftigungszuwachs
Durch Zölle sollen junge Industrien in ihrer Aufbauphase geschützt werden. Eine Zollerhebung für die geschützten Güter ist mit einer Produktionsausdehnung verbunden.

Längerfristig ergeben sich dadurch gesamtwirtschaftlich positive Effekte. Alternativ könnten junge Unternehmen statt mit Zöllen mit Subventionen geschützt werden.

Ein solcher Zoll macht nur dann Sinn, wenn er befristet ist. Einmal erhobene Zölle abzuschaffen ist in der Regel nicht einfach.

Durch die zollbedingte Verteuerung soll die Konkurrenz ausländischer Güter zurückgedrängt und die Nachfrage nach heimischen Produkten mit einer entsprechenden Beschäftigungswirkung umgelenkt werden. Der Effekt zu mehr Beschäftigung hängt vom Elastizitätsgrad der Nachfrage nach den Importgütern ab – nur bei relativ hoher Preisabhängigkeit sinkt deren Inlandsverbrauch. Der Beschäftigungseffekt ist gesamtwirtschaftlich nur erwünscht bei unausgelasteten Produktionskapazitäten. Allerdings führt die Zollerhebung zu mehr Arbeitslosigkeit im Ausland. Es kommt dort zu Gegenmaßnahmen, etwa durch Retorsionszölle.

Einkommensumverteilung

Die Einkommensumverteilung ließe sich in modernen Demokratien zugunsten des Produktionsfaktors Arbeit verändern. Dies lässt sich in der Regel nur auf Entwicklungsländer anwenden. In Industriegesellschaften wird bei Errichtung von Handelsschranken – hier Zölle – der knappe Faktor zu Lasten der anderen Faktoren profitieren. (Der knappe Faktor ist Kapital)

Verbesserung der Zahlungsbilanz

Importbeschränkungen verbessern die Zahlungsbilanz. Nach John Maynard Keynes soll dadurch ein multiplikativer Prozess der Volkseinkommenssteigerung in Gang gesetzt werden. Anschließend würden dann – durch die Einkommenssteigerung – die Einfuhrmengen wieder zunehmen.

Verbesserung der 'Terms of Trade'

Die „Terms of Trade" drücken das Tausch- bzw. Preisverhältnis zwischen Gütern bzw. Gütergruppen aus, wobei man sich z. B. auf das Verhältnis der – in Preisindizes dargestellten – Exportpreise zu den Importpreisen bezieht.

$$\text{Terms of Trade} = \frac{\text{Exportpreis-Index}}{\text{Importpreis-Index}}$$

Wenn die Exportpreise steigen und/oder die Importpreise sinken, ‚verbessern' sich die „Terms of Trade" und im umgekehrten Fall verschlechtern sie sich.

Es wird argumentiert, dass eine Zollerhebung zur Verbesserung der „Terms of Trade" führe. Wenn jedoch die Preise sinken, verschlechtert sich die Schutzwirkung. Hinzu kommt, dass sich das Güterangebot für den Konsumenten verringert und somit mit Wohlfahrtseinbußen verbunden ist.

Exportzölle

Sie waren in früheren Wirtschaftsepochen verbreitet, spielen heute allenfalls bei einigen Entwicklungsländern eine gewisse Rolle.

Politische Verwertbarkeit von Zöllen

Zölle lassen sich politisch als Gegenmaßnahme gegen den Protektionismus anderer Länder in Form eines *Anti-Dumping-Zolls* oder als *Straf-Zoll* im Rahmen wirtschaftlicher Sanktionen, der bis zum *Prohibitiv-Zoll* gehen kann, verwenden. Umgekehrt können andere Länder durch niedrigere Zölle – *Präferenz-Zoll* – bevorzugt werden.

c) Nicht-tarifäre Handelsbeschränkungen

Anstelle von Zolleingriffen kann sich der Protektionismus auch nicht-tarifärer Handelsbeschränkungen bedienen. Sieht man von der Kontingentpolitik ab, zählen hierzu vor allem 3 Maßnahmengruppen:

* Künstliche Besserstellung inländischer Anbieter in der Kosten- bzw. Preisposition durch Exportsubventionen, Ausgleichssteuern, Dumping-Preispolitik, Einfuhr-Bardepots u. a.
* Administrative Handelshemmnisse beim Import, soweit sie nicht in Sicherheitserfordernissen begründet sind (§ 79), wie zum Beispiel Normierungs-, Verpackungs-, Auszeichnungsauflagen, Einfuhrüberwachung und Ursprungskontrollen, Schikanen in der Durchführung von Zoll- und Handelsbestimmungen.

- Staatliche Beeinflussung der Handelsströme durch Bevorzugung inländischer Produzenten bei der Auftragsvergabe ('Flaggenprotektionismus'), durch Förderung von Kompensationsgeschäften und durch politische Bürgschaften (§ 80).

Dadurch, dass diese Hemmnisse selektiv eingesetzt werden können, führen sie oft zu empfindlichen Diskriminierungen von Anbietergruppen.

Das Gewicht nicht-tarifärer Handelsbeschränkungen nimmt zu, wenn das Zoll- und Kontingentinstrument im Zuge wirtschaftlicher Integration nur noch beschränkt einsatzfähig ist. Darum war die Tokio-Runde (1973–1979) innerhalb des GATT gut beraten, nach den Zollabbauerfolgen der Kennedy-Runde (1964–1967) sich insbesondere der Problematik und Beseitigung nicht-tarifärer Handelshemmnisse zu widmen. Vollständige Beseitigung ist jedoch kaum zu erreichen, dazu ist der politische Erfindungsreichtum zu groß.

d) Embargo aus Sicherheitsgründen

Ein Importverbot für Güter ist angebracht, wenn sie den Standards der Gesundheit (Kinderspielzeug), der Umwelt und den Standards an technischer Sicherheit nicht entsprechen.

Ein Embargo kann sich auf Rüstungsgüter in Krisengebiete oder auf gegnerische Staaten beziehen.

Die Wirksamkeit solcher Maßnahmen ist problematisch, weil die Lieferung der gleichen Güter auch von Anbietern anderer Länder vorgenommen werden kann.

e) Staatliches Außenhandelsmonopol

Freihandel findet seine Grenzen dort, wo ein staatliches Außenhandelsmonopol besteht. Eine derartige Monopolstellung – wie sie von den ehemaligen Ländern des Ostblocks praktiziert wurde – ist vor allem durch die zentrale Lenkung begründet. Die Planerfüllung im Innern würde durch unkalkulierbare Schwankungen im Außenhandel in Frage gestellt. Hinzu kam, dass die politische Führung in ZVW (Zentralverwaltungswirtschaften) auch eine Politik der wirtschaftlichen Autarkie bevorzugte.

Ein staatliches Außenhandelsmonopol kanalisiert den grenzüberschreitenden Güterverkehr durch eine Art Nadelöhr. Es entsteht quasi eine 'zurückgestaute internationale Arbeitsteilung' und führt längerfristig zu volkswirtschaftlichen Verlusten. Dem Land entgehen Wohlstandsgewinne, weil der Innovationsfluss bei Produktionsfaktoren, Produktqualitäten und der Wettbewerbsdruck fehlen. Kurzfristig können durch die Monopolstellung 'Gewinne' erzielt werden.

Im *Importfall* stehen der staatl. Außenhandelsorganisation in der Regel eine Vielzahl von ausländischen Anbietern gegenüber. Diese Position könnte die staatl. Außenhandelsorganisation ausspielen, insbesondere dann, wenn sie ein Großabnehmer ist. Durch ausländische Kredite und Bürgschaften können die Autarkiebestrebungen noch verfestigt werden.

Im *Exportfall* kann die staatliche Handelsorganisation ebenfalls ihre Monopolstellung ausnutzen. Andererseits haben zentral-gelenkte Systeme chronischen Devisenmangel, den sie durch die „Kompensationsgeschäfte" zu mildern suchen – 'liefere Gas gegen Röhren'.

Die besonderen Beziehungen zwischen beiden deutschen Staaten brachten Vorteile für die ehemalige Deutsche Demokratische Republik:

* indirekt als stiller Partner in der EG/EU,
* durch zinslose Überziehungskredite (,swing'),
* Absicherung gegenüber Wechselkursschwankungen – durch fixierte Verrechnungsein-
  heiten.

18.1.4   Integrationsformen

a) Allgemeines Zoll- und Handelsabkommen
Grundlegende Überlegungen
Flexible Wechselkurse und Freihandel sind die Grundpfeiler einer idealen Weltwirtschafts-
ordnung. Die Praxis der internationalen Handelspolitik ist durchsetzt von Protektionismen.
Leider führen flexible Wechselkurse von sich aus nicht schon zum Abbau der Protektionis-
men.

Integration wird dabei verstanden, dass durch politische Maßnahmen unterschiedlicher Intensität zwischenstaatliche Behinderungen des Waren-, Dienstleistungs- und Kapitalverkehrs
reduziert werden, bis im Handel auf breiter Front das Freihandelsprinzip dominiert.

Das weltweit wichtigste Instrument hierfür ist das GATT-Abkommen (1.1.1948) – seit 2002
die WTO (Welthandelsorganisation), mit 141 Mitgliedern.

Regeln des Abkommens
* Das Verbot, bestehende Handelsbeschränkungen zu verschärfen oder neue einzuführen;
* ein prinzipieller Ausschluss von Kontingentierungen;
* das Prinzip einer allgemeinen Meistbegünstigung – allen handelspolitischen Vergünsti-
  gungen, die ein Mitglied einem anderen Land gewährt, müssen auch allen anderen
  GATT-WTO-Ländern gewährt werden;
* hält ein Land Schutzmaßnahmen für erforderlich, sind nicht-tarifäre Handelsbeschränkungen ausgeschlossen;
* bei Verletzung der GATT-WTO-Regeln kann mit Sanktionen geantwortet werden.

b) Präferenzräume
Eine regionale Integrationsform schwächster Art stellt die Einrichtung eines Präferenzraumes
dar. Durch zwischenstaatlichen Vertrag räumen sich bestimmte Länder eine handelspoliti-
sche Vorzugsbehandlung ein. In der Regel handelt es sich dabei um Zollerleichterungen, die
Drittländern nicht gewährt werden. Solche Präferenzzölle stehen im Gegensatz zum Prinzip
der Meistbegünstigung. Sie werden heute meist Entwicklungsländern (E-Länder) gewährt.
Ein Beispiel ist das ,Lomé-Abkommen', das die EG erstmals 1975 mit E-Ländern Afrikas,
der Karibik und des Pazifik (AKP-Staaten) abschloss.

c) Freihandelszone
Dabei kommt es zu einer engeren handelspolitischen Kooperation:

Zölle und Kontingente werden innerhalb des Mitgliederkreises im Idealfall bei allen Pro-
duktgruppen abgebaut, während Drittländern gegenüber jeder Mitgliedstaat handelspolitisch
ungebunden bleibt.

1960 wurde als Gegengründung zur EWG die EFTA (*European Free Trade Association*) mit 7 Ländern gegründet.

Allerdings wird, um Handelsverlagerungen durch Zollumgehung vorzubeugen, eine Waren-ursprungsregelung erforderlich. Andernfalls könnten sich die Einfuhren in die Freihandels-zone aus Drittländern auf jenes Mitgliedsland konzentrieren, das den niedrigsten Außenzoll bietet. Zollfreiheit im Integrationsraum genießen nur solche Güter, die in einem Mitglieds-land vollständig hergestellt werden oder doch lediglich zu einem niedrigen Prozentsatz zonenfremde Bestandteile enthalten.

Als 1961 Finnland der EFTA beitrat, profitierte indirekt die SU davon, denn Finnland ge-währte der UdSSR die Meistbegünstigungsklausel.

Mit der zunehmenden Bedeutung der EWG verlor die EFTA an Bedeutung.

Seit 1960 besteht in Lateinamerika als Freihandelszone die LAFTA bzw. ALALC (*Latin American Free Trade Association* – Argentinien, Bolivien, Brasilien, Chile, Equador, Ko-lumbien, Mexiko, Paraguay, Peru, Uruguay und Venezuela. 1981 wurde die ALALC durch die Nachfolgeorganisation ALADI – Lateinamerikanische Integrationsassoziation – abgelöst.

Anfang 1991 schlossen sich die südamerikanischen Staaten Argentinien, Brasilien, Paraguay und Uruguay zum ‚Gemeinsamen Markt des Südens' – *Mercosur* – zusammen. Bolivien, Chile Equador, Kolumbien, Peru und Venezuela traten später bei. Der Handel innerhalb des Gemeinsamen Marktes hat sich dadurch erheblich verbessert und beträgt 40 % des Gesamt-handels. Auf Initiative der USA wurden 2005 die Voraussetzungen für eine *Free Trade As-sociation of the Americans* – FTAA – mit 34 Staaten Süd-.Mittel und Nordamerikas geschaf-fen. Vorgänger dieser Association war die 1994 gegründete Nordamerikanische Freihandels-zone NAFTA, ein Zusammenschluss von Kanada, USA und Mexiko

Im Südostasiatischen Raum kam es 1967 zu einer verstärkten Zusammenarbeit auf politi-schen, wirtschaftlichem und kulturellem und sozialem Gebiet zwischen Indonesien, Malay-sia, den Philippinen, Singapur und Thailand. Später traten dieser Südostasiatischen Staaten-gemeinschaft ASEAN Brunei, Vietnam, Laos und Myanmar sowie Kambodscha bei.

Im Jahre 2003 wurde diese ASEAN Region zu einer Freihandelszone AFTA umgewandelt. Im asiatisch-pazifischen Raum wurden Ende 1989 in Canberra die APEC (*Asiatic Pacific Economic Cooperation)* mit 21 Staaten geschaffen, in denen knapp die Hälfte der Weltbe-völkerung lebt. Die Wirtschaftskraft dieser Gemeinschaft umfasst mehr als 50 % der gesam-ten Weltproduktion. Grundlage der Zusammenarbeit ist das Konsensprinzip. Maßnahmen zur Liberalisierung der Wirtschaftsbeziehungen müssen danach in diesen Staaten auf freiwilliger Basis erfolgen.

Im karibischen Raum gibt es seit 1968 die CARIFTA (*Caribean Free Trade Area*).

d) Zollunion

In einer Zollunion gehen die Mitglieder eine engere Integrationsbindung ein, indem zum Freihandel im Innern eine gemeinsame Zollpolitik nach außen tritt. Damit entfällt der Büro-kratismus von Warenursprungsregelungen.

Durch den Übergang zu binnenmarktähnlichen Verhältnissen in ihrer Region hat die Zollunion einen ‚handelsschaffenden Effekt‘, und zwar durch

* verbesserte Allokation,
* intensiveren Wettbewerb,
* Ausnutzung von Skalenvorteilen (Zeigt das Verhältnis von Produktionsmenge zu Produktionsfaktoren an),
* verstärkten Innovationsfluss,
* größere Investitionssicherheit.

Dem steht im externen Verhältnis ein ‚handelsablenkender bzw. handelsvernichtender Effekt‘ gegenüber, der wohlstandsmindernd wirkt. Das Gewicht dieses negativen Effektes
hängt davon ab, ob der Zusammenschluss mit einer erhöhten gemeinsamen Zollschutzmauer
nach außen erkauft wird oder ob es im Zeitverlauf auch zum Abbau der handelspolitischen
Restriktionen gegenüber Drittländern kommt. Nur im letzteren Fall ist die regionale Integration kein Fremdkörper.

Aber auch intern kann die Zollunion mit Allokationsverschiebungen und Wohlfahrtsverlus-
ten einhergehen. Ein Unionsmitglied z. B. das früher ein Gut mit niedrigem Zoll aus einem
Drittland importierte, kauft nun bei einem Unionsmitglied, das durch den Wegfall der Zölle
im Innern billiger geworden ist – obwohl die Produktionskosten im Vergleich zur Außen-
konkurrenz höher liegen. Die Faktorallokation verlagert sich von einer kostengünstigeren in
eine weniger kostengünstige Produktion.

Der Bürokratieaufwand hält sich bei einer Zollunion in Grenzen. Es bedarf eines ständigen
Sekretariats, das die Sitzungen der zuständigen Länderminister vorbereitet und bei der
Durchführung der Maßnahmen begleitet.

Im außereuropäischen Bereich durchgeführte Zollunionen sind in Westafrika die UDEAO
(*Union Douanière de l'Afrique de l'Ouest*), in Zentralafrika die UDEAC (*Union
Douannière de l'Afrique Centrale*).

e) Gemeinsamer Markt
Die Integrationsform des Gemeinsamen Marktes ist dadurch charakterisiert, dass zur Zoll-
union die (im Idealfall) völlige Freizügigkeit aller Produktionsfaktoren – also ebenfalls der
Arbeit – hinzutritt.

Allerdings lässt sich einwenden, dass etwa unter den westeuropäischen Arbeitskräften, selbst
wenn sie juristisch könnten, diese ohne Not kaum eine besondere Neigung verspüren, den
Beschäftigungsort zu wechseln. Dies ist jedoch kein besonderes Phänomen für Arbeitswech-
sel ins Ausland, da ähnliche Verhaltensweisen auch im Inland festgestellt werden können.

Hier ist vor allem ein Hindernis, das die internationale Mobilität stark beeinträchtigen kann.
Dies ist insbesondere die sozialpolitische Risikoabsicherung, wenn die Arbeitnehmer ihre
bisherigen Ansprüche an die Soziale Sicherung nicht gleichsam mit sich nehmen können.

Allerdings ist nicht das unterschiedliche Niveau von Beitragspflicht und Sozialleistungen in
den einzelnen Ländern das Problem – es wirkt eher mobilitätsfördernd. Die Schwierigkeiten

ergeben sich vielmehr in den Abweichungen der Konstruktion der Sicherungssysteme, die einen nahtlosen Übergang zwischen zwei Volkswirtschaften erschweren.

Die Lösung des Problems liegt nicht unbedingt in einer einheitlichen Sicherungstechnik, als vielmehr in der Anwendung eines sozialpolitischen Territorialprinzips. Danach würde der Arbeitnehmer unbeschadet seiner Nationalität grundsätzlich durch das Sicherungssystem jenes Landes geschützt, in dem er jeweils tätig ist. Falls hier die Sozialleistungen differenziert werden, erfolgt eine Einstufung nach den im bisherigen Arbeitsleben erworbenen Ansprüchen.

Ein weiterer Grund für die geringe Mobilität ist durch die uneinheitlichen Abschlüsse der Bildung und Ausbildung begründet. Mit der Bologna-Vereinbarung könnte hier eine größere Mobilität erreicht werden.

Wachstumspolitisch, also für den vollen Erfolg eines GM, kommt es jedoch darauf an, die Widerstände, die der internationalen Arbeitsmobilität, und zwar auch beim substitutiven Angebot, entgegenstehen, soweit wie möglich abzubauen. Regionale Unterschiede im Wohlstandszuwachs können durch den Einsatz übernationaler Regionalfonds ausgeglichen werden. Die Harmonisierung nationaler Rechtsvorschriften ist keineswegs ein ökonomisches Gebot. Lediglich bei den Wettbewerbsregeln sind Rahmenbedingungen festzulegen. Außerhalb Europas gibt es den GM in Mittelamerika (CACM) und in Ostafrika (ehemals britische Kolonialgebiete – PTA).

f) Währungsunion und Politische Union
Währungsunion
Bei der Währungsunion geben die Mitgliedsstaaten einen Teil ihrer wirtschaftspolitischen Souveränität ab, und zwar bei der Geldpolitik mit einer gemeinsamen Zentralbank und einer gemeinsamen Währung. Zum Beitritt einer solchen Union sind Kriterien (Konvergenzkriterien) zu erfüllen, die sich insbesondere auf die nationale Preisdisziplin (Stabilität) und die Begrenzung der öffentlichen Verschuldung beziehen. Die Schwierigkeit besteht allerdings in der Festlegung und Durchsetzung von Sanktionen.

Zu den ökonomischen Vorteilen zählt der Wegfall des einschlägigen Risikos und der Kurssicherungskosten. Durch ermäßigte Transaktionskosten erfolgt eine verbesserte Transparenz. Zum anderen bewirken die integrierten Finanzmärkte einen verschärften Zinswettbewerb und eröffnen vermehrte Anlagemöglichkeiten. Wettbewerb findet ebenso über unterschiedliche Preise in den Teilnehmer-Ländern statt.

Durch den Wegfall sich unterschiedlich entwickelnder Wechselkurse ergeben sich auch Nachteile, weil ein wichtiger Teilmechanismus der Wirtschaftslenkung mit den Anpassungen an den Güter- und Kapitalverkehr entfällt. Darüber hinaus kann die Geldpolitik nur mit Durchschnittsgrößen arbeiten, wobei die unterschiedlichen Entwicklungen in den Volkswirtschaften bei der Beschäftigung und beim Wachstum nicht hinreichend berücksichtigt werden. Eine besondere Bedeutung kommt dabei der Lohn- und Arbeitsmarktpolitik – die nach wie vor auf nationaler Ebene angesiedelt ist – zu. Sie muss quasi die Rolle der Wechselkurspolitik durch räumliche Lohndifferenzierung, Flexibilisierung der Arbeitsmärkte und durch Faktormobilität übernehmen.

Politische Union
Letzte Etappe einer Integration ist die politische Union, die die politischen Entscheidungen für den gesamten Integrationsraum einer politischen Zentralregierung überantwortet.

18.2 Währung und Währungsordnung

18.2.1 Währungsformen

Wenn von „Währung" gesprochen wird, ist primär die Regelung des nationalen Geldwesens gemeint – etwa Goldwährung als eine „gebundene" oder Papierwährung als „freie" Währung.

Währungsordnung ist Geldordnung. Wenn die Notenbank die Geldordnung reguliert (§55), nimmt sie Einfluss auf den Wert der Geldeinheit: sie betreibt insofern Währungspolitik. Währungsreformen bedeuten eine grundlegende Beschneidung des vorhandenen Geldvolumens, auf das das nationale Zahlungsmittel wieder die wirtschaftlichen Funktionen wahrnehmen kann, die dem Geld zugedacht sind.

Mit dem Begriff „Außenwährung" wird auf den Wert der nationalen Geldeinheit im Ausland abgestellt, und zwar wird damit der Preis einer Währung, ausgedrückt in Einheiten einer anderen Währung (Wechselkurs), ausgedrückt.

a) Monometallische Währungen
Bei dieser Währungsform ist ein Edelmetall – Silber oder Gold – im Umlauf und es besteht ein festes Verhältnis zwischen dem Metall- und Geldwert.

Silberwährungen
Ursprünglich bestanden überwiegend Silberwährungen. In Deutschland gab es Silberwährungen bis 1871 – in China blieben sie am längsten erhalten, und zwar bis 1935.

Goldwährungen
Bei der Goldwährung unterscheidet man zwischen Geldumlauf-, Geldkern- und Gelddevisenwährung.

Als erstes Land ging England bereits 1774 von der Silber- zu der reinen Goldwährung über; viel später folgten das Deutsche Reich 1871, Skandinavien zwischen 1872 und 1876, die Niederlande 1875, Frankreich 1878, Österreich 1879, Japan 1897, Russland 1899 und die USA 1900.

In Deutschland wurde die Goldkernwährung 1924 eingeführt.

Ab 1929 bestand in 80 von 84 selbständigen Staaten eine Goldkern- oder Golddevisenwährung. Die feste Goldbindung nationaler Währungen führte zu festen Wechselkursen. *Die jeweiligen Banken garantierten einen festen Kurs* – z. B. eine Mark entsprach 0,5 gr Gold.

Die „Goldwährung" brach, trotz aller Rettungsversuche der „Bank für Internationalen Zahlungsausgleich" (BIZ) in der großen Wirtschaftskrise von 1929–1933 zusammen.

Goldumlaufwährung   der Goldwert entspricht dem Wert des Geldes (Kurantmünzen),

Goldkernwährung   Gold ist noch Zahlungsmittel, aber nicht mehr im Umlauf. Gold wird als ‚Schatz' bei der Zentralbank gehalten. Es besteht Goldeinlösepflicht für umlaufende Münzen und Banknoten zur vereinbarten Parität.

Golddevisenwährung   oder Gold-Devisen-Standard (Abart der Goldkernwährung) Bei dieser Währung gaben die Notenbanken Gold zu einem festen Preis nur noch an Banken für Versendung ins Ausland ab. 1944 wurde das „Bretton-Woods-System" geschaffen. Grundlage bildete der Gold-Devisen-Standard. Dieses System beruhte darauf, dass sich die Vereinigten Staaten verpflichteten, auf Dollar lautende Guthaben bei einer der amerikanischen Reserve-Banken, soweit die Guthaben von Notenbanken oder anderen Währungsbehörden angeboten wurden, zu 35 Dollar je Unze in Gold einzulösen. Die übrigen Teilnehmerländer des Internationalen Währunsfonds verpflichteten sich, die Devisenkurse ihrer Währungen höchstens um ein Prozent nach jeder Seite – bis zum oberen und unteren Interventionspunkt – von der ‚Parität' schwanken zu lassen.

Als erstes Land ging England bereits 1774 von der Silber- zu der reinen Goldwährung über; viel später folgten das Deutsche Reich 1871, Skandinavien zwischen 1872 und 1876, die Niederlande 1875, Frankreich 1878, Österreich 1879, Japan 1897, Russland 1899 und die USA 1900.

In Deutschland wurde die Goldkernwährung 1924 eingeführt.

Ab 1929 bestand in 80 von 84 selbständigen Staaten eine Goldkern- oder Golddevisenwährung. Die feste Goldbindung nationaler Währungen führte zu festen Wechselkursen. *Die* jeweiligen Banken garantierten einen festen Kurs – z. B. eine Mark entsprach 0,5 gr Gold.

Die „Goldwährung" brach, trotz aller Rettungsversuche der „Bank für Internationalen Zahlungsausgleich" (BIZ) in der großen Wirtschaftskrise von 1929–1933 zusammen.

b) Bimetallische Währungen

Bi-metallische Währungen gibt es in unterschiedlicher Ausprägung:

Doppelwährung   Zwei Währungseinheiten – Edelmetalle – laufen gleichzeitig um. Historisch gab es die Doppelwährung mit Gold und Silber, bei einem festgelegten Wertverhältnis von 15,5 : 1, d. h. 1 Gramm Gold entsprach 15,5 Gramm Silber.

                   Daneben entwickelte sich der Preis für Edelmetall auf dem freien Markt.

                   Wenn der Preis auf dem freien Markt höher war als die offizielle Währungseinheit – 1 g Gold also mehr als 15,5 g Silber entsprach –

dann horteten die Menschen Gold. Der Umlauf von Silbergeld stieg an – das schlechte Geld verdrängte das gute Geld (dies wird als das „Gresham'sche Gesetz" bezeichnet).

Parallelwährung

Im Gegensatz zur Doppelwährung besteht kein festes Verhältnis zwischen den gleichzeitig umlaufenden Währungen. Dabei kann oft eine entgegengesetzte Wirkung des „Gresham'schen Gesetzes" eintreten (so begründet nach F. A. von Hayek). Diese Währung war bis zum Beginn des 19. Jahrhundert weit verbreitet.

Metallwährung mit gesperrter Prägung

Die freie Ausprägung durch Private wird verboten. Der offizielle Geldwert ist regelmäßig höher als der des Währungsmetalls. Dies stellt den Übergang zur völlig ungebundenen Währung dar.

c) Korbwährungen und Sonderziehungsrechte

Es handelt sich um eine Kunstwährung- z. B. der bzw. die ECU , wobei der Wert einer Geldeinheit durch Güter ausgedrückt wird (Warenreservewährung). Im Währungskorb sind unterschiedliche – gedachte – Währungen enthalten. Die einzelnen Währungen gehen – fest gewichtet (bewertet) – in den Korb ein. Die Währung ist dann das Ergebnis der Summe der verschiedenen Währungen. Das Verhältnis zu den anderen Währungen ist nicht fix, so dass die „Korbwährung" schwanken kann.

1969 wurde eine neue Form internationaler Liquidität – die *Sonderziehungsrechte* (SZR) geschaffen. Es handelt sich um internationales Buchgeld, ein anerkanntes Zahlungsmittel zwischen Zentralbanken und vom IWF, das seit dem 1.1.1970 bereitgestellt wird. Die Zuteilung erfolgt entsprechend der Quote der Mitgliedstaaten. SZR berechtigen die Staaten zum Kauf fremder Währungen und werden vor allem zur Begleichung von Zahlungsbilanzdefiziten eingesetzt. Zu Beginn entsprach ein SZR einem festen Goldgegenwert von 0,888671 Gramm bzw. einem US $ (oder 35 SZR je Unze Gold). Mit der Aufhebung der Goldkonvertibilität des US $ und dem Übergang zu flexiblen Wechselkursen war dieses System nicht mehr praktikabel. 1974 wurde daher der „Internationale Währungskorb" geschaffen. Waren es zunächst Währungen von 16 Ländern und ab 1981 nur noch Währungen der 5 wichtigsten Länder, so sind seit 2006 nur 4 Währungen im Korb – der US $ mit 44 %, der Euro mit 34 %, der japanische Yen mit 11 % und das Pfund Sterling ebenfalls mit 11 %.

18.2.2   Deutsche Währungsgeschichte

Bis 1871 gab es keine einheitliche Währung – die wichtigsten Währungen waren:

- Taler (Nord- und Mitteldeutschland),
- Gulden (Süd- und Mitteldeutschland),
- Franken (Elsaß und Lothringen),
- Goldtaler (Bremen),
- Taler-Mark (Hamburg, Lübeck),
- Banko (Hamburger Großhandel).

Erst mit dem Münzgesetz vom 14.12.1871 wurde die Mark als gesetzliches Zahlungsmittel neben anderen, zu jener Zeit umlaufenden Kurantmünzen eingeführt. Eine Mark entsprach 1/1393 Pfund Feingold und war somit für jedermann annahmepflichtig.

Ab dem 9.7.1873 war die Mark alleiniges Zahlungsmittel, d. h. sie gab es nicht mehr parallel zu anderen Währungen. 1874 wurde die Deutsche Reichsbank gegründet, zusätzlich gab es 21 deutsche Staatsbanken. Ab 1906 hatte die Deutsche Reichsbank das alleinige Recht zur Ausgabe von Banknoten als gesetzliches Zahlungsmittel.

Mit Beginn des Ersten Weltkrieges blieb die Mark offizielles gesetzliches Zahlungsmittel, aber die Goldeinlösepflicht wurde 1914 aufgehoben.

In der Weltwirtschaftskrise ab 1923 wurde das Geld teilweise nicht angenommen: Anstatt der offiziellen heimischen Währung waren nun ausländische Währungen oder bestimmte Waren Geldersatz. Im November 1923 kam es dann zur ersten Währungsreform in Deutschland und die Rentenmark wurde eingeführt – der Umtauschkurs war 1 Billion Mark = 1 Rentenmark.

Es bestanden zunächst zwei Währungen – Mark und Rentenmark – und zwei Notenbanken – Deutsche Reichsbank und Deutsche Rentenbank. 1924 wurde auf Druck der Amerikaner die Reichsmark eingeführt. Diese neue Währung war eine Goldkernwährung.

Die Rentenmark blieb zwar im Umlauf, aber ihre Bedeutung sank immer mehr. Dann kam die Weltwirtschaftskrise von 1929–1933. Der Banknotenumlauf stieg wieder rapide an und verschlimmerte sich im zweiten Weltkrieg. 1939 wurde die Goldkernwährung formal aufgehoben.

Nach und im zweiten Weltkrieg erfolgte die Zuteilung der Waren aufgrund von Marken und das Geld verlor eine Funktion als Tauschmittel. Anstatt Geld dienten amerikanische Zigaretten als Tauschmittel.

Am 21.6.1948 erfolgte die zweite Währungsreform-West und zwei Tage später die Währungsreform-Ost. Damit übernahm das Geld wieder seine Funktion als Tausch- und Zahlungsmittel und die Güterverteilung mit Zuteilungsmarken wurde überflüssig. Die Bank Deutscher Länder ersetzte die Deutsche Reichsbank und ab 1957 übernahm die Deutsche Bundesbank mit den Zweigstellen der Landeszentralbanken die Bankgeschäfte für die Bundesrepublik Deutschland.

In der Bundesrepublik Deutschland erfolgte die Umstellung der Reichsmark im Verhältnis 1 : 10, bei Löhnen, Mieten und in anderen laufenden Leistungen im Verhältnis 1 : 1.

In der Deutschen Demokratischen Republik konnte man bis zu 70 Reichsmark 1:1 gegen DM-Ost tauschen, für darüber hinausgehende Beträge galt ein Umrechnungssatz von 10 : 1.

Der Umtausch der Sparguthaben war gestaffelt:
Bis 100 Reichmark 1:1
Bis 1000 Reichsmark 5:1
Bis 5000 Reichsmark 10:1

Bei Guthaben darüber hinaus wurde die Rechtmäßigkeit des Erwerbs überprüft. Die Ausgabe der neuen Währung DM-Ost wurde durch die Deutsche Notenbank durchgeführt.

Nach dem Fall der Berliner Mauer und der Vereinigung erfolgte die ökonomische Vereinigung mit der Währungs-, Wirtschafts- und Sozialunion am 2.7.1990.

Für die Deutsche Demoktratische Republik entsprach die Währungsunion einer Währungsreform – der 3. Währungsreform – für die Bundesrepublik Deutschland handelte es sich um die Ausdehnung des Währungsgebietes.

Durchschnittlich wurden in der Deutschen Demoktratischen Republik Bargeld und Sparkonten bis 4000 Mark im Verhältnis 1:1 umgetauscht. Allerdings erfolgte eine Altersstufung:

* Bis zum 14. Lebensjahr betrug der Umstellungsrahmen bis 2000 Mark,
* vom 15. bis 59. Lebensjahr betrug er 4000 Mark und
* ab dem 60. Lebensjahr 6000 Mark.

Für darüber liegende Beträge galt ein Umtauschkurs von 2:1, für Bürger und Firmen mit Sitz in der Bundesrepublik Deutschland ein Umtauschkurs von 3:1.

Ab 1.1. 1999 trat für die Europäische Währungsunion der Euro als Buchgeld und ab 1.1.2002 als allgemeines Zahlungsmittel in kraft. Bis zum 28.2.2002 waren noch beide Währungen im Umlauf. Ab dem 1.3.2002 war nur noch der Euro alleiniges Zahlungsmittel.

Über die Stabilität der neuen Währung wachen die EZB (Europäische Zentralbank) und die nationalen Zentralbanken der beteiligten Staaten.

18.3 Akteure der Außenwirtschaftspolitik

18.3.1 Akteure der EU-Außenwirtschaftspolitik

Das zentrale Gesetzgebungs- und Entscheidungsorgan – Legislative – ist der Rat der Europäischen Union. Der Rat besteht aus Vertretern der Regierungen der Mitgliedstaaten auf der Ebene der jeweils fachlich zuständigen Minister – oft auch als Ministerrat bezeichnet. Der Rat mit den Wirtschafts- und Finanzministern wird als ECOFIN-Rat bezeichnet. Im Gegensatz zur Geldpolitik als Instrument der EZB liegen die Kompetenzen bei der Wechselkurspolitik beim ECOFIN-Rat.

Das Exekutivorgan der EU ist die Europäische Kommission. Dieses Organ ist am Entscheidungs- und Gesetzgebungsprozess beteiligt und hat für die Einhaltung des Gemeinschaftsrechts zu sorgen. Die Kommission unterbreitet dem Rat Vorschläge zur Durchführung der gemeinsamen Handelspolitik.

Das Europäische Parlament übt eine Reihe von Kontrollrechten aus und hat Haushaltsbefugnisse. Durch die Verträge von Maastricht 1992, von Nizza 2001 und Lissabon 2009 wurden die Rechte des Parlaments gestärkt. In der Regel schließt der Rat Abkommen erst nach Anhörung durch das Parlament ab.

Die Wahrung des Rechts bei der Auslegung und Anwendung wird durch den Europäischen Gerichtshof gesichert.

18.3.2 Welthandelsorganisation und Internationaler Währungsfonds

a) Welthandelsorganisation

In der „Havanna Charta" aus dem Jahre 1948 war festgelegt worden, die Integration der Weltwirtschaft voranzutreiben. Dieses Ziel wurde mit der Gründung der „WTO" – *World Trade Organization* – realisiert. Grundlage der „WTO" bilden die Regelungen des „GATT". Dem „WTO"-Abkommen gehören an:

* die „*GATT*"-Regelungen – Allgemeines Zoll- und Handelsabkommen – mit dem Grundprinzip der allgemeinen Meistbegünstigung. Ausnahmen für Zollunionen und Freihandelszonen sind vorgesehen. Beispielsweise können nicht der EU angehörende Vertragsstaaten die von diesen gewährten Zollvergünstigungen innerhalb des Binnenmarktes in Anspruch nehmen. Weitere Sonderregelungen sollen der spezifischen Interessenlage von Entwicklungsländern Rechnung tragen.

* Die „*GATS*"-Regelungen – Allgemeine Abkommen über den Handel mit Dienstleistungen – betreffen die handelbaren Dienstleistungen und entsprechen den Grundprinzipien des „GATT".

* Das „*TRIPS*" – Übereinkommen über handelsbezogene Aspekte der Rechte des geistigen Eigentums – soll internationale Konventionen wirkungsvoller durchsetzen.

Im Jahre 2008 gehörten der „WTO" 152 Mitglieder an. Jüngstes Mitglied der „WTO" ist seit Mai 2008 die Ukraine. Auch die Schweiz und China sind „WTO"-Mitglieder; Russland und 30 weitere Staaten haben bislang den Beobachterstatus

Durch die Ausweitung des internationalen Handels sollen in den Mitgliedsstaaten der Lebensstandard und die Realeinkommen steigen und die Vollbeschäftigung gesichert werden. Weitere Schwerpunkte der Politik bilden die Förderung der Entwicklungsländer und die Verbesserung des Umweltschutzes. Die Organe der „WTO" tagen turnusmäßig alle zwei Jahre und überprüfen die in Angriff genommenen Projekte und formulieren neue Aufgaben.

Trotz der unbestrittenen Fortschritte bei der Liberalisierung des Welthandels befindet sich die „WTO" in einer Krise. In mehreren Verhandlungsrunden in den Jahren 2001 – beginnend mit der Doha-Runde – 2004, 2007 und 2008 lehnten die Entwicklungsländer die besonders von den USA und der EU praktizierte Subventionspraxis im Agrarbereich ab. Nach dem Scheitern der „WTO"-Konferenzen muss die Organisation der Weltwirtschaftsordnung neu überdacht werden. Aus Sicht der Entwicklungsländer geht es vor allem um den erleichterten Marktzugang für ihre Agrarprodukte in die Industrieländer – durch Abbau von Importquoten, Zöllen und Subventionen.

b) Internationaler Währungsfonds und Weltbank

Schon während des 2. Weltkriegs wurde im Jahre 1944 auf Initiative der Vereinten Nationen in Bretton Woods die Neuordnung der internationalen Währungsbeziehungen mit der Errichtung des Internationalen Währungsfonds (IWF) beschlossen. Vorrangiges Ziel des IWF ist die Ausweitung des Welthandels. Darüber hinaus fördert der IWF die währungspolitische Zusammenarbeit, die Sicherung der äußeren und inneren Währungsstabilität und gewährt Kredite bei kurzfristigen Zahlungsbilanzproblemen.

Im Rahmen des IWF wurde zunächst ein Gold-Dollar-Standard bei festen Wechselkursen festgelegt: Der US-Dollar war an das Gold gebunden. Dabei entsprach eine Gold-Dollar-Parität von 1 Feinunze Gold = 35 US $. Andere Länder bestimmten die Parität ihrer Währung im Verhältnis zum Dollar oder definierten ebenfalls ihren Feingoldgehalt. Der Dollar wurde somit im IWF zur Leitwährung. Die Zentralbanken erhielten das Recht, ihre Dollarbestände in Gold umzutauschen.

Über zwei Jahrzehnte funktionierte dieses System und erleichterte die Expansion des Welthandels. Die USA verzeichneten permanente Leistungsbilanzdefizite, und zwar bis in die jüngste Vergangenheit. Im Jahre 2007 betrug das Leistungsbilanzdefizit 788 Mrd. Dollar, das sind 5,5 % des BIP. Zunehmende Leistungsbilanzdefizite der USA führten zu wachsenden Beständen an US $ bei Zentralbanken außerhalb der USA. Auf diese Weise wurde in den 60er Jahren zusätzliche internationale Liquidität fast ausschließlich über die Zahlungsbilanzdefizite der USA geschaffen. Mit der Sonderstellung als Leitwährung im IWF konnten die USA die Partner durch die Produktion immer größerer Zahlungsbilanzdefizite zur Finanzierung des eigenen Staatshaushalts heranziehen.

Gleichzeitig mit dem IWF erfolgte die Gründung der Internationalen Bank für Wiederaufbau und Entwicklung (kurz Weltbank) genannt, die im Juni 1947 ihre Geschäftstätigkeit aufnahm. Die Weltbank nimmt Geld auf den Kapitalmärkten zu günstigen Bedingungen auf und gibt es als Kredit an Interessenten weiter. Die Weltbank ist heute einer der wichtigsten Akteure der Finanzierung entwicklungspolitischer Projekte. Die Finanzkrisen der jüngsten Vergangenheit haben den Ruf nach einer Reform des IWF und der Weltbank verstärkt, um die internationalen Finanzströme stärker zu kontrollieren.

Mit der Aufhebung des Goldstandards erfolgte der allmähliche Zusammenbruch des Währungssystems von Bretton Woods. Anhaltende Währungsturbulenzen führten im März 1973 dazu, dass das System fester Wechselkurse im IWF durch flexible Wechselkurse abgelöst wurde. Die wichtigsten Industrieländer und integrierten Wirtschaftsräume verfolgen eine Politik der freien Wechselkurse. Daraus erwächst die Verpflichtung, mit Hilfe der nationalen Wirtschafts- und Finanzpolitik für stabile Wechselkurse zu sorgen. Weiterhin werden zwar die Wechselkurse der Mitgliedsländer im IWF beobachtet, aber die Wahl eines Wechselkurssystems ist jedem Land freigestellt. Bedeutende Währungen wie der US $ und der japanische Yen *floaten* frei, andere Länder betreiben ein kontrolliertes *Floating*.

Literatur zum 18. Kapitel

Altmann. J.: Wirtschaftspolitik, 8. Auflage Stuttgart 2007.
Donges, J. B. und Freytag, A.: Allgemeine Wirtschaftspolitik, Stuttgart 2001.
Görgens, E. und Ruckriegel, K.: Makroökonomik, 10. Auflage, Stuttgart 2007.
Koch, A. S., Czogalla, C. und Ehret, M.: Grundlagen der Wirtschaftspolitik, 3. Auflage Stuttgart 2008.
Rose, K.: Theorie der Außenwirtschaft, 14. überarb. Auflage, München 2006.
Woll, A.: Wirtschaftslexikon, 10. Auflage, Oldenbourg Verlag München 2008

19   Entwicklungspolitik (*Walter Gutzeit*)

19.1   Entwicklungsländer

19.1.1   Begriffliche Abgrenzungen

Die Einstufung eines Landes hängt vom Maßstab ab, an dem man die Entwicklung misst.

Je nachdem, ob der Blickwinkel eher auf ökonomische, soziale, politische oder ökologische Faktoren abzielt, erfolgt eine andere Bewertung der Länder.

Die Begriffe „reich" und „arm" definieren den Entwicklungszustand eines Landes nur unzureichend. Sie finden ihre Verwendung eher in Verbindung mit Vermögen von Einzelpersonen. So findet sich Armut auch in Ländern mit hohem Durchschnittseinkommen (beispielsweise in Deutschland oder der Schweiz) und Reichtum in Entwicklungsländern (zum Beispiel Nigeria als Öl-exportierendea Land).

Die Weltbank berücksichtigt ökonomische Faktoren und die UNO soziale Faktoren. Parallel dazu ergaben sich eine Vielzahl von Gruppierungen aus politischen, wirtschaftlichen oder strategischen Gründen (OPEC-Staaten).

Ebenso benutzt man Begriffe wie „unterentwickelte Länder" (*underdeveloped countries*), „rückständige Länder" (*backward countries*) oder „nicht-entwickelte Länder" (*undeveloped countries*), die jedoch von der UNO und der Weltbank – weil wertbehaftet – nicht mehr verwendet werden. In einigen Entwicklungsländern werden diese Begriffe allerdings absichtlich genutzt, um die Missstände im Land hervorzuheben und Euphemismen zu vermeiden.

Abweichend von den klassischen Bezeichnungen sprechen die Schweizer DEZA (‚*Direktion für Entwicklung und Zusammenarbeit*') von Partnerländern und Spanien von „paises en construcción".

Kritiker des Begriffs „Entwicklungsland" wenden ein, dass er etwas suggeriert, was zu selten stattfindet: nämlich Entwicklung. (Altmann: S. 558 ff.)

Nach einer Reform aus dem Jahre 1991 erfolgt die Beschreibung der „Entwicklungsländer" anhand von folgenden Kriterien:

Bruttoinlandsprodukt pro Kopf von durchschnittlich unter 900 US-Dollar in 3 Jahren; die Verwundbarkeit von Gesellschaften ‚*Economic Vulnerability Index*‘ (EVI), der den alten ‚*Economic Diversification Index*‘ (EDI) ersetzt; die Orientierung an den Exporten, der Instabilität der Exporterlöse, der Agrarproduktion und dem Anteil von verarbeitender Industrie und Dienstleistungen am BIP.

Der ‚*Human Assets Index*‘ (HAI) – liefert Aussagen über soziale Merkmale wie Gesundheit und Bildung. Er macht Angaben zum Kalorienverbrauch pro Kopf in % des Minimalbedarfs, zur Kindersterblichkeitsrate, zur Alphabetisierungsrate unter Erwachsenen und zur Einschulungsrate in Sekundarschulen.

Nationale und Internationale Erklärungsversuche

Das BMZ (Bundesministerium für wirtschaftliche Zusammenarbeit und Entwicklung) verwendet den Begriff „Nord-Süd-Beziehungen" als Ersatz für Entwicklungspolitik. Der Begriff ist weitgehend wertfrei und drückt eine geographische Lage aus, auch wenn Entwicklungsländer nicht zwangsläufig auf der südlichen Halbkugel liegen. Gleiches gilt im umgekehrten Sinne auch für den Begriff „Norden". Der Begriff „Westen" als Synonym für reiche Staaten ist geographisch ebenso ungenau; außerdem ist er ein Relikt der Zeit des Kalten Krieges.

Aus den 50er Jahren stammt der Begriff „Dritte Welt", *der* ursprünglich politisch geprägt war. Er definierte die „Blockfreien Staaten", die sich nicht durch den Kalten Krieg ideologisch vereinnahmen lassen wollten. Bereits vor dem Ende des Ost-West-Konfliktes, in den 80er Jahren wurde gefordert auf den Begriff „Dritte Welt" zu verzichten. Viele ehemalige „Dritte-Welt-Gruppen" nannten sich daraufhin „Eine-Welt-Gruppen". Trotzdem ist der Ausdruck „Dritte Welt" noch nicht verschwunden.

International gibt es keine eindeutige Sprachregelung. So wurden zum Beispiel in Folge einer UN-Vollversammlung im Jahre 1971 die *Least Less Developed Countries* (LLDC) von den *Less Developed Countries* (LDC) unterschieden. Nicht alle UN-Organisationen unterscheiden jedoch zwischen den beiden Gruppen.

Die Aufnahme in die LLDC-Länder kann für den betroffenen Staat durchaus vorteilhaft sein, da in den Geberländern die Qualität der Entwicklungspolitik oft an ihrer Ausrichtung auf die LLDC-Staaten gemessen wird. Daher erhalten diese bevorzugt Zuschüsse ohne Rückzahlungsverpflichtung (Grants) oder sie erhalten Kredite zu günstigeren Bedingungen.

Hinter den Abkürzungen „MSAC" (*Most Seriously Affected Countries*), „LDC" (*Landlocked Developing Countries*) und „SIDS" (*Small Island Developing States*) verbergen sich weitere Klassifikationen der UNO.

Da Inselstaaten AOSIS (*Association of Small Island States*) von den Folgen der globalen Erwärmung besonders betroffen sind, vertreten sie gemeinsame Interessen beispielsweise in Umweltfragen – z. B. über den Anstieg des Meeresspiegels.

Die Weltbank misst die Förderungswürdigkeit eines Landes ausschließlich mit dem Pro-Kopf-Einkommen bzw. nach dem Bruttonationaleinkommen-pro-Kopf.

Sie unterscheidet dabei zwischen

* LIC; *Low Income Countries* (Ländern mit niedrigem Einkommen) und
* MIC; *Middle Income Countries* (Ländern mit mittlerem Einkommen).

Die MIC werden dabei noch in eine untere und in eine obere Einkommensgruppe eingeteilt. Nach der Klassifizierung von 2004 gibt es 61 LIC und 93 MIC, darunter auch einige aus Osteuropa, dem Kaukasus und Zentralasien.

Manchmal benutzt die Weltbank auch die Ländergruppe der LIFDC (*Low Income Food Deficit Countries*), um innerhalb der LIC noch einmal Länder mit schwerwiegenden Ernährungsproblemen auszugliedern.

Aufgrund der großen entwicklungspolitischen Bedeutung der Schuldenlast der Entwicklungsländer hat die Weltbank die zusätzlichen Gruppen *SILIC* (*Severely Indebted Low-Income Countries*) und *SIMIC* (*Severely Indebted Middle-Income Countries*) gebildet. Bei letzteren gibt es die Abstufung in „mäßig verschuldet" (MIMIC) und „wenig verschuldet" (LIMIC).

Severely Indebted bedeutet, dass drei von vier Kennziffern eine kritische Marke überschreiten. *Moderately indebted countries* sind solche, die bei drei von vier Kennziffern 60 % der kritischen Marke überschreiten, diese aber nicht erreichen. Der Rest wird als *less indebted countries* bezeichnet (die Werte in den Klammern geben die kritische Marke an):

* Verhältnis zwischen Schuldenstand und BNE (50 %),
* Schuldenquote (275 %),
* Schuldendienstquote (30 %),
* Zinslast am Schuldendienst (20 %).

Derzeit gelten 45 Länder als *severely indebted* und 43 Länder als *moderately indebted*. Zu letzteren zählen auch einige obere MIC wie die Türkei, Argentinien und Lettland.

Die vier Schlüsselindikatoren weisen auf zentrale Probleme der verschuldeten Entwicklungsländer hin. Allerdings ist die kritische Marke von entscheidender Bedeutung und deshalb heftig umstritten.

Während der 90er Jahre konnte ein Teil der SILIC ihre Schuldenlast nicht mehr alleine tragen, sie wurden unter den Begriff HIPC (*Heavily Indebted Poor Countries*) zusammengefasst und 1996 in eine von der Weltbank und vom Internationalem Währungsfonds (IWF) initiierte groß angelegte Entschuldungsinitiative, die sogenannte HIPC-Initiative, aufgenommen.

Im Jahre 1990 wurde vom UNDP (*United Nations Development Programme*), dem Entwicklungsprogramm der Vereinten Nationen, der Versuch unternommen, einen Gegenentwurf zum eindimensionalen Konzept der Weltbank zu entwerfen. Dabei sollten zunehmend auch soziale Faktoren berücksichtigt werden.

Dieses Konzept – der HDI (*Human Development Index*) – wird jährlich vom UNDP herausgegebenen und veröffentlicht. Auf Antrag Indiens wird der HDI seit der Mitte der 90er Jahre in offiziellen UN-Dokumenten nicht mehr erwähnt. Einige Länder fühlten sich im Index falsch bewertet, beispielsweise bei der Einschätzung von Menschenrechtsverletzungen und der Stellung der Frauen in der Gesellschaft.

19.1.2   Strukturelle Probleme und ihre Ursachen

In der Regel sind für strukturelle Probleme der Entwicklungsländer eine Vielzahl verschiedenster Faktoren verantwortlich:

Strukturelle Probleme können ethnischer, religiöser und politischer Natur sein und auch in anderen Bereichen bestehen (Wirtschaft, Gesellschaft, Umwelt etc.). Charakteristisch für Entwicklungsländer ist die oft unzureichende Fähigkeit, die eigene Bevölkerung mit lebensnotwendigen Gütern und Dienstleistungen zu versorgen; mit anderen Worten: ihr ein menschenwürdiges Leben zu ermöglichen. So führt die Unterversorgung der Bevölkerung zu Armut, Hunger und dadurch zu geringerer Produktivität. Dies hat eine noch schlechtere Versorgungslage zur Folge. Chronische Unterernährung hemmt darüber hinaus (vor allem bei Kindern) die geistige und körperliche Entwicklung. Dadurch ist ihre Fähigkeit eingeschränkt, durch Kreativität oder Produktivität ihre eigene Situation zu verbessern.

Die Weltbank hat nachgewiesen, dass die Mehrheit der lateinamerikanischen Staaten bereits durch geringe Umverteilung des dort vorhandenen Reichtums in der Lage wäre, die Massenarmut zu überwinden. Hier handelt es sich also nicht um ein Produktionsproblem, sondern um ein politisches Struktur- bzw. Umverteilungsproblem.

Ein anderes strukturelles Problem ist die Diskriminierung von Frauen, was in den letzten Jahren vermehrt als grundlegende Ursache der Probleme der Entwicklungsländer angesehen wurde.

Ebenso gravierend kann sich schnelles Bevölkerungswachstum auf bereits vorhandene Entwicklungsprobleme auswirken. Wenn Wirtschaftswachstum mit Bevölkerungswachstum nicht mehr Schritt halten kann, kommt es in Städten zu Slumbildung und Arbeitslosigkeit und Ernährungsproblemen sowie im ländlichen Raum zu unangemessener Landnutzung (einhergehend mit schweren ökologischen Schäden). Schließlich muss ein allgemein bekanntes, typisches Phänomen in diesen Ländern genannt werden – Korruption und Missmanagement. (Altmann: 563 f.)

19.1.3   Ökonomische und nicht-ökonomische Probleme und Ursachen

Ökonomische und ökologische Probleme

Ökonomische Mängel in Entwicklungsländern können fehlendes Kapital bzw. Kapitalflucht und Gewinntransfer, unqualifiziertes Management sowie die unzureichende Faktorausstattung sein – durch ungünstige Klimabedingungen, fehlende Bodenfläche (zum Beispiel bei einem Inselstaat), Mangel an Bodenschätzen, Isolierung durch Binnenlage.

Das Vorhandensein bestimmter natürlicher Gegebenheiten, wie zum Beispiel günstiges Klima, fruchtbare Böden oder insbesondere Rohstoffe, führt nicht automatisch zu einer günstigeren ökonomischen Entwicklung. Desgleichen gilt dies für Länder ohne Kapitalmangel, wie das Beispiel der Öl-Exportierenden Staaten zeigt.

Der überwiegende Teil der Bevölkerung in den Entwicklungsländern ist im primären Sektor tätig, wo volkswirtschaftlich keine große Wertsteigerung erzielt wird. Hinzu kommt, dass der statistisch nicht ausgewiesene informelle Sektor übermäßig stark ausgeprägt ist. Eine unzureichende institutionelle Infrastruktur mit der Besetzung der Schlüsselpositionen in Politik und Verwaltung mit ‚eigenen Leuten' wird sichtbar in Prestigebauten und bei Fehlinvestitionen. Administrative Prozesse sind langwieriger als in Industrieländern, und wenn sie laufen, dann nur mit Schmiergeldern. Als Folge der Inkompetenz in Verwaltung und Politik wird auch die materielle Infrastruktur ineffizient geplant.

Die Straßen und Eisenbahnen sind meist auf die Hauptstädte und Häfen ausgerichtet und spiegeln stark regionale Disparitäten zwischen Zentrum und Peripherie wider und verhindern die Ansiedlung ausländischer Unternehmen. Die einseitige Exportpalette (z. B. landwirtschaftliche Güter oder Bodenschätze) und die außenwirtschaftliche Ausrichtung auf die Industrieländer ist z. T. begründet mit der kolonialen Vergangenheit. Entwicklungsländer sind in der Regel hoch verschuldet. (Altmann: 615 ff.)

Ein besonderes Problem stellt die Umweltzerstörung durch unkontrollierte Verstädterung, die Bedrohung der Tier- und Pflanzenwelt durch Vernichtung der Tropenwälder, Bodendegradation und Grundwasserbelastungen durch Pestizide, dar. Das UN-Umweltprogramm UNEP und das *World Watch Institute* kommen zu dem Schluss, dass in den Entwicklungsländern 90 % des weltweiten Artensterbens, der Bodenerosion und der Waldrodung stattfinden. Da die natürlichen Ressourcen der Entwicklungsländer zu ihren wichtigsten Reichtümern und damit zur eigenen Existenzgrundlage zählen, treffen Umweltkrisen die Entwicklungsländer besonders hart und zwingen zu verstärkter Kooperation zwischen allen Staaten.

Demographische und gesundheitliche Probleme

Das rapide, oft unkontrollierte Anwachsen der Weltbevölkerung vollzieht sich fast ausschließlich in den Entwicklungsländern, wobei Latein-Amerika die geringsten Zuwachsraten aufweist. Im Jahre 2050 wird Afrikas Anteil an der Weltbevölkerung bereits bei 20 % liegen – der Europas bei ca. 7 %. Die Bevölkerung nimmt zu schnell zu als dass die ökonomische Entwicklung Schritt halten könnte. Die hohen Geburtenraten gehen durch eine medizinische Verbesserung einher mit einer sinkenden Säuglings- und Kindersterblichkeit. Parallel zu dieser Entwicklung sind die sich rasch ausbreitenden Seuchen – hier vor allem Aids – festzustellen. (Altmann: 614 ff.)

Unzureichende und/oder ungesunde Ernährung, unbefriedigende Wasserversorgung und -entsorgung sowie eine nicht hinreichende medizinische Versorgung kennzeichnen Entwicklungsländer. Dies äußert sich beispielsweise in einer geringeren Lebenserwartung als in Industrieländern und einer hohen, wenn auch stark rückläufigen Säuglingssterberate. Wegen mangelnder Hygiene in Slums (z. B. fehlende Abwasserreinigung) ist die Bevölkerung in Armenvierteln besonders anfällig für Krankheiten und Epidemien (zum Beispiel Cholera).

Sozio-kulturelle und politische Probleme

Gesellschaftliche, kulturelle und religiöse Verhaltensweisen beeinflussen in starkem Maße das Zusammenleben in einer Gesellschaft und führen in Entwicklungsländern zu zahlreichen

Konflikten. Sie werden sichtbar an einer geringen sozialen Mobilität, einer relativ hohen Analphabetenquote, einer Männerdominanz und einer nur geringen Mitwirkung der Menschen an gesellschaftlichen Entscheidungsprozessen

Das Funktionieren eines politischen Systems wird bestimmt durch die politische Kultur eines Landes und reflektiert den Umgang mit den Menschen im eigenen Lande und in den Nachbarländern.

Seit Ende der 80er-Jahre sind Defizite in der politischen Kultur auf Grund der mangelnden Effizienz und Stabilität der politischen Institutionen sowie der unzureichenden Präsenz des Staates in den Provinzen festzustellen. Ausdruck dieser Defizite sind „Mangel an Good Governance", einer zu geringen Besteuerung der Oberschicht, eine ineffiziente und damit kostenaufwendige Verwaltungsstruktur sowie mangelnde Rechtssicherheit, Ämterpatronage, Korruption und die Verletzung der Menschenrechte. Sie sind häufig verbunden mit bürgerkriegsähnlichen Zuständen, hohen Rüstungsausgaben und gewaltsamen Konflikten mit Nachbarstaaten.

19.2   Öl-exportierende Länder

Die Vorstellung von ‚reichen' Öl-exportierenden Ländern (meist eine Projektion der reichen und kleinen Golfstaaten) ist falsch. In einer Rangfolge, die neben dem Pro-Kopf-Einkommen auch soziale Indikatoren berücksichtigt, schneiden beispielsweise die arabischen Staaten sehr schlecht ab. Durch ihre Erdölreserven und durch die Politik der OPEC konnten diese zwar gewaltige Einkommenssprünge verzeichnen, waren jedoch nicht in der Lage, ihre Produktivkräfte mit lebenswichtigen Gütern und Dienstleistungen zu versorgen. Ölmilliarden wurden für unproduktive Zwecke verwendet – zum Beispiel für Luxus oder den achtjährigen Krieg zwischen dem Irak und dem Iran. Als weiterer negativen Effekt konnten durch den Ölboom marode und menschenrechtsfeindliche Regime aufrechterhalten werden, da sie sich Loyalität und Schutz erkaufen konnten. Besonders negative Beispiele dazu sind Nigeria oder der Iran.

Öl-exportierende Länder spielen in der Gruppe der Entwicklungsländer eine besondere Rolle: Die OPEC-Staaten verfügen über 3/4 der weltweiten Ölreserven und im Nahen Osten befinden sich 2/3 der Weltreserven. Dadurch haben diese Länder eine gestärkte weltpolitische Verhandlungsposition. Sie haben durch ihre Öl-Einnahmen ein Potential für Entwicklung, welches andere Entwicklungsländer nicht haben. Die Industrieländer benötigen nach wie vor das begehrte Öl und somit werden die Öl-exportierenden Länder ihre strategische und geopolitische Bedeutung beibehalten.

19.3 Schwellenländer

In den letzten Jahrzehnten ist die Einordnung von Schwellenländern von der Weltbank und OECD, dem IWF und der EU erfolgt. Die Zahl der Schwellenländer schwankt je nach Liste und Institution zwischen 10 und 30 Ländern. Die Weltbank und der Internationale Währungsfonds (IWF) kategorisieren jeweils 10, die OECD weist wesentlich mehr Länder als Schwellenländer aus. Das Bundesministerium für wirtschaftliche Zusammenarbeit und Entwicklung (BMZ) und die Europäische Union unternahmen gemeinsam den Versuch, auch soziale und politische Indikatoren zur Bestimmung von Schwellenländern durchzusetzen, wurden jedoch auf internationaler Ebene abgewiesen.

Schwellenländer (*Newly Industrializing Economies*) sind Staaten, die traditionell noch zu den Entwicklungsländern gezählt werden, aber nicht mehr deren typische Merkmale aufweisen. Die deutsche Bezeichnung suggeriert, dass sie an der Schwelle zum Industriestaat stehen, diese „Schwelle" ist jedoch nicht definiert. Der englischsprachige Begriff entstand in den 1970-er Jahren des vorigen Jahrhunderts und bezog sich ursprünglich auf die asiatischen Tigerstaaten.

Nicht die Industrieländer, sondern die Schwellenländer sind die eigentlichen Konkurrenten der Entwicklungsländer. Sie besetzen heute Marktpositionen, die die Industrieländer widerstrebend räumen müssen. Und sie sind in ihrer ökonomischen Expansion nicht weniger aggressiv als die ‚alten' Industrieländer. Die Schwellenländer und Japan haben gezeigt, wie die Phalanx der Industrieländer zu durchbrechen ist.

19.4 Transformationsländer

Es handelt sich um die ehemaligen sozialistischen Staaten der ehemaligen Sowjet-Union – beim Übergang von der Zentralverwaltungswirtschaft zur Marktwirtschaft –, die ein hoch entwickeltes Humankapital und technologisches Potential besitzen. Bei den Transformationsländern unterscheidet man zwischen den Ländern, die durch ihre Einbindung in die EU, Teil der „Ersten Welt" geworden sind (Polen, Tschechien, Ungarn, Slowakei, Slowenien, Litauen, Lettland, Estland, Rumänien, Bulgarien) und den *Newly Declining Countries* (NDC), die weiterhin zwischen weiterem Abstieg und Stabilisierungsbemühungen stehen (v. a. Länder in Zentralasien, z. B. Usbekistan).

Eine Reihe von Staaten ist zur Zeit weder der einen noch der anderen Gruppe zuzuordnen. Zu diesen Ländern zählen durch steigende Wirtschaftskraft z. B. Kasachstan und Aserbeidschan, Georgien, Armenien).

19.5 Gescheiterte Länder

Erstmals wird diese Ländergruppe in einem Artikel von ‚Le Monde diplomatique 1999' erwähnt. Als ‚Gescheiterte Länder' werden Staaten mit einem vollständigen Kollaps des

Staatsapparats bezeichnet, wobei eine politische Ordnung nicht mehr erkennbar ist. Der Staat ist nicht mehr fähig, sein Territorium zu kontrollieren und bietet keine staatlichen Dienstleistungen mehr an. Darüber hinaus schafft das entstehende Ordnungsvakuum besondere Anforderungen an die Entwicklungs- und Sicherheitspolitik, da die Krisen solcher Länder die Entwicklung und Sicherheit ganzer Regionen und schließlich der ganzen Welt bedrohen (internationaler Terrorismus).

Zu den ‚Gescheiterten Ländern' zählen mehrheitlich afrikanische Staaten – beispielsweise DR Kongo, Liberia, Somalia und Sierra Leone.

19.6   Entwicklungsphilosophien und Entwicklungsstrategien

19.6.1   Entwicklungsphilosophien

Die traditionellen Entwicklungstheorien gehen von der Erkenntnis aus, dass hinreichendes Kapital – Human- und Sachkapital – die wichtigste Voraussetzung für wirtschaftliche Entwicklung darstellt. Bei einer unzureichenden Kapitalbildung kann Unterentwicklung nicht überwunden werden. Angesichts niedriger Einkommen ist die Sparfähigkeit so gering, dass daraus keine Investitionsfähigkeit geschöpft werden kann. Hinzu kommt eine geringe Sparwilligkeit bei denen, die über hinreichend Kapital verfügen, aber möglicherweise instabile, politische Rahmenbedingungen dies verhindern. Die höhere Kapitalrentabilität in den Industrieländern führt zu einem Zufluss von Kapital aus Entwicklungsländern, das dort nicht mehr für investive Zwecke zur Verfügung steht und somit deren Entwicklungspotential reduziert. Neben der Kapitalflucht ist ebenso eine Human-Kapitalflucht – *Braindrain* – wegen unzureichender Entwicklungsmöglichkeiten oder wegen politischer Pressionen in den Heimatländern festzustellen. Gut ausgebildete Menschen in Entwicklungsländern suchen verbesserte Beschäftigungsmöglichkeiten in Industrieländern.

Die Theorie des intra-industriellen Strukturwandels von Walter G. Hoffmann (1903–1971) erklärt die Entwicklung zur Industrialisierung als Prozess verschiedener Entwicklungsstadien, und zwar von der Konsumgüter- zur Kapitalgüterindustrie. Grundlage dieser Theorie ist, dass der Quotient der Nettoproduktionswerte als Relation von Konsum- und Kapitalgüterindustrien mit zunehmender Industrialisierung sinkt. Bei steigendem Einkommen der Haushalte sinkt die Nachfrage nach lebensnotwendigen Gütern zugunsten von Gütern des gehobenen Bedarfs. Die relativ arbeitsintensive Produktion von Nahrungsmitteln verliert gegenüber der Produktion von langlebigen Gütern an Bedeutung. Dieser Übergang führt bei der Angebotsseite zu einem Lernprozess und begünstigt die Produktion technisch hochwertiger Kapitalgüter. Auf dieser Entwicklungsstufe tragen Einkommenssteigerungen zu Substitutionsprozessen bei. Ungeklärt dabei ist die Länge dieser Phase zum Strukturwandel.

Wenn Entwicklungsländer bereit sind, einen Anpassungsprozess zu durchlaufen, um traditionelle Werte, Verhaltensweisen und Einstellungen, gesellschaftliche Strukturen etc. zu modernisieren, ist ein höherer Entwicklungsstand möglich. In diesem kapitalistisch orientierten Ansatz wird das Ziel verfolgt, die Volkswirtschaften von Entwicklungsländern den neuesten Entwicklungen anzupassen (Modernisierungstheorie) und in die Weltarbeitsteilung – den Welthandel – zu integrieren (Integrationstheorie). Dies setzt voraus, dass mangelnde Leistungsmotivation und unzureichende Anpassungen an moderne Erfordernisse überwunden werden.

Im Gegensatz hierzu stehen Überlegungen, die Entwicklungsländer unabhängig zu machen – *Dependenztheorie* (sozialistisch orientierter Ansatz). Die Probleme dieser Länder seien historisch betrachtet auf die ‚Kolonialherren‘ zurückzuführen und heute seien die Industrieländer – und hier besonders die internationalen Konzerne – verantwortlich für die Situation der Entwicklungsländer. Hinzu kommt, dass die Führungsschicht (Elite) als ‚Brückenkopf‘ westlicher Interessen – Peripherer Kapitalismus – diene. Darüber hinaus gibt es andere Ursachen für die Situation der Entwicklungsländer. Es gibt z. B. in Afrika mehr als 1000 verschiedene Völker mit mehr als 50 – oft Völker durchschneidende – Staaten.

Folglich müsse man sich von schädlichen Einflüssen ablösen, indem man sich von der internationalen Arbeitsteilung zurückziehe – „Abkoppelungs- oder Dissoziationstheorie“. Statt der Beziehungen der Entwicklungsländer zu den Industrieländern sollten die Entwicklungsländer zusammen arbeiten. Statt fremde Hilfe sollten die E-Länder sich selbst helfen („autozentrierte Entwicklung“).

Weltweit konnte ein Konzept zu einer Abkoppelung der Entwicklungsländer zu den Industrieländern nicht erfolgreich umgesetzt werden. Seit dem Ende des Ost-West-Konflikts mussten einige Entwicklungsländer umdenken. Das Ausspielen von Ost gegen West ist seither – wenn überhaupt – nur noch begrenzt möglich. (Koch/Czogalla/Ehret: S. 442 ff. und Altmann: S. 559 ff.)

19.6.2   Entwicklungsstrategien

Sowohl die Integrations- als auch die Abkoppelungsstrategie propagieren beide eine gemeinsame Entwicklungsstrategie – „die Importsubstitution“.

Statt bestimmte Güter gegen teure und knappe Devisen zu importieren, sollten sie durch heimische Produkte ersetzt werden. Jedoch ergab sich i. d. Regel ein Importbedarf bei anderen Gütern, die den Substitutionseffekt meist überkompensierten. Darüber hinaus fehlen häufig komplementäre Güter und Produktionsfaktoren – qualifizierte Arbeitskräfte, Infrastruktur, Verwaltungsapparate, Banken etc.

Reine Importsubstitutionsstrategien sind nicht erfolgreich gewesen. Wovon sollten die ökonomischen Kapazitäten finanziert werden, wenn man sich von den Devisen bringenden Exportmärkten im ‚Norden‘ bzw. der Industrieländer zurückzieht? Insofern fährt die Integrationstheorie zweigleisig auf dem Weltmarkt: den Import reduzieren und den Export fördern.

Nachdem in der ersten Phase der Entwicklungszusammenarbeit die nachholende Industrialisierung im Vordergrund stand, wurde sie in der nächsten Phase überlagert von der Strategie, die Grund-Bedürfnisse der Bevölkerungsgruppen zu befriedigen. Dabei wurde das Prinzip der ‚Hilfe zur Selbsthilfe' verfolgt. „Jeder Staat ist in erster Linie selbst dafür verantwortlich, die wirtschaftliche, kulturelle und soziale Entwicklung seines Volkes zu fördern." (die in den Vereinten Nationen festgelegte ‚Charta der wirtschaftlichen Rechte und Pflichten der Staaten'). Wichtig dabei ist, dass sich der Entwicklungsprozess von selbst trägt – nachhaltige Entwicklung oder *sustainable development.* Dazu zählt auch, dass mit den Ressourcen kein Raubbau betrieben wird. (Altmann: S. 561 ff.)

19.7   Politik der Entwicklungszusammenarbeit

19.7.1   Nationale und internationale Entwicklungspolitik

Ziel der Entwicklungspolitik ist es, ein Konzept zu entwickeln, die Lebensbedingungen der Menschen in den ökonomisch ‚unterentwickelten' Ländern zu verbessern.

Entwicklungszusammenarbeit vollzieht sich auf vielen Ebenen – im staatlichen, quasistaatlichen oder privaten Bereich. Staatliche Entwicklungspolitik ist anderen Zielsetzungen verpflichtet als private Entwicklungsaktivitäten. Die Entwicklungshilfeleistungen umfassen dabei sowohl die bilateralen (als finanzielle Zusammenarbeit – FZ oder als technische Zusammenarbeit – TZ) auch die multilateralen Leistungen über internationale Organisationen. Die als ET/TZ eingesetzten Mittel fließen zu großen Teilen – z. T. mit indirekter Unterstützung von TZ – als Exportaufträge zurück in die Geberländer.

Nach einer allgemein akzeptierten UNO-Resolution – 1992 in Rio de Janeiro – sollten die Industrieländer jährlich 0,7 % des BIP an öffentlicher Entwicklungshilfe leisten. Dieses Ziel wird nur von 4 Ländern erfüllt – die BRD, Japan, USA und die Schweiz erreichen dieses Ziel nicht. (Altmann: S. 581 f.)

Internationale Entwicklungspolitik
Internationale Entwicklungspolitik wird von einer Vielzahl von Institutionen der UN-Familie geleistet – dem allgemeinen Entwicklungshilfeprogramm der UN, der UNDP (*United Nations Development Prgrogamme*); der FAO (*Food and Agriculture Organization*); ILO (*International Labour Organization*); UNESCO (*Organisation des Nations Unies pour l'éducation, la science et la Culture*) sowie von der Weltbank.

Es ist davon auszugehen, dass es keine übergeordneten internationalen oder supranationalen Interessen gibt, sondern dass die nationalen Interessen der Geberländer die Entwicklungspolitik der internationalen Institutionen nachhaltig beeinflussen. Zwar entwickeln diese auch ein gewisses Eigenleben, aber letztlich sind sie in ihrer Existenz auf die Finanzierungsleistungen angewiesen.

Nach den Vorstellungen der Weltbank ist „gute Regierungspolitik wichtiger als Hilfszusagen." Die Weltbank fördert durch Kredite, denen oft der IWF und andere Kredite folgen, so genannte Strukturanpassungsprogramme. Um diese Kredite zu erhalten, müssen bestimmte Bedingungen erfüllt werden (Altmann: S. 624):

* Abwertung der Inlandswährung (um die Exporte anzuregen),
* Handelsliberalisierung (Abbau von Zöllen),
* Liberalisierung (Privatisierung von Staatsunternehmen),
* Sanierung des Staatshaushalts (Streichung von Subventionen),
* Kürzungen von Regierungsausgaben (Entlassungen im öffentlichen Dienst).

Weltbank und IWF sind daher in Entwicklungsländern selten beliebt. Dabei werden die ärmeren Bevölkerungsgruppen am stärksten belastet, und zwar durch Preissteigerungen, Versorgungsengpässen und dem Verlust von Arbeitsplätzen. Hinzu kommt, dass durch Umstrukturierungen vermehrt Gelder in osteuropäische Staaten, statt in die Entwicklungsländer fließen.

In vielen der ärmsten Länder haben sich die Verschuldungsprobleme stark vergrößert. Der Gegenwartswert ihrer Auslandsverschuldung entspricht wertmäßig mehr als 80 % ihres BIP – z. T. betrug die Verschuldung 1000 %, und der Schuldendienst bis zu 25 % ihrer Exporte. Als langfristig akzeptabel gilt allgemein eine Verschuldung von 200 bis 250 % und ein Schuldendienst von 15 bis 20 %.

Für die ärmsten, hoch verschuldeten Länder haben IWF und Weltbank Entschuldungsprogramme entwickelt. Dabei verpflichten sich die Entwicklungsländer ihre Auslandsverschuldung abzubauen und erhalten als Gegenleistung Kredite zu günstigeren Bedingungen und ein Teil der Verschuldung wird erlassen.

Nationale Entwicklungspolitik

Nationale Entwicklungshilfe vollzieht sich zum einen direkt durch die bilaterale Entwicklungszusammenarbeit, entweder als finanzielle Zusammenarbeit – also Kreditvergabe – oder als technische Zusammenarbeit in Form von Beratung, Aus- und Fortbildung, zum andern indirekt über internationale Institutionen.

Unbestritten ist, dass Entwicklungshilfe eine starke moralische, humanitäre Komponente hat, jedoch stehen hinter dem Einsatz nationaler Steuermittel auch ökonomische Interessen der Geberländer. Die eingesetzten Mittel fließen zu großen Teilen als Exportaufträge zurück in die Geberländer und entfalten dort Einkommens- und Beschäftigungseffekte. Andererseits sind offiziell ‚so genannte Lieferbindungen' verpönt. Bestimmte Sachzwänge lassen jedoch oft keine Alternative zu. Eine konsequente Lieferbindung wäre jedoch unklug, denn die Finanzmittel aus anderen Geberländern sollten ja auch – zumindest teilweise – als Aufträge in die BRD fließen.

Schwieriger ist die Unterstützung der Schwellenländer, die grundsätzlich keine Entwicklungshilfe mehr erhalten sollten. Hier können Projekte durch Kredite gefördert werden.

Je stabiler die politische Lage in den zu unterstützenden Ländern ist, um so eher sind die Industrieländer bereit, Handel mit Entwicklungsländern zu betreiben. Eine Kopplung von Kreditvergabe und nicht ökonomischen Aspekten wie die Einhaltung von Menschenrechten und Umweltschutz, erfolgt in der Regel nicht.

19.7.2   Perspektiven der Entwicklungszusammenarbeit

Betrachtet man die drei Entwicklungsländer-Kontinente – Asien, Latein-Amerika und Afrika – ergeben sich unterschiedliche Perspektiven.

Asien weist klare und zunehmende Entwicklungserfolge auf. Im südostasiatisch-pazifischen Raum liegen die meisten Schwellenländer.

Mit einigem Abstand folgt Lateinamerika, dessen große Länder Brasilien und Argentinien als Industrieländer zu werten sind und die anderen Länder gelten als Schwellenländer. Mittlerweile gehört auch Mexiko in Mittelamerika zu den Industrieländern.

Afrika folgt mit beträchtlichem Abstand und wird von manchen als ‚verlorener‘ oder ‚sterbender Kontinent‘ angesehen. In Afrika befinden sich die meisten LLDC – Länder. Als gefährlich wird angesehen, dass sich die Bevölkerung an diesen Zustand gewöhnt hat. Wenn etwas bewegt werden soll, dann ist ausländische Hilfe erforderlich.

Die eigentlichen Konkurrenten der Entwicklungsländer sind die Schwellenländer. Diese besetzen heute Marktpositionen, die die Industrieländer widerstrebend räumen müssen. Eine Unterstützung der Entwicklungsländer von den Schwellenländern ist nicht zu erwarten. (Altmann: S. 628 ff.)

Die Bemühungen der Entwicklungsländer um eine Ausweitung oder Diversifizierung ihrer Exporte werden massiv durch den Protektionismus der Industrieländer behindert. Damit die Salden aller Leistungsbilanzen prinzipiell gegen Null streben, bedarf es Vereinbarungen zugunsten der Exportförderung für Entwicklungsländer. Gleichwohl ziehen eigene, egoistische Interessen der Industrie- und Schwellenländer diesbezüglich eine Grenze. (Altmann: S. 574 f.).

Literatur zum 19. Kapitel

Altmann, J.: Wirtschaftspolitik, 8. Auflage, Stuttgart 2007.

Bender, D.: Internationaler Handel, in: Vahlens Kompendium der Wirtschaftstheorie und Wirtschaftspolitik, Bd. 1, 9. veränderte Auflage, München 2007.

Bundesministerium für wirtschaftliche Zusammenarbeit und Entwicklung: Jahresbericht zur Entwicklungspolitik der Bundesregierung, Bonn (jährlich).

Koch, E.: Internationale Wirtschaftsbeziehungen, 3. vollständig überarb. und erweiterte Auflage, München 2006.

Koch, W. A. S., Czogalla, C. und Ehret, M.: Grundlagen der Wirtschaftspolitik, 3. Auflage, Stuttgart 2008.

OECD, Entwicklungszusammenarbeit. Bericht 2007, Paris 2008.

Rose, K.: Theorie der Außenwirtschaft, 14. überarb. Auflage, München 2006.

Weed: Schulden-Report 2007, Karten neu gemischt, Bonn 2006.

Zapka, K.: Europäische Wirtschaftspolitik, Göttingen 2007.

20 Umweltpolitik (*Walter Gutzeit*)

20.1 Umwelt als ökonomisches Phänomen

20.1.1 Umweltbegriff und -funktionen

Der Umweltbegriff hat sich seit der zweiten Hälfte des 19. Jahrhunderts entwickelt und wird in der öffentlichen Diskussion nicht einheitlich verwendet, und zwar oft synonym mit dem Wort Natur, manchmal auch mit dem Wort Ökologie. Umwelt ist zwar stets auf biologische Systeme bezogen, beinhaltet aber ebenso moralische Argumente für den Schutz der Umwelt. Im politischen Kontext wird der Umweltbegriff in der Regel auf die den Menschen umgebende Natur dargestellt, mit dem Ziel die menschliche Umwelt zu erhalten und zu schützen.

Die natürliche Umwelt erfüllt wichtige Funktionen:

* „Produktionsfunktion" – natürliche Ressourcen werden verfügbar gemacht.
* „Trägerfunktion" – sie nimmt Schadstoffe auf.
* „Regelungsfunktion" – In natürlichen Ökosystemen werden Gleichgewichte durch autonome Regelungssysteme erreicht.
* „Informationsfunktion" – Der Zustand der Umwelt liefert Informationen über das Verhältnis der Menschen zu seinen Lebensbedingungen.

Umweltgüter – reines Wasser und saubere Luft, gesunder Boden – waren freie Güter, die ausreichend und kostenfrei vorhanden waren. Viele dieser Güter gehören heute jedoch zu den ‚knappen Gütern', die zum Teil mit einem beträchtlichen Aufwand bereitgestellt werden müssen. Die Erfassung und Berechnung des Aufwandes ist jedoch noch nicht hinreichend gelungen. Zumindest fehlen Marktpreise für die Nutzung von Umweltgütern – ersatzweise gibt es Gebote und Verbote. Letztere ersetzen nicht ökonomische Anreize, sparsam und verantwortungsbewusst mit den Umweltgütern umzugehen. Die Umweltschäden sind aus volkswirtschaftlicher Sicht das Ergebnis negativer externer Effekte (Umweltbericht des Bundesministers für Umwelt, Naturschutz und Reaktorsicherheit, 1990; Koch, Czogalla, Ehret: 386 f.).

20.1.2 Umweltbelastungen

Die Umwelt ist vielfach nicht mehr in der Lage, Umweltbelasstungen und -gefährdungen, die aus menschlichen Aktivitäten bestehen, zu absorbieren. Umweltbelastungen vollziehen sich in der Atmosphäre, den Böden, den Gewässern sowie anderen Bereichen. Hinsichtlich der Atmosphäre sind vor allem die schädigenden Einwirkungen auf die stratosphärische Ozonschicht anzuführen, die durch die industrielle Produktion und den Verbrauch Ozon zerstörender Stoffe (FCKW) hervorgerufen werden und führen im Rahmen von zeitlichen Schwankungen und in Abhängigkeit von der geographischen Breite zu einer Abnahme der Ozonschichtdicke. Vor allem die Verbrennung großer Mengen fossiler Brennstoffe führt zu erhöhten CO_2-Emissionen und entsprechender Erhöhung der CO_2-Konzentrationin der Atmosphäre. Dadurch wird die Wärmeabstrahlung der Erde zunehmend verhindert und somit der Treibhauseffekt gefördert. Allerdings ist der CO_2-Aussstoß zwischen 1995 und 2007 um 7% zurückgegangen, d. h. um 64,2 Tonnen auf 857 Tonnen. Die günstige Entwicklung ist vor allem auf den verstärkten Einsatz von kohlenstoffärmeren Energieträgern zurückzuführen. (Lamker/Müller)

Luft- und Bodenbelastung

Die Belastungen der Luft lassen sich für die BRD in folgende emittierte Stoffgruppen aufgliedern: Schwefeldioxid, Stickstoffoxide, Kohlendioxid, flüchtige organische Verbindungen, Staub sowie bodennahes Ozon aus komplexen photochemischen Reaktionen. Diese Immissionen erreichen in Ballungsgebieten und Städten höhere Werte und die Auswirkungen äußern sich besonders in Smog, Atemwegserkrankungen (Lungenkrebs), Materialschäden an Brücken und Gebäuden, Waldschäden usw.

Als Lebensgrundlage und integrierender Bestandteil der natürlichen Umwelt des Menschen bedarf der Boden des besonderen Schutzes. Der Boden filtert Schadstoffe aus Luft und Gewässern und speichert sie bzw. baut sie ab. Bis in die 80-iger Jahre ging man davon aus, dass mit den Instrumenten Naturschutz – Gewässerschutz, Luftreinhaltung, Bodenschutz – hinreichend gewährleistet sei. Gleichwohl ist der Boden besonderen Belastungen durch Niederschläge, Schwermetallkonzentrationen, Einsatz von Pflanzenschutzmitteln, der Düngung mit Mineraldünger auf der Basis von Stickstoff und Phosphaten, der Versiegelung von Böden sowie dem zunehmenden Landschaftsverbrauch ausgesetzt. Dies hat Auswirkungen auf das Grundwasser und die Nahrungskette. (http://www.umweltlexikon-online.de/RUBsonstiges/ Bodenbelastung.php)

Ein besonderes Problem stellen die vielfältigen Belastungen des Waldes dar. Mit rund 11 Mio. ha nimmt der Wald ca. 30% der Fläche der BRD ein. Der Wald ist für unser Ökosystem unverzichtbar – er ist Holzlieferant, er übernimmt Schutzfunktionen, er reguliert den Wasserhaushalt und bietet Flächen der Erholung. Anthropogene und natürliche Umweltfaktoren führen zu Waldschäden und nicht selten zu Waldsterben. Schwefeldioxid, Stickstoffoxide, Ozon sowie Schwermetalle sind den anthrogenen und extreme Witterungseinflüsse (Hitze-, Kälte-, Trockenperioden, Stürme), tierische Schädlinge, Pilze als auch ungünstige Standortverhältnisse (steile Hanglagen in Mittel- und Hochgebirgen, saure oder nährstoffarme Böden) den natürlichen Schadstoffen zuzurechnen.

Die Schadstoffe können entweder durch direktes Einwirken auf Laub und Nadeln zu Erkrankungen führen oder auf indirektem Wege als Niederschläge der Gase Schwefeldioxid und Stickstoffoxid über den Boden. Blätter und Nadeln vergilben und fallen ab. Bei den Nadelbäumen erhalten sich nur die jüngsten Nadeln an den Zweigspitzen. Dadurch werden die

Baumkronen durchsichtig. Weiterhin kommt es zu einer Hemmung des Längenwachstums der Baumkrone, wodurch diese abgeplattet erscheint (Storchennestkrone), und zu einem Rückgang des Dickenwachstums der Baumstämme (Altmann, S. 214 ff. und Umweltbundesamt Dessau – Roßlau 2008; www.seilnacht.com/Lexikon/Waldster.htm).

Belastungen der Gewässer

Der Wasserhaushalt wird zunehmend durch den Wasserverbrauch sowie durch Stoffeinträge (Wasch-und Reinigungsmittel, Nährstoffeinträge wie Phosphor und Stickstoff) gestört. Mögliche Konsequenzen sind eine Trinkwasserverknappung und eine Verschlechterung der Gewässergüte.

Müllprobleme und Müllexport

Eine Umweltgefährdung besteht durch Müllprobleme, aufgrund einer Vielzahl von festen und schlammigen Abfällen. Daraus resultieren wiederum Auswirkungen auf Grundwasser und Böden, die häufig durch Deponien und Altlasten hervorgerufen werden. Müllvermeidung, -beseitigung und -export sind sowohl regional als auch global zu lösende Probleme. (Altmann: 214 f.)

Strahlen und Lärm

Insbesondere der Lärm durch Straßen- und Flugverkehr sowie Gewerbe, Freizheit- und Nachbarschaftslärm werden zunehmend als störend empfunden. Belastungen durch Lärm können sich zu Gesundheitsschäden auswirken, und zwar in Hörchädigungen sowie in anderen organischen und nervlich bedingten Schädigungen. (Altmann:214)

Die jährliche Strahlenbelastung eines Menschen in der BRD setzt sich aus natürlicher – Aufnahme aus Nahrungsaufnahme, terristische und kosmische Strahlung und Inhalation durch Radon (radioaktive Edelgase) – und aus künstlicher Belastung – nahezu ausschließlich aufgrund medizinischer Anwendungen – zusammen.

20.1.3   Ziele der Umweltpolitik

Nationale Ziele

In den Umweltberichten des Bundesministers für Umwelt, Naturschutz und Reaktorsicherheit werden institutionelle Rahmenziele – Durchsetzung von Verursacher-, Vorsorge- und Kooperationsprinzip, ökologische Ausrichtung der Sozialen Marktwirtschaft und die Intensivierung der internationalen Zusammenarbeit – als auch Zielvorstellungen für einzelne Umweltbereiche (Natur und Landschaft, Abfallbeseitigung, Wasser, Luft. Lärm und Chemikalien) genannt.

Ein Problem stellt die politische Umsetzung der Forderung nach Nachhaltigkeit dar. Ziele müssen daher nach Inhalt, Umfang und Zeitraum operationalisiert werden. Ein Instrument der Umsetzung stellen so genannte Umweltbilanzen in Form von Emissions- und Immissionskatastern dar. Im Umweltbericht von 2006 wird gefordert, bis 2020 die Energie- und

Ressourcenproduktivität zu verdoppeln und den gesamten Energieverbrauch mit 10 % Öko-strom zu decken. Die Treibhausgasemission soll auf der Basis von 1990 bis zum Jahre 2020 um 30 % reduziert werden.

Ziele der Europäischen Union

Der Kampf gegen den Klimawandel zählt zu den Zielen der EU-Umweltpolitik. Durch die Einheitliche Europäische Akte (1987) wurde der EG-Vertrag um den Titel *Umwelt* erweitert und um Prinzipien für Vorbeugung, Verursachung und Ursprung ergänzt. Handlungsgrund-satz der europäischen Umweltpolitik ist das Vorsorgeprinzip. Im Vertrag von Amsterdam aus dem Jahre 1997 wurde der *Grundsatz der nachhaltigen Entwicklung* in der Präambel des EU-Vertrages verankert. Im Vertrag von Lissabon 2007 wird eine gemeinsame Energiepoli-tik gefordert, zur Sicherung des Energiemarktes, der Energieversorgungssicherheit und -effizienz. Der Klimaschutz wird erstmals in den Verträgen verankert, wobei zwischen 2008 und 2010 folgende Schwerpunkte umgesetzt werden: die Weiterentwicklung des Binnen-marktes für Energie und Umwelttechnologien und eine Neubewertung der Umweltbesteue-rung. Schwerpunkt der EU-Umweltpolitik sind die Schaffung gemeinsamer Produktionsstan-dards – z. B. bei Kraftfahrzeugen, Brenn- und Treib- und gefährlichen Stoffen.

Internationale Ziele

Die Umweltprobleme – Ozonloch, Klimaveränderungen, Artenschwund u. a. – stellen eine Bedrohung für Mensch, Tier und Natur dar und sind nicht nationalstaatlich begrenzt. Daher sucht man seit 1970 nach internationalen Lösungen.

Im Mittelpunkt der Zielformulierung steht die Forderung nach einer qualitätsorientierten Ausrichtung der bisher vorrangig emissions- und technikbezogenen Umweltpolitik und das Leitbild einer nachhaltigen – *sustainable development* – Entwicklung formuliert. Wirt-schafts-, Umwelt- und Entwicklungspolitik sollen abgestimmt die Bedürfnisse der heutigen und zukünftigen Generationen befriedigen. Ein Ergebnis dieser Überlegungen ist das im Jahre 1992 von 172 Ländern in Rio de Janeiro – auf der Konferenz für Umwelt und Entwick-lung der Vereinten Nationen (UNCED) mit der Agenda 21 – beschlossene Aktionspro-gramm. Eine Fortsetzung fand dieses Programm im Jahre 2002 in Johannisburg in dem „Weltgipfel für nachhaltige Entwicklung" in Zeiten zunehmender Globalisierung. Bis zum Jahre 2015 sollen die Regionen, die keinen Zugang zu sauberem Wasser und sanitärer Grundversorgung haben halbiert und bis 2010 das Artensterben verlangsamt werden. Auch soll der Anteil erneuerbarer Energien am Primärenergiebereich ansteigen.

Gefordert wird eine Nachhaltige Entwicklung und bedeutet:

* die Suche und Entwicklung nach Alternativen für nicht regenerierbare Ressourcen,
* die Absorptionsfähigkeit darf nicht überschritten werden,
* der Abbau der erneuerbaren Ressourcen darf deren Regenerationsrate nicht überschreiten.

Jährlich findet ein Weltklimagipfel statt, und auf mehreren Konferenzen erfuhren diese For-derungen Ergänzungen und wurden durch Abkommen bestätigt. Seit 2005 findet gleichzeitig ein Treffen der Mitglieder der Kyoto-Konferenz (1997) statt in dem sich die Industrieländer verpflichten, ihren Ausstoß an Treibhausgasen zwischen 2008 und 2012 zu reduzieren (Klimaschutzprotokoll). Wesentliche Überlegungen seit Kyoto sind die Klärung offener Fragen – z. B. Ausgestaltung der Anreiz- und Sanktionssysteme, der Emissionshandel, Bestandsaufnahme des internationalen Klimaschutzes, Maßnahmen zur Minderung der Emissionen. Die 13. Klimakonferenz auf Bali – Ergebnis war das *Bali-Roadmap* – hatte zum Ziel, die Regelung der Nachfolge des auslaufenden Kyoto-Vertrages für den Zeitraum zwischen 2013 und 2017. Grundlage der *Bali-Roadmap* bilden die Berichte des *Intergovernmental Panel on Climate Change* (IPCC). (Endres: 217 ff. und 283 ff.)

Staaten können mit Emissions-Kontingenten handeln – *Emissions Trading*. Länder, die in anderen Ländern Klimaschutzprojekte durchführen, können sich die eingesparten Kontingente für die eigenen Emissionen anrechnen lassen. Beim *Joint-Implemenation* werden die Maßnahmen in einem anderen redukiontspflichtigen Land realisiert. Beim *Clean Development Mechanism* werden Projekte in Entwicklungsländern durchgeführt. (Koch/Czogalla/ Ehret: 404 ff.)

20.1.4 Umweltpolitische Aufgaben, Prinzipien, Kosten und Indikatoren

Aufgaben
Die Umweltpolitik hat die Aufgabe

* bestehende Umweltschäden zu mindern bzw. zu beseitigen (Luft, Boden, Bodenschätze, Gewässer, Tier- und Pflanzenwelt),
* Schäden für Mensch und Umwelt abzuwehren,
* Risiken für Menschen, Tiere und Natur zu minimieren,
* Verbesserung der Regenerationsfähigkeit der Ökosysteme durch geeignete Maßnahmen (z. B. Aufforstung, künstlicher Sauerstoffeintrag in gefährdete Gewässer),
* Erhöhung des Recycling durch verstärkten Einsatz von Alt- und Abfallmaterialien (wie Glas, Papier oder Abwärme).

Die staatliche Umweltpolitik kann diesen Aufgaben nur gerecht werden, wenn sich ihre Entscheidungsträger auf weitgehend gesicherte Erkenntnisse über grundlegende Zusammenhänge zwischen Umwelt und Ökonomie stützen können. Folgende Probleme müssen mithin gelöst werden:

* der Internalisierung externer Kosten,
* der mangelnden Information,
* der Kontrolle über die erlassenen Vorschriften.

Prinzipien und Kosten
Orientierung für die Prinzipien der Umweltpolitik ist die Frage, wer die Kosten der Umweltschäden zu tragen hat.

Es ist außerordentlich schwierig, Umweltschäden vollständig zu erfassen und monetär zu bewerten. Relativ zuverlässig messbar sind Kosten in Form von Schutz-, Vermeidungs- oder

Beseitigungskosten (z. B. Abfallbeseitigung, Lärmschutz, Wärmeisolierung, Wasserversorgung). Schwieriger ist die Erfassung von Gesundheitsschäden und die Erfassung einer Verringerung von ‚Lebensqualität' durch Umweltbelastungen sowie Produktions-, Einkommens- und Vermögensverluste.

Kosten des Umweltschutzes lassen sich genauer und zeitnäher errechnen. Nach Angaben des Statistischen Bundesamtes betrugen die Umweltschutzausgaben im Jahre 2004 insgesamt 34,4 Mrd. Euro.

Dabei ergeben sich Kostenbelastungen nach dem

- Verursacherprinzip,
- Gemeinlastprinzip,
- Vorsorgeprinzip und
- Kooperationsprinzip.

In der Bundesrepublik Deutschland konzentrieren sich die Maßnahmen darauf, den Verursacher zu belasten. Das Verursacherprinzip gilt als Handlungsprinzip einer marktwirtschaftlichen Umweltpolitik, die im Kern das allokative Marktversagen zu korrigieren versucht. Instrumente zur Durchsetzung des „Verursacherprinzips" sind z. B. Umweltabgaben, Umweltauflagen durch Ge- und Verbote bzw. Verfahrens- und Produktnormen. Allerdings ist die Umsetzung des Verursacherprinzips in der Realität nicht immer möglich. Nicht immer ist der Verursacher oder sein Anteil an der Umweltbelastung bekannt. Noch schwieriger ist die Kostenumlage bei länger zurückliegenden oder durch im Ausland mit verursachten Belastungen. Staatliche Kontrollen können nicht effizient ausgeübt werden (Hardes/Uhly: 66; Koch/Czogalla/Ehret. 409 ff.).

Der Staat versucht hier anstelle der Verursacher Umweltbelastungen durch den direkten oder indirekten Einsatz öffentlicher Mittel zu verringern – „Gemeinlastprinzip". Als ausschließliche Strategie ist dieses Prinzip jedoch abzulehnen.

Häufig wird im Zusammenhang mit dem Gemeinlastprinzip das so genannte „Nutznießerprinzip" genannt. Dabei wird das Verursacherprinzip umgekehrt. Die Begünstigten von Umweltschutzmaßnahmen entschädigen diejenigen, die durch ihr umweltgerechtes Verhalten Einbußen erleiden (Vermeider): z. B. Zahlungen der Industrienationen an Entwicklungsländer zum Schutz des tropischen Regenwaldes. Die Kosten für den Umweltschutz sind beim Nutznießerprinzip in der Regel nicht von der Allgemeinheit, sondern von einer speziellen Gruppe von Begünstigten zu tragen. Der Staat müsste stellvertretend für die Vermeider von den Nutznießern Abgaben erheben, die diesen für Umweltschutzmaßnahmen zufließen.

Bei einem weiteren Prinzip geht es darum, Umweltbelastungen durch Maßnahmen zu vermeiden – „Vorsorgeprinzip". Mit diesem Prinzip soll ein schonender Umgang der Ressourcen zum Schutz der künftigen Generationen erzielt werden. Obwohl dieses Prinzip keine Aussagen über umweltpolitische Instrumente enthält, kann es mit Hilfe der Verursacher- und Gemeinlastinstrumente umgesetzt werden – z. B. durch das Bundesimmissionsgesetz, das Wasserhaushaltsgesetz oder durch die Umweltverträglichkeitsprüfungen.

Eine andere und weitere Art, Umweltschäden zu vermeiden, ist die Beteiligung von gesellschaftlichen Gruppen am umweltpolitischen Entscheidungsprozess – „Kooperationsprinzip" – z. B. der Bau von Müllverbrennungsanlagen, Tagebauerschließungen und die Beteiligung bei Umweltschutzmaßnahmen (Koch/Czogalla/Ehret: 394 ff.;Altmann: 216 f.)

Indikatoren[10]

In der Literatur sind verschiedene Indikatorensysteme entwickelt worden:

* *Stress-Modell* – unterteilt in Stressindikatoren für Umweltbelastungen durch Stoffe, Ressourcenverbrauch, Bevölkerungsentwicklung u. a. sowie Reaktionsindikatoren von Umwelt und Gesellschaft (Friend/Rapport);
* *Pressure-State-Response-Model* – ist eine Modell der OECD und unterteilt in Belastungsindikatoren, Umweltzustandsindikatoren und Reaktionsindikatoren;
* *Akteur-Akzeptor-Modell* – unterteilt in Belastungs- und Wirkungsindikatoren (Zieschank u. a.)
* *System der Nachhaltigkeitsindikatoren der EU* – ist ein Modell von EUROSTAT und enthält 16 Einzelindikatoren.
* *Das Umwelt-Kernindikatorensystem des Umweltbundesamtes* enthält mehr als 5o Indikatoren.

Dabei sollten auf der Grundlage der Indikatoren folgende Aufgaben erfüllt werden:

* Beschreibung des Zustands und Diagnose der Umweltbelastungen,
* Bewertung der Umweltbelastungen,
* Umweltaufklärung,
* Prioritätensetzung für die politische Willensbildung und
* Testen von Umweltschutzstrategien (Umweltgutachten von 1998). (Koch/Czogalla/Ehret: 390 ff., Endres: 101 ff.)

Als Entscheidungshilfe der Umweltpolitik werden weitgehend Einzelindikatoren, z. B. Grenzwerte genutzt, um die von Schadstoffen ausgehenden Umweltbelastungen gering zu halten. Praktizierte Ansätze hierzu sind:

* Der Emissionsstandard-Ansatz.

Die Minimierung der Schadstoffe soll erreicht werden, indem alle emittierenden Anlagen mit Kontrolltechnologien ausgestattet werden.

* Der Immissionsstandard-Ansatz

Für die Beurteilung von Umweltwirkungen sind Immissionen und nicht Emissionen entscheidend. Begründet wird diese These, dass abgegebene Schadstoffe in der Regel erst nach

---

[10] Vgl. A. Friend u. D. J. Rapport, Towards a comprehensive framework for Environmental Statistics, A Stress-Response Approach, Ottawa 1979; OECD, Towards sustainable development. Environmental Indicators, Paris 1998; R. Zieschank u. a., Vorstudie Umweltindikatorensysteme – Beitrag zur umweltökonomischen Gesamtrechnung, Heft 1, Statistisches Bundesamt, Wiesbaden 1993.

Umwandlungs- und Ausbreitungsprozessen auf die natürliche Umwelt sowie Mensch und Tier einwirken.

20.1.5   Instrumente der Umweltpolitik

Neben traditionellen ordnungsrechtlichen Instrumenten werden verstärkt ökonomische Instrumente angewendet.

In der Umweltpolitik dominieren Instrumente der direkten Steuerung durch Auflagen und Verboten. Die dem Staat zur Verfügung stehenden umweltpolitischen Instrumente lassen sich nach verschiedenen Kriterien einteilen:

- ob Mengenlösungen (Umweltauflagen und Umweltlizenzen) oder Preislösungen (z. B. Abgaben) angestrebt werden;
- nach welchen Prinzipien (Verursacher-, Gemeinlast- oder Kooperationsprinzip) sich die Instrumente ausrichten sollen;
- ob staatliche oder nicht-staatliche Instrumente eingesetzt werden sollen;
- an welcher Stelle die Instrumente (Verbrauch von natürlichen Ressourcen, Schadstoffabgaben, der natürlichen Regenerationsfähigkeit, dem Recycling) ansetzen sollen.

„Auflagen" fixieren bestimmte Normen, die die potentiellen Grenzwerte der Emission von Schadstoffen zur Beachtung vorschreiben. Die Normen werden produkt- und anlagenbezogen ausgerichtet. Durch Verbote werden private Akteure zur Unterlassung bestimmter umwelt- oder gesundheitsschädlicher Maßnahmen gezwungen. Direkte normative Regelungen haben aus juristischer Sicht Vorteile der Bestimmtheit, der gleichmäßigen Belastung von potentiellen Verursachern sowie der schnellen Wirksamkeit bei gefährlichen Schadstoffen. Nachteilig ist jedoch, dass die unterschiedlichen Kosten der Schadensvermeidung der einzelnen Verursacher oder Anlagen nicht berücksichtigt werden. Demzufolge wird nicht erreicht, dass eine Emission dort stärker vermieden wird, wo die Vermeidungskosten am geringsten sind. Wenn sich im Zeitablauf die technischen Möglichkeiten zur Vermeidung wandeln, müssten die Auflagen verändert werden. Auch die Anreizeffekte von Auflagen und Verboten sind fragwürdig, weil nicht hinreichend Anreize zur Anwendung innovativer Techniken der Emissionsvermeidung gesetzt werden.

Als eine ökonomische Lösung wird angesehen, die externen Kosten zu internalisieren, d. h. sie den Verursachern zu belasten, und zwar durch Steuern – *Pigou-Steuern* – oder andere *Abgaben* oder sie durch negative Steuern (Subventionen) zu belohnen. Die Lenkungseffekte von Umweltabgaben – Abgaben und Steuern – werden prinzipiell durch eine beabsichtigte Vermeidung und Reduktion von Emissionen erreicht. Pauschale Auflagen zwingen alle Verursacher von Schadstoffemissionen zu gleichen prozentualen Reduktionen. Die Abgabenlösung ist flexibler als die Steuerlösung. Unternehmen werden Steuerbelastungen je Schadstoffemission mit ihren Kosten der Schadstoffvermeidung vergleichen. Die Verursacher mit relativ geringen Kosten der Schadstoffvermeidung werden vermehrt diese Option wählen. Folglich werden die gesamtwirtschaftlichen Kosten der Schadstoffemission im Vergleich zu pauschalen Regelungen mit gleichen proportionalen Einschränkungen geringer sein.

Nachteilig bei Umweltabgaben ist die ökologische Wirksamkeit. Die Vorgabe zur Schadstoffreduzierung lässt sich in der Praxis nicht genau ermitteln. Abgaben und Emissionssteuern wirken vor allem längerfristig und deshalb sind bei gefährlichen Stoffen direkte Verbote und Auflagen notwendig.

Eine andere Lösung besteht nach Ronald Coase darin, dass die Betroffenen mit den Verursachern *Entschädigungen* bzw. *Vermeidungen privat aushandeln.* Er ist der Meinung, dass Umweltgüter niemandem gehören und so genutzt werden, als seien sie frei. Eine Zuteilung von privaten Nutzungsrechten (*Property Rights*) an Verursacher oder Geschädigte würde die übermäßige Nutzung von Umweltgütern verhindern – *Coase Theorem.* (Woll: 154; Endres: 35 f.)

„Handelsfähige Umweltrechte" bzw. -lizenzen bilden eine weitere Möglichkeit, um fixierte Grenzwerte der Umweltbelastung zu erreichen. Durch die Ausgabe oder Versteigerung von Umweltlizenzen werden bis zu den fixierten Obergrenzen Belastungs- und Nutzungsrechte an private Akteure verteilt, die an Märkten gehandelt werden können. Die Nachfrage der privaten Akteure richtet sich nach den Marktpreisen, die für Nutzungs- und Belastungsrechte gezahlt werden müssen.

Bei relativ geringen Vermeidungskosten lohnt es sich für die jeweiligen Anlagenbetreiber, die Schadstoffemissionen zu reduzieren. Der Erwerb von Lizenzen lohnt sich nicht bzw. vorhandene Nutzungslizenzen werden angeboten und verkauft. Der Kauf von Lizenzen erfordert einen Marktpreis und führt im Zeitverlauf zur Einsparung von Emissionslizenzen und zu Anreizen, neuere günstigere Verfahren und Produkte einzuführen.

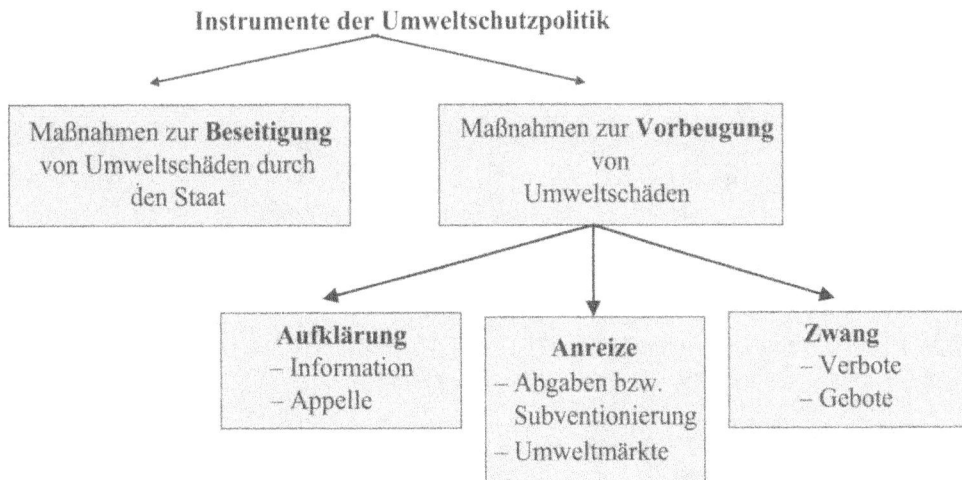

Instrumente der Umweltschutzpolitik

Maßnahmen zur **Beseitigung** von Umweltschäden durch den Staat	Maßnahmen zur **Vorbeugung** von Umweltschäden

Aufklärung	**Anreize**	**Zwang**
– Information	– Abgaben bzw.	– Verbote
– Appelle	Subventionierung	– Gebote
	– Umweltmärkte	

Quelle: Bartling/Luzius, S. 134

Abb. 20-1: Instrumente der Umweltschutzpolitik

Ein weiteres Instrument zur Umweltvermeidung sind „Haftungsregelungen". Sie bilden sowohl den Schadensausgleich zwischen Verursachern und Geschädigten als auch die Prävention. Das Umwelthaftungsrecht gilt für das Atom- und Wasserrecht und wird nach europäischen Richtlinien ergänzt für Luft und Boden. Die Durchsetzbarkeit privatrechtlicher Haftungsregeln scheitert bei so genannten Summationsschäden, d. h. viele Emittenten verursachen Schäden, ohne dass der einzelne Beitrag zurechenbar ist. Schadenssummen, die über das Haftungskapital der Betreiber hinausgehen, bleiben externe Effekte. (Hardes/Uhly: 69 ff.; Endres: 101 ff.)

In den USA wurde die so genannte „Bubble-Politik" (Glocken- oder Blasenpolitik) entwickelt, die eine Minimierung der Kosten für Umweltschutzmaßnahmen zum Ziel hat. Innerhalb einer bestimmten Region – über die eine fiktive ‚Käseglocke' gestülpt wird – darf ein vorgegebenes Schadstoffvolumen nicht überschritten werden. Die Maßnahmen eröffnen den Unternehmen mehr Spielräume, da sie die Maßnahmen selbst auswählen können.

Ein ökologisch sehr wirksames Instrument ist die so genannte Ausgleichspolitik – *Offset-Politik* – bei der Neuansiedlungen von Industrieanlagen nur erfolgen dürfen, wenn dadurch verursachte Emissionen durch Verminderungen an anderer Stelle überkompensiert werden.

Auf dem Kooperationsprinzip beruhend wurden als Form der Zusammenarbeit von Unternehmen und staatlichen Umweltbehörden „Branchen- oder Selbstbindungs- bzw. Selbstverpflichtungsabkommen" getroffen (Bartling/Luzius: 127 ff., Endres: 62 ff.).

20.1.6   Nationale und internationale Akteure der Umweltpolitik

In der Bundesrepublik Deutschland teilen sich Bund, Länder und Gemeinden die Aufgaben zur Sicherung der Umwelt. Die meisten Kompetenzen liegen allerdings beim 1986 geschaffenen Bundesministerium für Umwelt, Naturschutz und Reaktorsicherheit. Folgende Aufgaben werden von diesem Ministerium wahrgenommen:

* Erarbeitung von Leitlinien,
* Ökologische Sanierung und Entwicklung in den neuen Bundesländern,
* Internationale Zusammenarbeit,
* Schutz der Erdatmosphäre,
* Schutz und Reinhaltung von Luft, Lärm und Wasser,
* Bodenschutz und Altlastensanierung,
* Vermeidung, Verwertung und Entsorgung von Abfällen,
* Schutz der Gesundheit,
* Vorsorge gegen Störfälle in Industrieanlagen,
* Aufklärung der Bevölkerung,
* Umwelttechnologie,
* Naturschutz und Landschaftspflege,
* Sicherheit kerntechnischer Einrichtungen,
* Strahlenschutz, Entsorgung radioaktiver Abfälle.

In einem Fall der Nicht-Zurechnung der Kosten auf den Verursacher soll dann das Gemein-lastprinzip zur Anwendung kommen. Die Finanzierung erfolgt durch Steuern, indem der Staat die Umweltmaßnahmen entweder selbst durchführt oder die Kosten der privaten Ver-meider übernimmt. Unterstützt wird die Bundesumweltpolitik durch das „Bundesamt für Strahlenschutz", das „Bundesamt für Naturschutz" und den „Rat der Sachverständigen für Umweltfragen".

Eine zentrale Rolle in der EU-Umweltpolitik übernimmt laut Art. 9d (1) EU-Vertrag die Europäische Kommission. Die Generaldirektion für Umwelt der EU-Kommission hat die vordringliche Aufgabe, neue Rechtsvorschriften auszuarbeiten und die Umsetzung der Maß-nahmen zu kontrollieren. Das Europäische Parlament hat in der Umweltpolitik durch ein Mitentscheidungsverfahren Einfluss auf die umweltpolitische Gesetzgebung. Rat und Parla-ment erlassen die Rechtsakte gemeinsam. Aber das politische Entscheidungsgremium ist der EU-Ministerrat (Rat der Europäischen Union).

Darüber hinaus wurde im Jahre 1993 die Europäische Umweltagentur (EEA) gegründet, die die Zusammenarbeit mit den nationalen Informationszentren koordiniert. Hauptaufgabe der EEA ist die Bereitstellung zuverlässiger und vergleichbarer Informationen über die Umwelt an die Entscheidungsträger der Gemeinschaft. Daneben ist die EEA verantwortlich für die Verbesserung der inhaltlichen und methodischen Voraussetzungen der Umweltbericht-erstattung.

Weitere wichtige internationale Organisationen sind:

* OECD *(Organization for Economic Cooperation and Development)*,
* FAO *(Food and Agriculture Organization)*,
* WHO *(World Health Organization)*,
* ECOSOC *(United Nations Economic and Social Council)*,
* CSD *(UN-Commission on Sustainable Development)*,
* UNEP *(United Nations Environment Programme)*.

Die Wirksamkeit dieser Organisationen ist begrenzt. Sie besitzen zwar die fachliche Kompe-tenz, aber es fehlt in der Regel an Macht, konkrete Maßnahmen auch politisch durchzuset-zen. Es bleibt daher häufig bei Empfehlungen. (Koch/Czogalla/Ehret: 411 ff.)

20.2 Umwelt als kulturelles Phänomen

In der Literatur wurde die zunächst sehr enge Auslegung der Umwelt erweitert und der „phy-sischen Umwelt" die „sozio-kulturelle Umwelt" hinzugefügt. Insofern kann Umwelt als ein sozial-kulturelles Produkt angesehen werden, das mit der Natur in Beziehung gesetzt werden muss. Dies erfordert, das Umweltsystem nicht nur naturwissenschaftlich zu beschreiben, sondern auch als ein sozial-kulturelles System zu analysieren.

Obwohl der Mensch stets seine Umgebung modifiziert hat, wird ihm erst seit der Mitte des vorigen Jahrhunderts zunehmend bewusst, dass die Umwelt mehr als eine zu vernachlässigende Randerscheinung menschlicher Existenz ist. Vielmehr leben die Menschen in einer Umwelt, die von ihnen beeinflusst und vor allem durch eine stark wachsende Bevölkerung und steigende wirtschaftliche Aktivitäten verändert wird.

Solange der Mensch noch als Jäger und Sammler unterwegs war, unterschied sich die Umwelt nicht bzw. kaum von der tierischen Umwelt. Mit Beginn von Ackerbau und Viehzucht begann der Mensch seine Umwelt zu verändern und für sich nutzbar zu machen. Nicht nur seine natürliche Umwelt, auch seine soziale Umwelt war in dieser Zeit noch intakt. Heute gehören zu einer intakten Umwelt eines Menschen gute Beziehungen zur Familie, zum Freundeskreis und entsprechend seiner Fähigkeiten die Einbindung in die berufliche Arbeitswelt. Dies trifft für einen Großteil der Weltbevölkerung jedoch nicht zu und in Industriegesellschaften können Menschen ihren Aktivitäten oftmals nur nachgehen, wenn eine räumliche Trennung von der Familie und von Freunden in Kauf genommen wird.

Gleichwohl können Menschen auch unter erschwerten Bedingungen nicht völlig losgelöst von ihrer kulturellen Umwelt existieren. Eine solche kulturelle Umwelt ist geprägt durch historische Erfahrungen, wirtschafts- und sozialgeographische Randbedingungen und schließt unser tägliches Leben ein. Mit der sich ändernden sozial-kulturellen Umwelt des Menschen bildeten sich Gesellschaftsformen heraus, die tief greifende Einschnitte für breite Bevölkerungsgruppen zur Folge hatten. Im Mittelpunkt solcher Gesellschaftsformen stand immer die Frage, wie Macht ausgeübt und kontrolliert wird, und zwar durch einzelne, Gruppen oder durch die Gesamtbevölkerung. Dies lässt sich historisch nachweisen, wenn Geschichte als ein Prozess von Herrschenden und Beherrschten verstanden wird – in den Zeiten der Sklaverei, des Feudalismus, Imperialismus, Sozialismus und Kapitalismus. In nahezu allen Epochen profitierten in der Regel die Herrschenden zu Lasten des größten Teils der Bevölkerung, wenn weder durch ethisch, gesetzlich oder verfassungsbedingte Kontrollen ein Ausgleich geschaffen werden konnte.

Da die Menschen verschiedenen Kulturen mit unterschiedlichen sozialen Regeln und Normen angehören, wird die Umwelt unterschiedlich erfahren und interpretiert. Viele Krisen werden durch Änderungen in der Umwelt ausgelöst und etliche davon von Menschen verursacht. Diese Änderungen werden unterschiedlich wahrgenommen, was zu vielen Vorstellungen darüber führt, wie sich Umweltprobleme lösen lassen. Deshalb ist es sinnvoll, sich mit verschiedenen kulturbedingten Interpretationen der Natur und der Umwelt auseinander zu setzen, um umsetzbare, kulturell angepasste Nachhaltigkeitsstrategien zu entwickeln. (B. M. W. Ratter)

Die kulturelle Umwelt wird auch geprägt durch ethische Normen. Selbstbegrenzung und Nachhaltigkeit müssen als Fragen der ethischen Verantwortung für den Nächsten, der Gerechtigkeit und des Rechtes gesehen werden.

Auch Religionen können dazu beitragen, eine Abkehr von der in Industrienationen vorherrschenden, auf Verschwendung von Gütern und Ressourcen beruhenden Wirtschafts- und Lebensweise vorzubereiten. Sie setzen Normen, um maßvolle, ökologische und verträgliche Lebensstile zu erreichen.

Zwar unterscheiden sich die religiösen Schriften und die Traditionen der Religionen voneinander, gleichwohl ist eine gemeinsame Verantwortung für die Natur festzustellen. In allen

Religionen gibt es Überlieferungen, die gegen die Zerstörung der Natur und ihre Ausbeutung ein glückliches Leben setzen, das alles Sein und die gesamte Natur, die Tiere und die Menschen einschließt.

> „Die Religionen sind sich in ihrem Einsatz dafür einig, die Integrität der Natur zu achten und zu bewahren. Menschen aller Religionen bekräftigen die Achtung und ‚Ehrfurcht vor dem Leben‘ und ein Engagement, das den religiösen Traditionen entspricht, obwohl sie sich in Lehre und Praxis ihres Glaubens vielfach unterscheiden." (Orth)

In unterschiedlicher Weise wird in Religionen Verschwendung als verantwortungslos gegenüber Menschen und Natur gewertet. Verschwendung widerspricht einer einfühlsamen Haltung gegenüber der Natur. Gott hat die Welt erschaffen und er hat sie den Menschen anvertraut. Um sie zu bebauen und zu bewahren, sind die Menschen aufgerufen, verantwortungsbewusst mit der Umwelt umzugehen. (Orth)

Dies gilt in besonderer Weise für einen sorgsamen Umgang mit Wasser, ohne das Leben unmöglich ist. In allen Religionen ist Wasser ein Teil des spirituellen Lebens. Die besondere Aufmerksamkeit gilt deshalb dem ökologischen, ökonomischen und sozialen und Umgang mit Wasser.

Die Kriterien der Agenda 21 entsprechen den ethischen Grundsätzen der Religionen, nämlich der Versuch, ökologische, ökonomische und soziale Ziele zum Ausgleich zu bringen. Dabei sollen die jeweils betroffenen Menschen an der Lösung der Probleme beteiligt werden, die Lebensumwelt für benachteiligte Gruppen zu verbessern und Lebenschancen für künftige Generationen zu erhalten. Religionen sehen es als ihr Aufgabe an, Spielräume für eine nachhaltige, das Leben auf der Erde bewahrende Politik und Entwicklung erweitern zu helfen. (Orth)

Bezieht man Gerechtigkeitsüberlegungen bei der Erklärung der Umwelt sowie eine ökonomische Perspektive mit ein, dann folgt daraus, den nachkommenden Generationen eine Umwelt zu hinterlassen, die eine angemessene Lebensqualität garantiert. (Sturma)

20.3 Perspektiven der Umweltpolitik

Eines der künftigen Probleme ist die Beantwortung der Frage, ob die Menschheit an Ressourcenmangel zugrunde gehen wird. Der Vorrat an natürlichen Ressourcen ist begrenzt und eines Tages wird alles aufgebraucht sein. Wirtschaft und Gesellschaft werden kollabieren, wenn keine Alternative gefunden werden bzw. noch nicht hinreichend entwickelt worden sind. Die Sorge wird genährt durch Erfahrungen mit Krisen – z. B. der Abhängigkeit der Weltwirtschaft vom Erdöl in den Krisenjahren 1973/1974 und 1979/1980. Dieser Prozess kann hinaus gezögert werden, wenn die Menschheit sorgfältiger mit der Ressourcennutzung umgeht. Insofern konzentriert sich Umweltpolitik u. a. auf Strategien zur Schadensvermeidung und der Wiederverwendung von Ressourcen. Ein Instrument einer solchen Politik sind Vereinbarungen bei internationalen Umweltkonferenzen zum Schutz der Umwelt. (Endres: 298)

Auch wenn die Ergebnisse der internationalen Umwelt-Konferenzen noch nicht zufriedenstellend sind, so dürfen die tragfähigen Kompromisse nicht unterschätzt werden. Z. B. werden in zahlreichen Regionen die Ideen der Agenda 21 in konkrete Projekte umgesetzt.

Allerdings wird die Formulierung umweltpolitischer Ziele erschwert durch

* die Notwendigkeit der Beachtung von ökologischen, ökonomischen und soziokulturellen Zusammenhängen und Abhängigkeiten;
* durch die Interdependenzen dieser Faktoren, die teilweise nicht bekannt sind;
* die Formulierung von Oberzielen, weil sie Auswirkungen auf nachgerichtete Ziele haben.

Die Durchsetzung einer nachhaltigen Umweltpolitik ist abhängig von der ökonomischen Situation der jeweiligen Volkswirtschaft. Die Akzeptanz finanzieller Aufwendungen für den Umweltschutz verringert sich bei Problemen geringen Wachstums, der Arbeitslosigkeit, der Finanzierung der sozialen Sicherungssysteme. Ein großes Problem stellt der politische Entscheidungsprozess selbst dar, weil Umweltziele häufig nur mit Entscheidungsumwegen erreicht werden können. Allerdings ist dies kein ureigenes Problem beim Umweltschutz, sondern ist als generelles Problem im parlamentarischen Entscheidungsprozess anzusehen.

Der verschärfende Konflikt zwischen internationalem Handel und Umweltschutz zeigt sich in Handelsbeschränkungen. Exportverbot für gefährliche Stoffe und Abfälle und Importverbote für gefährdete Arten sind zwar zur Vorsorge vorgesehen, es steht aber z. T. im Widerspruch der Bestimmungen der WTO (*World Trade Organization*). Danach ist Umweltschutz als Rechtfertigung für Handelsbeschränkungen nur begrenzt möglich. Gefordert sind mithin verbindliche Absprachen über ein größeres Gewicht des Umweltschutzes im internationalen Handel. Die Schädigung globaler Stoffkreisläufe und Ressourcen erfordern gemeinsame internationale Lösungen (Koch, Czogalla, Ehret: 426 ff.).

Literatur zum 20. Kapitel

Altmann, J.: Wirtschaftspolitik, 7. und 8. Auflage, Lucius & Lucius, Stuttgart 2000 und 2007.

Bartling, H. und Luzius, F.: Grundzüge der Volkswirtschaftslehre. Einführung in die Wirtschaftstheorie und Wirtschaftspolitik, 15. Auflage, Verlag Vahlen, München 2004.

Bundesamt für Naturschutz, http://www.bfn.de.

Bundesministerium für Umwelt, Naturschutz und Reaktorsicher-HEIT, http://www.bmz.de.

Endres, A.: Umweltökonomie, Lehrbuch, 3. Auflage, Verlag Kohlhammer, Stuttgart 2007.

Europäische Kommission, http://europa.eu.int/com.

Friend, A. und D. J. Rapport, Towards a comprehensive framework for Environmental Statistics, A Stress-Response Approach, Ottawa 1979.

Hardes, H. D. und Uhly, A.: Grundzüge der Volkswirtschaft, 9. Auflage, München-Wien 2007.

Koch, W. A. S, Czogalla, C. und Ehret, M.: Grundlagen der Wirtschaftspolitik, 3. Auflage, Stuttgart 2008.

Lambert, G. und Müller, C.: Umweltrisiken und Umweltbelastungen in Deutschland, in: Bathelt, H, Pletsch, A. und Hecht. A.: Virtuelle Graphische Texte über Kanada und Deutschland, Themenbereich 4, Ausgewählte Themen zur Wirtschaftsstruktur und Umwelt, aus dem Internet übernommen am 28.6.2010.

OECD: Towards sustainable development. Environmental Indicators, Paris 1998.

Orth, G.: Leiter des Ernst Lange-Instituts, Orientierungsgespräche der Religionen, Göttingen 2002.

O.V.: Waldsterbrn, Phänomen eines kranken Waldes, www.seilnacht.com

O. V.: http://www.terra-human.de/glossar/umwelt/php

O.V.: .http://www.umweltlexikon-online.de/RUBsonstiges/Bodenbelastung.php)

O.V.: STRAHLENBESLASUNG DER MENSCHEN, (leiphysik.de/web
_ph12umwelt_technik/11belast/belast.htm)

Ratter, B. M. W.: Geocycles – time and space in the earth sciences, Laufende Forschungsprojekte, in:
www.geocycles.de

Sturma, D. (Leitung).: 3. Ethik-Forum zum Thema Umwelt und Gerechtigkeit, Universität Bonn 7. Juni 2010.

United Nations Environmental Programme, http://www.unep.org.

UNO, http://www.un.org.

Woll, A.: Volkswirtschaftslehre, 15.Auflage, München 2007.

Zieschank. R. U. A., Vorstudie Umweltindikatorensysteme – Beitrag zur umweltökonomischen Gesamtrechnung,
Heft 1, Statistisches Bundesamt, Wiesbaden 1993.

Stichwortverzeichnis

Rhetorik ist erlernbar

Gustav Vogt

Erfolgreiche Rhetorik

Faire und unfaire Verhaltensweisen
in Rede und Gespräch

3., vollständig überarbeitete Auflage 2010
XII, 299 Seiten | Broschur | € 29,80
ISBN 978-3-486-59737-0

Das Notwendige im richtigen Augenblick wirkungs-
voll sagen. Das ist eine Kunst, die erlernbar ist. Alles
Wissenswerte zu Sprechstil und -technik sowie zur
Körpersprache stellt der Autor in diesem Buch fundiert
dar. Er gibt hilfreiche Tipps, die beim Steckenbleiben
oder einem totalen Blackout während einer Rede helfen
und zeigt auf, wie mit Lampenfieber und Redeangst
richtig umzugehen ist. Zahlreiche Übungen runden
dieses Buch ab und helfen dabei, das Gelernte schnell
zu vertiefen.

**Ein wertvoller Ratgeber für alle, die im Studium oder
im Beruf rhetorisch glänzen möchten.**

Prof. Dr. Gustav Vogt lehrt im Fachbe-
reich Betriebswirtschaft an der Hoch-
schule für Technik und Wirtschaft
des Saarlandes.

Oldenbourg

Bestellen Sie in Ihrer Fachbuchhandlung oder
direkt bei uns: Tel: 089/45051-248, Fax: 089/45051-333
verkauf@oldenbourg.de

Kompaktlehrbuch für Einsteiger

Hartmut Kiehling
Wirtschafts- und Sozialgeschichte kompakt

2009 | X, 204 Seiten | Broschur | € 29,80
ISBN 978-3-486-58423-3

Warum war man mit seiner Familie im Mittelalter oft
nicht verwandt? Was war das europäische Heiratsmus-
ter? Und wann begann die Umweltverschmutzung?
Das Lehrbuch führt griffig und präzise in die Wirtschafts-
und Sozialgeschichte Deutschlands im Mittelalter, der
Neuzeit und dem 19. und 20. Jahrhundert ein. Jeder der
drei zeitlichen Abschnitte behandelt die wesentlichen
Faktoren (Gesellschaft und Soziales, Bildung und Kultur,
Bevölkerung und Umwelt, Technik) und Sektoren (Private
Haushalte, weltliche Herrschaft, Produktion und Dienstleistung) in eigenen Kapiteln. Sie fußen auf den Ausführungen zu Rahmenbedingungen (Geographie und Klima) und münden in einem zusammenfassenden Teil.

Der Ansatz des Buches ist bei aller Prägnanz umfassend
und soll Studierende wie interessierte Laien zu weiter-
führendem Studium anregen.

Dr. Hartmut Kiehling war bis 2007
Professor of Finance an der German
University in Cairo.

Bestellen Sie in Ihrer Fachbuchhandlung oder
direkt bei uns: Tel: 089/45051-248, Fax: 089/45051-333
verkauf@oldenbourg.de

Oldenbourg